D1654605

Zu diesem Buch

Bis zur Rezession von 1974/75 galt Armut im Wirtschaftswunderland öffentlich als sozialpsychologisches Problem kleiner Randgruppen. Aber schon zur Zeit der Blütenträume von einer Mittelstandsgesellschaft ohne Elend lebte ein Viertel der bundsdeutschen Bevölkerung – vor allem Arbeiterfamilien, kleine Gewerbetreibende, Rentner(innen) – in Not. Die Weltwirtschaftskrise, zum Konjunktureinbruch verharmlost, hat nicht nur die Zahl der Armen und der von materiellem und psychischem Elend Bedrohten anschwellen lassen, sie hat auch die Rede vom perfekten Netz sozialer Sicherheit auf die Probe gestellt. Die Diskussion um die von der CDU aufgeworfene «Neue soziale Frage» zeigt an, daß Armut als gesellschaftliches Problem nicht mehr geleugnet werden kann.

Präsentation und Analyse statistischen Materials, Situationsberichte, Reportagen aus Elendsregionen, Protokolle und Gespräche mit Betroffenen, Sozialpolitikern und Sozialarbeitern legen eindringlich Ursachen, Erscheinungsformen und Ausmaß materieller Not wie ihrer psychischen Folgen dar. Jürgen Roths Untersuchungen weisen darüber hinaus auf Bruchstellen im Sicherheitsnetz hin: Die Sozialbudgets sind seit 1975 weitaus langsamer gewachsen als die Anzahl der Sozialhilfeempfänger, die um 100% in die Höhe geschnellt ist. Zudem wird die Bewilligungspraxis der Sozialämter immer restriktiver, mehr und mehr Menschen leben kümmerlich von der Fürsorge. Das Heer der ständig Arbeitslosen, wie der in psychische Krankheit und Alkoholismus Gedrängten, wächst. Armut in der Bundesrepublik ist nicht nur eine soziale, sondern auch eine politische Frage: Was muß in einer Gesellschaft getan werden, die den dritten Platz unter den Industrienationen beansprucht und Armut als Massenschicksal produziert?

Jürgen Roth, geboren 1945, arbeitet als Schriftsteller und Journalist in Frankfurt. Veröffentlichungen u. a.: Geographie der Unterdrückten. Die Kurden, Reinbek 1979 (rororo sachbuch 7125); Aufstand im wilden Kurdistan, Baden-Baden 1977; Leitfaden Türkei. Bericht über ein rückentwickeltes Land, Berlin 1978; Eltern erziehen Kinder. Kinder erziehen Eltern. Köln 1976; Heimkinder, Köln 1973.

Jürgen Roth

Armut in der Bundesrepublik

Untersuchungen und Reportagen zur Krise des Sozialstaats

Rowohlt

Originalausgabe
Vollständig überarbeitete, erweiterte und aktualisierte Ausgabe
des 1974 im Fischer Taschenbuch Verlag erschienenen Titels
Redaktion Wolfgang Müller
Umschlagentwurf Manfred Waller (Foto: Erika Sulzer-Kleinemeier)

1.–15. Tausend Juni 1979
16.–23. Tausend Juli 1979
24.–33. Tausend Januar 1980
34.–39. Tausend Februar 1981

Veröffentlicht im Rowohlt Taschenbuch Verlag GmbH,
Reinbek bei Hamburg, Juni 1979

Satz Times (Linotron 404)
Gesamtherstellung Clausen & Bosse, Leck
Printed in Germany
980-ISBN 3 499 17259 3

Inhalt

Die Armut der siebziger Jahre

Zustände, Beobachtungen, Thesen

«Wird in einem Staat wie diesem erst eine Wohlfahrt gewährt, folgt zugleich eine zweite und so weiter. Eine einmal gewährte Wohlfahrt bekommt man nur durch einen Weltkrieg wieder weg» (Dr. Richard Jäger, CSU, Bundestagsvizepräsident, nach: Soziale Solidarität, Argumentationsleitfaden der IG Metall, Frankfurt 1978, S. 3).

Duisburg Januar 1979. Giftige gelbe Schwaden ziehen über die Stahlkocher-Stadt. Fenster werden hastig geschlossen, über die Betten der Säuglinge nasse Tücher gehängt. Wieder einmal steht eine Giftwolke über dem Duisburger Norden, einem Stadtteil mit düsteren Mietshäusern, in dem überwiegend Arbeiter mit geringem Einkommen leben. Sie nehmen die meist über den zulässigen Grenzwerten der Gesundheitsgefährdung liegenden Staubniederschläge, Schwebstoffanreicherungen (u. a. hochgiftige Schwermetalle wie Blei, Kadmium, Zink), die gasförmigen Immissionen wie Schwefeldioxid, Fluoride etc. schon lange nicht mehr wahr. «Bronchial- und Kreislauferkrankungen sind im Verhältnis zu anderen Großstädten der BRD überproportional vertreten», resümiert eine Studie von Ursel Becher (Ökologische Studie der Stadt Duisburg, unveröffentlichtes Manuskript, August 1978). Geschwiegen wird über die vermehrte Krebsanfälligkeit der Bewohner Duisburgs. Duisburg ist wegen des hier konzentrierten Elends ein Modell für die Armut der Zukunft. Die Lebenserwartung ist um 10 Jahre niedriger als im Bundesdurchschnitt.

Überdurchschnittlich viele Arbeitslose suchen vergebens in Duisburg nach einem neuen Job, und immer häufiger reicht das Geld nicht mehr, so daß sie auf Sozialhilfe angewiesen sind. 9000 Sozialhilfeempfänger gab es 1975, im Jahre 1978 waren es bereits 18000. In Wirklichkeit ist die Anzahl der Familien, die Anspruch auf Sozialhilfe haben, weitaus höher. Viele Familien scheuen sich jedoch, die Aufstockung der Arbeitslosenhilfe bis zum Regelsatz der Sozialhilfe in Anspruch zu nehmen. Unerträgliche, unzumutbare Arbeitsbedingungen, besonders körperliche Schwerarbeit, erhebliche Belastungen aus der Arbeitsumgebung wie Hitze, Lärm, Schichtarbeit und ein relativ niedriges Lohnniveau prägen das Leben der Arbeitnehmer in der Produktion. Daher auch: Duisburg hat die meisten Frührentner, der gesundheitliche Verschleiß führt zu frühzeitiger Invalidität.

Dazu paßt, daß Duisburg auch eines der Zentren für den Heroinumsatz in der BRD ist.

«Tief beeindruckende Naturerlebnisse im Sommer oder im Winter, vielfältige sportliche Freizeitkurzweil. Langzeiterholung, Festspiele, vorzügliche Gastlichkeit – nirgendwo in der Oberpfalz findet sich das dichter gebündelt als im Landkreis Cham. Tief verwurzeltes Heimatgefühl und Liebe zum althergebrachten Brauchtum sind dem Waldler in die Seele geschrieben» (Mittelbayrische Zeitung, 6. 1. 1979).

Allein die beschriebene Idylle trügt. Der Landkreis Cham hat die höchste Arbeitslosenquote in Bayern: 8,1%. Und da, wo es besonders «heimatverbunden» zugeht, in Kötzting oder Furth im Wald, waren im Winter 1978/79 36% der Beschäftigten ohne Arbeit. Sie hocken in den Kneipen, gehen zum Eisstockschießen oder sitzen zu Hause, in der Hoffnung, daß sie irgendwann einmal wieder Arbeit finden. Auch die Bauern in dieser Region haben keine Erwerbsalternative. Und daher müssen mindestens 2000 Bauernfamilien unter dem Existenzminimum leben. Die Häuser der Bauern sind hoch verschuldet, der Ertrag ist so gering, daß sie gerade die Schulden abbezahlen können. «Ihr Leben ist primitiv», meint der Geschäftsführer des Bayrischen Bauernverbandes in Cham. Einige der Bauern, besonders die jüngeren, verlassen den Hof und suchen außerhalb Arbeit. Aber wo Arbeit finden? Wenn es Betriebe gibt, dann zeichnen die sich durch extrem niedrige Entlohnung aus. Tariflohn wird selten gezahlt: Näherinnen bekommen 3,50 bis 4,50 DM in der Stunde, Arbeiterinnen in der Holzschuhfabrik vielleicht 5 DM, Schlosser im Metallbau 7 bis 8 DM in der Stunde. Fest im Sattel sitzen nur die Unternehmer und die Kirche. Gewerkschaftliche Aktivitäten werden von den Unternehmern schon im Ansatz streng unterbunden. In Waldmünchen drohte ein Metallbau-Unternehmer dem Betriebsratsvorsitzenden: «Wenn du nicht von deinem Amt zurücktrittst, schließe ich den Betrieb hier.»

Manchmal brennt es in den Dörfern, wie Anfang Januar auf dem Anwesen des 36jährigen Bauern Helmut. «Der Helmut hatte», so die Bewohner des Ortes im Bayrischen Wald, «alle Tugenden eines guten Bauern. Er war bescheiden, arbeitsam und fleißig.» Den Achtstundentag kannte der Jungbauer nicht. «Der Helmut hat gearbeitet wie ein Vieh auf dem elterlichen Anwesen. Er ist fleißig und anständig.» Aber niemand konnte ihn von seinen hohen Schulden entlasten, niemand sagen, wie er nur ein wenig Geld aus seinem Hof herausholen kann. Erst als er keinen Ausweg mehr sah, richtete sich wieder das öffentliche Interesse auf den «fleißigen und anständigen Bauern». Er steckte seine Scheune in Brand.

Beide Regionen, Duisburg wie Cham, sind traditionelle Armutsregionen. Cham und der Bayrische Wald sind bekannt als Armenhaus der BRD. Bis heute hat sich wenig daran geändert.

Duisburg ist die Stadt von Kohle und Stahl. Wie sich die Armut im Kapitalismus entwickelt hat, wird hier besonders deutlich (siehe Kapitel «Armutsregionen in der BRD»).

Armut 1978: Auf den Bahnhöfen von Köln, Hamburg, Berlin oder Frankfurt warten immer häufiger jugendliche Prostituierte, Kinder noch, auf einen zahlenden Freier. Da wandert in Köln die zwölfjährige Claudia auf dem Hauptbahnhof eine Stunde lang zwischen dem Ausgang und den Gleisen hin und her. Einen Tag zuvor gelang es ihr, aus einem Erziehungsheim zu flüchten. «Da hat es ja außer Schlägen, Medikamenten und Beten nichts gegeben», sagt sie, und schon wandern ihre Augen wieder umher. Als sie ein etwa 50jähriger, mit braunem Pelz Bekleideter anspricht, zögert sie keinen Augenblick: 40 DM und ein warmes Bett bis zum nächsten Morgen, mehr will sie nicht mehr.

Armut: Was sonst als Brötchen mit Fleischwurst essen in der Regel die Kinder der Arbeitersiedlung Marburg-Waldtal? «Erschreckende Hungererscheinungen sind mir aufgefallen», sagt Uli Severin, Sozialarbeiter der Siedlung, nachdem er mit Kindern auf einer 14tägigen Ferienreise war. Innerhalb dieser Zeit hatten die Kinder bis zu 10 kg zugenommen. Andere sind fett, aber nicht weil es ihnen zu gut geht, sondern weil die Eltern die Geldmittel nicht haben, sich qualitativ gutes Essen zu leisten. «Sie bekommen Pommes frites und Currywurst und dann immer Füllspeisen. Was ordentliches Kalorienarmes und Vitaminreiches können sich die meisten überhaupt nicht leisten», klagt auch ein Sozialarbeiter aus Bochum. Sein Kollege in Duisburg meint: «Das mit der Ernährung ist nicht das sichtbare Hungern oder Verhungern. Zum Beispiel ist es so, daß die oft die grobe Fleischwurst kaufen. Und wenn man sich anguckt, woraus die besteht, wundert man sich. Es knirscht richtig zwischen den Zähnen wegen den Knochen. Da kommen die Knochen durch eine Zentrifuge, die Weichteile werden ausgesondert und dann vermengt der Metzger das alles zu einer Fleischwurst. Wenn man im Fernsehen sehen würde, wie die Kinder in Brasilien auf den Müllhalden rummachen, dann würde man sagen, wie unmenschlich. Aber hier verwertet man so was und kriegt auch noch Geld dafür. 50 Pfennige für 100 Gramm bezahlen die dann noch.»

«Kannst du mal deinen Namen schreiben und wo du wohnst», frage ich in der Sonderschule von Cham den 14jährigen Mathias. Er zögert. Dann flüstert mir der Lehrer ins Ohr: «Er ist aus der Sonderschule in Rötz gekommen.» Und dort, so konnte man den regionalen Tageszeitungen entnehmen, haben die Kinder weder lesen noch schreiben gelernt. Die Lehrer: «Wir mußten ganz von vorne anfangen, bei 15 Kindern.»

Analphabeten in der BRD? Quatsch, das gibt es doch gar nicht, wird der selbstgefällige Bildungsbürger sagen. Ganz anderes berichten Sozialarbeiter, die in den sozialen Brennpunkten in der BRD arbeiten. Dort sind mindestens 5% der Bewohner Analphabeten. In Duisburg, im sozialen Brennpunkt Gleisdreieck, befinden sich innerhalb einer Jugendgruppe 10 Analphabeten. In Hamburg-Großlohe konnten in einer Siedlung mit 500 Personen 20 Jugendliche im Alter zwischen 8 und 14 Jahren weder lesen noch schreiben. In Gießen weiß eine Sonderschullehrerin, daß in jeder Klasse mindestens zwei Jugendliche sind, die bisher Analphabeten geblieben sind, und das im Alter von 14 und 16 Jahren. Ihr Lebenslauf ist denn auch schon vorgezeichnet: kein Schulabschluß, keine Lehrstelle, Arbeitslosigkeit, Alkoholismus – soziale Unterentwicklung.

Und die allgemeine Schulsituation: «Bis auf zwei Jungen, die Realschule und Gymnasium besuchen (beide sind aus derselben Familie) gehen alle anderen Kinder auf die Sonder-, Grund- und Hauptschule. Der Anteil der Sonderschüler ist mit Abstand der größte. Ein weiteres Problem stellt in diesem Zusammenhang das Schuleschwänzen dar. Der Kontakt zwischen Eltern und Lehrer ist so gut wie nicht vorhanden. Ein Großteil der Kinder kommt aus sozial schwachem Elternhaus» (Einkommen unter Durchschnittswerten, kinderreich) (Projektverbund Obdachlosenarbeit Duisburg-Essen, EG-Modellvorhaben, Institut für Sozialarbeit und Sozialpädagogik, Duisburg, unveröffentlichtes Manuskript). Konsequenzen dieser Bildungssituation: Eine wachsende Zahl von Jugendlichen erklärt sich noch vor Beendigung der Schulzeit bereit, ohne Bezahlung in Betrieben und Dienstleistungsunternehmen zu arbeiten, um später einen Ausbildungsplatz zu ergattern. Dieser «Sklavendienst» aus Angst vor Arbeitslosigkeit führt dann dazu, daß beispielsweise in Gelsenkirchen Hauptschülerinnen noch vor Ausbildungsbeginn die Fingerfertigkeit im Lockenwickeln in Friseurmeisterbetrieben lernen. Immerhin haben zehn von elf Hauptschulen, die einen Fragebogen der «Stadt-Schülerverwaltung» Gelsenkirchen über diese Form von Kinder- und Schülerarbeit ausgefüllt haben, von ähnlichen Fällen erfahren. Schüler und Schülerinnen insbesondere der Hauptschulklassen verdingen sich bei der Suche nach einem Ausbildungsplatz bei einem möglichen Lehrherrn, ohne dafür einen Pfennig Geld zu bekommen. Sie vernachlässigen dadurch Schule und Schularbeiten, arbeiten monatelang nachmittags und an den Wochenenden in Kleinbetrieben und schaffen daher den Hauptschulabschluß nicht. Der Düsseldorfer DGB-Kreisvorsitzende nannte diese Form von Arbeit «modernen Sklavenhandel» (päd.-extra, 7/1977).

Die Unternehmer können sich das leisten. Die Jugendarbeitslosigkeit ist und bleibt ein fester Bestandteil der monatlichen Arbeitslosenstatistiken. Ende Dezember 1978 waren 87140 Jugendliche in der BRD arbeitslos. Eine unbekannte Zahl von Schulentlassenen sucht noch immer vergebens eine Lehrstelle und meldet sich erst gar nicht auf dem Arbeitsamt. Und deswegen können die Unternehmer die Jugendlichen auch unter Tarif bezahlen oder das Lehrgeld ganz sparen wie in Waldmünchen oder sie bis zu 14 Stunden pro Tag beschäftigen, wie bei einem Malermeister in Landshut.

So wie die Zahl jugendlicher Arbeitsloser ständig steigt, wächst auch die Zahl der jugendlichen Sozialhilfeempfänger – 1974 beantragten 39000 Jugendliche Sozialhilfe, ein Jahr später waren es schon 52000, 1978 sind es 83000 gewesen. Ihr Schicksal scheint vorgezeichnet.

Siegfried ist 35 Jahre alt. 19 Jahre, also über die Hälfte seines Lebens, hat er gearbeitet. Mit 14 in die Lehre und mit den Jahren zu einer Art Kolonnenführer in der gleichen Firma aufgestiegen, wurde er im November 1974 arbeitslos. «19 Jahre habe ich gearbeitet, gestempelt und schließlich einen Tritt in den Arsch gekriegt.» Warum? «Es gab eine Veränderung in der Betriebsleitung. Vorher habe ich gut dagestanden, plötzlich taugte ich nichts mehr.» Und weil ihn die neuen Herren ganz schön unter Druck gesetzt haben, wollte eines Tages der Körper nicht mehr. Mit einem Kreislaufkollaps wurde er ins Krankenhaus eingeliefert. Zwei Monate war er krank, und als er in den Betrieb zurückkehren wollte, legte man ihm die Kündigung vor. Bis zu diesem Zeitpunkt, November 1974, konnte die Familie mit den beiden Kindern im Alter von sieben und elf Jahren von rund 1400 DM im Monat leben. Nun gab es auf einmal nur noch 832 DM Arbeitslosengeld und 120 DM Kindergeld. Und so sieht seitdem die Haushaltsabrechung aus:

Miete für die 68-qm-Wohnung (ohne Bad)	186 DM
Strom und Kohle	100 DM
Versicherungen	30 DM
monatliche Raten ca.	200 DM

Es bleiben also noch etwa 400 DM für die vier Personen der Familie: drei Mark pro Tag und Person. Wie kann man davon überhaupt leben? Die Frau kauft alle 14 Tage in einem Großmarkt auf Vorrat ein, «damit man auch mal eine Notzeit überbrücken kann, wenn sich, wie schon häufig, die Geldzahlungen verzögern». Das Essen: Kartoffeln, Erbsen, Linsen, Suppengrün und Fettbrühe, von dem ein Eintopf für zwei Tage gekocht wird. Und nur, wenn gerade mal Geld gekommen ist, und dann auch nur ausnahmsweise, gibt's vielleicht mal am Sonntag Fleisch. «Höchstens Kotelett. Schnitzel oder so gibt es nie. Eine Roulade habe ich seit über einem Jahr nicht mehr gegessen.» Zwangsläufig müssen auch die kulturellen Ansprüche fallengelassen werden. Im Kino war das Ehepaar seit langem nicht mehr. Theater ist überhaupt nicht drin, und ein Zirkus kostet selbst auf den billigsten Plätzen für die ganze Familie mindestens 32 DM. Ein Buch kann nicht gekauft werden, die Tageszeitung wurde abbestellt. Und erst als das Sozialamt im November Kleidungsgeld gab, konnten die Kinder Winterstiefel bekommen. «Wovon sollte ich zwei mal 50 Mark für Kinderschuhe herbekommen?» klagt die Mutter.

Geht Siegfried ab und zu zur nächsten Bude und kauft sich seine

Flasche Bier, heißt es gleich: arbeitslos und dann noch saufen. – Ein Fall von Millionen.

Immerhin – auch das wird nicht gesagt – gab es 1974 bis Ende 1978 ca. 15 Millionen Fälle von Arbeitslosigkeit, wurden 10 Millionen betroffene Personen registriert. Das ist rund die Hälfte aller abhängig Beschäftigten. Für die IG Metall etwa heißt das, daß rechnerisch in diesen fünf Jahren mehr als 800000 Mitglieder der IG Metall arbeitslos waren (nach: Der Gewerkschafter, IG Metall-Funktionärszeitschrift, 12/1978, S. 18).

Nicht durch eine Arbeitsmarkt- und Wirtschaftspolitik, die Arbeitsplätze schafft oder Entlassungen verhindert, reagiert der Staat auf die anhaltende Massenarbeitslosigkeit, sondern mit unmenschlichen Restriktionen. Mit dem Runderlaß 230/78 der Bundesanstalt für Arbeit. Arbeitslosigkeit wird zur persönlichen Schuld erklärt. Die individuellen Qualifikationen, erworbenen Erfahrungen, das erarbeitete Einkommensniveau, familiäre Verhältnisse und regionale Verbundenheit interessieren nicht mehr. Dies alles hat hinter die Interessen der Versicherungsgemeinschaft nach schnellstmöglicher Beendigung der Arbeitslosigkeit zurückzutreten, heißt es in dem Erlaß. Einem Arbeitslosen kann demnach nach spätestens einem Jahr jeder Arbeitsplatz, auch ein weit entfernter, zugemutet werden. «Grundsätzlich, bzw. im Regelfall ist einem Arbeitnehmer nach einem Jahr Arbeitslosigkeit alles zuzumuten.» Das sind pro Jahr durchschnittlich 200000 Arbeitnehmer, die von den Unternehmern auf die Straße geworfen wurden, und die jetzt sehen sollen, wie und wo sie Arbeit finden. Schlimmer läßt sich Sozialpolitik in der Krise nicht festschreiben. Klar ist, daß die Unternehmer diese Situation ausnutzen und demonstrieren, wie es sein müßte, «wenn nicht die Scheiß-Gewerkschaften eingreifen». Der Metallbauunternehmer Carl Pirzer aus Waldmühlen übte beispielsweise so lange Druck auf die Belegschaft und den Betriebsrat aus, bis ein aufmüpfiger Betriebsratsvorsitzender entlassen wurde. Aus dem Brief des Betriebsrats: «Der Betriebsrat des Werkes Waldmünchen beantragt den Ausschluß des Betriebsratsvorsitzenden. Begründung: die beiden betriebsführenden Meister haben gemäß beiliegender Fotokopie die Arbeitsplätze gekündigt, weil eine vertrauensvolle Zusammenarbeit mit dem Betriebsratsvorsitzenden nicht mehr gegeben ist. Das Ausscheiden der beiden genannten Meister hätte zwangsläufig zur Folge, daß das Werk Waldmünchen stillgelegt werden muß.» Was hatte der Betriebsratsvorsitzende getan? Nur durchgesetzt, daß endlich die Tariflöhne gezahlt werden. Ein Beispiel, das für viele steht. Überall, so wissen Betriebsräte aus anderen Betrieben zu berichten, wird hier weit unter Tarif gezahlt, und wer nicht pariert, der fliegt. Als 1974 in Pocking bei Passau die Miederfabrik Triumph ihren Zweigbetrieb zumachte und hunderte Arbeiterinnen entlassen wurden, gab es für die Frauen zunächst keine Alternative als die, «stempeln zu gehen». Die stellvertretende Betriebsratsvorsitzende Schönbauer sagte damals: «Naja, am Anfang war's ja auch ein Schock für alle. Es ist ja auch so, ich meine, wenn man a bissel Zeitung liest und sich für die Politik interessiert, dann kann man doch, dann ist das doch handgreiflich. Ich mein, wenn sie in anderen Ländern Werke aufmachen, dann ist doch nicht die Notwendigkeit, hier die Werke zu schließen. Also das hat man doch wirklich nicht eingesehen. Wir vom Betriebsrat haben doch alles angeboten, und auch die Gewerkschaft hat alles angeboten, also Kurzarbeit und so weiter, daß die Krise überwunden werden sollte. Aber die waren bei dem ersten Kontaktgespräch, da haben die von vorneherein alles abgelehnt, um nur zu dem Punkt zu kommen, das Werk zu schließen. Ja, Gott, man kriegt hinterher Stempelgeld. Ich habe ungefähr in der Woche, weil ich nur halbtags gearbeitet habe, ungefähr 80 DM zur Verfügung. Es reicht gerade zum Leben. Aber eins der Kinder muß dann das Studium aufgeben, das ist nicht anders möglich, weil, das ist finanziell nicht drin. Es ist also kaum das reine Existenzminimum da.»

Ende 1978: Die ehemalige Betriebsratsvorsitzende hat noch immer keine Arbeit gefunden. Weil ihre Krankheit eine Beschäftigung in einer Näherei nicht zulassen würde, hat sie inzwischen Rente wegen Berufsunfähigkeit erhalten: 530 DM. «Ich muß damit auskommen. Aber glücklicherweise arbeitet mein Mann wieder und er hat 700 DM. Aber es reicht halt nicht.»

Ich frage, was denn ihre Kolleginnen gemacht haben. «Die meisten haben wieder Arbeit gefunden. Aber sie müssen jetzt für die Hälfte des damals gezahlten Lohnes arbeiten. Die meisten haben gerade einen Stundenlohn von 5 DM. Was sollen sie sonst machen? Ihre Rechte können sie nicht durchsetzen, weil sie sonst sofort entlassen werden. Alle passen sich an.» (Vgl. das Kapitel «Opfer der Krise: Arbeitslose in der BRD».)

Die soziale Krise breitet sich wellenförmig aus. Wer zuwenig Geld zur Verfügung hat, um die Miete zu bezahlen, der muß damit rechnen, daß der Gerichtsvollzieher anklopft oder das Gericht Zwangsräumung verfügt. Allein 1978 ist die Zahl der Zwangsräumungen um 80% angestiegen. Die sozialen Brennpunkte sind die Auffangbecken. Ein Auffangbecken solcher Art ist in Darmstadt die Rodgaustraße. Die Mieter in einem offenen Brief:

«Das sind unsere Erfahrungen seit Jahren: Weil die Kamine nicht richtig ziehen, dringen die Abgase vom Gasboiler in die Wohnungen ein. Das kann besonders in den kleinen Duschräumen zu Vergiftungen führen. Wir wissen nicht, wie hoch die Konzentration der Gase ist. Aber muß erst wieder jemand umfallen? Bei starkem Wind fliegen die Deckel unserer Öfen hoch. Wo es ist, ist anschließend der ganze Raum voller Ruß. Manche Familien wachten nachts auf und ihre Wohnung stand – obwohl kein Ofen an war – total unter Qualm. Der Wind drückt offensichtlich den Qualm anderer Mieter in die Wohnung. Sollen wir und unsere kleinen Kinder in diesem Qualm vielleicht ersticken? Aus diesem Grund können wir manchmal gar kein Feuer anmachen. Und gerade dann ist es manchmal ziemlich kühl. Wer bezahlt uns die hohen Stromrechnungen, wenn wir uns mit elektrischen Radiatoren aushelfen? In manchen Zimmern besteht überhaupt keine Heizmöglichkeit, weil kein Kaminanschluß vorhanden ist.» (Die Mieter der Rodgaustraße 4–8 im Mai 1978)

«Eine grundlegende Änderung des Systems der sozialen Sicherung, welche die kollektive Daseinsvorsorge abbauen und den einzelnen zu mehr individueller Zukunftsicherung nötigen soll, hat der Vorsitzende des CDU-Landesverbandes Westfalen-Lippe vorgeschlagen. Da nach Ansicht Biedenkopfs der allgemeine Wohlstand hierzulande so hoch wie nie zuvor, unüberwindlich geglaubte Klassenschranken beseitigt und die früher so abhängige Bevölkerung heute mündig sei, könnte man jetzt, im Gegensatz zu früher, die Ausgaben der Zukunftsicherung im größeren Umfang dezentralisieren» (Frankfurter Rundschau, 25. 10. 1978). Was meint er? In der BRD gab es 1978 ca. 2,3 Millionen Sozialhilfeempfänger. Ihnen soll ein menschenwürdiges Leben durch die Sozialhilfe ermöglicht werden. Hier ein Beispiel, wie es damit aussieht:

In der Bedarfsgruppe Ernährung sind für einen Erwachsenen zum Beispiel für jeden dritten Tag ein Frühstücksei vorgesehen, 203 g Kartoffeln und 20 g Butter pro Tag, 170 g Nudeln und 150 g Reis im Monat und dazu eine Fleischration, die sich gerade zu 19 mal 100-g-Portionen einteilen läßt. Will der Hilfeempfänger mit den zugestandenen 16 kWh Strom im Monat auskommen, dann würde das so aussehen: 20 Minuten täglich Licht, 30 Minuten täglich Radio, 11,3 Minuten täglich Fernsehen, 30 Minuten monatlich Bügeleisen, 1 Stunde täglich Kühlschrank und eine Maschine Wäsche mit 7,5 kg im Monat. Aber damit nicht genug. Im Sozialhilfebereich werden in allen bundesdeutschen Städten die Sozialhilfeleistungen radikal gekürzt. In Marburg kommen die «Rechnungsprüfer» zu den Sachbearbeitern der Sozialbehörden. Ihre einzige Aufgabe ist es, die Sachbearbeiter zu kontrollieren, damit sie den Antragstellern nicht zuviel zugestehen. Jede einzelne Akte wird genau kontrolliert. Derjenige Sachbearbeiter, der die Hilfesuchenden auf ihre Rechte aufmerksam macht, wird «von der Amtsleitung zusammengebrüllt». Da kursieren in anderen Städten Verfügungen und Dienstanweisungen, daß so wenig Leistungen wie irgend möglich den Hilfesuchenden zuerkannt werden sollen. In Cham müssen die Menschen, die Kleidungsbeihilfe wollen, zum Caritas-Kreisverband gehen. Im Kleiderlager dürfen sie sich dann altmodische, abgetragene Bekleidungsstücke aussuchen. Die ihnen zustehende Kleiderbeihilfe bekommen sie nicht. In Bochum müssen sich die Frauen, die von ihren Männern verprügelt werden und sich von ihnen trennen wollen, anhören: «Ja, muß das denn sein, sich scheiden lassen? Bedenken Sie überhaupt nicht, was dem Staat für Kosten daraus erwachsen?» Oder: «Ja, hören Sie mal. Das Kind können Sie zur Großmutter bringen. Jetzt gehen Sie mal endlich arbeiten.» Anschnauzen der Hilfesuchenden, Verächtlichmachen und immer wieder Ablehnung der Rechtsansprüche prägen das Klima in den Amtsstuben der Sozialämter. In Fulda bekommen die Hilfesuchenden überhaupt erst dann Sozialhilfe, wenn sie bereit sind, für die Gemeinde sogenannte «Pflichtarbeiten» zu übernehmen. Wer es ablehnt, zum Beispiel weil ein Kind zu Hause ist, erhält überhaupt keine Sozialhilfe. Das sind nur einige Fälle von vielen tausenden, die aber verdeutlichen, wie der Sozialstaat reagiert, wenn das Elend zu groß wird. Dann gibt es keinen Rechtsanspruch auf Sozialhilfe mehr. (Ausführliches dazu im Kapitel «Ich bin am Anfang mit Tränen rausgegangen»)

Dabei wissen die meisten überhaupt nicht, was ihnen alles zusteht. Aus einer «Betroffenenbefragung im EG-Modellvorhaben Projektverbund Obdachlosenarbeit Duisburg/Essen» des Instituts für Sozialarbeit und Sozialpädagogik:

«53,1% der Befragten hatten von den Möglichkeiten der Sozialhilfe nach dem BSHG nichts gewußt. Die Möglichkeit der Übernahme der Mietschulden durch das Sozialamt waren nur 23,4%, Hilfe zum Lebensunterhalt nur 39,8%, Wohngeld – Form der staatlichen Kompensation der im Verhältnis zum Einkommen zu hohen Mieten – nur 27,3%, und die Möglichkeit der Vermittlung von Sozialwohnungen nur 24,2% der Befragten bekannt» (a. a. O., S. 23).

Kinder und Jugendliche werden in Heime eingewiesen, alte Menschen, von der Arbeit zerstörte Menschen, kommen in psychiatrische Anstalten oder Alten-Sammelstellen. Am Ende werden sie zu Pflegefällen und sind angeblich nicht mehr heilbar. Private Einrichtungen wie das Sozialwerk St. Georg nehmen sich ihrer an. Dort werden die Kranken isoliert, gedämpft und dämmern dahin: «Sie werden bis zum Kragen voll mit Medikamenten gestopft, wer sich wehrt, wird festgebunden und gespritzt. Daß Taschengeld abhanden kommt und in der Verwaltung einfach verschwindet, ist hier die Regel. Um Personalkosten zu sparen, werden Patienten in allen Ecken und Enden bei Arbeiten eingesetzt: in der Küche, in der Wäscherei, beim Bügeln und Mangeln, in internen Handwerkerkolonnen», behauptet die Dortmunder Selbsthilfe.

Die Elendsindustrie floriert (siehe auch Kapitel «Die Elendsindustrie»).

Wenig weiß man auch über das, was sich in den Kinderheimen abspielt. Agnesheim auf der oberpfälzischen Burg Werberg, ein Heim für geistig- und sozialgeschädigte Kinder, ein «Heilpädagogisches Kinderheim»: Kinder werden mit der Reitpeitsche geschlagen, wenn sie nicht aufessen wollen. Das erste, was neue Erzieher bei den Einstellungsgesprächen hören, ist der Ratschlag der Heimleiterin: «Seien Sie nur ja nicht zimperlich und schlagen Sie ruhig kräftig zu, denn das sind die potentiellen Mörder von morgen.» Oder: «Einfach in die Schnauze, dann spuren die Burschen schon. Verständnisvolle Zuwendung ist reine Zeitverschwendung – die Kinder verstehen das sowieso nicht.» Bettnässer werden in einem speziellen Zimmer eingesperrt und mit einem Blecheimer versorgt, anstatt sie daran zu gewöhnen, selbständig zur Toilette zu gehen. Mit allem wird gespart, damit sich das Geschäft mit den Kindern lohnt. Die Handtücher und Waschlappen werden einmal in der Woche gewechselt, die Zahnpasta auf Anordnung der Heimleiterin rationiert. Zu essen gibt es kaum etwas, «weil die Kinder sonst zu dick werden und sie es zu Hause ja auch nicht anders hatten».

Züchtigungen, Behandlung mit Medikamenten, wie im Birkenhof in Hannover, Freiheitsentzug – all das spiegelt die aktuelle Heimsituation wider. Nichts hat sich in den letzten Jahren verändert. Heimreformen wurden propagiert und bleiben auf dem Papier.

Ein Beispiel für viele: Peter Laus schreibt am 26. 4. 1977 einen Brief mit folgendem Inhalt:

«Ungefähr 15 Jahre war ich im Spastikerzentrum München. Ich habe die ganze Entwicklung des Hauses miterlebt. Das Haus ist jetzt nur zum Herzeigen, wenn eine Besichtigung kam, wurde schnell alles geputzt, und um uns Behinderte kümmerte sich so viel Personal wie sonst nie. Wir fühlten uns in diesem Haus wie in einem Gefängnis, es fehlten nur die Gitter an den Fenstern und die Wärter. Von Herrn B. bekam ich in der langen Zeit nie ein freundliches Wort zu hören. Was uns allen in diesem Haus fehlte, war die freundliche Atmosphäre und der Kontakt zur Außenwelt. Wir hatten immer so wenig Leute, die sich um uns Rollstuhlfahrer kümmerten. Das Essen aus der Großküche war manchmal ein Saufraß.»

Im Seraphischen Liebeswerk in Feucht bei Nürnberg sagen die Kinder:

«Die weint nicht, die ist alles gewöhnt. Wenn die eine kriegt, das spürt sie überhaupt nicht.»

Was geschieht eigentlich, wenn die Kinder ins Bett machen?

«Die Schwester schimpft, und wenn sie öfters naßmachen, dann kriegen sie schon mal eine. Und man muß dann sein Bett selbst waschen.»

Wenn ihr was nicht essen wollt, was geschieht dann?

«Wir müssen alles essen. Die Schwester sagt, das mußt du einfach essen und dann müssen wir das essen. Bei den Kleinen füttert die Schwester. Da müssen die ja praktisch alles essen.»

Geht ihr in die Kirche?

«Jeden Mittwoch, Samstag und Sonntag. Wir müssen gehen, und wenn wir nicht gehen wollen, nimmt uns die Schwester einfach an die Hand.»

Was sagt sie zu euch?

«Du mußt ja auch beten. Man kann ja nicht ohne Beten durchkommen. Der liebe Heiland bestraft euch dann.»

Wollt ihr lieber nach Hause?

«Ich möchte schon lieber heim. Aber ich habe mich schon daran gewöhnt. Ich bin ja schon lange da.» (Ausführlicheres dazu im Kapitel «Berichte über und aus totalitären Institutionen: Heime»)

Armut 1978: Was in den Großstädten die starke Zunahme der Drogenabhängigen, die sich in einen Traum und oft in den Tod spritzen, ist für die Jugendlichen, Kinder und Erwachsenen auf dem Lande der Alkohol. «Selbst in den Betrieben sind einige schon am frühen Morgen voll», beklagt sich ein Betriebsrat aus Cham. Die Caritas-Beratungsstellen registrieren eine Welle von Alkoholismus. «Wir wissen überhaupt nicht, was wir tun sollen», rufen sie und schlagen die Hände über dem Kopf zusammen. Auf die Frage, wer so auffällig wird, antworten sie: «Es sind die Arbeitslosen hier. Schauen Sie, was sollen die sonst machen, wenn sie keine Arbeit finden?»

Kleve hat die höchste Quote an Jugendarbeitslosigkeit und deshalb auch an Jugendkriminalität in Nordrhein-Westfalen. 1200 Jugendliche sind nach Schätzung der Sozialarbeiter von Bierflasche oder Joint abhängig. Das Geld beschaffen sich viele durch Straßenraub und Einbruch.

In Berlin jammern die Oberärzte in der Abteilung für Kinder und Jugendliche an der Nervenklinik. «Wie sollen wir nur mit der wachsenden Zahl heroinsüchtiger Jugendlicher fertigwerden?»

Einer von ihnen ist der 1960 geborene Armin. Seine Eltern, beide berufstätig, haben sich scheiden lassen. Die Mutter hat später wieder geheiratet. Weil ihn sein Stiefvater ablehnte, kam Armin mit 14 Jahren ins Heim. Dort wurde er fristlos entlassen wegen versuchten Einbruchs und Kontakt zur Drogenszene. Er ist arbeitslos. Zur Zeit verbüßt er eine Jugendstrafe auf Bewährung.

Das soziale Elend in einigen Zahlen: «Mit fast 37% stellen Kinder, Jugendliche und Heranwachsende im Bundesdurchschnitt den höchsten Täteranteil beim Ladendiebstahl. Von 637 untersuchten Fällen in Hamburg waren 506 jugendliche Gewalttäter bei der Tat angetrunken. Bei 224 Blutalkoholbestimmungen ergab sich ein durchschnittlicher Promillegehalt von 1,74» (Kinder- und Jugendkriminalität und Öffentlichkeit, Arbeitsgemeinschaft für Jugendhilfe, Bonn 1978).

- 600 Kinderselbstmorde pro Jahr, mit steigender Tendenz.
- Ungefähr 6000 Kinder und Jugendliche versuchten sich 1978 das Leben zu nehmen.
- Etwa 1000 Kinder werden pro Jahr zu Tode mißhandelt: mindestens 1 Million Kinder werden schwer mißhandelt.
- 150000 Kinder und Jugendliche sind Alkoholiker;
- 150000 sind drogenabhängig.
- Ungefähr 6000 Drogentote im Jahr 1978.

- Von Zeit zu Zeit stirbt ein Kind oder Jugendlicher durch eine Polizeikugel.

Bei Hanau wollten Jugendliche in einem leerstehenden Neubau ihre Freizeit verbringen. Wo sonst hätten sie dazu die Möglichkeit gehabt? Sie richteten sich ein: drei Zimmer, ausgestattet mit Kissen, Girlanden, alten Sofas und Matratzen. Abends zündeten sie einen Knaller an, dann noch einen – Silvesterstimmung. Doch dann kommt die Polizei. Einer der Polizeibeamten sieht im Neubau einen Schatten und feuert aus drei Metern Entfernung. Er trifft den 14jährigen Peter Lichtenberg tödlich. «Verzweifelt», so die Zeitung über diesen Vorfall, «beugt sich Roman über seinen Freund. Darf man denn auf Kinder schießen?» Man darf inzwischen, zumindest in Bayern. Von den 22 im Jahr 1977 durch Polizisten getöteten Personen waren 17 Arbeiter, unter ihnen vier Jugendliche. Gerade beim «gemeinen Volk» scheinen die Polizeibeamten gezielt zu schießen, wie auf dem Bonner Münsterplatz am 16. 4. 1976. Ein 24jähriger Mann wollte vor einem Stand zwei Stiefel klauen. Ein Polizist sieht das, zielt und erschießt den Dieb.

Doch all das ist nur die eine Seite der Armut. Es sind die Auswirkungen, Erscheinungen und Folgen materieller und sozialer Armut. Vergessen wird immer wieder, daß das Ausmaß der Armut in der BRD viel größer und breiter gestreut ist. Das andere Bild der Armut ist geprägt durch die herrschenden Produktionsverhältnisse und ihre direkte Einwirkung auf das Leben der Menschen. Umweltschädigungen, Berufskrankheiten, vorzeitiger Verschleiß, Leistungsdruck und Stress mit katastrophalen Auswirkungen auf die Gesundheit, Arbeitsbedingungen, die den Menschen auf seine Funktion als Arbeitender reduzieren. Das sind nur Stichworte, die die Situation und die Problematik der vielfältigen Formen psychischer Verelendung andeuten. Denn: «Der Arbeitsinhalt, die Arbeitsart, die materielle und soziale Umwelt am Arbeitsplatz, die Kontaktmöglichkeit, die Einkommenshöhe der abhängig Beschäftigten, hängen vor allem ab von der Stellung in der Unternehmenshierarchie. Die Entäußerung der Arbeitskraft im Produktionsprozeß auf der einen Seite und die Wiedergewinnung der Arbeitskraft nach dieser tagtäglichen Verausgabung auf der anderen Seite machen in hohem Grade den Lebensrhythmus der abhängig Arbeitenden aus.

Freizeit, Ernährung, Wohnung, das Leben in der Familie, Urlaub, Erziehung und andere Lebensbereiche außerhalb der Produktionsstätten sind von diesem Rahmen geprägt. Das ökonomische Erfordernis, die Arbeitskraft wiederzugewinnen, um sie tags darauf wieder verausgaben zu können, steckt den physischen, psychischen und sozialen Rahmen ab, innerhalb dessen Freizeit und die Lebensbereiche außerhalb des Arbeitsplatzes wie Familie, Schulbildung der Kinder, vom einzelnen gefordert werden können» (Frieder Naschold: Systemanalyse des Gesundheitswesens in Österreich, Studie über Entstehung und Bewältigung von Krankheit im entwickelten Kapitalismus, Wien, Dezember 1974, S. A 23).

Dazu gehört die hohe Säuglingssterblichkeit, von der Arbeiterfrauen extrem betroffen sind. Gefährdet sind schwangere Frauen, die an besonders gefährlichen Arbeitsplätzen sitzen. In der Hochkonjunktur wurden sie auf Grund des Arbeitskräftemangels gezwungen, trotz Schwangerschaft anstrengende oder andere unzulässige Arbeiten zu verrichten, in der Krise verheimlichten viele, so lange es ging, ihre Schwangerschaft aus Angst, den Arbeitsplatz zu verlieren oder Lohneinbußen zu erleiden. Sie blieben über Gebühr den Belastungen des Arbeitsplatzes ausgesetzt. Dazu kommen die oft unhygienischen Wohnverhältnisse und die qualvolle Enge vieler Wohnungen. Totgeburten, Kinder mit körperlichen und geistigen Behinderungen – Folgen von Armut und Elend im hochentwickelten Kapitalismus.

1976 ist die Nachsterblichkeit vom 28. Lebenstag bis zur Vollendung des ersten Lebensjahres um 30% gestiegen. Selbst die CDU vermutet, daß die Ursachen im «sozialen und sozial-medizinischen Bereich» liegen. Die Lebenserwartung, ein Zeichen für den sozialen Fortschritt! So gilt der beträchtliche Anstieg der mittleren Lebenserwartung seit etwa 100 Jahren in Deutschland als einer der besten Beweise für die gesamtgesellschaftliche Lage. Doch der einstige Trend einer zunehmenden Lebenserwartung sieht inzwischen anders aus. In der BRD ist eine Stagnation und sogar ein deutlicher Rückgang der Lebenserwartung nachweisbar. Berufstätige Frauen liegen deutlich unter der durchschnittlichen Lebenserwartung von 67 Jahren, männliche Arbeiter liegen am tiefsten darunter, Angestellte weit darüber. Hilfsarbeiter haben eine um 50% niedrigere Lebenserwartung als Unternehmer. Die stärksten Faktoren, die zu einer sinkenden Lebenserwartung in einem entwickelten kapitalistischen Land führen, sind die beiden sozio-psychologischen Faktoren «Arbeitszufriedenheit» und «allgemeines Wohlbefinden» (F. Naschold, a. a. O. S. II A/7).

Es steht fest, daß die besonders schweren und belastenden Arbeiten zu erhöhtem gesundheitlichen Verschleiß führen. Die geringe Entlohnung dafür und alle sozialen Folgeprobleme schaffen bei den Arbeitern ein Klima des Pessimismus, der Angst, des Unzufriedenseins. Denn die Lebensverhältnisse der Menschen werden vor allem durch ihre Stellung im Produktionsprozeß und durch ihr Verhältnis zu den Produktionsmitteln bestimmt. Ob jemand ein Kapitalbesitzer ist und über die Produktionsmittel und andere Menschen verfügt, ihre Arbeitskraft profitsuchend verwertet und davon lebt – oder ob jemand als abhängig Beschäftigter seinen Lebensunterhalt bestreiten muß, bestimmt die sozialen und maßgeblich auch die gesundheitlichen Lebensverhältnisse.

Die spezifischen Beeinträchtigungsfaktoren insbesondere auch industrieller Arbeit, wie chemische Schadstoffe, andauernde körperliche

Überbelastung, Schicht-, Nacht-, Akkord- und Fließbandarbeit, die Intensivierung der Arbeit auf Grund des täglichen betrieblichen Rationalisierungsdruckes im Rahmen des propagierten Wirtschaftswachstums, wirken sich entsprechend aus in Arbeitsunfällen, Berufskrankheiten und Frühinvalidität. Da gibt es zum einen die indirekten Gesundheitsschäden: Tatsache ist, daß in den letzten Jahren eine erhebliche Zunahme von «krebserzeugenden Arbeitsstoffen» registriert wurde.

Auf die Anfrage des SPD-Bundestagsabgeordneten Klaus Kirschner über die Kenntnis der Bundesregierung von solchen Zunahmen, erklärte die Bundesregierung:

«Es trifft zu, daß die von Ihnen genannte ‹Maximale Arbeitskonzentrationswerte-Liste 1978› in ihrem Abschnitt III ‹krebserzeugende Arbeitsstoffe› 38 potentielle krebserzeugende Stoffe enthält. 14 dieser Stoffe vermögen erfahrungsgemäß bösartige Geschwulste zu verursachen. Weitere 24 Stoffe haben sich bislang nur in Tierversuchen als krebserzeugend erwiesen. Es besteht der Verdacht, daß sie unter entsprechenden Bedingungen auch für den Menschen krebserzeugend wirken können. Bei den Trägern der gesetzlichen Unfallversicherung ist eine ergänzende Unfallverhütungsvorschrift über technische Schutzmaßnahmen beim Umgang mit krebserzeugenden Stoffen in Vorbereitung.»

Nur – bis diese Liste kommt und die Arbeitsschutzmaßnahmen durchgeführt werden, ist es schon für Tausende von Arbeitnehmern viel zu spät. Sie werden sich in 20, 30 Jahren einmal daran erinnern, warum sie an Krebs erkrankt sind.

Das andere sind die direkten Auswirkungen:

«Etwa 70% der Bevölkerung suchen innerhalb eines Jahres den praktischen Arzt bzw. den Arzt für Allgemeinmedizin auf. Von diesen weisen etwa 10 bis 20% psychische Krisen, Krankheiten oder vorwiegend psychisch bedingte körperliche Beschwerden auf. Dies sind 4 bis 8 Millionen.

Als dringend psychiatrisch bzw. psychotherapeutisch behandlungsbedürftig erweisen sich innerhalb eines Jahres dabei 1,8 bis 2% der Bevölkerung, also rd. eine Million Personen.

Den niedergelassenen Nervenarzt oder Psychotherapeuten konsultieren wegen psychischer Krankheiten innerhalb eines Jahres ein Prozent der Einwohner – also rd. 600000 Personen. Von psychiatrischen Krankenhäusern und Abteilungen aufgenommen werden innerhalb eines Jahres 0,25% bis 0,40% der Bevölkerung, also rund 200000 Menschen» (Deutscher Bundestag, Drucksache 7/4200).

Die Konsequenz von alledem: steigende materielle Verelendung, Entbehrungen, Behinderungen, am gesellschaftlichen Leben teilzunehmen – psychische Verelendung.

Die Wirtschaftskrise 1974 mit der Massenarbeitslosigkeit, die Ideologie der ‹sozialen Gemeinschaft› und das Fehlen sozialer Reformen, die einhergehen mit zunehmender wirtschaftlicher Konzentration und technologischer Effizienz des kapitalistischen Systems, läßt die Zahl derjenigen Arbeitnehmer in die Höhe schnellen, die materiell und psychisch verelenden. Auf der einen Seite konzentrieren sich die gesellschaftlichen Reichtümer bei einer hauchdünnen Schicht von Kapitaleignern. Auf der anderen Seite gibt es für die arbeitende Bevölkerung immer weniger Möglichkeiten, an der gemeinsam erwirtschafteten Produktion zu partizipieren. Die Produktion wird lebenszerstörend.

Trotzdem ist es noch herrschende Ansicht, daß Armut und Elend lediglich historische Phänomene darstellen, die es nicht massenhaft, sondern nur «am Rande» gibt. «Am Rande»: Das sind letztlich irgendwelche Außenseitergruppen, die sich nicht anpassen können, die es – so behaupten viele – auch nicht anders haben möchten. Womit heute Armut identifiziert wird: Arbeitslose, Rentner als «Ausschuß» des Arbeitsprozesses, Obdachlose, Penner und Behinderte. Auch die bürgerlichen Wissenschaftler beschränkten sich bisher bei der Analyse der Ursachen von Armut im sogenannten Wohlfahrtsstaat BRD auf die Untersuchung dieser vermeintlichen Randgruppen. Die reale Situation ist anders: 26% der Bevölkerung, das sind ca. 15,8 Millionen Menschen in der BRD, sind auf Grund geringen Einkommens gegenüber anderen Einkommensgruppen mit einem Durchschnittseinkommen von 1650 DM netto und darüber, erheblich benachteiligt und vom gesellschaftlich und sozial Möglichen, das eine hochindustrialisierte Gesellschaft wie die BRD bieten müßte, ausgeschlossen. Daraus resultieren eine Vielzahl von individuellen und sozialen Behinderungen und Entbehrungen: Fehlende Wohnungen, zermürbende Arbeitsbedingungen, Krankheit, Sozialisationsschäden bei den Kindern, Resignation. Materielle Armut läßt sich aber nicht auf die Arbeiterklasse reduzieren: Betroffen sind ebenso kleine Gewerbetreibende, Handwerker und Krämer, die durch die zunehmende Konzentration in den Ruin getrieben werden.

Soziales Elend heißt, daß die Armen unter unwürdigen Wohnbedingungen leiden, daß die Kinder allenfalls die Hauptschule, meist aber nur die Sonderschule besuchen können und als Deklassierte in ihrer Spontaneität, ihren Entwicklungsmöglichkeiten, gesellschaftlichen Aktivitäten behindert werden. Die sozialen Bedingungen der Verelendung haben sich seit der Epoche des Frühkapitalismus nur teilweise verändert. Es herrschen wie vor hundert Jahren hohe Säuglingssterblichkeit, geringe Lebenserwartung, hohe Invaliditätsrate, hoher Anteil an psychischen wie physischen Krankheiten, hoher Anteil an Heiminsassen, hoher Anteil an Kriminalität, Deklassierung. Die Jugendlichen, die keine Möglichkeit einer beruflichen Qualifikation haben oder nur bedingt den Qualifikationsnormen der kapitalistischen Gesellschaft genügen, füllen die Reservearmee der ungelernten und mangelhaft ausgebildeten Arbeiter wieder auf.

Der Staat und die Armut

Inzwischen wird immerhin in den staatstragenden Parteien darüber diskutiert, ob es Armut überhaupt gibt. Die Sozialexperten der CDU fanden, nach jahrzehntelangem vergeblichem Suchen, die «bittere private Armut: 5,8 Millionen Menschen in 2,2 Millionen Haushalten», so die CDU, «verfügen nur über ein Einkommen, das unter dem Sozialhilfesatz liegt».

Diejenigen, die laut CDU in Armut leben, sind aber nicht Angehörige irgendeiner bestimmten sozialen Klasse, sondern «benachteiligte Gruppen, die nicht zu Wort kommen» – ältere Menschen und kinderreiche Familien. Verschwiegen wird dabei, daß es weitere Millionen Bundesbürger gibt, deren Einkommen zwar über dem Sozialhilfesatz liegt, die aber trotzdem in Armut leben. Um das Armutsproblem zu lösen, haben findige Sozialpolitiker der CDU die «neue soziale Frage» in die Diskussion geworfen. Das heißt: Es gibt keine sozialen Klassen mehr, sondern nur noch einzelne Gruppen, die keine Interessenvertreter haben. Das Wort «Arbeiter» nimmt man in diesen Kreisen nur ungern in den Mund – das Wort «Kapitaleigner» überhaupt nicht. Dazu gibt das Gespräch mit Norbert Blüm, dem Vorsitzenden des CDU-Sozialausschusses, Aufschluß (s. S. 49).

Bekanntlich hat auch die Bundesregierung, bzw. das Bundesministerium für Jugend, Familie und Gesundheit, «einen Bericht über die Eingliederung von Personen mit besonderen sozialen Schwierigkeiten» vorgelegt. Mehr hat die SPD/FDP-Regierung zur Armutsproblematik nicht zu sagen. Die Bundesregierung kennt überhaupt kein Armutsproblem, sondern nur Fehlverhalten des Individuums. Es existieren deshalb auch keine Armen, sondern nur Obdachlose, Nichtseßhafte, Landfahrer, aus dem Freiheitsentzug Entlassene und junge Menschen mit Verhaltensstörungen. «Verhaltensstörungen stellen als psychische Auffälligkeit zumeist den Effekt einer vielfältigen Wechselwirkung innerer und äußerer, körperlicher und seelischer, anlagemäßiger und erworbener Faktoren dar.» Bei den Obdachlosen heißt es: «Charakteristisch für Obdachlose sind eigene, von der Durchschnittsbevölkerung abweichende Verhaltensweisen.» Von Umweltbelastung, menschenwürdigen Arbeitsbedingungen, der Situation in Gefängnissen, Anstalten und Heimen, dem Schicksal der Sozialhilfeempfänger nimmt die Bundesregierung nicht Kenntnis.

Bauer Lamer, der nahe der oberpfälzischen Kleinstadt Cham wohnt, setzt mit zittriger Hand seine Unterschrift unter eine weitere Schuldverschreibung. Sein kleiner Ölofen ist kaputt – einen neuen könnte er sich sonst nicht kaufen. Der 56jährige arbeitet von 7 Uhr bis 17 Uhr in einer Metallwarenfabrik – für einen Lohn von 600 DM. Das reicht gerade, um die monatlichen Ratenzahlungen in Höhe von 550 DM bezahlen zu können. Seine verhärmte Frau hat eine Altersrente in Höhe von 230 DM. Damit müssen sie auskommen. Sie nagen am Hungertuch. Tausenden anderer Bauernfamilien allein in dem Bezirk Cham geht es nicht anders.

Wenn der Arbeiter Werner in der Südeifel bisher nach Hause kam und seine monatlichen Lohnstreifen auf den Tisch legte, blieben ihm für seine vierköpfige Familie gerade 1000 DM übrig. Seit einem Jahr ist er nun schon arbeitslos. Jetzt weiß er nicht mehr, wie er seine Schulden bezahlen soll. Zum drittenmal wurde ihm die Kündigung seiner Wohnung angedroht, falls er weiterhin die Miete verspätet zahlt. Ängstlich hat er sich schon das Telefon abstellen lassen, damit keine Gläubiger bei ihm oder seiner nierenkranken Frau anrufen und fragen, wann die fällige Rate für den Kühlschrank überwiesen wird. Auch die Post braucht nicht zu läuten. Er hat den Klingeldraht durchgeschnitten, denn er hat Angst, daß Einschreibebriefe von seiner Bank ins Haus kommen. Seine Frau putzt inzwischen bei einigen Familien in der Kleinstadt. So haben sie im Monat immerhin 600 DM zur Verfügung. «Zum Leben reicht das nicht», beklagt sich der ehemalige Bauarbeiter. In den umliegenden Wäldern dagegen sollen, so beschwerte sich die Arenberg-Düsseldorf GmbH, Hirsche und Rehe am Reichtum des Hauses Arenberg nagen.

Die Vermögensmillionäre des Hauses Arenberg beklagen sich bitter darüber, daß sich der «Wildschaden in unseren Wäldereien auf eine Million Mark belaufen hat». Die Arenberg-Düsseldorf GmbH ist eine der Gesellschaften, durch die einzelne Mitglieder des Hauses Arenberg ihren umfangreichen Grundbesitz in Deutschland verwalten lassen.

Während der Bauarbeiter Werner, so lange er zurückdenken kann, gerade genug hatte, um die Familie zu ernähren, und es seinen Eltern auch nicht besser gegangen war, erhielten die Arenbergs als Entschädigung für ihre durch den Frieden von Lunéville verlorenen belgischen und linksrheinischen Territorien das ehemals münstersche Amt Meppen und die früher kurfürstliche Grafschaft Recklinghausen. Seither führt der jeweilige Chef des Hauses Arenberg auch die Titel eines Herzogs von Meppen, Fürsten von Recklinghausen und Grafen von der Mark. Und so gibt es denn heute in Düsseldorf auch eine Arenberg-Schleiden GmbH und eine Arenberg-Recklinghausen GmbH. 1965 hat Prinz und Herzog von Arenberg seinen Adoptivsohn, Rodrigue Marques de Belzunce d'Arenberg, zum Alleingesellschafter der jetzt wegen des Wildschadens klagenden Firma gemacht. Auch das Stammkapital von 3,5 Millionen DM der Arenberg-Schleiden GmbH gehört ihm ganz.

Bei der Arenberg-Recklinghausen GmbH, Stammkapital 3 Millionen DM, teilen sich Laetitia Erzherzogin von Habsburg-Lothringen, geborene und adoptierte de Belzunce d'Arenberg, und S. D. Leopold Engelbert Prinz und Herzog d'Arenberg den Besitz. Die Arenberg-Recklinghausen GmbH ist mit 1325000 DM an der Düsseldorfer Intercontinental Hotel GmbH beteiligt. Weitere Aktionäre sind mit 305000 und 370000 DM S. D. Eric 11. Herzog von Arenberg und Jean Prinz und Herzog von Arenberg. Der Grundbesitz dieser feudalen Kapitalbesitzer wird auf über 28000 ha geschätzt. Sie gehören damit, neben den Thurn und Taxis und den Fürstenbergs, zu den größten Grundbesitzern in Deutschland.

Der Arbeiter Friedrich Grüne aus Duisburg, 52 Jahre alt, stand Weihnachten 1978 in klirrender Kälte vor den Toren der Thyssen AG in Duisburg. Er streikte mit seinen Kollegen von der IG Metall für die Einführung der 35-Stunden-Woche. «Ich bin einer der Höchstverdienenden bei Thyssen in der Lohnstufe 8. Da komme ich mit Sonntagsarbeit und Nachtschicht auf einen Reinverdienst von 1500 DM. Das muß man sich mal vorstellen. Zwei Kinder plus einer Miete von 400 DM – was bleibt da übrig? Gesellschaftlich sind wir auch ausgeschlossen. Theater, Gesangverein oder andere kulturelle Vergnügungen, das gibt's nicht, wegen der Wechselschicht. Ich mache dreißig Jahre Wechselschicht und habe gerade einen Herzinfarkt hinter mir. Ich bin noch in Behandlung wegen dem Herz, und das muß ich jetzt noch 9 Jahre machen. Von Sparen oder Urlaub zu reden wäre schon gut, nur leisten können wir es uns nicht. Wir malochen uns tot.»

Einer aus der Stahl-Dynastie, für die die Stahlarbeiter sich kaputtarbeiten, ist der Industrielle Hans Heinrich Thyssen-Bornemisza, 57 Jahre alt. Ein «Dossier» sagt über ihn:

«Generalunternehmer für den Fregattenbau bleibt die Bremer Vulkan Schiffbau- und Maschinenfabrik der Industriellen Hans Heinrich Thyssen Bornemisza. Der Bremer Vulkan spie in den letzten 3 Jahren bei einem Grundkapital von jetzt 72 Millionen DM insgesamt 70,95 Millionen DM Gewinne aus. Ihr Aufsichtsratsvorsitzender, H. H. Thyssen-Bornemisza, hat in dieser Zeit seinen Wohnsitz aus dem nicht mehr so steuerbegünstigten Lugano-Castagnola in das steuerbegünstigte Fürstentum Monaco verlegt. Er signalisiert jetzt aus Monte Carlo den kapitalistischen Verteidigungswert der westlichen Welt. Er profitiert von einem Arbeitsbeschaffungsprogramm der Bundesregierung. Zur Erhaltung von Arbeitsplätzen erteilte die Bundesregierung den Auftrag für den Bau der sechs Mehrzweckfregatten an die Bremer Vulkan Schiffbau und Maschinenfabrik des Stahl- und Werftenbarons Thyssen» (Dossier VII/1–77, Veitsrodt, S. 153).

Während im Feinkostgeschäft Plöger in der Frankfurter Freßgasse am 24. Dezember die letzten Rebhühner, Fasane, Hummer und Champagnerflaschen verkauft wurden – an die Mercedesbevölkerung von Frankfurt –, dürfen die Frankfurter Sozialhilfeempfänger eineinhalb Tafeln Schokolade, der Sozialhilfesatz gesteht nicht mehr zu, auf den Gabentisch legen. Viel mehr können sich die 20000 Sozialhilfeempfänger in

Frankfurt sowieso nicht leisten, es sei denn, sie leihen sich irgendwo Geld.

Fast ausschließlich Arbeiterfrauen kaufen in den Läden der Bekleidungsfirma Reißner. Das Geschäft mit der billigen Kleidung für die Besitzlosen ist für Familie Reißner ein Millionengeschäft, wobei die Tatsache, daß für die Ehefrau des Firmenchefs «Dior-Unterhosen» im Wert von 100 DM pro Stück nur von nebensächlicher Bedeutung ist. Und Diener und Chauffeur gehören da nur zum kapitalen Beiwerk.

Zu den Armen zählt auch der Hilfsarbeiter Werner S., der in der Frankfurter Wegscheidestraße wohnt. Seit 7 Monaten ist er ohne Arbeit. Das Arbeitslosengeld beträgt 685 DM. Zusammen mit Kindergeld und Wohngeld hat er ein monatliches Einkommen von 731 DM und liegt damit um 15,8% unter dem Sozialhilfesatz. Er ist arm. In der Frankfurter Wegscheidestraße hatte auch einmal der CDU-Bundestagsabgeordnete Helmut Link gewohnt, als er noch Stadtverordneter war. Seitdem er in den Bundestag eingezogen ist, vollzog sich ein unaufhaltsamer Aufstieg. In der ersten Legislaturperiode zog er auf den Atzelberg, weg von den «Asozialen». Dort bezog er im sozialen Wohnungsbau eine 5-Zimmer-Wohnung. Nach der zweiten Legislaturperiode konnte er sich eine Villa im Taunus leisten und zwei Autos unterhalten. Er kauft auch nicht, wie die Armen in unserer Gesellschaft, bei Woolworth ein, dem Kaufhaus der kleinen Leute.

Wobei es zumindest der Kaufhauskette nicht schlecht geht. Die Firma Woolworth, mit 187 Kaufhäusern in der BRD, konnte 1977 an die Muttergesellschaft in New York einen Gewinn in Höhe von 100807187,96 DM überweisen.

«Wir warnen vor neuen Forderungen. Ich werde von ausländischen Freunden immer wieder darauf aufmerksam gemacht, daß es mit der Stabilität der Bundesrepublik nicht mehr so recht weitergeht, und zwar wegen der vielen Streiks und der unmäßigen Lohnforderungen. Wir müssen alle etwas gemeinschaftlicher denken.» Sprüche dieser Machart verkündet Senator Dr. h. c. Franz Burda Woche für Woche in seiner Illustrierten, der «Bunten». Käufer dieser Illustrierten zählen zum größten Teil zu den Arbeitnehmern. Senator Burda, Multimillionär, weiß wenigstens, wovor er Angst hat: daß von seinem fetten Kuchen etwas weggeknabbert werden könnte. Denn bei ihm stiegen die Umsatzerlöse 1977 um 14,35% auf 531,5 Millionen DM und der Jahresüberschuß gar um 79% auf 24,7 Millionen DM. Je Kopf der Beschäftigten wurden so gut 5800 DM verdient. Gesellschafter des gutgehenden Geschäfts sind mit 19,8 Millionen DM Senator Burda in Offenburg; je 18,3 Millionen DM liegen bei seinen drei alleinvertretungsberechtigten Söhnen, seit 1973 Geschäftsführer der BRD Burda GmbH. Einer der Söhne, Franz Burda jr., ist Honorargeneralkonsul von Indonesien. Jeder der insgesamt vier Burda-Gesellschafter hat einen durchschnittlichen Kapitalzuwachs von täglich 8447,49 DM (nach: Dossier, 1977, S. 209).

Ähnlich hoch ist der Kapitalzuwachs beim Weinhändler Elmar Pieroth, der 1969 in den Bundestag einzog. In einer Wahlanzeige verbreitete er 1976: «70% des deutschen Produktivvermögens sind im Besitz von nur 1,7% der Bevölkerung.» Pieroth wollte das verändern. Er verwies dabei auf das bei ihm praktizierte «Pieroth-Modell der Mitbestimmung und Mitarbeiterbeteiligung». Nach 10 Jahren, so Pieroth, habe ein durchschnittlich verdienender Mitarbeiter etwa 15000 DM im Unternehmen stehen. Das entspricht, so errechnet der Wirtschaftspublizist Georg Schneider, «einem täglichen Kapitalzuwachs von 4,11 DM». Es lohnt sich aber nur, wenn die Arbeitnehmer lange im Betrieb bleiben und so manche Unbillen, was Löhne und Arbeitsbedingungen betrifft, auf sich nehmen. Diese Mitarbeiterbeteiligung ist in Wirklichkeit nichts anderes als eine perfekte Täuschung über die wahren Besitz- und Machtverhältnisse. Was die Mitarbeiter nämlich nicht wissen, ist, daß der kapitale Eigentumspolitiker E. Pieroth einen täglichen Kapitalzuwachs von 8569,86 DM auf seinen Konten verbuchen kann, also mehr als das 2000fache seiner «geschätzten» Mitarbeiter. Für 1979 wird ein noch höherer Kapitalzuwachs erwartet (nach: Dossier X/1–77, S. 204).

Die Armen werden immer ärmer, die Reichen immer reicher. Dieser kurze Einblick in die Hintergründe der wahren Macht- und Vermögensverhältnisse in der BRD ist notwendig, um überhaupt das Problem der Armut, der materiellen Verelendung, deutlich und sichtbar zu machen. Denn es ist nicht nur Ausdruck der materiellen Verelendung, daß ein Rentner 250 DM Rente zur Verfügung hat, ein Arbeitsloser ein Arbeitslosengeld von 650 DM oder eine kinderreiche Arbeiterfamilie 800 DM. Ausdruck der materiellen Verelendung und der daraus resultierenden sozialen, kulturellen und gesellschaftlichen Not ist das sprunghafte Ansteigen der Vermögensmillionäre.

Die materielle Armut

Nach den jüngsten, vom Statistischen Bundesamt ausgewerteten Ergebnissen der Einkommens- und Verbrauchsstichprobe aus dem Jahre 1973 gab es in der BRD insgesamt 21155000 private Haushalte. Sie hatten ein durchschnittliches Nettoeinkommen von 2040 DM pro Monat zur Verfügung. In 8,7 Millionen Haushalten, das sind 41%, sorgte ein einziger Erwerbstätiger für den Unterhalt, in 4,9 Millionen Haushalten gab es zwei Erwerbstätige, in knapp einer Million Haushalten, das sind 5%, arbeiteten drei Personen, und in 6,6% aller Haushalte war niemand erwerbstätig.

Von den Haushalten mit erwerbstätigem Haushaltsvorstand, so benennt die Statistik den «Versorger» der Familie, hatten die Haushalte der Landwirte die weitaus meisten zusätzlichen Erwerbstätigen. Nur in 15 von 100 Haushalten war der Haushaltsvorstand, der Bauer, alleine erwerbstätig. In 50 Haushalten kam ein weiterer Erwerbstätiger hinzu, meist die Bäuerin. In 35% der Haushalte waren es zwei und mehr Erwerbstätige: die Kinder und Jugendlichen. Das Einkommen der landwirtschaftlichen Haushalte mit nur einem Erwerbstätigen lag um etwa ein Fünftel unter dem Durchschnittseinkommen aller Haushalte von Landwirten. Es war um 30% niedriger als das Einkommen von Haushalten mit drei und mehr Erwerbstätigen. So entfielen von allen Haushalten mit einem Landwirt rund 29% auf die Einkommensgruppe unter 1800 DM.

Übersetzt heißt dies, daß, genau wie bei den Arbeiterfamilien, die Frau zur Mitarbeit gezwungen wird, um ein Einkommen zu erwirtschaften, das einen mittleren Lebensstandard ermöglicht. Die Zahl zeigt aber auch, wie fragwürdig ein sogenanntes «Durchschnittseinkommen» ist. Immerhin hatten bei den weiblichen Berufstätigen 14% ein Einkommen, das unter 500 DM lag (Einkommens- und Verbrauchsstichprobe 1973, Heft 6, Statistisches Bundesamt Wiesbaden 1977, S. 14).

Anderen Berechnungen zufolge hatten 1976 12% aller Haushalte, das sind 2,8 Millionen, ein Nettoeinkommen unter 770 DM und 36% ein Einkommen zwischen 1000 und 2000 DM pro Monat (Untersuchung des Instituts für Wirtschaftsforschung über die Einkommenssituation sozialer Gruppen, 1977).

Hatten 1970 insgesamt 29,5% aller Haushalte ein monatliches Nettoeinkommen unter 1000 DM, so hatten im Jahr 1975, nach der gleichen Berechnung, 24,1% aller Haushalte ein Einkommen, das unter 1000 DM lag. 10,8% aller Haushalte, das entspricht 2532000 Haushalten, stand ein Einkommen unter 700 DM zur Verfügung.

Allein 26,4% aller Rentner-Haushalte hatten weniger als 700 DM zur Verfügung: das sind 2226999 Rentnerhaushalte.

Millionen Arbeitnehmer verfügen über ein Einkommen, das unter dem Sozialhilfesatz liegt. Bei hohen Mieten kann insbesondere in den unteren Leistungsgruppen in einzelnen Industriezweigen (Bekleidung, Schuhe, Handel) die Sozialhilfeschwelle nicht erreicht werden.

Besonders betroffen sind die erwerbstätigen Frauen. 1977 gab es insgesamt 9 Millionen erwerbstätige Frauen, davon waren 6,2 Millionen verheiratet. Insgesamt dürften 44% der verheirateten Frauen im Produktionsprozeß stehen. Weit höhere Prozentsätze ergeben sich nach den Berechnungen des Statistischen Bundesamtes bei Frauen im geburtsfähigen Alter. Fast die Hälfte sämtlicher Frauen im Alter zwischen 30 und 45 Jahren geht zur Arbeit. Bei den noch nicht 30jährigen steigt die Erwerbsquote bis auf 60%.

Viel häufiger als die Frauen gutverdienender Männer sind die Frauen der schlecht verdienenden Männer erwerbstätig. So sind in den fünf bis zehn Jahre bestehenden Ehen die Frauen nur zu 35% erwerbstätig, wenn der Mann mehr als 2000 DM netto im Monat verdient, aber zu 53% bei Einkommen von weniger als 1000 DM. Bei 11- bis 15jähriger Ehedauer stehen die Frauen mit Männern, die monatlich mehr als 3000 DM verdienen, zu 40% im Erwerbsleben, die Frauen, deren Ehemänner weniger als 1000 DM netto verdienen, zu 65%.

Hinzu kommt, daß die berufstätigen Frauen mit schlecht verdienenden Männern und vielen Kindern zu zwei Dritteln voll erwerbstätig sind. Tatsächlich stellt sich die Alternative zwischen Erwerbstätigkeit und Nichterwerbstätigkeit für Ehefrauen mit Kindern nicht. In dieser Klasse sind die Ehefrauen trotz Kinder, ja gerade wegen der Kinder und der schlechten Lohnsituation des Ehemannes erwerbstätig. Immerhin hatten 38,6% der erwerbstätigen Frauen zwei Kinder unter 18 Jahren und 25,8% der Frauen zwei und mehr Kinder unter sechs Jahren.

Um das Armutspotential zu errechnen, ist es daher notwendig, auch die allgemeine Einkommenssituation derjenigen Gruppen zu untersuchen, die darauf angewiesen sind, zu arbeiten, um die Familie überhaupt ernähren zu können – weil der Lohn oder das Gehalt des Ehemannes sonst nicht ausreichen würde. Dabei stellt sich heraus, daß Frauen immer noch deutlich weniger verdienen. Während beispielsweise in der Industrie des Saarlandes die männlichen Arbeiter 1976 auf einen Jahresbruttoverdienst von 26131 DM kamen, erreichten ihre Kolleginnen mit 17258 DM ein Drittel weniger. Gründe dafür sind im wesentlichen die Massierung der weiblichen Arbeitnehmer in den unteren Leistungsgruppen, die verbreitete Teilzeitbeschäftigung und, daß sich die Frauen in traditionell schlechter bezahlenden Branchen konzentrieren. So werden beispielsweise in der Schuhindustrie Nettomonatslöhne für Männer in Höhe von ca. 1000 DM und für Frauen in der Papierindustrie in Höhe von 800 DM bezahlt.

Die Statistik des durchschnittlichen Netto-Haushaltseinkommens weist auf die niedrigen und auf die hohen Einkommen überhaupt nicht hin. Sie will – aus welchen Gründen auch immer – den Durchschnitt belegen, und nicht das, was unter dem Durchschnitt verborgen ist. Aufschlußreich kann die Statistik des Haushaltsnettoeinkommens schon deswegen nicht sein, weil in ihr weder die sozialen, kulturellen noch gesundheitlichen Anforderungen und Belastungen der einzelnen gesellschaftlichen Gruppen enthalten sind. Es liest sich zwar gut, daß eine Familie über ein Nettoeinkommen von mehr als 1400 Mark verfügt, daß aber dieses Einkommen nur erreicht wird, weil die Frau mitarbeitet, bleibt unberücksichtigt. Genauso wenig wird gesehen, daß ein relativ hohes Einkommen, besonders bei den Lohnabhängigen, ausschließlich durch Überstunden, Schichtarbeit, Akkord, Samstags- und Sonntagsarbeit erreicht wird.

Ein anderer Faktor: Von 1975 auf 1976 betrug der Nettolohnzuwachs eines Arbeitnehmers 4,4%, 1976/1977 waren es 4,5%. In der Zeit von 1972 bis 1977 betrug die Steigerung der Nettolöhne 6,8% (nach: Bundesverband der Arbeiterwohlfahrt, August 1977). Die Preise hatten sich aber nicht um 3% oder 4% erhöht, wie es die Lebenshaltungskostenstatistik dokumentiert. «In der Zeit von Januar 1975 bis Januar 1978 ist der Preisindex für die Lebenshaltung aller privaten Haushalte um 13% gestiegen, der Preisindex für die Lebenshaltung eines Kindes um 12,6%» (Sozialbericht 1978 der Bundesregierung, Bundestagsdrucksache 8/1805, 12. 5. 1978). Dies wiederum trifft im besonderen Haushalte mit niedrigem Einkommen. Da ist einmal die Miete 1978 um 10–15% gestiegen, Brennstoffe und Elektrizität um 8% und die Tarife der öffentlichen Verkehrsmittel um 10 bis 20%. Die Armen müssen mehr zahlen. In München hat die Studiengruppe für Sozialforschung eine Teststudie über Verbraucherverhalten und Verbrauchersituation einkommensschwacher Gruppen erstellt, die aufzeigt, wie manipulierend Durchschnittszahlen der Statistik sind. Einmal braucht man als Großstadtbewohner ein Auto, um in den billigen, den sogenannten Verbrauchermärkten, einzukaufen. Eine Aussage aus der Teststudie: «In den Wertkauf können wir nicht gehen – da ist es schon billiger – aber wenn man mit der Tram hinfahren muß, kommt es wieder aufs selbe raus . . .» «Ins Suma können wir nicht, weil wir kein Auto haben. Da wissen wir gar nicht, wie wir die Sachen tragen sollen . . .» Auf der anderen Seite sind die Geschäfte in den Wohnsiedlungen, den sozialen Brennpunkten, allemal teurer. Sie zeichnen sich durch erhöhte Preise und ein geringes Warenangebot aus. «Andere Faktoren», so die Studie, «kommen hinzu, die das Leben der Armen verteuern. In kleinen Mengen ist nichts billig. Um Preisvorteile zu haben, muß man schon größere Mengen auf Vorrat kaufen. Dazu braucht man relativ viel frei verfügbares Geld, damit nicht das, was für Waschmittel ausgegeben würde, dann bei den Lebensmitteln fehlt. Eine Hausfrau: ‹Sicher wäre es billiger, dort zu kaufen, aber nur in großen Mengen. Wenn ich zum Beispiel zehn Dosen Nesquick kaufe, zahle ich dort soviel wie hier für sieben. Aber dann ist auch mein Geld schon alle, und ich kann meinen Kindern ja nicht nur Nesquick hinstellen.›» Die Erscheinung ist überall dort zu beobachten, wo es soziale Brennpunkte gibt. Die Menschen mit geringem Einkommen müssen erheblich mehr Geld ausgeben, um notwendige Güter einzukaufen – ein Sachverhalt, der in keiner Statistik erscheint. Vorratshaltung beispielsweise gibt es in den Arbeitervierteln fast überhaupt nicht. In den Slums von Kaiserslautern wurden 100 Haushalte befragt, ob sie finanziell die Möglichkeit haben, Vorräte zu halten. Nur fünf Haushalte waren dazu in der Lage (vgl. auch: Der Gewerkschafter, IG Metall-Funktionärszeitschrift, 12/1975).

Tatsache ist, daß die Bezieher niedriger Einkommen bis zu 70% ihrer Bezüge für die Grundbedürfnisse des Lebens ausgeben. Die Folge: die materielle Armut wächst, weil die Lebenshaltungskosten für die Personen mit niedrigem Einkommen aus den oben genannten Gründen weit über den statistischen Durchschnitt angestiegen sind.

Tatsache ist: Insgesamt hatten die im Jahr 1977 gezählten 23 Millionen Privathaushalte folgende Haushaltsnettoeinkommen zur Verfügung:

unter 600 DM	1314 Haushalte (in Millionen)
600– 800 DM	1392 Haushalte
800–1000 DM	1727 Haushalte
1000–1200 DM	2028 Haushalte
1200–1400 DM	2287 Haushalte

4433000 Haushalte hatten demnach ein Einkommen unter 1000 DM monatlich zur Verfügung. Darunter gab es 213000 Haushalte mit mehr als vier Personen.

Insgesamt verfügten jedoch 8748000 Haushalte, das sind 37,8% aller bundesdeutschen Haushalte, über weniger als 1400 DM monatlich. Davon wiederum gab es 1082000 Haushalte mit mehr als vier Personen, die mit einem Einkommen unter 1400 DM noch weit unter dem Sozialhilfesatz lagen. Das heißt, daß auch diese Familien und Einzelpersonen in Armut leben. Geht man von einer durchschnittlichen Haushaltgröße für 1977 mit 2,8 Personen aus, in aller Regel zwei Erwachsene mit einem Kind, so bedeutet das, umgerechnet auf die Haushaltseinkommen, daß 26% der Bevölkerung in Armut leben müssen. Nicht enthalten in diesen Zahlen sind die Haushalte in Anstalten und die Einkommen von landwirtschaftlichen Betrieben.

Nimmt man die Stellung im Beruf und die Nettoeinkommensgruppen als andere zahlenmäßige Darstellung der Armut, hatten von den insgesamt 23439000 Erwerbstätigen (ohne Nichterwerbspersonen wie Sozialhilfeempfänger, Arbeitslose etc.) ein Einkommen:

unter 600 DM	13,8%
unter 800 DM	6,6%
unter 1000 DM	9,6%
unter 1200 DM	14,3%
unter 1400 DM	15,4%

Zum größten Teil sind es Arbeiter, die über ein derart geringes Einkommen verfügen. 8,1% der Arbeiter hatten ein Nettoeinkommen unter 1200 DM, bei 22,8% lag das Nettoeinkommen zwischen 1200 und 1400 DM. Von den insgesamt 7549000 Haushalten der Nichterwerbstätigen hatten

unter 600 DM	14,8%
unter 800 DM	16,3%
unter 1000 DM	14,4%
unter 1200 DM	11,4%
unter 1500 DM	12,7%

Nach den Ergebnissen der Einkommens- und Verbrauchsstichprobe

1973, die die Einkommensbezieher in Anstalten ausschließt, hatten insgesamt 6194000 Personen ein Einkommen, das unter 1000 DM lag.

Davon wiederum gab es mit Einkommen

unter 100 DM	487000 Personen
unter 200 DM	697000 Personen
unter 300 DM	784000 Personen
unter 400 DM	699000 Personen
unter 500 DM	552000 Personen
unter 600 DM	571000 Personen
unter 700 DM	580000 Personen = 4370000 Personen

(Ohne Einkommensbezieher aus Haushalten von Ausländern, in Anstalten, sowie in Haushalten mit einem monatlichen Nettoeinkommen über 15000 DM. Zitiert nach: Statistisches Jahrbuch 1978, S. 444.)

Rechnet man diese Einkommensgrößen zusammen und setzt sie in Beziehung zu den monatlichen Ausgaben, insbesondere Grundnahrungsmittel, Mietaufwendungen, Heizungskosten, Strom, Wasser, Gas, Telefon, Versicherungen, Kleidung und der Zahl der Personen pro Haushalt, sind nach den Zahlen von 1977 *26% der Gesamtbevölkerung arm.* Arm deshalb, weil sie ein geringes Einkommen zur Verfügung haben, das es ihnen nicht erlaubt, am sozialen, kulturellen, gesellschaftlichen und konsumtiven Angebot teilzunehmen. Weder erlaubt ihnen das zur Verfügung stehende Einkommen in Urlaub zu fahren, noch zu sparen, noch besondere Ausgaben für Wäsche, Körperpflege etc. einzukalkulieren.

Armut berechnet sich hier nach dem Durchschnittseinkommen pro Privathaushalt, das 1977 bei 2671 DM monatlich lag. Die Armutsgrenze für einen Einpersonenhaushalt lag 1978, unter Einbeziehung der Lebenshaltungskosten, bei 600 DM Nettoeinkommen pro Monat, für einen Zweipersonenhaushalt bei 900 DM, einen Dreipersonenhaushalt bei 1200 DM, einen Vierpersonenhaushalt bei 1400 DM, einen Fünfpersonenhaushalt bei 1600 DM (ohne Miete).

So hat beispielsweise ein Dachdecker im Hoch- und Tiefbau, verheiratet, zwei Kinder, einen monatlichen Bruttolohn von 1709 DM. Der Sozialhilfebedarf liegt in diesem Fall bei 1621 DM, so daß das Bruttoeinkommen nur knapp diesen Betrag übersteigt.

Dabei gewähren die Regelsätze der Sozialhilfe, die dem Empfänger der Hilfe die Führung eines Lebens zu ermöglichen haben, das der Würde des Menschen entspricht, folgende Leistungen:
- täglich 47 g Fleisch und einmal monatlich ein Suppenhuhn,
- täglich 40 g Wurst und 21 g Käse,
- alle 10 Tage eine Busfahrt (hin und zurück),
- alle 10 Tage eine Flasche Bier,
- jährlich eine Glühlampe und einmal Schuhe besohlen.

Immerhin sind auch einige wenige Leistungen enthalten, die in «vertretbarem Umfang auch Beziehungen zur Umwelt und eine Teilnahme am kulturellen Leben ermöglichen». Dazu zählt etwa jede Woche eine Briefmarke, jeden Monat ein Taschenbuch oder alle zwei Monate eine Kinokarte.

So kommt denn selbst die konservative Mainzer Landesregierung zu dem Ergebnis:

«Man kann in einem der reichsten Industriestaaten der Welt nicht mehr so tun, als fange Armut erst mit Obdachlosigkeit und Unterernährung an. Nicht die Sicherung des physischen Existenzminimums, sondern die Ermöglichung menschenwürdiger Lebensbedingungen muß heute der Maßstab der Armut sein» (Begleiter der Arbeitslosigkeit: Abstieg und Armut, Dokumentation zur wirtschaftlichen Lage von Arbeitslosen in der BRD, Ministerium für Soziales, Gesundheit und Sport, Mainz).

Wer mit geringen Löhnen, sei es ein Rosenkranzknüpfer, ein Hilfsarbeiter in den Markthallen, ein Arbeitsloser oder eine Textilarbeiterin, auskommen muß, hat diese menschenwürdigen Lebensbedingungen nicht. Daher sind solche Bevölkerungsgruppen gezwungen, Ratenkredite aufzunehmen, sich hoch zu verschulden, Wucherzinsen zu zahlen. Die Zahlen dieses scheinbaren Einkommenszuwachses sind in den letzten Jahren erschreckend gestiegen. Wurden im Jahr 1968 insgesamt 28,4 Milliarden DM Kredite vergeben, davon 17,7 Milliarden Ratenkredite und für 1,2 Milliarden DM Überziehungskredite auf Lohn-, Gehalts- und Rentenkonten, hat sich die Zahl bis 1977 rapide erhöht: 1977 wurden insgesamt 122 Millarden DM Kredite vergeben. Davon entfielen 63,4 Milliarden DM auf Ratenkredite, überproportional erhöhten sich die Überziehungskredite auf Lohn-, Gehalts- und Rentenkonten: von 1,2 Milliarden DM im Jahr 1968 auf 11,2 Milliarden DM im Jahr 1977 (Bank-Nachrichten des Bundesverbandes deutscher Banken, Köln, Nr. 22, 21. März 1978).

Überrepräsentiert bei der Vergabe von Krediten sind Arbeiter. Ihre Zahl lag nach einer Statistik aus dem Jahr 1971 bei 53,4% aller Kreditverträge, die der Beamten dagegen bei 8,1% und der Unternehmer bei 4,6% (K. Khella: Theorie und Praxis der Sozialarbeit, Gießen 1974, S. 100).

Arbeiter nehmen deshalb Kredite auf bzw. überziehen monatlich ihr Lohn- oder Gehaltskonto, weil sie sonst mit dem Geld nicht auskommen würden. Das bedeutet, daß auch diejenigen, die statistisch gesehen eigentlich nicht arm sind, über ihre Verhältnisse leben und – streicht die Bank einen Kredit oder wird der Kreditnehmer arbeitslos – sehr schnell die Zahl der materiellen Armen erhöhen können. Eine steigende Zahl von Pfändungen, Wohnungsräumungen und Offenbarungseiden weist auf diese Entwicklung hin.

So hat sich in den letzten Jahren an der Einkommensstruktur der

Bevölkerung nichts zum Positiven verändert. Im Gegenteil: lebten 1969 25% der Bevölkerung in Armut, lag die Zahl 1977 bei 26%. Bei anhaltender Wirtschaftskrise wird sich diese Zahl noch erhöhen.

Die theoretische Armutsdiskussion

Die in den letzten Jahren publizierten Armutsquoten sind von den hier veröffentlichten teilweise weit entfernt.

Sie sind um so weiter entfernt, je weniger man etwas von der Wirklichkeit des grauen Alltags der Arbeiter, Angestellten, kleinen Landwirte, Rentner und Krämer weiß. Ausnahmen wie O. Bujard und U. Lange, die die bisher profilierteste Arbeit über «Armut und Alter» veröffentlicht haben, kommen dabei zu dem Schluß:

«Die Unvergleichbarkeit der Ergebnisse wirft ein weiteres Problem auf. Die Unterschiedlichkeit der Vorgehensweisen und der Ergebnisse läßt es zu, daß das materielle Armutsproblem selbst vernachlässigt wird, statt dessen seine Quantifizierung und die Methode der Quantifizierung als ein verselbständigtes, geradezu ewiges Thema auf der Ebene der Auseinandersetzung der Fachleute gehalten wird. Es geht immer wieder um die Frage: Wer hat recht? – nicht um die Frage: Woher kommt die Armut? Geht man dieser Frage nach, so fällt auf, daß gerade die Untersuchungen ‹bürgerlicher› Wissenschaftler dieses Problem ausblenden. Dieselbe Vernachlässigung geschieht in der politisch-administrativen Praxis und in der öffentlichen Diskussion» (O. Bujard, U. Lange: Armut im Alter, Weinheim 1978, S. 21).

Da gibt es Berechnungen nach unterschiedlichen Formen der Armut, wie sie der Wissenschaftler Wolfgang Glatzer benutzt:

«Den Berechnungen der absoluten Armutsgrenze liegen die Vorschriften des Bundessozialhilfegesetzes zugrunde. Der Sozialhilfeanspruch ergibt sich demzufolge aus den altersspezifischen Regelsätzen der Personen des Haushalts, zusätzlich werden 30% Altersmehrbedarf für Personen über 65 Jahre angerechnet.»

In relativer Armut lebt der Teil der Bevölkerung in Haushalten, deren Einkommen unter der strengen relativen Armutsgrenze liegt. Wer weniger als 40% des Nettoeinkommens aller privaten Haushalte hat, liegt in dieser «strengen relativen Armut». Für jede weitere Person des Haushalts werden dann nochmals 70% des Einkommens des Haushaltsvorstandes hinzugerechnet. Unter Personen in «milder relativer Armut» versteht Glatzer den Teil der Bevölkerung, der in Haushalten lebt, deren Einkommen zwischen 40% und 60% des Nettoeinkommens aller privaten Haushalte liegt. «1962/63 lag demnach die Armutsquote höher, die milde Einkommensarmut ist dagegen gestiegen. 1969 gab es insgesamt 14% der privaten Haushalte im Bereich aller Armutsgrenzen» (W. Glatzer: Einkommenspolitische Zielsetzung und Einkommensverteilung, in: W. Zapf: Lebensbedingungen in der BRD, Frankfurt 1977, S. 356–358).

Auch in dieser Aufstellung wird nicht erkannt, daß die Aufteilung in verschiedene «Güteklassen der Armut» nur die Tendenz hat, den sozialen Sprengstoff Armut zu verschleiern. Hinzu kommt, daß die durchschnittlichen Kostenbelastungen für die niedrigen Einkommensgruppen wesentlich höher sind als für die Haushalte mit Durchschnittseinkommen, so daß zwar das Nettodurchschnittseinkommen ein relativ objektiver Gradmesser zur Errechnung der Armut ist, doch die Aufteilung in strenge, relative und milde Armut eine willkürliche Festsetzung bedeutet.

In einer Studie des ehemaligen CDU-Sozialministers von Rheinland Pfalz, Heiner Geißler, heißt es demgegenüber, daß «5,8 Millionen Personen, das sind 9% aller Haushalte, ein monatliches Nettoeinkommen unter den Bedarfssätzen der Sozialhilfe zur Verfügung haben.» Die Untersuchung kommt zu dem Schluß, daß es «relativ viele Haushalte und Personen mit unzureichendem Einkommen . . . auch unter den Arbeitern gibt. Die Ergebnisse deuten auch darauf hin, daß sehr häufig bei Familien mit Kindern, trotz Mitarbeit der Ehefrau, kein ausreichendes Einkommen erzielt wird» (Heiner Geißler: Die neue soziale Frage, Freiburg 1976, S. 48, S. 49). Bei den Angestellten, so Geißler, sind es rund 350000 Haushalte, bzw. 5,9% der Haushalte mit 1,2 Millionen Personen, die als arm bezeichnet werden müssen. Ausgangspunkt für Geißler ist eine Grenze, die unter dem Sozialhilfesatz liegt. Das bedeutet, daß die tatsächliche Zahl der Armen erheblich höher ist. Dabei sind weder die Strafgefangenen, noch die landwirtschaftlichen Betriebe, noch die mehr als 2 Millionen Sozialhilfeempfänger in den Zahlen der Studie Geißlers enthalten. Insbesondere fehlen die mehr als 4,1 Millionen Haushalte, deren Einkommen nur knapp über dem Sozialhilfebedarfssatz liegen. Immerhin gelangt Geißler zu der Erkenntnis, daß «Millionen Arbeitnehmer neben ihrem Arbeitseinkommen noch Sozialleistungen wie Kindergeld, Wohngeld, Ausbildungsförderung erhalten» (a. a. O., S. 64).

Zu einer besonders wirtschaftlichen Analyse der Armut kommt auch Frank Klanberg. Er glaubt, mit wissenschaftlichen Indikatoren vom grünen Tisch aus Armut messen zu können. Mit arithmetischen und geometrischen Mitteln, Variationskoeffizienten, informationstheoretischen Maßstäben und Hochrechnungen errechnet er einen Armuts-Prozentsatz zwischen 0,9 und 7,1% der Haushalte. Danach zitiert er H. Gräser, der in einer Studie zu dem Ergebnis kommt, daß ein Vierpersonenhaushalt dann arm ist, wenn er weniger als 850 DM zur Verfügung hat. Bei einem Sechspersonenhaushalt gesteht man 1200 DM zu, für einen Einpersonenhaushalt 350 DM. Damit errechnet er 15% Arme in der BRD. Interessant bei diesen Autoren ist, daß die Ergebnisse um so «wissenschaftlich haltbarer und verwertbar sind», je niedriger die Armutsquote ist. «Abschätzungen des Armutspotentials in der BRD auf der Grundlage der Einkommens- und Verbrauchsstichprobe sind zuvor von Lidy vorgenommen worden. Er ermittelte einen Armutsanteil von 2,7% im Jahre 1969. Im Ganzen hebt sich der vorsichtige und zurückhaltende Ton der Argumente Lidys deutlich von den Argumentationsmustern anderer Autoren ab» (F. Klanberg: Armut und ökonomische Ungleichheit in der BRD, Frankfurt 1978, S. 201). Schierer Unsinn sind solche Zahlenspielchen. Sie machen nur deutlich, wie fahrlässig und wenig realitätsbezogen zahlreiche bürgerliche Wissenschaftler mit dem Problem Armut umgehen. 2,7% der Bevölkerung sind arm – das wären bei einer Bevölkerungszahl im Jahr 1969 von 60,8 Millionen etwa 1,6 Millionen Menschen. Hält man zugute, daß es damals noch erheblich weniger Sozialhilfeempfänger und Arbeitslose gegeben hat, bleibt trotzdem bestehen, daß 1969 allein 4,5 Millionen Arbeiterfamilien weniger als 500 DM Gesamteinkommen hatten, 5,8 Millionen Rentner hatten ebenfalls weniger als 500 DM Gesamteinkommen. Davon hatten allein 1,15 Millionen Frauen weniger als 300 DM (O. Bujard, U. Lange: Armut im Alter, a. a. O., S. 23). Man muß schon Leiter der Koordinierungsstelle der von der Bundesregierung eingesetzten Transfer-Enquete-Kommission sein, um solche Zahlen als «vorsichtig und zurückhaltend» zu qualifizieren. Aufschlußreich ist jedoch, daß genau die gleichen Autoren sich hüten werden, Vergleiche zu der Klasse in dieser Gesellschaft zu ziehen, die im Reichtum lebt. Armut ist für sie eine abstrakte rechnerische Größe. Sie kämen nie auf den Gedanken, Armut als einen Mangelzustand in der kapitalistischen Gesellschaft zu sehen, in der Reichtum in einigen wenigen Händen konzentriert ist. In den Händen derjenigen, die über ökonomische und politische Macht verfügen.

Ausdruck materieller Verelendung ist auch, daß nach Verrechnung der überproportional gewachsenen Ausgaben in Form von Lohnsteuer, Sozialbeiträgen, Mehrwertsteuererhöhung und einer Teuerungsrate von 3,9% im Jahr 1978 nur ein winziger Kaufkraftzuwachs eingetreten ist. In zahlreichen Fällen sind aber mehr oder weniger deutliche Abweichungen von diesem durchschnittlichen Kaufkraftzuwachs eingetreten. «Dies ergibt sich ganz einfach aus den besonderen individuellen Verhältnissen der von Branche zu Branche oder von Betrieb zu Betrieb unterschiedlichen Geschäftsentwicklungen, Lohnabschlüssen und differenzierenden freiwilligen betrieblichen Leistungen. Es bleibt im Saarland eine große, weiter zunehmende Zahl von Arbeitslosen, die sich mit geringerem Einkommen und erheblichen Abstrichen an Lebensqualität abfinden müssen und die zumindest kurzfristig kaum die Chance haben, wieder an Arbeit und Brot zu kommen» (Bericht der Arbeitskammer des Saarlandes an die Regierung des Saarlandes, Saarbrücken 1978, S. 78). Außerdem herrschen in zahlreichen Regionen der Bundesrepublik, zum Beispiel im bundesrepublikanischen Mezzogiorne, dem Bayrischen Wald, erhebliche Einkommensunterschiede. Die in den industriearmen Landgebieten arbeitenden Lohnabhängigen verdienen rund 30% weniger als der Durchschnitt. Entsprechend gering sind auch die kommunalen Investitionen, die dort vorgenommen werden.

Man kann es auch so sehen wie Ende 1978 bei den Luther-Werken in Braunschweig. Der Betrieb, dessen Auftraggeber zu 70% die Bundeswehr ist, plante den Betrieb zu schließen. Zwar konnten die Betriebsinhaber ihr Vermögen sichern, angelegt in Wertpapieren, Häusern und Edelsteinen, doch von den Arbeitnehmern forderten sie, daß sie auf Lohnerhöhungen verzichten sollten, damit sie ihren Arbeitsplatz retten. Im Dezember 1978 forderte der Geschäftsführer dieses Unternehmens von den Lohnabhängigen eine schriftliche Erklärung, daß sie auf eine Lohnerhöhung im nächsten Jahr verzichten. «Wer nicht unterschreibt, muß damit rechnen, als erster betroffen zu sein, wenn es zu Entlassungen kommt», mußten sich die Betriebsangehörigen sagen lassen. Die meisten unterschrieben – aus Angst. «Wir haben hier sowieso wenig Arbeitsplätze, und ich kann mir Arbeitslosigkeit nicht leisten», entschuldigten sich später Arbeiter auf der Betriebsversammlung. Der Dank der CDU-Landesregierung war den Arbeitnehmern jedenfalls sicher. «Die Beschäftigten der Braunschweiger Luther-Werke verzichten auf die nächste Tariferhöhung, um einen Beitrag zur Sicherung ihrer Arbeitsplätze zu leisten. Sie zeigen damit Einsicht, Mitverantwortung, Gemeinschaftsgeist, Treue zum Betrieb, Opferbereitschaft» (Erklärung der niedersächsischen Landesregierung, zitiert nach: Frankfurter Rundschau, 9. 1. 1979).

Reichtum und Macht

Für die bundesdeutschen Arbeitnehmer hat sich in den letzten Jahren der Lohnzuwachs kaum ausgezahlt, dafür stiegen die Zahlen der Arbeitslosen und der Armen. Den deutschen Vermögensmillionären haben die letzten Jahre dagegen keine schlaflosen Nächte beschert.

Der Wirtschaftspublizist Georg Schneider, der beste Kenner der Szene der Vermögensmillionäre in der BRD:

«Also ich kann überhaupt nicht feststellen, daß eine Krise bei den Einkommens- und Vermögensmillionären stattgefunden hat. Ich stelle immer wieder fest, daß das Kapital bei den Kapitalgesellschaften fast explodiert. Unternehmen, die jahrzehntelang oder schon über ein Jahrhundert bestehen, sind in der Vergangenheit mit einem relativ bescheidenen Kapital ausgekommen. Aber erst in unserer Zeit, in unseren Wirtschaftswunderjahren ist das Kapital oft verhundertfacht, verzweihundertfacht und vertausendfacht worden. Man könnte jedes Jahr eine Liste aufstellen von Kapitalgesellschaften – und ich habe es einmal für ein Jahr gemacht – da kommen Prozentsätze von 20000% heraus, wo das Kapital aus Gesellschaftsmitteln erhöht worden ist.»

Frage: Und die Konkurse der Unternehmer?

«Wenn es Kapitalgesellschaften sind oder wenn es Personalgesellschaften sind, die in einer GmbH eine persönliche Haftung von 20000 DM übernommen haben, dann haben die oft noch ein relativ hohes Privatvermögen. Ich habe immer wieder festgestellt, daß Leute, die Pleite gemacht haben, noch oft sehr vermögende Leute waren und überdurchschnittlich viel Vermögen hatten. Man kann es auch an florierenden Unternehmen sehen. Wenn man sagen würde, man nimmt ihnen ihr Unternehmen weg, dann würden sie immer noch auf Grund des Grundbesitzes, auf Grund der Häuser, manche besitzen ja viele Häuser, um Abschreibungen zu haben, im Reichtum leben. In den guten Jahren haben die ihr Vermögen angelegt, Gold gekauft, Wertpapiere gekauft und sie haben es oft in erster Linie immer wieder in Immobilien angelegt. Sie machen Pleite und ziehen sich auf ihr Gut oder ihren Grundbesitz zurück.» Noch besser geht es den Tausenden von Vermögensmillionären und Milliardären, den Kaffeezaren, Schnaps-Königen, Stahlbaronen, den Rüstungsdynastien und Reedern.

Am Beispiel der deutschen Hochseefischerei läßt sich der extreme Unterschied zwischen Sklavenarbeit und Hungerlöhnen bei den Seeleuten und den Riesenprofiten bei den Monopolen deutlich machen. Die Mehrzahl der bereedeten Fischdampfer gehören den multinationalen Konzernen wie Unilever und Oetker. Durchschnittlich drei bis vier Wochen arbeiten die Matrosen auf den rostigen alten Fischdampfern, auf Fabrikschiffen sogar bis zu drei Monaten. Schon während der Anfahrtzeit zu den Fanggebieten arbeiten sie 12 Stunden pro Tag. Wenn es dann zum regulären Fischfang kommt, das Echolot Fischschwärme ausfindig gemacht hat, sind die Matrosen mit kurzen Unterbrechungen Tag und Nacht bei der Arbeit. Alle zwei bis drei Stunden müssen sie die Netze an Bord hieven, ohne Rücksicht auf eisige Kälte oder mörderischen Sturm. Arbeitszeiten von 15 bis 16 Stunden pro Tag sind keine Seltenheit. Die Isolation auf dem Meer, die winzigen Kojen und die fehlende ärztliche Betreuung sind die eine Seite der «Seefahrerromantik». Die andere Seite dieses romantischen Elends zeichnet sich durch die Hierarchie aus, in der Kapitäne alles zu sagen und die Matrosen lediglich das Maul zu halten haben.

Genau zu diesen Verhältnissen paßt der Hungerlohn. Die Matrosen erhalten inzwischen eine Monatsheuer von 600 DM. Das ist der Tariflohn. Alle weiteren Lohnzuschläge hängen ab von der Willkür der Reeder. Diese richtet sich danach, ob genügend Fische ins Netz geschwommen sind und wie die Marktsituation im Heimatland ist. Matrosen werden prozentual am Fangergebnis beteiligt. Das macht bei günstigen Fangbedingungen ca. 800 bis 1000 DM aus – gleichgültig, wie alt der See-Arbeiter ist, ob mit oder ohne Familie, er wird monatlich nie mehr als 1600 DM verdienen können. Und das bei 15/16 Arbeitsstunden pro Tag. Zumindest der Reeder kann frohlocken. Er verdient pro Fischladung ca. 50000 bis 100000 DM.

Noch besser geht es den Großreedereien und Konzernen. Einer von ihnen ist der Reeder Rudolf August Oetker, der an der Elbe auf einem weitläufigen Herrensitz residiert. Als R. A. Oetker am 20. 9. 1976 auf seinem 75 Morgen großen Familiensitz in der Bielefelder Friedhofstraße seinen 60. Geburtstag feierte, schrieb die «Frankfurter Allgemeine Zeitung»: «Für die breite Öffentlichkeit umgibt ihn die Aura eines der geheimnisvollen Männer, die im Hintergrund wirken. Dabei ist der Bielefelder Unternehmer alles andere als der unnahbare Stratege auf der Kommandobrücke der von der Nahrungsmittelindustrie bis zu Schiffahrt und von Brauereien bis zu Banken und Versicherungen reichenden Unternehmensgruppe. Er ist vielmehr ein kontaktfreudiger, aufgeschlossener Mann, ein Freund des offenen Gesprächs, der von der Tagesarbeit und dem unmittelbaren Management durch ein weitgehend selbständig agierendes Führungsteam entlastet wird.»

15447 Beschäftigte werden nicht erwähnt, auch nicht die Bedingungen, unter denen sie den Reichtum Oetkers erwirtschaften. Immerhin hatte die Familie Oetker 1977 einen Kassenbestand von 227 Millionen DM. Dieses Barvermögen macht etwa die Hälfte der Lohn- und Gehaltssumme aus, die die 15447 Beschäftigten im Jahr verdienen. Von 1972 bis 1975 hat R. A. Oetker, während sein eigenes Kapitalkonto in der Oetker-Gruppe bei 113 Millionen DM liegt, Anteile an Kapitalgesellschaften und an Festkapital von Personengesellschaften in Höhe von 52 Millionen DM an seine sechs Kinder aus drei Ehen übertragen. Seine Erben können sich freuen (vgl. Dossier I/1–77, S. 10–12).

Einen Umsatz von mehreren Milliarden DM pro Jahr macht auch der ITT-Konzern. Jährlich werden Profite in Millionenhöhe von den deutschen Schwesterunternehmen an die Konzernzentrale in New York überwiesen. Trotzdem – oder gerade deswegen – wurde 1978 die ITT-Tochter SEL in Stuttgart gezwungen, ein Radiowerk zuzumachen und 870 Mitarbeiter zu entlassen, weil dieser Betrieb nicht mehr profitabel genug sei. Begründet wird die Schließung in Rastatt damit, daß der Betrieb nur zu 60% ausgelastet sei. In Wirklichkeit wurden in den letzten Jahren immer mehr Aufträge aus diesem Betrieb abgezogen. Der Betriebsratsvorsitzende Manfred Glöck: «Die SEL ist es doch selbst, die Rundfunkgeräte in Südkorea bauen läßt. Sie haben Produktion aus dem Werk Rastatt rausgenommen und nach Fernost verlagert.» Was für die Konzernleitung lediglich «eine Schwachstelle ist, die ausgemerzt werden muß», bedeutet für die 870 Mitarbeiter «die reinste Tragödie», so ein Betriebsratsmitglied von SEL. Der Betrieb wird geschlossen in einer Region mit einer Arbeitslosenquote von 5,2%, davon 50% Frauen. Erwerbsalternativen gibt es nur wenige.

Rund 1300 Personen verdienten im Geschäftsjahr 1976/77 bei der Lucia-Strickwarenfabrik in Lüneburg durchschnittlich 26212 DM. Als Alleinvorstand der Aktiengesellschaft begnügte sich das Ehepaar Hans und Lucia Pfohe aus Lüneburg mit 310000 DM im gleichen Zeitraum. 1972 hatten sich die Lucia-Aktionäre mit einer Ausschüttung von 6,1 Millionen DM bedacht. Im Jahr 1973 waren es 2,6 Millionen, 1975 wieder 6 Millionen und 1976 10,6 Millionen DM (zit. nach Dossier III/1–87, S. 38).

Auf seiner Bilanzpressekonferenz im Mai 1977 gestand Christian Gottfried Dierig aus Augsburg: «Vor 1977 habe ich Angst.» Die Angst erwies sich als unbegründet. Noch im gleichen Jahr konnte er als Vorsitzender des Beirats der Textil-Treuhand GmbH, einer Holding-Gesellschaft des Dierig-Konzerns, deren Stammkapital aus der freien Rücklage von 14,2 Millionen um 8 auf 24 Millionen DM erhöhen lassen, nachdem man sich eine Dividende von 7% bewilligt hatte. Der Geschäftsanteil des Ängstlichen stieg so um 50% auf 1746000 DM. Treuhand-Geschäftsführer Dierig, der die zum Konzern gehörende Spinnerei und Weberei Hammersen GmbH mit 1008 Beschäftigten leitet, wurde, wie der Zufall so spielt, mit 1800000 DM auch nominal zum Millionär (Dossier III/1 1978).

Wenn zum Festtagskuchen ein Bewohner der Darmstädter Akaziensiedlung in die Stadt geht, um in einer Tchibo-Filiale Kaffee einzukaufen, muß schon ein besonderer Anlaß vorliegen. Die in dieser Obdachlosenunterkunft lebenden Familien können sich allenfalls einmal in der Woche Qualitätskaffee leisten. Die Aktionäre des Kaffeekonzerns Tchibo haben andere Sorgen. Besitzer von Tchibo ist die Kaffeefamilie Herz. 12 Millionen DM sind in den Händen der Witwe Ingeborg Herz, 12,6 Millionen DM nennt Joachim Herz sein eigen, 16,35 Millionen Daniela Herz, und die Brüder Günter und Wolfgang sind mit je 18,35 Millionen dabei. Doch die nominalen Aktienbeträge der Kaffeezaren geben nur ein unzureichendes Bild von deren Reichtumsbildung auf dem Kaffeemarkt wieder. Wahrscheinlich, so Kenner, wissen die einzelnen Mitglieder nicht genau, wie viele Millionen sie denn eigentlich besitzen.

Ein Blick ins Millionärs-Dossier

Die Firma Giesecke & Devrient GmbH in München, die sich mit dem Druck von Geld und Euroschecks in Millionenumsätze hineingesteigert hat, wird von einem Konsul Siegfried Otto geführt. Der Geschäftsführer

Otto, Jahrgang 1914, ist in München eine honorige Persönlichkeit. Er ist Honorarkonsul von Mexiko und dort auch Präsident der Giesecke & Devrient de Mexico SA. Auch er zählt zu den Wehklagenden über die hohen Löhne: «Die mit der Reformpolitik vorprogrammierten Kostensteigerungen wirken unverändert fort.» Von seinen Gewinnsteigerungen schwieg er bisher beharrlich. 1977 konnte er mit seinen 2 Millionen DM Gewinn machen, was er wollte.

Zur obersten Schicht der illustren Schar der Millionäre gehört auch die Familie Schickedanz in Fürth. Sie gründeten im Jahre 1974 die Gustav und Grete Schickedanz KG. Verdient in diesem Betrieb ein Arbeiter durchschnittlich 2000 DM brutto monatlich – bei «arger Arbeitshetze», wie Betriebsräte monieren – sehen die Zahlen für die Gesellschafter schon ein wenig anders aus. Konsul Dr. h. c. G. Schickedanz und seine Gattin, die auf Schloß Dambach residieren, haben, einschließlich der beteiligten Töchter und Schwiegersöhne, ein Kapital von 46 Milliarden DM. Pro Kopf der Schloß- und Fabrikherren also durchschnittlich 93 Millionen DM. Auf jedes beteiligte Familienmitglied kommen durchschnittlich 13 Millionen DM. Zum Vergleich: die 34335 Beschäftigten des Unternehmens erhielten pro Jahr durchschnittlich nicht einmal 23000 DM.

«Der Mensch in der Wirtschaft sollte weniger daran denken, daß er verdienen will, als daß er die Aufgabe hat, zu dienen.» Dies verkündete zu Anfang des 20. Jahrhunderts Carl Dinkelacker, der 1888 die Dinkelacker-Brauerei in Stuttgart gründete. Seine Nachkommen verdienen jetzt als Großaktionäre und Vorstandsmitglieder der Brauerei im Schnitt 430000 DM pro Jahr – während die Gehälter und Löhne bei durchschnittlich 35000 DM pro Jahr liegen.

Ähnlich argumentiert heute noch der Brauereibesitzer Cramer, ein junger Unternehmer, der bekanntgibt, daß man nur «durch Konsumverzicht und harte Arbeit zu etwas kommen kann». Auf Grund seines persönlichen Konsumverzichts erhöhte sich die Kommandit-Einlage der Brauerei Warstein in den letzten 10 Jahren von 15000 DM auf 7,5 Millionen DM. Bei 49 Stunden Arbeit mal 52 Wochen, mal 10 Jahre, ergibt sich daraus ein Unternehmer-Stundenlohn von 360,82 DM. Dafür würden die Arbeiter in der Brauerei auch gerne arbeiten.

Von Bundeskanzler Helmut Schmidt weiß man nicht, wann er sich in der letzten Zeit einmal um das Schicksal der Strafgefangenen, Heimkinder, Bewohner sozialer Brennpunkte und Sanierungsgebiete oder um das Schicksal der Arbeitslosen gekümmert hat. Solche Gruppen repräsentieren keine politische Macht. Sie sind zahlenmäßig zwar gewaltiger als die Industriellen, mit denen Schmidt Umgang pflegt, aber diese sind dafür politisch hochkarätig. Den Jahreswechsel 1975/76 verbrachte Schmidt in der Villa des Reeders John Goulandris im griechischen Badeort Porte

Fafti, den nächsten Jahreswechsel in der Villa des Reeders Prof. Rolf Stödter, unweit von Marbella an der Costa del Sol.

Nicht weit von Marbella sitzt auch der ehemalige Wehrwirtschaftsführer Prof. Willy Messerschmidt und überprüft seine Konten, aus denen monatlich die Gewinne aus den Messerschmidt-Bölkow-Blohm-Rüstungsbetrieben eintreffen. Staat und Wirtschaft: diese harmonische Ehe wird am Beispiel des Schmidt-Freundes Stödter deutlich. Stödter war zuletzt geschäftsführender Vorsitzender seiner Reederei, der John Essberger GmbH & Co. Zeitweilig war er Präses der Handelskammer Hamburg. Noch heute gehört er als Vizepräsident dem Verwaltungsrat der Hamburgischen Landesbank an und ist Präsident des Verwaltungsrates der Hamburger Sparkasse. Daneben ist er Vorsitzender eines Beirates der Deutschen Bank, Aufsichtsratsmitglied der Schiffshypothekenbank zu Lübeck AG und stellvertretender Aufsichtsratsvorsitzender der Globus-Versicherungen AG, die in Hamburg für den Allianz-Konzern das Transportgeschäft macht. Als Aufsichtsratsvorsitzender der Beiersdorf AG verfügt Stödter über eines der lukrativsten Aufsichtsratsmandate in der deutschen Wirtschaft. Die sechs Aufsichtsratsmitglieder der Beiersdorf AG teilten sich zuletzt 408033 DM. Da dem Vorsitzenden in der Regel die doppelte Vergütung zusteht, dürfte Stödter allein in diesem Fall auf eine jährliche Tantieme von gut 100000 DM kommen. Daneben verdient er noch als Reeder, und zwar als Teilhaber der erwähnten Essberger GmbH & Co., die der ehemalige Staatsrat und Wehrwirtschaftsführer John Essberger aufgebaut hatte. Als die Firma Ende Dezember 1978 50 Jahre alt wurde, verfügte sie über eine Flotte von 13 eigenen Tankschiffen, von denen einige im Rahmen des staatlichen Tankerförderungsprogramms subventioniert worden sind. Kenner rechnen aus, daß er pro Jahr mindestens 15 Millionen DM Reingewinn zur Verfügung hat. Ein Ohr für seine Unternehmersorgen findet er jedenfalls immer bei Helmut Schmidt. So auch 1976, als er zusammen mit Schmidt nach Washington reiste (vgl. auch Dossier I/1–77, S. 5).

Wo Helmut Schmidt sein Ohr hat, ist auch dem Protokoll einer öffentlichen Kundgebung des Bundesverbandes Deutscher Industrie (BDI) in Hamburg zu entnehmen. Dort lauschte er der Rede des damaligen Arbeitgeber-Präsidenten Schleyer, um schließlich seine eigenen Gedanken vor den Industriellen so zu formulieren: «Ich sage das in aller Deutlichkeit, weil ich im Ernst glaube, daß Herr Schleyer recht hat . . . Das gemeinsame Ziel Nummer eins, ähnlich wie es Herr Schleyer vorhin gesagt hat, ist die Steigerung der Beschäftigung. Herr Schleyer hat auch recht, wenn er sagt, es ist notwendig, von der schlagwort- oder schlagzeilenartigen Betrachtung der Arbeitslosenglobalziffern, die jeden Monat veröffentlicht werden, wegzukommen . . . Herr Schleyer hat in diesem Zusammenhang ein paar kritische Bemerkungen gemacht . . . das gilt auch für Akademiker, die werden sich auch darauf einstellen müssen, daß, wenn sie schon das Glück hatten, auf Kosten der Allgemeinheit und der Steuerzahler studieren zu können, dies zwar eine Chance, aber keine Gewißheit ist, wenn ich die Worte von Herrn Schleyer da richtig zitiere . . . Ich verstehe das Plädoyer von Herrn Schleyer für langfristige Klarheit der Energiepolitik durchaus . . . Herr Schleyer hat im Zuge seiner Ausführungen gesagt, man müsse wegkommen von dem Pauschalpessimismus . . . Sie haben hier eine Aufgabe vor sich, die Sie in Ihrem eigenen zukünftigen Interesse und in dem Interesse an der Aufrechterhaltung der marktwirtschaftlichen Ordnung, von der Herr Schleyer mit Recht gesprochen hat, bewältigen müssen.»

Und dann sagt der SPD-Bundeskanzler: «Japan ist uns in Sachen Beschäftigung überlegen und macht uns ja auch deutlich zu schaffen beim Stahl oder bei Kugel- und Wälzlagern oder beim Schiffbau oder bei der Feinmechanik-Optik, weil das japanische Volk offenbar bereit ist, mit sehr viel niedrigeren realen Löhnen und Sozialleistungen auszukommen.»

Der Wirtschaftspublizist Georg Schneider, der die Rede von Helmut Schmidt in seinem Dossier Nr. VI/2–77 veröffentlichte, meinte dazu: «In seiner Talleyrand-Biographie schrieb Jean Orieuy: ‹Er dachte lange darüber nach, um dann kurz darüber zu sprechen›. Das ist das Handicap von Helmut Schmidt. Bei den Regierungsgeschäften bleiben ihm nach eigener Bekundung ‹nur fünf Prozent seiner Zeit, um selber nachzudenken›.»

Sein ehemaliger Wirtschaftsminister Dr. Hans Friderichs, der im Jahre 1977 die Totenrede für den ehemaligen Vorsitzenden der Dresdner Bank, Jürgen Ponto, hielt, hat inzwischen dessen Platz im Vorstand der Bank eingenommen. Er erhält dafür anstelle der 300000 DM für seine Dienste als Minister und Abgeordneter jetzt 800000 DM pro Jahr, die anderen Aufsichtsratsposten und Tantiemen nicht eingerechnet. Wo Staats- und Wirtschaftsämter so austauschbar sind, mag es nur die Naiven erstaunen, daß der Staat 1977 5,9 Milliarden DM Sozialhilfe ausgegeben hat, 10,4 Milliarden DM Unterstützungsgelder für Arbeitslose und Kurzarbeiter, dagegen eine Minigruppe von Besitzern des bundesdeutschen Produktivvermögens 18,5 Milliarden DM an Investitionszuschüssen und Investitionszulagen erhalten haben. Andere Entlastungen konnten die Besitzer von Produktivvermögen auch 1977 und 1978 für sich verbuchen. Zum einen profitieren 0,9% der Bevölkerung, die über Millionenvermögen verfügen, durch die weitere Senkung der Vermögenssteuer von 0,7% auf 0,5%, was umgerechnet eine Entlastung von 1,5 Milliarden DM ausmacht. Zuvor wurde schon die Doppelbesteuerung der Aktien aufgehoben. Erhöht wurde aber die Mehrwertsteuer, der Sozialhilfesatz um 0,9% bis 1,7% und die Bruttorentenzahlung auf Nettobasis umgestellt. Wer monatlich 510 DM zur Verfügung hat, wird allein durch die neue Erhöhung der Mehrwertsteuer mit rund 40 DM belastet. Die Unternehmer tangiert diese Erhöhung nicht. So meint die Bundesregierung: «Die Umsatzsteuer als eine allgemeine Verbrauchssteuer belastet die Unternehmen grundsätzlich nicht. Sie wird an den jeweiligen Abnehmer im Preis weitergegeben und damit im Ergebnis vom Endverbraucher getragen. So geht auch ihre Erhöhung regelmäßig nicht zu Lasten der Wirtschaft.»

Folgen der frei- und sozialdemokratischen Wirtschafts- und Steuerpolitik für die Armen: «Nach den von der Bundesregierung vorgelegten Zahlen zahlt, geht man vom realistischen Fall der teilweisen Ausschöpfung der Sonderausgabenhöchstbeträge aus, der ledige Arbeitnehmer ohne Kinder in der Steuerklasse I bei einem Bruttogehalt von 12000 DM jährlich künftig 29 DM drauf, wer dagegen das Fünffache verdient, spart 25 DM. Bei verheirateten Arbeitnehmern ohne Kinder beträgt die Mehrbelastung bei einem Einkommen von 36000 DM jährlich noch 72 DM. Wer 60000 DM verdient, wird um 134 DM entlastet. Am spürbarsten ist die Entlastung für die kleine Spitze der Vermögensmillionäre. Durch die Herabsetzung der Vermögenssteuer von 0,7 auf 0,5% der natürlichen und von 1% auf 0,7% für juristische Personen fällt das Vermögenssteueraufkommen, das 1976 3,9 Milliarden DM ausmachte, um 1,5 Milliarden DM» (Dossier I/2–77, S. 318).

Die zahlreichen Bundeszuschüsse, Zonenrandförderungsprogramme und Investitionshilfen, die die Unternehmen erhalten, gaukeln denn auch den Arbeitnehmern vor, daß damit ihre Arbeitsplätze gerettet bzw. gesichert würden. Zahlreiche Beispiele, u. a. aus der Textilindustrie, zeigen, daß zwar – wie im Bayrischen Wald – kräftig investiert wird, aber nur so lange wie der Betrieb genügend Profite abwirft. Wo das nicht mehr der Fall ist, werden die Arbeitnehmer entlassen und finden lange Zeit keinen neuen Arbeitsplatz mehr. So wurden beispielsweise nach dem «Rahmenplan der Gemeinschaftsaufgabe Verbesserung der regionalen Wirtschaftsstruktur in den Schwerpunkten Saarlouis und Homburg» Investitionen mit öffentlichen Zugaben von 20% der Kosten gefördert. Davon profitierte die Dillinger Stahlbau GmbH in Saarlouis. Inzwischen ist fast jede vierte Mark der erzielten Umsätze durch öffentliche Hände – die Steuerzahler – vorfinanziert. Während die Dillinger Stahlbau 1976 ihren Umsatz um ein Drittel auf 401,8 Millionen DM steigern konnte, erhöhte sich aber die Lohn- und Gehaltssumme für die Beschäftigten nur um ein Zehntel. Dafür hat sich der Jahresgewinn für den Hauptgesellschafter des Stahlbauunternehmens, Hans Welsch, auf 6,1 Millionen DM erhöht.

Zahlen über die Gewinnexplosion in der BRD

Den meisten mittleren und besonders den Großunternehmen geht es so gut wie nie zuvor. Das ist ein Zustand, der so eindeutig ist, daß es niemand mehr so recht leugnen kann. Deshalb schweigt man am liebsten darüber. Vor allem das Produktivvermögen ist immer noch in den Händen einer kleinen Elite von Reichen und Superreichen konzentriert.

Über 87% des gesamten Vermögens, wie vererbbares Eigentum, Produktionsgüter, Wertpapiere, Sparguthaben, Lebensversicherungen und Haus- und Grundbesitz, finden sich bei 1,7% der Wirtschaftselite. Natürlich gehen die Armen dieser Gesellschaft nicht leer aus. Sie erfreuen sich an 0,89% dieses Vermögens, während die restlichen rund 12% unter der Gruppe der Haushalte mit mehr als 1400 DM Einkommen pro Monat aufgeteilt werden. Trotzdem kann man immer wieder hören, daß im Jahr 1976 ja fast 7% der Arbeiter «Haus- und Grundbesitz» hatten. In Wirklichkeit: «Haus- und Grundbesitzer ist auch der, der sich aus dem Angebot eines Bergbau-Konzerns mühsam ein vergammeltes Zechenhaus erwirbt, für das er Raten zahlen muß bis ins Rentenalter. Daß ein solcher Haus- und Grundbesitz anders zu werten ist als der Eigentümer eines Wohnblocks mit 120 Wohneinheiten und zahlreichen Geschäftsräumen, wird aus der Statistik nicht deutlich. Ich muß mir wiederum den Gesamtanteil der Arbeiter am Haus- und Grundbesitz in der Bundesrepublik ausrechnen. Und der beträgt 0,08 Prozent. Also sieben Prozent Haus- und Grundbesitzer unter den Arbeitern besitzen insgesamt 0,08% der Häuser und Grundstücke in der Bundesrepublik. Und um das Bild noch weiter zu konkretisieren: 29 Millionen Arbeitnehmer besitzen nur weniger als ein Prozent des Grund und Bodens hierzulande. Gehen wir von den Haus- und Grundbesitzern zu den Autohaltern. Von den zugelassenen Kraftfahrzeugen in der BRD gehören 19 Prozent Arbeitern. Auch mit dieser Zahl läßt sich Kosmetik betreiben. Zur Klarstellung eine weitere Auskunft: 78 Prozent der Arbeiter, die einen eigenen Wagen haben, kauften ihn aus zweiter oder dritter Hand, fahren also Gebrauchtwagen» (Josef Reding, in: Welt der Arbeit, zitiert nach: Druck und Papier, Stuttgart, 14/1977, S. 12).

Das läßt die Vermögenden kalt. Sie schauen, daß sich ihr Vermögen verzinst, verdoppelt. In den letzten zehn Jahren hat sich, wen wundert es, ihr Gesamtvermögen von 83,7 Milliarden DM auf 166,7 Milliarden DM fast genau verdoppelt. Teilt man die Zahl der Vermögenssteuerpflichtigen durch das von ihnen gehortete Gesamtvermögen, so kommt man auf «durchschnittlich» 300000 DM Jahreseinkommen. Indes wird diese relativ bescheidene Summe von der Masse der Steuerpflichtigen überhaupt nicht erreicht.

In Zahlen: 422000 Einkommensmillionäre verfügen über 87% des bundesdeutschen Gesamtvermögens (Ergebnis der Vermögenssteuerstatistik 1971, Wirtschaft und Statistik, Fachserie L, Reihe 6/III, Dezember 1977).

Tatsächlich gibt es in der BRD, bei einer Bevölkerungszahl von ca. 61 Millionen Menschen, nur 542000 natürliche Personen, das sind 0,9%, deren Vermögen so bedeutend ist, daß sie überhaupt zur Vermögenssteuer veranlagt werden. Dazu gehört auch die Schicht der Vermögensmilliardäre. Ihre Zahl liegt bei 22000, das sind 0,035% der Gesamtbevölkerung. Ihr Vermögen hat sich in den letzten zehn Jahren fast verdoppelt.

Andere Zahlen belegen: Nach einer erst im November 1977 veröffentlichten Hochrechnung der Deutschen Bundesbank stiegen die Jahresüberschüsse auf der Basis von 17000 Bilanzen im Jahre 1976 von 40,8 Milliarden DM auf 52 Milliarden im Jahr 1977, das entspricht einer Steigerung von 27%. Und die Deutsche Bank erklärt, daß «1978 die Dividendenzahlungen in der BRD gegenüber dem Vorjahr um 37,5% gestiegen sind. Insgesamt sind allein im 2. Halbjahr 1978 die Nettogewinne der Unternehmer um rund 13% gestiegen» (nach: Informationen zur Wirtschaftsentwicklung und Lage der Arbeiterklasse, Frankfurter Institut für marxistische Studien und Forschungen/IMSF, Dezember 1978).

1977 war es nicht anders: «Nach den Berechnungen des Statistischen Bundesamtes schütteten 1447 Aktiengesellschaften bis Ende Juli 1977 8,8 Milliarden DM Dividenden auf ihre Stammaktien aus. Diese Dividendensumme lag um 52% über den vergleichbaren Ausschüttungen des Vorjahres und noch um 45% über dem Rekordergebnis des Jahres 1973. n der gleichen Zeit ist das Stammkapital um 19,6% auf 59,1 Milliarden DM gestiegen. Der Durchschnitts-Dividendensatz erhöhte sich von 12,4% auf 14,9%. Er lag noch über den 13,2%, die 1969 als Höchstsatz erreicht wurden. Damit wurde 1977, angeführt von der Automobil- und Mineralölindustrie, absolut und relativ, zum besten Dividendenjahr in der Geschichte der Bundesrepublik Deutschland» (Dossier XI/1–77, S. 217).

Wer profitiert nun von diesen Dividenden? Im Jahr 1969 teilten sich 9 bis 12% aller Haushalte den gesamten Aktienbesitz von Privatpersonen. Von diesen Haushalten mit Aktienkapital besitzen jedoch mehr als die Hälfte ausschließlich Volksaktien. Geht man von einer gleichmäßigen Verteilung der Volksaktien auf alle Aktienbesitzer aus, so stellt sich heraus, daß nur 5 bis 6% der Haushalte über 96% des personellen Aktienbesitzes verfügen. Doch hier konzentriert sich nun das Aktienkapital nochmals auf eine dünne Spitze: auf 1,8%, das heißt weniger als 400000 Haushalte, entfallen fast 90% des gesamten Aktienkapitals. Lediglich bei dem kleinen Anteil von 10% des personenbezogenen Aktienkapitals kann also von einer breiten Streuung geredet werden.

Diese unvorstellbar große Differenz zwischen denjenigen, die über Vermögen in Millionen- und Milliardenhöhe verfügen und diese zu ihrer politischen und wirtschaftlichen Machterhaltung zielstrebig einsetzen, und denjenigen, die kaum genügend Geld zum menschenwürdigen Leben haben, die nicht wissen, wie sie mit dem geringen Lohn oder der kargen Rente und Sozialhilfe auskommen sollen, macht die Armut sinnlich erfahrbar. Hier wird Armut im sogenannten Wohlstand deutlich. Noch nicht einmal 2% der bundesdeutschen Bevölkerung besitzen fast 90% des Kapitalvermögens. Auf der anderen Seite müssen 26% der deutschen Bevölkerung in Armut leben, haben keinen Aktienbesitz, kein Vermögen, haben nichts zum Sparen. Wenn sie sparen, dann am Essen, an der Kleidung, oder sie verzichten darauf, am sozialen und gesellschaftlichen Standard dieser Gesellschaft teilzuhaben.

Die neue soziale Frage der CDU

«Die umfassende Verbesserung der Arbeits- und Lebensbedingungen der breiten Schichten des Volkes war ein wichtiger Schritt auf dem Weg zu größerer sozialer Gerechtigkeit. Mit ihrem Programm der Verbesserung der beruflichen Bildung, dem Ausbau der Mitbestimmung und der Vermögensbildung in Arbeitnehmerhand setzt die CDU diesen Weg fort.»

Heiner Geißler, ehemaliger Minister für Soziales, Gesundheit und Sport in Rheinland-Pfalz, inzwischen Generalsekretär der CDU, verkündete diese These, um die Ideologie der «neuen sozialen Frage» besser zu vertreten. Wie durch Norbert Blüm, den Vorsitzenden der CDU-Sozialausschüsse, wird in den letzten Jahren versucht, den Widerspruch zwischen Kapital und Arbeit aufzulösen. Die ideologischen Vorreiter sprechen davon, «daß die Unterprivilegierung der Nichtorganisierten und die Unterprivilegierung der Nichtproduzenten zeigen, daß sich die Sozialpolitik eine Verkürzung ihrer Probleme auf den Konflikt Arbeit und Kapital nicht mehr leisten kann». Bevorzugtes Untersuchungsobjekt dafür sind die «Armen in der Gesellschaft». Armut rekrutiert sich aus «weiblichem Geschlecht, Alter und Kinderreichtum». Denn, so Geißler: «Kein Bürger in der BRD ist heute deshalb arm, nur weil er Arbeiter ist, sondern er ist arm, wenn er Arbeiter ist und Kinder hat, oder alt geworden ist, oder unter die Leichtlohngruppen fällt.»

Wie es denn kommt, daß kinderreiche Unternehmerfamilien nicht arm sind oder in Leichtlohngruppen ausschließlich Arbeiterinnen beschäftigt sind, wird nicht erklärt. «Mächtig sind allein Kapitaleigner und Arbeitnehmer zusammen», meint er. Hier schält sich heraus, worum es den Repräsentanten der neuen sozialen Frage eigentlich geht: Sie bauen auf eine neue Harmonisierung des Klassenwiderspruchs und spielen zu diesem Zweck insbesondere die nicht im Produktionsprozeß stehenden Bevölkerungsgruppen gegen die Produktiven aus. Blüm sieht sogar die Gefahr eines neuen Klassenkampfes: Nämlich zwischen den Qualifizierten, die die Chance eines Arbeitsplatzes haben, und den Unqualifizierten, die nichts oder wenig gelernt haben und deshalb «draußen vor der Tür stehen». Schuld daran sind nicht die Unternehmer, sondern die Gewerkschaften, die sich ausschließlich um die Beschäftigten kümmern. Auf einer anderen, wirksamen Ebene ist das die gleiche Linie wie die der Behauptung, daß Lohnerhöhungen die Arbeitsplätze gefährden.

Warum müssen denn Gewerkschaften für höhere Löhne und bessere Arbeitsbedingungen streiken? Warum wird die an sich mickrige Mitbestimmung torpediert? Warum weigern sich die Unternehmer, die Leichtlohngruppen aufzuheben? Wer bestimmt denn über wirtschaftliche Entscheidungen wie Investitionen, Entlassungen? Unternehmer und organisierte Arbeiter etwa gleichgewichtig?

Grundsätzlich wird die Ideologie der neuen sozialen Frage dadurch geprägt, daß jegliche Zusammenhänge zwischen den Besitzern des Produktivvermögens und den davon Abhängigen, die ihre Arbeitskraft für Lohn oder Gehalt verkaufen müssen, geleugnet werden. Die Gewerkschaft sieht das so:

«Für die Mehrheit unserer Bevölkerung ist die Arbeitskraft das einzige Kapital. Demnach wird jeder, der keine Arbeit hat, praktisch enteignet. Das wollen die Unternehmer natürlich nicht gelten lassen, die mit Menschen wie mit Waren verfahren, weil sie in ihrer Strategie nur ein Produktionsfaktor wie jeder andere sind» (Soziale Solidarität, Argumentationsleitfaden der IG Metall, Frankfurt 1978, S. 39).

Genau um diesen Tatbestand geht es, den die Vertreter der «neuen sozialen Frage» wegdiskutieren wollen. In letzter Konsequenz ist die «neue soziale Frage» ein weiterer Versuch, soziale Krisen und Konflikte auf dem Rücken der abhängig Beschäftigten zu lösen, dabei gleichzeitig die Macht der Kapitaleigner unangetastet zu lassen, die organisierten Arbeitnehmer im Rahmen künftiger sozialer Verteilungskämpfe zu denunzieren. Denn, so Geißler: «Im inflationären Verteilungskampf um das Bruttosozialprodukt zwischen Gewerkschaften und Arbeitgebern zeigt sich immer deutlicher, daß keine von beiden Seiten dauerhafte Vorteile zu Lasten der anderen Seite erringen kann. Es sind die sozial Schwachen, zu deren Lasten die Gewerkschaften noch Vorteile zugunsten der Lohnempfänger erkämpfen können» (Zitate aus: H. Geißler: Die neue soziale Frage, Freiburg 1976).

Das folgende Gespräch mit Norbert Blüm, dem Vorsitzenden der CDU-Sozialausschüsse, verdeutlicht, wie wenig greifbar und philosophisch-freischwebend in Wirklichkeit die «neue soziale Frage» ist.

Roth: Was würden Sie als Armutsbegriff denn so benennen?

Blüm: Ich glaube, daß sich die Industriegesellschaft durch eine starke Verdichtung auszeichnet; die Menschen sind wechselseitig abhängiger geworden, als das in agrarischen Gesellschaften der Fall war. Das Defizit der Armen besteht in einem Mangel an Integration. Sie sind nicht drin, stehen draußen vor der Tür. Das muß nicht unbedingt ein Mangel an materiellen Mitteln sein, das ist nicht das bevorzugte Erkennungszeichen von Armut in den Wohlstandsgesellschaften. Es gibt Mitbürger, die eine ausreichende Rente haben . . .

Roth: Das ist doch aber die Ausnahme.

Blüm: Ja, die ich aber dennoch als arm bezeichnen würde, weil sie von der Gesellschaft nicht angenommen werden, sondern ausgestoßen.

Roth: Sie reden von der Therapie der Armut und andererseits davon, daß die Armut keine Massenerscheinung ist. Das widerspricht aber der Realität. Erstens mal kann man Armut nicht mit einer «Therapie» behandeln und zweitens scheint es doch in der Tat eine Massenerscheinung zu sein.

Blüm: Da müßten wir noch mal klären, ob ich mit «Massenerscheinung» einen Zahlenbegriff gemeint habe, oder das, was man als Massenbewegung früherer Zeiten bezeichnet hat, nämlich das Auftreten vieler Menschen. Die Armen, die ich meine, die neuen Armen, die sind zum großen Teil nicht organisationsfähig, deshalb unfähig, in Massen aufzutreten.

Roth: Das war aber immer schon das Problem der Armut in unserer Gesellschaft.

Blüm: Och, die Proletarier haben sehr schnell es geschafft, ihre Armut zu artikulieren, sonst wären Gewerkschaften nicht möglich gewesen.

Roth: Da ist ja der Widerspruch: Sie sagen, Proletarier – oder Arbeitnehmer – leben eigentlich nicht in Armut. Es ist keine Klassenfrage für Sie, das Armutsproblem.

Blüm: Nein, ich glaube nicht, daß man Armut festmachen kann an dem alten Klassengegensatz Kapital und Arbeit. Er gibt nicht viel her zur Erklärung der Armut. Nun behaupte ich nicht, daß die alten sozialen Fragen alle gelöst sind. Ich begreife das Programm der neuen sozialen Frage nicht als – sozusagen – die Ablösung der alten sozialen Frage, sondern nur als ein Programm, das auf die toten Winkel unseres etablierten Sozialsystems hinweist. Und unser altes Sozialsystem ist erstens an dem Begriff Arbeit/Kapital sehr stark orientiert, das geht bis in die Organisation der Sozialversicherung. Die ist orientiert, beispielsweise, an einer Beitragsleistung, die von Kapital und Arbeit geleistet wird. Nur um ein Beispiel zu nennen: Arbeitgeber – Arbeitnehmer. Und ich fürchte, daß es einen Teil von Problemen gibt, die unter dieser Optik gar nicht erkannt werden. Ich will nur einen typischen Fall nennen: Die Armut des flachen Landes, wie das so in unserer Sprache heißt, der vergessenen Dörfer, das ist keine Armut der Arbeitnehmer, sondern das ist eine Armut von Leuten, die aus der Landwirtschaft kommen, aus dem Mittelstand kommen. Das sind die Abgeschriebenen, da fährt kein Zug mehr hin. Die Bahnstrecke ist stillgelegt, der Lebensmittelhändler hat zugemacht, weil die Jüngeren das beim Supermarkt holen. Und die Alten, die wohnen in der Form eines Altenheims, das nur nicht als Altersheim entdeckt ist, weil die noch in den alten Häusern wohnen. Jetzt geht da einer ran mit «Arbeit und Kapital». Da wird er lange suchen, bis er die Gegensätze im Dorf findet.

Roth: Das mag sein. Aber jetzt trotzdem das Kernproblem: noch mal zur Armut. Meinen Sie eigentlich, daß in den letzten Jahren das Armutspotential gestiegen ist? Die Zahlen sprechen ja alle dafür. Die Zahl der Sozialhilfeempfänger wächst ständig . . .

Blüm: Das Problem ist deshalb härter geworden, weil es in der Wohlstandsgesellschaft – und als diese bezeichne ich unsere Gesellschaft – gar nicht zur Kenntnis genommen wird. Und ein Problem, das nicht zur Kenntnis genommen wird, dessen Härte besteht darin, daß keine Lösungsansätze gesucht werden. Die Armut derjenigen, die sich versammeln, die ist artikulationsfähig und hat sich eine Stimme geschaffen, die ist auf dem Weg zur Lösung, da ist Hoffnung drin. Von denen, die nicht zur Kenntnis genommen werden, die sind in der Hoffnungslosigkeit.

Roth: Aber selbst diejenigen, die zur Kenntnis genommen werden – ich denke jetzt beispielsweise an die Obdachlosen. Das sind ja die typischsten Armen. Da gibt es eine Politik, die sagt, wir lösen die Obdachlosensiedlungen auf. Das wäre Ihre Lösung. Ist aber keine Lösung, wenn man sieht, daß diejenigen Obdachlosen, die in normale Wohngebiete integriert werden, mit den gleichen sozialen und materiellen Schwierigkeiten zu kämpfen haben, mit denen sie auch in den Obdachlosensiedlungen zu kämpfen hatten, das heißt: geringes Einkommen, Arbeitslosigkeit, schlechte Schulbildung. Die Probleme massieren sich, nur haben die Arbeiter jetzt, im Gegensatz zu den Obdachlosenunterkünften, noch nicht mal mehr einen Zusammenhalt. Insofern wäre ja eine These, daß man sagt, daß die Obdachlosen eben in der Regel Arbeiter sind und deshalb obdachlos sind, bzw. mit der Gefahr der Obdachlosigkeit rechnen müssen.

Blüm: Das sage ich.

Roth: Naja gut, aber Sie sagen nicht, daß es einen Zusammenhang zwischen Arbeiterherkunft und den Folgen wie Obdachlosigkeit gibt.

Blüm: Ich sage nicht nur Arbeiter, es geht auch um die Strafgefangenen, Leute, die ihre Schulden nicht bezahlen können, und die sind alle nicht primär durch den Status von Arbeitnehmern gekennzeichnet.

Roth: Gut, aber das ist doch identisch. Wenn jemand seine Schulden nicht bezahlen kann, wird doch der Unternehmer weniger Schwierigkeiten haben als ein Arbeiter, der bekanntlich ein geringes Einkommen hat.

Blüm: Ich habe mich jetzt nur dagegen verteidigen wollen, daß ich sozusagen die Diagnose noch nicht mal gestellt hätte. Die mag falsch sein, aber gestellt habe ich sie schon. Ich meine auch nicht, wenn Obdachlose schon eine neue Wohnung hätten, wären sie von der Gesellschaft schon aufgenommen. Das wäre ja genau entgegengesetzt meiner Ausgangsthese, daß Armut nämlich auch ein Mangel an der Kultur ist, die in dieser Gesellschaft bewundert wird. Und das hat nichts mit der Zimmergröße zu tun, in der die Menschen leben. Noch mal zu Ihrer Frage von vorhin, daß die Zahl der Armen gestiegen ist, größer geworden ist. Ich glaube, einmal ist sie dadurch größer geworden, weil wir eine Hoch-Runter-Sozialpolitik betreiben: Ist Geld in der Kasse, wird das ganze Niveau angehoben. Ist kein Geld in der Kasse, wird das Niveau abgesenkt – ebenso phantasielos wie es vorher angehoben wurde. Das ist für die mittleren Einkommensbezieher – von den oberen will ich gar nicht sprechen – relativ unerheblich. Ich will es nicht verharmlosen. Für die Kleinen, die in der Nachbarschaft der Armutsgrenze leben, passiert aber immer mehr, als der Verlust von beispielsweise 10 DM Rente. Und wenn ich mir beispielsweise die Rentenversicherung ansehe, da haben wir für drei Jahre die bruttolohnbezogene Rente außer Betrieb gesetzt, mit dem Trost, daß es den Rentnern ja gar nicht so schlecht ginge. Die arme Witwe mit 500 Mark Rente, die wird relativ und real härter als der 1500-Mark-Rentner betroffen. Und da wir nicht fähig sind, zu differenzieren und immer nur in den Kategorien von Massen denken, fallen die, die sich nicht wehren können, am unteren Rand leben, weg aus der Optik unserer Sozialpolitik.

Roth: Neben der ökonomischen Armut gibt es auch die psychische Verelendung. Das heißt, derjenige Arbeitnehmer, der auf Grund der Arbeitsbedingungen frühzeitig aus dem Erwerbsleben ausscheiden muß, der also nicht mehr am kulturellen und gesellschaftlichen Fortschritt teilnehmen kann, gehört ja eigentlich auch zu dem Potential der Armen. Und das wirkt sich dann folgerichtig auf den Reproduktionsbereich aus: auf seine Familie, auf das Leben, auf die Kinder.

Blüm: Ich habe vorhin gesagt, das Problem heißt Integration, also in der Gesellschaft angenommen zu werden. Da muß man mal fragen, worin besteht denn die große Nachfrage, oder was ist denn wiederum das Erkennungszeichen in dieser Gesellschaft? Wenn ich gesagt habe Dichte, dann war das ja nur formal. Wenn ich das mal etwas stärker inhaltlich angehe: Ich glaube, daß wir sehr stark auch eine Kommunikationsgesellschaft geworden sind. Daß sozusagen die bevorzugten Prestigeordnungen auch in einem Verhalten liegen, sich darstellen zu können in Worten und Bild. Der Arbeitnehmer, der 7000 Schrauben in einer Schicht anzieht, der wird natürlich aus einer solchen Gesellschaft herausgedrängt. Das ist vor 100 Jahren nicht so aufgefallen. Da war der Salon sozusagen der Ort der Kommunikation für irgendwelche elitären Schichten. Heute ist das Bedürfnis, miteinander zu kommunizieren, sehr viel weiter gestiegen. Nur, bestimmte Arbeitnehmergruppen haben dort zum Beispiel durch Schichtarbeit keinen Zugang. Wer kann denn als einer, der in jeder Woche zu einer anderen Zeit arbeitet, beispielsweise in einem Drei-Schichten-Rhythmus, wie kann der an der Volkshochschule, am Theater, Fernsehen, wie kann der eigentlich daran noch teilnehmen? Das ist jetzt einmal von der Zeitordnung her gesehen. Man muß natürlich auch sehen, daß es modernen psychischen Stress gibt und Verschleiß gibt, einen psychischen Verschleiß. So wie einer früher nicht geeignet war für sportliche Höchstleistungen, weil er physisch erschöpft war, so ist der heute durch Monotonie Verschlissene nicht fähig, am öffentlichen Leben teilzunehmen, das so stark auf Kommunikation ausgerichtet ist. Muß es uns nicht zu denken geben, daß weniger denn je Arbeiter im

Parlament sitzen? In den politischen Parteien? Betrachten wir selbst die Partei, die sich als . . . muß ich weiterreden? . . . klassische Arbeiterpartei – die muß ja den Arbeiter schon ausstellen, wenn der auf dem Parteitag auftritt. Oder betrachten Sie den Kongreß des Deutschen Gewerkschaftsbundes. Wieviel Arbeiter . . . Also, die Arbeiter sind in Gefahr, eine Randgruppe zu werden.

Roth: In der politischen und gesellschaftlichen Repräsentation in der BRD.

Blüm: Im öffentlichen Leben.

Roth: Eine Randgruppe sind sie ja nun in der Tat nicht, auf Grund ihrer sozialen Situation.

Blüm: Wenn Sie mal Randgruppen interpretieren, daß sie am Rande der Verdichtung der Gesellschaft leben, daß ihre sozialen Beziehungen zur Gesellschaft dünner werden, sehen Sie mal . . .

Roth: Da würde man sagen: Was ist das für eine Gesellschaft, die einen so großen Anteil von Arbeitnehmern an den Rand verdrängt?

Blüm: Die eine so hohe Zentrifugalkraft hat, daß Randgruppenerscheinungen nicht mehr die Erscheinung von 10 Mann sind – ich ironisiere jetzt –, sondern Schichten an den Rand drängen, die früher die klassischen Träger der politischen Bewegung der Arbeitnehmer waren.

Roth: Aber es muß doch eine Kraft geben. Wenn man eine Zentrifuge in Gang setzt, muß es einen Motor geben, in unserem Fall das Kapital. Und das ist ja auch die fatale Situation: Daß Sie und die Repräsentanten der neuen sozialen Frage genau diese Kraft, diesen Motor Kapital eigentlich nie beim Namen nennen. Es muß doch ein Interesse daran geben, daß bestimmte große Gruppen irgendwohin abgedrängt, weggedrängt werden, nicht teilnehmen können am gesellschaftlichen Fortschritt.

Blüm: Doch, ich glaube, daß wir einen sehr verengten Leistungsbegriff haben, der sehr stark konzentriert ist auf bestimmte Leistungskategorien der Erwerbsgesellschaft. Aber das ist wiederum zum Beweis meiner Ausgangsthese kein Kapital/Arbeit-Thema. Denn in der Bewunderung dieses Leistungsbegriffes sind sich weite Schichten der Arbeitnehmerschaft ebenso einig mit denen, die nicht aus der Arbeitnehmerschaft kommen. Also diese technokratische Gesinnung, daß das Funktionieren bewundert wird, ohne zu fragen, wofür. Das ist keine Gesinnung, die sich auf den Unterschied zwischen Kapital und Arbeit bringen läßt. Die ist in der Technokratie des Managements ebenso vorhanden wie in bestimmten Funktionärsschichten der Arbeitnehmerschaft.

Roth: Na gut, aber das eine sind die Macher und die anderen die Gemachten.

Blüm: Wer sind die Macher, und wer sind die Gemachten?

Roth: Die Macher wären in dem Fall diejenigen, die in Managementfunktionen sind, die die Verfügungsgewalt über das Kapital haben.

Blüm: Aber hat das was mit den typischen Kapitalgebern des 19. Jahrhunderts zu tun?

Roth: Mit den Strukturen auf jeden Fall. Die wirtschaftlichen und gesellschaftlichen Strukturen haben sich doch nicht verändert.

Blüm: Also einer hat mal gesagt, in manchen Unternehmen können die Manager die Eigentümer nach Hause schicken und das Management läuft noch immer.

Roth: Naja! Aber Sie sagen ja selbst – und das ist ja so schön, daß man das zitieren kann bei Ihnen –, da zitieren Sie den Krelle über die Verfügungsgewalt des Kapitals. Das widerspricht doch dann aber der Theorie, daß es keinen Klassenwiderspruch gibt zwischen Kapital und Arbeit.

Blüm: Dann hätte ich mich entweder mißverständlich ausgedrückt oder Sie hätten mich falsch verstanden. Ich habe nicht gesagt, daß es keine Interessendifferenzen zwischen Kapital und Arbeit gibt. Ich habe nur behauptet, daß dies nicht mehr die einzigen in unserer Gesellschaft dominierenden Interessen sind. Sondern daß neue hinzugetreten sind und daß die, die auf dieses Paar fixiert sind, die neuen nicht zur Kenntnis nehmen. Daß insofern von diesem Paar eine Informationssperre ausgeht.

Roth: Aber bei der neuen sozialen Frage werden nur bestimmte Gruppen genannt. Hier werden bestimmte Probleme isoliert betrachtet, isoliert von der Gesamtproblematik. Also nur die Obdachlosen, oder nur die alten Menschen, oder nur die kinderreichen Familien, obwohl sie immer die gleichen Eigenschaften haben. Sie haben in der Regel die gleiche Eigenschaft, daß es eben Arbeitnehmer oder Arbeiter sind.

Blüm: Dies ist zu einfach.

Roth: Aber doch fast ausschließlich.

Blüm: Also, ich sage nun mal, das stimmt insofern nicht, als unter denen, die ich für desintegriert halte, zum Teil unterer Mittelstand sich befindet, Landwirte sich befinden.

Roth: Das meine ich auch, ist aber kein Widerspruch.

Blüm: Das sind aber keine Arbeiter. Oder Sie nehmen einen Arbeiterbegriff, der halt so breit ist, da ist selbst der liebe Gott noch mit drin.

Roth: Ich habe hier die Statistik vom Wirtschafts- und Sozialwissenschaftlichen Institut des DGB. Da steht: Die Verteilung der Einkommen auf die Familien in der BRD ist nach wie vor extrem ungünstig. Bei kinderreichen Familien, vor allem bei Arbeiterhaushalten reicht das Einkommen nicht aus, um den Kindern einen soziokulturellen Mindestbedarf zu garantieren.

Blüm: Nun würde ich da wiederum sagen: Natürlich können Sie da wieder sagen «Arbeitnehmer». Aber ich meine, das primäre Erkennungszeichen ist in diesem Falle der Kinderreichtum. Es gibt Arbeitnehmer, die keine Kinder haben, die weit weniger bedroht sind. Sehen Sie: Kinderreichtum und Armut ist ein neuer Zusammenhang.

Roth: Aber ich sage ja, sie sind kinderreich, nicht weil sie Arbeiterfamilien sind, sondern es sind Arbeiterfamilien. Und weil es kinderreiche Arbeiterfamilien sind, leben sie in Armut. Ihr Merkmal ist das der Klassenzugehörigkeit.

Blüm: Da würde ich sagen, es gibt kinderreiche Angestelltenfamilien, Landwirte-Familien . . .

Roth: . . . aber keine kinderreichen Unternehmerfamilien, die arm sind, obwohl, die finden Sie vielleicht auch . . .

Blüm: . . . wiederum im unteren Mittelstand. Ich habe ja nichts dagegen, die Arbeitnehmer zu den Mitbetroffenen zu machen. Ich habe nur was dagegen, wenn unsere Sozialpolitik immer nur die große Gruppe der Arbeitnehmer im Blick hat und nicht feststellt, daß in anderen Bereichen der Gesellschaft neue Armut entsteht. Noch mal zum Kapital-Arbeiter-Standpunkt. Natürlich gibt es sogar einen Teil von dem Gegensatz Kapital/Arbeit, von dem ich glaube, daß er nie zu beseitigen ist, und an dem ich noch nicht einmal ein Interesse habe, daß er beseitigt wird. Der Verteilungskonflikt zwischen Kapital und Arbeit, den halte ich für eine ständige Einrichtung einer freien Gesellschaft. Der ließe sich nur autoritär lösen. Und da ich gegen autoritäre Lösungen bin, bin ich beispielsweise dafür, den Verteilungskonflikt der Tarifautonomie zu übergeben. Es ist ein dauernder Konflikt, von dem ich nicht glaube, weil es Leute gibt, die meinen, der Gegensatz Kapital/Arbeit sei im Stadium einer vollendeten Gesellschaft zu beenden. Diese Vollendung ist gar nicht meine. Es wäre nämlich eine Vollendung in der Unfreiheit. Aber das ist wieder ein neuer Aspekt.

Roth: Jetzt habe ich eine andere Frage: Die Entwicklung der letzten Jahre, der Anstieg des Armutpotentials, beispielsweise auch bedingt durch die hohe Arbeitslosigkeit, durch die Rotation der Arbeitslosigkeit und eine restriktive Sozialpolitik, das heißt, daß auf den Sozialämtern die Mittel, die den Leuten zustehen, nicht oder unter ganz anderen Bedingungen als vor ein paar Jahren ausbezahlt werden. Die müssen wieder betteln. Oder in einzelnen Regionen, beispielsweise in Bayern, wird gesagt, wenn wir den Leuten das ihnen Zustehende geben würden, hätten wir kein Geld mehr. Dann gibt es vom Kreistag ja Überlegungen, die sagen, wir müssen unheimlich streichen an dem sozialen Netz, das wir haben. Das gibt es ja auch in Ihrer Partei – in der CDU, im Norden insbesondere. Und dann gibt es auf der anderen Seite die individuellen Lösungsversuche, dieser sozialen Konflikte Herr zu werden.

Blüm: Och, wissen Sie, es gibt in meiner Partei sehr zu Recht Leute, die sagen, wir müssen das Sozialsystem mal durchforsten. Denn systematisch ist es nicht gewachsen. Es ist ja auch ein Teil seiner Lebensnähe, da ist immer was drangebaut worden. Da könnte es sein, daß durch Kumulation von Sozialleistungen das Geld nicht dorthin kommt, wo es am nötigsten gebraucht wird. Und wenn ich wenig Geld habe, bin ich dafür, daß es da hinkommt, wo es am nötigsten gebraucht wird.

Roth: Es kommt doch in der Regel nur zu dem, der es beantragt. Und beantragen tun es nur diejenigen, die darüber aufgeklärt werden, was ihnen zusteht.

Blüm: Wissen Sie, es gibt tatsächlich auch die Fälle, die wollen wir ja nicht übergehen, wo durch Alterssicherung, betriebliche Alterssicherung, Alterssicherung aus dem öffentlichen Dienst eine Überversorgung eingetreten ist. Überversorgung ist immer relativ, aber angesichts dessen, daß es Witwen gibt mit 500 Mark Rente, würde ich sagen, wollen wir mal lieber dafür sorgen, wenn wir schon sparen müssen, daß an der richtigen Stelle gespart wird.

Roth: Der Kreistag überlegt sich die Einschränkung der stationären Hilfen, kurzfristige Hilfen als Darlehen zu gewähren, Taschengeld einzuschränken . . .

Blüm: Was meine Partei, die Sie laufend anklagen, angeht, da finde ich, hat die eigentlich auf dem Gebiet der direkten Hilfen, in der Unterstützung derjenigen, die zurückgeblieben sind, sich mehr einfallen lassen als unsere politische Konkurrenz. Ich finde, das ganze Programm zum Beispiel der Sozialstationen ist eine sehr starke Integrationshilfe. Während unsere parteipolitische Konkurrenz, wenn das erlaubt ist, immer nur in den Kategorien der Reichsversicherungsordnung gedacht hat. Die Kategorien von Hoch–Runter. Habt ihr noch 5 Mark – drauf. Habt ihr sie nicht mehr, nehmen wir sie wieder weg. Das ist aus meiner Sicht einfallslos. Ich wollte da noch was nachhacken, auch auf die Gefahr hin, daß es unsystematisch wird: Arbeitslosigkeit. Wieder zur Relativierung meines «die Arbeiter sind die Armen und die Unternehmer sind die Reichen und zwischen den beiden tobt der Konflikt». Also, ich glaube, daß im Bereich der Arbeitslosigkeit uns ein Konflikt bevorsteht – ich bringe das in die Worte: zwischen Arbeitbesitzern und Arbeitslosen.

Roth: Das ist auch so eine merkwürdige Auffassung, die ich nicht verstehe.

Blüm: Die will ich gerade erklären. Natürlich läßt sich eine Verteilungspolitik betreiben von denjenigen, die Arbeit haben, ohne Rücksicht darauf, daß es welche gibt, die keine Arbeit haben. Da findet dann kein Verteilungskampf mehr statt zwischen Kapital und Arbeit, sondern nur noch zwischen Arbeitslosen und Arbeitbesitzern. Natürlich läßt sich sogar eine Gewerkschaftspolitik denken – und in manchen westlichen Nachbarstaaten treibt die bereits, was heißt bereits, ich denke an die Vereinigten Staaten, da war die immer nicht ganz ausgeschlossen –, wo die, die Arbeit haben, für sich sorgen. Was die da draußen machen, wie es denen geht, das kümmert die 'nen Dreck.

Roth: Aber das kann doch nicht die Aufgabe der Arbeitnehmer sein, die Arbeit gefunden haben, jetzt individuelle Arbeitsmarktpolitik auf ihrem Rücken zu betreiben. Das ist doch die Aufgabe entweder, wenn's eine soziale Marktwirtschaft ist, der Unternehmer, oder es ist die Aufgabe des Staates.

Blüm: Ich verstehe die Aufgabe der Arbeitnehmer nicht, als hätten sie weder etwas mit dem Staat und seiner Gesetzgebung noch mit der Gesellschaft zu tun. Sie tragen in den Parteien wie mit Hilfe der Gewerkschaften für beide Bereiche Verantwortung. Wenn 80% der Gesellschaft Arbeitnehmer sind, dann können die nicht den Eindruck erwecken, als sollten die restlichen 20% dafür sorgen, daß die 80% den Platz in der Gesellschaft finden. Da müssen die schon selber für sorgen. Lassen Sie mich das Beispiel sagen, damit wir uns nicht in den Höhen der Abstraktion verlieren: Es ließe sich ein Rationalisierungsschutz weiter perfektionieren. Und Kündigungsschutz, den kann ich so wasserdicht machen, daß keine Maus mehr durch die Maschen geht. Aber der hilft eben nur denjenigen, die drinnen sind. Und wenn ich mir die Entwicklung der Arbeitslosigkeit ansehe, vor allen Dingen mal, wer sich da unter den Arbeitslosen befindet, das ist nicht eine Frage des Stundenlohns gewesen, sondern es ist die Frage, beispielsweise, wer berufliche Ausbildung hat, wer gesund ist, wer jung ist. Wir könnten schon einen Klassenkampf zwischen olympiareifen Hochleistungsmannschaften machen, und die anderen, die schleppen wir eben mit Hilfe eines sozialen Hilfssystems mit. Die werden dann über die sekundäre Einkommensverteilung befriedigt. Also das Arbeitslosenproblem hat – reell ließe sich das so lösen, daß kein Elend entsteht, aber wer mit 3 Millionen Arbeitslosen leben müßte, die müßten dann eben von den «Tüchtigen», nämlich denen, die in das Leistungskonzept dieser Gesellschaft passen, mitgeschleppt werden. Meine Befürchtung ist, daß ein Arbeitnehmer, der, salopp formuliert, eine kleine Macke hat (nicht zynisch gemeint), jedenfalls aus dem Blickpunkt der bevorzugten Arbeitsplätze, daß der keine Chance mehr hat. Je länger die Arbeitslosigkeit dauert, um so mehr findet ja diese Auslese statt. Die Schwächeren kommen zuerst raus und als letzte rein. Viele Betriebe haben das Problem damit gelöst, indem sie mit hohen Abfindungen die Schwächeren ins Freie gesetzt haben. Das Problem ist nicht so aufgefallen, denn die sind materiell einigermaßen gut abgesichert, aber die nachwachsenden Schwächeren kommen gar nicht mehr rein. Jetzt frage ich Sie: Ist das ein Kampf allein zwischen Arbeit und Kapital oder ließe sich der nicht auch beschreiben – Beispiel amerikanische Gewerkschaft –, wer drin ist, hat Glück gehabt und für die sorgen wir. Ich bin gegen eine Monopolisierung sozusagen aller sozialen Probleme durch die Arbeitnehmerschaft.

Roth: So sehen Sie das – oder die Unternehmer. Man hört in letzter Zeit sehr viel über neue Klassen, über die sogenannten Privilegierten oder Nichtprivilegierten, bzw. über diejenigen, die Arbeit haben und die, die keine Arbeit haben. Man hört aber sehr wenig über die Unternehmen, die die Leute auf die Straße werfen, die rationalisieren, die die

Leute entlassen, während sie krank sind.

Blüm: Also, von mir hören Sie das schon.

Roth: Ja? Aber das, was besonders wirksam in der Öffentlichkeit herausgestellt wird, ist ja eigentlich immer der Versuch, eine bestimmte politische Machtgruppe, und zwar die Kapitaleigner, im Hintergrund zu lassen.

Blüm: Also, wissen Sie, unsere ganze Mitbestimmungsphilosophie war ja darauf aufgebaut, daß Kapital und Arbeit sich die Macht teilen müßten.

Roth: Um auf den Kern zu kommen: Wie läßt sich denn ganz konkret, anhand konkreter Politik, das Armutsproblem lösen? Ich will noch mal auf eines eingehen: Beispielsweise die Heimerziehung. Nun gibt es ja innerhalb der CDU, und ich glaube, das ist auch vom letzten Parteitag bestätigt worden, das Subsidaritätsprinzip, das bei Ihnen sehr hoch gehalten wird. Solidarität und Subsidarität. Wie läßt sich das denn im Bereich der Heimerziehung praktizieren? Da haben wir die Sache, daß das Subsidaritätsprinzip teilweise praktiziert wird. Wir haben die Heime von der Caritas, die von den freien Trägern, die sich dafür einsetzen usw. Aber die Politik, die Jugendpolitik, die dort betrieben wird, entspricht ja nicht den Interessen der Kinder. Wenn ich in den Heimen, in denen ich war, das so sehe, wie die Kinder da unter die Fuchtel genommen werden, wie wenig Möglichkeiten sie haben zur Selbstbestimmung und zur Entfaltung – was soll denn dann das Subsidaritätsprinzip?

Blüm: Das ist aber doch nicht das Ergebnis des Subsidaritätsprinzips. Also, das Subsidaritätsprinzip entlastet uns nicht von der Aufgabe, daß die Menschen das Geschäft mit etwas mehr Liebe betreiben als es meistens betrieben wird. Ich meine, Sie können das schönste Programm nicht verwirklichen, wenn Sie nicht die Leute dafür haben. Das ist aber nicht der Fehler des Prinzips. Und da würde ich sagen, zu diesem Subsidaritätsprinzip, wenn wir bei dem bleiben, bevor wir beim Heim sind, mit Hilfe dieses Fahrplans, fangen wir erst mal bei der Familie an. Wenn man natürlich eine Politik gegen die Familie betreibt, desto mehr Heime braucht man. Da ich nach wie vor ein Anhänger einer Politik bin, die den Menschen nicht den großen Apparaten, der Spurenlosigkeit ausliefert, sondern sie in überschaubaren Bereichen zu Hause läßt . . .

Roth: . . . aber in dem Moment, wo sie nicht die finanziellen Möglichkeiten haben, nutzt auch die beste Familienpolitik nichts.

Blüm: Deswegen sind wir, die CDU, ja beispielsweise für die Zahlung eines Familiengeldes, im Unterschied zur SPD, die will nur ein Kindergeld bezahlen für die Frauen, die berufstätig sind, was mit anderen Worten heißt: Wer ans Geld kommen will, muß erst mal berufstätig werden. Das ist nicht sehr familienfreundlich. Also ich glaube, daß wir in der Familienpolitik einen sehr großen Nachholbedarf haben, und daß wir nicht anfangen dürfen, das Kind aus dem Brunnen zu holen, wenn's reingefallen ist, sondern daß wir den Brunnen abdecken müssen. Bevor wir über Heime reden, sollten wir über das reden, was verhindert, daß so viele Heime entstehen. Dann reden wir anschließend noch über Heime, denn ich kann mir die Welt nicht so einrichten, als würde sie dem Ideal entsprechen. Im Ideal bräuchten wir keine Heime. Da die Welt nicht aus Idealen besteht . . .

Roth: Da sind wir doch wieder beim Kernpunkt der neuen sozialen Frage. Es wird in die Familie hineinverlagert. Es wird individualisiert, das Problem sollen die Familien alleine lösen.

Blüm: Die Lösung liegt nicht in der Alternative: der einzelne oder der Staat, sondern nach dem Subsidiaritätsprinzip zwischen dem einzelnen und dem Staat. Gegenüber den intermediären Strukturen, war sowohl der Sozialismus wie der Liberalismus relativ betriebsblind. Und das hat beide dazu verführt, daß die einen das Individuum so hoch gehalten haben, daß es in der Einsamkeit gelandet ist, und die anderen das Kollektiv so hoch, daß das Individuum nicht mehr gesehen wurde. Und ich glaube schon, daß wir diese Zwischenstrukturen stärken müssen. Und zwar nicht in dem Sinne: Da habt ihr die Probleme, seht zu wie ihr damit fertig werdet. Das heißt dann auch, um beim konkreten Beispiel zu bleiben, daß man die Familie stützt, das heißt, nicht nur finanziell stützt, sondern das heißt auch kinderfreundlicher Wohnungs- und Städtebau. Dies alles gehört dazu.

Roth: Aber warum wird denn das bisher nicht getan, Herr Blüm? Warum ist das in den Jahren der sozialen Marktwirtschaft, die ja auch von Ihnen, zwar sehr abgewandelt, aber trotzdem im Kern gelobt wird, geschehen?

Blüm: Ich habe nicht gesagt, daß wir's nicht getan hätten, das halte ich für eine der vielen maßlosen Übertreibungen. Und zum zweiten würde ich sagen, natürlich, da haben wir zu wenig gemacht. Aber haben wir jetzt eigentlich was davon, wenn wir das jetzt feststellen, oder wollen wir's besser machen? Und in den letzten neun Jahren ist nicht zu wenig, sondern fast nichts gemacht worden.

Roth: Ja, ja.

Blüm: Auch das ist eine polemische Übertreibung, wie ich etwas relativierend sagen will. Aber die Aufmerksamkeit in der Sozialpolitik war nicht auf diesen Teil gelenkt.

Roth: Noch mal die Schlußfrage: Die neue soziale Frage wird für Sie mit der CDU-Lösung beantwortet, während die Frage nach den Ursachen der Verelendung oder warum wir in dieser Gesellschaft ein so großes Potential von Leuten haben, die in Armut leben, nicht beantwortet wird.

Blüm: Also, ich habe es ja versucht – vielleicht ist es ja nicht Ihre Erklärung, aber eine Erklärung ist es, vielleicht ist sie auch nicht richtig, aber es ist trotzdem der Versuch einer Erklärung, das dürfen Sie nicht unterschlagen – nämlich daß unser Integrationsmodell nicht zentralistisch ist, um einen Punkt kreist. Ich bin nicht nur in dieser Frage ein Anhänger des Pluralismus. Wenn man natürlich die Plätze in dieser Gesellschaft von einem Fahrkartenschalter her verteilt, nämlich von der Erwerbsgesellschaft her, dann hat man nur die hinteren Plätze für die, die noch nicht in der Erwerbsgesellschaft sind, das sind die Kinder, die nie oder nur beschränkt teilnehmen können, das sind die Behinderten, und keine Karten mehr für die, die ausgeschieden sind, das sind die Alten. Und das schlechte Gewissen, das kann man sich nicht vom Hals schaffen, indem man diese Frage sozusagen materiell verdrängt. Nämlich durch hohe Sozialleistungen. Ich bin nur für eine Gesellschaft, die etwas toleranter, etwas pluralistischer ist.

Roth: Sie plädieren ja auch für Hilfe durch Selbsthilfe, für Selbsthilfegruppen. Nun gibt es eine Tendenz: Es bestehen gerade im Bereich der Jugendhilfe-Politik sehr viele Selbsthilfegruppen, die sich selbst organisieren wollen in Jugendhäusern, im Bereich der Heimerziehung, im Bereich der Obdachlosenarbeit. Und da gibt es ein Phänomen: In dem Moment, wo sie sich politisch artikulieren, indem sie Forderungen stellen, zum Beispiel an die Gemeinde, dann bekommen sie in der Regel alle einen auf den Deckel, werden kriminalisiert.

Blüm: Das ist keine CDU . . . das ist hier und da. Ich würde sagen, das ist zunächst mal was ganz Natürliches, daß derjenige, der's hat, nicht gerne hergibt. Daß die Gemeinden natürlich noch mehr tun müssen als Jugendhilfe zu betreiben, macht die Lage desjenigen, der das Geld verteilen muß in einer Zeit, in der er keins hat, relativ schwer. Trotzdem gebe ich zu, daß wir da noch etwas toleranter sein müssen gegenüber denjenigen, die möglicherweise andere Vorstellungen haben als wir. Aber das ist nicht das Problem der CDU. Das ist ein Problem jeder Gruppe, daß sie natürlich in den Kategorien der eigenen Gruppe denkt. Wenn ich sage Pluralismus, dann würde das ja gerade bedeuten, daß die Sozialisten nicht nur Sozialisten fördern und die Christdemokraten nicht nur Christdemokraten.

Roth: Das wäre die schöne Zukunft, oder?

Blüm: Das wäre das Modell einer sanfteren, toleranteren, einer pluralistischen Gesellschaft.

Die alltägliche Armut

Über neue und alte soziale Brennpunkte

«Der verhältnismäßig einheitliche Lebensstil der nivellierten Mittelstandsgesellschaft, wie ich diese Sozialstruktur einmal vorläufig nennen möchte, wird nämlich keineswegs mehr durch die alten Klassenkennzeichen bestimmt, sondern diese neue mittelständische Lebensform erfüllt sich und gewinnt ihr soziales Selbstbewußtsein darin, fast einheitlich an den materiellen und geistigen Gütern der modernen Zivilisation teilzunehmen» (H. Schelsky: Auf der Suche nach der Wirklichkeit, gesammelte Aufsätze, Düsseldorf/Köln 1965, S. 339).

Der Herr Professor der Soziologie hätte auf der Suche nach der Wirklichkeit wenigstens einmal die Obdachlosenunterkunft in Wiesbaden-Mühltal besuchen können. Wenn er die von Ratten zerbissenen Kinder, die winzigen Zimmer, in denen mehrere Menschen zusammenleben müssen, gesehen hätte und mit Menschen gesprochen hätte, die seit Jahren vergeblich auf Arbeit warten oder sich als Leiharbeiter verkaufen müssen, vielleicht hätte er dann etwas anderes geschrieben. Auch dieses Bild, obwohl hunderttausendfache Wirklichkeit, ist jedoch nur ein Teil der sozialen Wirklichkeit – die Armut der Obdachlosen.

Analysen der Armut und ihrer Erscheinungsformen sind bis heute davon ausgegangen, daß Armut in aller Regel etwas ist, das man am besten in den Obdachlosenunterkünften sichten könne. Wissenschaftler und Journalisten entdeckten hier die Armut und begannen mit eigenwilligen Interpretationen. Es gab entsprechend viele Untersuchungen und Veröffentlichungen über Stigmatisierung, Delinquenz, Abnormitäten, Fortpflanzungsverhalten oder Sprachverhalten. Das gesamte soziale Schuldbewußtsein dieser Gesellschaft entlud sich konzentriert über den Obdachlosen. Weil Armut mit Obdachlosigkeit identifiziert wurde, konnte man von der alltäglichen Armut in anderen Stadtteilen ablenken. Vergessen wurden die verdreckten Hinterhöfe, die abbruchreifen Häuser, und besonders verdrängt wurde die schreckliche Wirklichkeit des Lebens in den sterilen Betonwüsten. Würde man sich der Mühe unterziehen, in diesen «neuen sozialen Brennpunkten» nach den Formen von Stigmatisierung, Delinquenz, Abnormität oder Sprachverhalten zu suchen, man würde sie genauso oft oder genauso wenig finden wie in den Obdachlosenunterkünften. Denn beide sind durch die soziale Struktur der Bewohner eng miteinander verbunden. Überall wohnen mehr oder minder stark repräsentiert Arbeiter mit geringem Einkommen, kleine

Bilder aus dem deutschen Wohlfahrtsstaat

Angestellte und Händler oder Rentner. Das heißt, daß es überall soziale Brennpunkte gibt. *Der Unterschied zwischen den historischen sozialen Brennpunkten, den Obdachlosenunterkünften, und den «neuen sozialen Brennpunkten» ist lediglich der, daß es in den Obdachlosengettos eine Kumulierung gesellschaftlicher Benachteiligungen gibt. In den neuen sozialen Brennpunkten sind diese Benachteiligungen auch vorhanden, bleiben aber isoliert.*

Für die weitere politische Auseinandersetzung mit Armut ist diese Unterscheidung von erheblicher Bedeutung. Sie kann natürlich nicht bedeuten, daß die Obdachlosenunterkünfte, die offensichtlichen Schandflecken der «nivellierten Mittelstandsgesellschaft», wie Schelsky sie nennt, bedeutungslos sind. Die Menschen, die dort vegetieren, leben im Elend. Einem Elend zudem, das den offiziellen Segen der Behörden hat. Historisch gesehen sind diese Unterkünfte aber lediglich eine Erscheinungsform von Armut. Dem entspricht auch die Statistik, nach der in den letzten Jahren die Zahl der Obdachlosen erheblich zurückgegangen ist. Dafür steigt die Anzahl der «neuen sozialen Brennpunkte». Der Trend ist erst in den letzten Monaten des Jahres 1977/78 zum Stillstand gekommen. Wesentlicher Grund: die Verschärfung der sozialen Krisen. Obdachlosigkeit darf allerdings den Blick auf das «alltägliche Elend» nicht verstellen.

Was sind die neuen sozialen Brennpunkte? Es handelt sich dabei um diejenigen Wohngebiete, in denen eine Vielzahl von Faktoren vorhanden sind, die die Lebensbedingungen ihrer Bewohner negativ bestimmen. Die neue «Randständigkeit» breiter Bevölkerungsschichten ist dadurch geprägt, daß es in den «neuen sozialen Brennpunkten», den Satellitenstädten und Wohngettos des sozialen Wohnungsbaus, keinerlei soziale Infrastruktur gibt. Der Wohnkomfort ist zwar höher als in den Obdachlosenunterkünften, der Umweltstandard aber erheblich geringer. Die Gettos sind isoliert. Es fehlen medizinische Versorgungseinrichtungen, Anbindungen an das öffentliche Nahverkehrsnetz, Spielplätze, Einkaufsmöglichkeiten, kulturelle Treffpunkte, Einrichtungen für Kinder und Jugendliche. Gerade die soziale Isolierung ist es, und der mit ihr einhergehende Familialismus, der ein verursachender Faktor für massive soziale Probleme in den neuen Gettos ist. Isolation bedeutet zugleich Krankheit, die sich in Alkoholismus, Aggressionen und Drogenkonsum einen Ausweg sucht. Die Konsequenz:

«Sieht man als Familien aus sozialen Brennpunkten solche an, in denen sozio-kulturelle und sozio-ökonomische Defizite (sozio-ökologische) häufiger auftreten, als dies bei der Durchschnittsbevölkerung festzustellen ist, führt dies zu der Notwendigkeit, sozialpolitische Maßnahmen der Kommunen auch für neuentstandene oder entstehende Probleme zu spezifizieren. Die Entwicklung der letzten Jahre hat deutlich gemacht, daß an die Stelle der bisherigen Obdachlosigkeit eine neue

Die Benz-Baracken in Mannheim. Eines der übelsten Slums in der BRD. Geändert an den Zuständen hat sich seit fast 50 Jahren überhaupt nichts.

soziale Randständigkeit getreten ist, die nach dem Zurückgehen des Wohnraumdefizits auf Grund anderer, neuer Faktoren Familien, die nicht zu dem Kreis der bisherigen Obdachlosen zählten, in erheblichem Ausmaß sozial benachteiligt hat» (Unveröffentlichter Zwischenbericht der gemeinsamen Kommission der Arbeitsgemeinschaft für Jugendhilfe und des Deutschen Städtetags, Vorschläge zur Arbeit in sozialen Brennpunkten, Bonn, 3. 8. 1977).

Das Wohnungsdefizit in der BRD

Mütter auf dem Weg zur Fabrik, ins Kaufhaus oder zur Büroarbeit, abgehärmte Männer, die spät abends von der Nachtschicht oder den Überstunden nach Hause kommen, weil sie ansonsten den Lebensunterhalt und die hohen Mieten für ihre Wohnungen nicht aufbringen können. Sie arbeiten, um Schulden und Teilzahlungskäufe zu bezahlen. Schlüsselkinder und Jugendliche, die in Kneipen herumlungern. All das sind einige der täglichen Erscheinungen in den Arbeitervierteln oder den Wohngettos. Das statistische Zustandsbild der Wohnbedingungen ist zugleich auch ein Bild der Wirklichkeit. Schließlich hängen gerade von Größe und Qualität der Wohnungen und der Wohnungsumgebung die innerfamiliären Beziehungen ab. Ob man sich zurückziehen kann oder nicht, wie weit man seinen eigenen Lebensraum aufbauen kann oder nicht, in welchem Umfang Kommunikation möglich ist. Millionen haben diese Möglichkeiten immer noch nicht. Analysen der Wohnungsversorgung nach dem Familieneinkommen verdeutlichen in diesem Zusammenhang die Abhängigkeit der Wohnungsversorgung von dem Einkommen der Familien. Je höher das Einkommen, desto höher ist der Grad einer ausreichenden Wohnversorgung, je größer die Familien, desto größer ist der Anteil der unterversorgten Familien und je geringer das Einkommen, um so unwürdiger müssen die Familien leben. Insgesamt verfügten nach der letzten Wohnungsstichprobe aus dem Jahr 1972 nur 33,6% aller Familien mit zwei Kindern und 16,2% aller Familien mit drei Kindern über ausreichenden Wohnraum. Bei den Familien mit drei, vier und mehr Kindern waren es nur 5,9%. Bei einem Einkommen unter 800 DM netto bewohnten 41% der jungen Familien eine Wohnung mit weniger als 50 qm Wohnfläche, bei einem Einkommen von 2000 DM netto und mehr lediglich 10%. Extrem ungünstig wird die Wohnungsversorgung bei den sogenannten unvollständigen Familien, den ledigen und geschiedenen Frauen. Dazu heißt es im Familienbericht der Bundesregierung aus dem Jahr 1975: «Die Wohnungssituation der ledigen Mütter mit Kindern ist dadurch gekennzeichnet, daß sie zu rund 14% in Untermiete und zu 21,9% in Haushaltsgemeinschaften mit anderen Personen,

Bild aus einer Marburger Obdachlosenunterkunft

vor allem mit ihren Eltern wohnen. Dies ist für die mehrheitlich berufstätigen Mütter vielfach eine Notwendigkeit, weil hiermit unter anderem die Betreuung ihres Kindes während der berufsbedingten Abwesenheit sichergestellt werden kann, ohne daß sie mit Kosten der Fremdbetreuung belastet werden» (Familienbericht der Bundesregierung, Bonn 1975, S. 100).

Gleichzeitig gibt es noch

- 1,219 Millionen Wohnungen ohne Bad mit WC außerhalb der Wohnung,
- 1,542 Millionen Wohnungen ohne Bad mit WC innerhalb der Wohnung.

55% aller Wohnungen werden mit Ofenheizung oder Mehrraumöfen warmgehalten, und in 60% der Wohnungen müssen mehr als eine Person in einem Wohnraum zusammenleben. Nicht gezählt sind die Baracken und Unterkünfte, in denen drei, vier und mehr Kinder in einem einzigen Raum leben und schlafen müssen (Zahlen nach G. Glatzer: Ziele, Standards und soziale Indikatoren für die Wohnraumversorgung, in: W. Zapf: Lebensbedingungen in der BRD, Frankfurt 1977, S. 623–626).

Prinzipiell läßt sich sagen: «Die Wohnungen der Arbeiter sind durchgehend schlecht gruppiert, schlecht gebaut, in schlechtem Zustand gehalten, schlecht ventiliert, feucht und ungesund» (F. Engels: Die Lage der arbeitenden Klasse in England, in: MEW 2, Berlin 1972, S. 304).

Zutreffend ist diese Feststellung auf jeden Fall bei den drei bis vier Millionen Familien, die in Behausungen leben, die nach ihrer ursprünglichen Bestimmung überhaupt nicht zum Wohnen dienen sollten. Es sind Baracken, Nissenhütten, Wohnwagen, Waggons oder auch Ruinen. Hinzu kommt das Wohnelend in den Obdachlosenunterkünften. Selbst die Bundesregierung schätzte die Zahl der Obdachlosen im Jahr 1975 auf zwischen 500000 und 800000 Personen. Menschen, die in Obdachlosenunterkünften wohnen müssen, kennen das Wort «Wohnkomfort» überhaupt nicht. Sie hausen und vegetieren. Glaubt man dem «Familienbericht», dann leben 2% der Bevölkerung in solchen verwahrlosten Siedlungen, die zwischen Abfallhalden, Autobahnen, Bundesbahnstrecken oder Kasernen gebaut worden sind. Das würde bedeuten, daß ungefähr 8,5 Millionen Menschen unter extrem unwürdigen, unmenschlichen Wohnbedingungen leiden (Bericht über die Lage der Familien in der BRD, 2. Familienbericht, 15. 4. 1975, S. 135, S. 69ff).

Wegen dieser herrschenden Unterversorgung auf der einen Seite, den hohen Mieten auf der anderen Seite, ist das Wohnungsproblem immer noch eines der politisch brisantesten überhaupt, besonders bei den Familien mit geringem Einkommen. Die folgenden Tabellen aus dem Familienbericht verdeutlichen das:

Die größten Probleme für Familien mit Kindern nach dem Urteil der befragten Mütter – in % (Mehrfachnennungen)

	Alle Befragten	Familieneinkommen		
		unter 1600 DM	1600 bis 2200 DM	über 2200 DM
Wohnungsprobleme/Mieten	64,4	67,0	71,1	56,2
Fehlende Einrichtungen für Kinder (Kinderhorte, -gärten, Schulen, Spielplätze)	61,6	59,0	63,1	65,1
Geldprobleme (Preise)	52,9	57,9	52,3	54,4
Probleme der Kindererziehung	42,6	43,7	45,3	40,2
Probleme in der schulischen bzw. beruflichen Erziehung der Kinder	38,2	36,6	40,4	44,3
Keine Zeit füreinander haben	37,4	29,4	41,7	35,1
Ungewißheit über gesellschaftliche und politische Zukunft	16,1	18,0	18,1	9,5
Sonstiges	4,6	6,2	4,2	3,6
Keine Angaben	0,8	0,7	1,1	–

(Quelle: Repräsentativerhebung Familie und Sozialisation 1973, Tabelle 654/Recode 16)

Anteil vollständiger Familien, die – gemessen an den «Kölner Empfehlungen 1971» über erforderliche Wohnungsgrößen – unterversorgt sind

Anzahl der Kinder unter 18 Jahren	Von der «Kölner Empfehlung» zugrundegelegter Mindestbedarf in qm	Unterversorgte vollständige Familien mit einem Einkommen (in %)				
		unter 800 DM	800 bis unter 1200 DM	1200 bis unter 1800 DM	1800 bis unter 2500 DM	2500 DM und darüber
0	51	37,3	29,6	20,5	12,7	5,6
1	64,5	44,2	47,8	37,8	24,9	11,2
2	69,5	40,1	46,8	36,9	23,8	10,3
3	92,0	58,7	71,7	65,2	45,8	24,8
4	107,0	66,2	81,8	75,1	61,0	31,0
5	115,0	80,0	85,7	78,5	67,0	39,6
6	121,0	72,0	88,8	81,2	79,8	52,5

(Quelle: Statistisches Bundesamt: Familienprogramm der 1%-Wohnungsstichprobe 1972)

Wenn Sie so nachdenken, was sind Ihrer Meinung nach die größten Probleme für Familien mit Kindern in der Bundesrepublik?

	Pro-Kopf-Einkommen					
	unter 400 DM %	400 bis 599 DM %	600 bis 799 DM %	800 bis 999 DM %	1000 DM und mehr %	Total %
Wohnungsprobleme	71,1	63,5	72,2	40,9	59,6	64,4
Geldprobleme	61,6	51,4	55,1	37,2	61,4	52,9
Fehlende Einrichtung für Kinder	59,1	62,7	66,1	50,4	84,4	61,6
Probleme in Schulerziehung	39,4	40,4	36,9	46,1	45,0	38,2
Sonstige Probleme der Kindererziehung	48,0	46,3	34,1	45,8	25,8	42,6
Keine Zeit füreinander	31,2	43,4	32,8	31,1	30,4	37,4
Ungewißheit über Zukunft	17,7	16,1	16,2	7,1	15,4	16,1
Sonstiges	5,7	5,6	2,4	3,9	5,9	4,6
Keine Angabe	0,5	1,1	0,8	–	–	0,8
Total	100,0	100,0	100,0	100,0	100,0	100,0
N	517	632	294	113	52	

(Quelle: Repräsentativerhebung Familie und Sozialisation 1973, Tabelle 654/Index 19)

Soziale Brennpunkte – Sanierungsgebiete

Die Wohnung ist eine Ware, und ihr Besitz oder ihre Veräußerung bleiben demnach an die Bedingungen der kapitalistischen Profitstrategie gekoppelt. Die Wohnung muß also dem Eigentümer eine möglichst hohe Rendite einbringen. Wo das nicht mehr der Fall ist, wird, wie in den städtischen Kernzonen, saniert.

Dieser Grundsatz gilt auch in Dortmund. Die Siedlungen mit den alten Zechenhäusern hatten zwar nicht den höchsten Wohnstandard, dafür gab es aber genügend Wohnraum und, was viel wichtiger ist, eine intakte Infrastruktur mit sozialen Kommunikationsmöglichkeiten. Aber die Stadtverwaltung hatte andere Interessen. Sie wollte nicht modernisieren, sondern radikal sanieren. Das begann damit, daß seit 1965 nichts mehr zur Erhaltung der Häuser getan wurde. Die Familien, die schon 50 oder mehr Jahre in den Zechenhäusern wohnten, konnten den Verfall nicht aufhalten, weil ihnen dazu das Geld fehlte. Dann kamen die Bagger: Über Nacht fielen Hecken und Bäume, die ersten Häuser wurden abgerissen. Dafür wurden Wohnsilos erstellt. Es gibt dort in jeder Wohnung Teppichboden, nur viel Lärm machen darf man nicht. Auch in anderen Stadtteilen treibt der Bagger sein Unwesen. Und wenn dann die Sanierung beendet ist, sieht man überall das gleiche trostlose Bild: kleine Wohnungen, keine Spielflächen, keine Grünflächen, Straßenrennbahnen. Insbesondere Kinder und alte Menschen leiden unter der Sanierungspolitik, die das Ziel «qualitativer Austausch der Wohnbevölkerung» hat. Die Dortmunder Selbsthilfe in einer Dokumentation über den Abriß: «Mehrere alte Menschen sind auf Grund der Sanierung und der brutalen Räumungspolitik gestorben.»

Im Januar 1977 flatterte den Bewohnern des Sanierungsgebietes Unterdorstfeld ein Flugblatt ins Haus. Darauf stand:

«Am 13. Januar drangen Abbrucharbeiter in das Haus Dorstfelder Hellweg 132 ein. Sie beschimpften einen Bewohner, der seit 10 Jahren dort lebt: ‹Du hast dich hier eingenistet, mach, daß du wegkommst. Wir wollen das Haus abreißen.›» Oder im April: Eine arbeitslose Frau mit 435 DM Arbeitslosenhilfe im Monat bekam ein Kündigungsschreiben der Stadt. Dieser Kündigung stand Frau Zimmer völlig hilf- und rechtlos gegenüber, da ihr die Stadt nicht einmal einen Mietvertrag, sondern nur einen Nutzungsvertrag gegeben hatte. Bis zum 3. Mai sollte sie die Wohnung räumen, eine neue Wohnung hatte man nicht für sie. In der Zwischenzeit hatte die Renovierungsfirma im Auftrag der Stadt das Haus «behandelt». Zuerst wurden alle leerstehenden Wohnungen im Haus demoliert, Fenster und Türen herausgerissen und sanitäre Anlagen zerstört. Eine Ruine, in der nur noch Frau Zimmer wohnte. Sie lief zum Sozialamt, um Umzugsgeld und die Kaution von zwei Monatsmieten für die neue Wohnung zu beantragen, die sie nach langem Suchen gefunden hatte. Ihr Antrag wurde abgelehnt, da sie erst vor zwei Jahren umgezogen sei. In einem Jahr könne sie wiederkommen.

Fälle wie diese sind durchaus typisch für die Sanierungspolitik, trotz oder gerade wegen des akuten Wohnungsmangels. Die gleichen Erfahrungen wie im Dorstfelder Hellweg machten auch die Bewohner der Dortmunder Kielstraße 25:

Obwohl im zweiten Stock des Hauses noch ein Rentnerehepaar wohnte, wurden im Haus Fenster und Türen zerschlagen, Wasserleitungen und Stromkabel aus den Wänden gerissen. Eine Frau: «Zwei Weltkriege haben wir mitgemacht, sind vertrieben worden, aber so etwas haben wir noch nicht erlebt.»

Was können die Bewohner anderes tun als sich den Räumungskommandos zu ergeben und auszuziehen? In Dortmund gab es noch nicht einmal einen Sozialplan, der den Sanierungsbetroffenen das Recht auf eine neue Wohnung in gleicher Preislage einräumt. Und so mußten

Der Wohnungsmangel liegt im Durchschnitt über fünf Prozent des vorhandenen Wohnraums – trotzdem wird überall Wohnraum zerstört: kapitalistische Sanierungspolitik

Mieter, die jahrzehntelang in einem Stadtteil wohnten und lebten, in Obdachlosenunterkünfte oder in Wohnsilos übersiedeln. Aber es gab auch Widerstand. Von der «Dortmunder Selbsthilfe» organisiert, zogen Bewohner auf die Straße, protestierten gegen die Kahlschlagpolitik und besetzten zwei Häuser, die abgerissen werden sollten. Am 11. Mai 1977 meldete die «Westfälische Rundschau»: «Das ist ein dolles Ding, was die mit den jungen Leuten gemacht haben, monierte gestern ein Anwohner der Düppelstraße in Dortmund. Viele Leute haben den drastischen Polizeieinsatz zur Hausräumung fotografiert, aber nur wenigen gelang es, den Film vor den Ordnungshütern zu retten. Niemand sollte sehen, wie die stahlhelmbewehrten Bereitschaftspolizisten ein Haus von Besetzern räumten. Über die Hausbesetzung in der Düppelstr. 33 gehen die Meinungen weit auseinander . . . Was Dortmunds Sanierungsdezernent Stadtrat Dannebohm eine rechtswidrige Aktion nennt, bezeichnet die Dortmunder Selbsthilfe als Notwehr gegen die seit Jahren betriebene Zerstörungspolitik der Stadt. Der Aktion, die sich darum bemüht, Wohnungsprobleme aus eigener Kraft zu lösen und sich, wie zum Beispiel in der Düppelstraße, auch der Probleme anderer annimmt, geht es darum, billigen Wohnraum zu erhalten.»

Frankfurt ist das typische Beispiel für unsoziale Sanierungspolitik, für die damit verbundene Vertreibung einkommensschwacher Familien aus der Innenstadt in Armengettos oder in Neubausiedlungen. Im Gegensatz zu Dortmund oder anderen Städten fand die Stadtverwaltung aber einen wohlorganisierten breiten Widerstand vor. Dutzende von Häusern wurden besetzt und teilweise über Jahre hinaus vor der Zerstörung bewahrt. Trotzdem wurden Häuser zerstört, die Inneneinrichtungen zerschlagen, selbst wenn noch Mieter in den Häusern lebten. Schlägerkommandos verprügelten Mieter, die nicht ausziehen wollten. Ein Fall von Dutzenden ist das Haus in der Friesengasse, das einem Hochhaus weichen sollte und von ausländischen Arbeitern besetzt wurde, die vorher in rattenverseuchten Löchern wohnten. Sie kamen aus der Bettinastr. 35, einem alten, baufälligen Abbruchhaus, in dem es vor Ratten, Mäusen und Kakerlaken wimmelte, die nachts über die Kinder herfielen. Niemand vom Magistrat kümmerte sich um sie, bis sie das Haus in der Friesengasse besetzten. Am 29. September 1974 schlossen die Schläger abends gegen 23 Uhr den Zugang zu dem Grundstück mit einer Kette ab und versperrten den Hauseingang. Am 1. Oktober wurden gegen Mitternacht im Haus Einrichtungsgegenstände zerschlagen und der erste Stock unter Wasser gesetzt. Am nächsten Tag kam ein Schläger mit einer Axt in der Plastiktüte ins Haus, mußte aber wieder verschwinden, da zu viele Freunde der Familien im Haus waren. In der nächsten Nacht wurden die Fensterscheiben im ersten Stock eingeworfen. Am nächsten Tag demolierten zwei der gekauften Schläger die restlichen Fenster und rissen die Rahmen heraus. In allen Fällen tat die Polizei nichts. Sie griff erst ein, als das Haus erneut besetzt wurde. Wenige Stunden nach der neuerlichen Besetzung rückte sie an: mit zwei Hundertschaften und zwei Wasserwerfern und räumte das Haus. Seitdem steht das Haus leer, zerstört, unbewohnbar, eine der vielen Frankfurter Spekulantenruinen. Frankfurt ist darüber hinaus beispielhaft dafür, wie Spekulanten Sanierung betreiben können, wenn sie sich der Rückendeckung der politisch Verantwortlichen sicher sein können. Es ist der Filz, die Zusammenarbeit zwischen politisch Verantwortlichen und den wirtschaftlichen Machtgruppen, die die Stadtsanierung betreiben oder daran Interesse haben. «Frankfurt ist die Stadt mit einer mafiaähnlichen Verkettung von Macht und Abhängigkeit, von Kriminalität und Macht. Kriminalität der gewöhnlichen Machart, von der die Boulevard-Zeitungen berichten, aber auch einer Kriminalität, nach deren Täter niemand fahndet, weil sie als legales Besitzstreben gilt. In keiner Stadt gibt es so viele Versuche von Spekulanten, Häuser zerstören zu lassen. Unter ihnen befanden sich Spekulanten, die sich guter Kontakte nach oben rühmten. Ein Ergebnis solcher Beziehungen ist sicher auch, daß die Stadtverwaltung die Wünsche und Bedingungen der Spekulanten immer erfüllte» (J. Roth: Zum Beispiel Frankfurt: Die Zerstörung einer Stadt, München 1975, S. 13).

Daß die Bewohner von Sanierungsgebieten einem erheblichen Leidensdruck ausgesetzt waren und immer noch sind, weil sie in Unsicherheit leben, welche Entwicklung ihr Wohngebiet nimmt, war politisch gleichgültig. Auswirkungen hat diese Angst über den Fortbestand des Lebensraumes wiederum auf die innerfamiliären Beziehungen. Neue Außenkontakte werden in der Regel nicht mehr aufgenommen, bestehende Kontakte schlafen ein. Diese Situation führt zu einer zunehmenden Isolierung und resignativen Einstellung der Bevölkerung. Und: diejenigen Mieter, die sich die Mieten in den sanierten Wohnungen, wenn das Wohnviertel nicht Bürobauten weichen mußte, nicht mehr leisten konnten, zogen in die Gettos, zum Beispiel auf den Frankfurter Berg.

Die neuen sozialen Brennpunkte

«Mit der Schaffung neuer großer Wohnstädte (Satellitenstädte) ohne ausreichende Infrastruktur, ohne eine gewachsene durchmischte Bevölkerungsstruktur, ohne ausreichende soziale Beziehungen der Bewohner zueinander bilden sich neue Problemgebiete, deren innere negative Gesetzmäßigkeit erst allmählich erkannt wird» (2. Zwischenbericht: Vorschläge zur Arbeit in sozialen Brennpunkten, Gemischte Kommission der Arbeitsgemeinschaft für Jugendhilfe und des Deutschen Städtetags, Bonn 1977).

Dazu gehört der Frankfurter Berg. In den Jahren 1966 bis 1970 wurden im Stadtteil Bonames/Eckenheim elf Hochhäuser von der Neuen Heimat gebaut. Die neuen Bewohner sind im wesentlichen die von Sanierung Betroffenen, kinderreiche Familien, Spätaussiedler, ältere Leute und einige «Normalbürger»: Polizisten und städtische Angestellte. Von den letzteren sind inzwischen einige wieder ausgezogen. Auch ein hoher Anteil ehemaliger Obdachloser wurde in die Wohnsilos umgesetzt, nachdem die Frankfurter Obdachlosenunterkünfte aufgelöst worden waren. Jetzt leben auf dem Frankfurter Berg ca. 4000 Bürger, unter ihnen 1100 Kinder. Man nennt daher den Frankfurter Berg, so der stellvertretende Sozialamtsleiter, einen Bereich, «in dem konzentriert Problemfamilien wohnen, in denen es aber besonders wenig Möglichkeiten – weil die entsprechenden infrastrukturellen Einrichtungen fehlen – gibt, diese Probleme zu meistern» (Frankfurter Rundschau, 20. 2. 1976).

Der Frankfurter Berg zeichnet sich aus durch unzureichende Verkehrsanbindung, unerträgliche Lärmbelästigung durch die Bahn (mehr als 200 Züge täglich), den Lärm des US-Hubschrauber-Flugplatzes Bonames, Autobahnverkehr und das Fehlen jeglicher sozialer Infrastruktur. An Freizeitmöglichkeiten gibt es immerhin das Angebot einer einzigen Kneipe, Kulturvermittlung wird geboten durch die morgendlichen Appelle der US-Armee auf dem Kasernenkomplex gegenüber der Siedlung. «Sie stehen und rennen – exerzieren nennt man das hinter der Kasernenmauer – parallel zum Berkersheimer Weg und brüllen und singen, als ob ihnen ein Pfeil im Arsch steckt, so daß jeder, der nicht gerade Oropax in den Ohren hat, morgens um 5 oder 6 Uhr aus dem Bett fällt. Gerade wieder eingeschlafen, etwa gegen 8 Uhr, dasselbe in Grün. Und damit man sich an das ‹one-two-three-four› gewöhnt, eine Zugabe um 11 Uhr und auch noch mal am Nachmittag. Es gibt Leute, die wegen dieser Morgenveranstaltungen keinen Wecker zu stellen brauchen, es soll aber auch Leute geben, die um diese Zeit noch schlafen müssen oder wollen. Eine besondere Einlage dann, wenn sie in aller Herrgottsfrühe auf dem Berkersheimer Weg an den Wohnhäusern entlang mit viel Getöse in Richtung Kaserne rennen, so daß viele Kinder verängstigt sind und uns gefragt haben, ob das denn Krieg sei» (Die Zecke, Stadtteilzeitung, Nr. 6, Nov. 1977).

Dieser Kasernenhof-Alltag ist aber auch die einzige «Abwechslung» für die Bewohner des Frankfurter Bergs. Für die größeren Kinder und Jugendlichen besteht keine Möglichkeit, die Freizeit einigermaßen sinnvoll zu verbringen oder Aktivitäten zu ergreifen. Sie verbreiten Unruhe in der Siedlung, stören den «Gemeinschaftsfrieden» und belästigen durch ihr störendes Verhalten die übrigen Bewohner. Die alltäglichen Probleme dieser Kinder und Jugendlichen waren den sozialen Instanzen so lange gleichgültig, wie sie nicht allzu sehr auffielen. Jugendarbeitslosigkeit, Kleinkriminalität, Alkoholismus, Drogenkonsum, Aggressionen, all diese Formen der Verelendung bei Jugendlichen in sozialen Brennpunkten prägen das Erscheinungsbild des Frankfurter Berges. Ein überdurchschnittlicher Prozentsatz der jungen Bewohner sind «Schlüsselkinder», also den ganzen Tag auf sich selbst gestellt. Sie lungern herum und wissen nicht, was sie machen sollen. «Will man dann mal ins Kino gehen, einkaufen, ins Café gehen, sich mit anderen Leuten treffen, sich menschlich, also sozial verhalten, mehr machen als nur in die Glotze gucken, dann muß man sich aus seiner Siedlung in Richtung Stadt aufraffen. Das ist nicht nur sehr zeitaufwendig, sondern auch sehr teuer. Das macht für eine 4köpfige Familie für eine Hin- und Rückfahrt 6 DM an Straßenbahnkosten. Dabei ist es wahrhaftig kein Trost, daß die Fahrpreise am 1. 1. 78 wieder erheblich erhöht werden» (Die Zecke, Frankfurt, November 1977).

Warum hier nun jegliche soziale Infrastruktur fehlt, weiß niemand genau zu sagen. Der Internationale Bund für Sozialarbeit, Träger einer Arbeitsgemeinschaft Jugend und Sozialarbeit am Frankfurter Berg, meint auf Anfrage, daß der «Schwarze Peter» wohl der Stadtverwaltung zuzuschieben sei. Schließlich habe sie derartige Siedlungen genehmigt und gefördert. Die politisch Verantwortlichen erklären, daß es «erst einmal wichtig war, eine akute Wohnungsnotlage zu beseitigen». Daß es außer einer «Wohnungsnotlage» noch andere Notlagen gibt, die zu beseitigen die Stadtverwaltung verpflichtet ist, wird geflissentlich übersehen. Die Leidtragenden sind – wie immer – die Mieter, besonders die einkommensschwachen, und als Schlußlicht, die Kinder und Jugendlichen.

Die neuen sozialen Brennpunkte – Isolation und Repression

Zwar versprach der Magistrat, daß die «angezeigten Probleme in der zukünftigen Jugendhausarbeit eine entsprechende Berücksichtigung finden sollten». Doch außer Versprechungen über den Bau eines Jugendhauses hat sich bis 1978 nichts getan. Das liegt daran, daß die Beteiligten, Stadt Frankfurt und Neue Heimat, zwar für ein Jugendhaus waren, aber mit einer möglichst geringen finanziellen Beteiligung davonkommen wollten. Seit Dezember 1976 ist das Baugenehmigungsverfahren eingeleitet. Massiv blockiert wurde der Bau jedoch durch eine seit Oktober 1975 von der Neuen Heimat geforderte Mietgarantie über 25 Jahre. Doch selbst wenn der Bau einmal stehen sollte, wird er für den vorgesehenen Zweck völlig unzureichend sein. Das Raumangebot ist viel zu gering, und für Kinder ist überhaupt nichts vorgesehen. Ein Antrag vom Juli 1977 auf Erweiterung des Bauplans um 150 qm für die Arbeit mit Kindern wurde mit dem Argument abgelehnt, daß dies eine zeitliche Verzögerung des Baus mit sich bringen würde.

Für die Betroffenen gab es in der Vergangenheit Provisorien. Höhepunkte in der Jugendsozialarbeit waren ein Wohnwagen von 6 qm, eine Baracke von 10 qm und zuletzt eine Zwei-Zimmer-Wohnung von 60 qm, in der sich 10, 20 und 30 Jugendliche treffen sollten. Konfrontiert mit einer weiteren Verschlechterung der Bedingungen und dem schrittweisen Abbau der Sozialarbeit am Frankfurter Berg, sah das Sozialarbeiterteam nach langen Diskussionen keine andere Möglichkeit mehr, als mit einem spektakulären Schritt an die Öffentlichkeit zu gehen. Am 16. 1. 1978 legte das Team die Arbeit nieder. In einem Schreiben an den Sozialdezernenten Bürgermeister Berg wurde gefordert, daß unverzüglich mit dem Bau des Jugendhauses begonnen werden muß, eine Spielstube für Kinder eingerichtet wird und die dritte Planstelle für das Sozialarbeiterteam, die zuvor gestrichen worden war, wieder zu besetzen sei. Der Trägerverband reagierte, indem einem der aktivsten Sozialarbeiter gekündigt und den nebenberuflichen Mitarbeitern mitgeteilt wurde, daß sie sich in Zukunft nicht mehr als solche zu bezeichnen hätten. Lehrbuchhaft läßt sich am Beispiel des Frankfurter Berges die Arbeit in den sozialen Brennpunkten dokumentieren. Zum einen fehlen jegliche soziale und kulturelle Einrichtungen. Die zwangsläufig entstehenden sozialen Probleme sollen durch Sozialarbeiter «auf kleiner Flamme» gehalten werden (in München gibt es übrigens «Streetworkers», die überall dort, wo es Unruhe unter den Jugendlichen gibt, auftreten und versuchen, diese Unruhe nicht öffentlich werden zu lassen). Probleme gesellschaftlicher Natur werden allemal isoliert betrachtet, zum Einzelfall uminterpretiert. Bei den Erwachsenen in den neuen sozialen Brennpunkten ist das in der Regel gelungen. Wie man mit aufmüpfigen Jugendlichen umgeht, zeigt das Beispiel des Frankfurter Bergs oder, wie in anderen Städten, die (probeweise) Einführung der Jugendpolizei.

Ein weiteres großes Problem der neuen sozialen Brennpunkte sind die Mietpreise. Ehemalige Obdachlose, die in Sozialwohnungen der Karl-Kirchner-Siedlung in Frankfurt umgezogen sind, wohnten zuvor zwar beengt und schlecht. Die Nutzungsgebühren konnten sie jedoch meist selbst bezahlen und so ihren Lebensunterhalt einschließlich der Miete durch eigenes Einkommen sichern. Dies ist ihnen jetzt infolge der hohen Sozialmieten nicht mehr möglich. Sie haben zwar einen Mietvertrag und eine bessere Wohnung, sind dafür aber in eine oft lebenslange Abhängigkeit vom Sozialamt geraten. «Mindestens 217 Haushalte dieser Siedlung leben innerhalb der Grenzen absoluter Armut» (K. Zimmermann: Jugendarbeit im sozialen Brennpunkt, Frankfurt 1978).

Die hohen Mieten treiben auch in anderen Städten die Bewohner zur Verzweiflung. Da wurde in Wiesbaden das Neubaugebiet Schelmengraben von den städtischen Behörden als soziale Glanzleistung gefeiert. Nicht mehr feierlich sind jedoch für die Bewohner die hohen Mieten. Innerhalb von vier Jahren erhielten sie 13 Mietänderungen. In dieser Zeit hat sich die Miete für eine Wohnung von 120 qm von 534 auf 778 DM erhöht. Da der freie Wohnungsmarkt keine Alternative bietet, muß Sozialhilfe beantragt werden, oder es wird versucht, durch Überstunden und Sonderschichten diesen Schritt zu vermeiden. Die hohen Mieten treiben die Menschen in die Armut.

Ein Beispiel, das für unzählige andere steht:

Familie Adelboden bewohnt eine 4-Zimmer-Wohnung, 93 qm groß.

Die drei Kinder sind vier, acht und 14 Jahre alt. Der Vater ist Kraftfahrer, die Mutter Hausfrau. Das Einkommen setzt sich wie folgt zusammen:

Netto-Einkommen mit Überstunden	1250 DM
Kindergeld	280 DM
Wohngeld	120 DM
	1650 DM

Von diesem Einkommen müssen für Miete, Heiz- und Nebenkosten monatlich 569 DM aufgewendet werden. Das entspricht 34,9% des Gesamteinkommens der Familie. Ihr bleiben 1062 DM. Der Einkommensvergleich zum Bundessozialhilfegesetz ergibt demgegenüber einen Sozialhilfebedarf:

Vater als Haushaltsvorstand	292 DM
Mehrbedarf als Erwerbstätiger	195 DM
Mutter	234 DM
Kind, 4 Jahre	131 DM
Kind, 8 Jahre	190 DM
Kind, 14 Jahre	219 DM
	1261 DM

Nach dem Bundessozialhilfegesetz müssen von diesem Betrag der gesamte Lebensunterhalt und kleinere Anschaffungen bestritten werden. Für größere Anschaffungen, wie zum Beispiel Kleidung, Hausrat und Mobiliar, müssen gesondert Anträge beim Sozialamt gestellt werden. Selbst wenn man diese größeren Anschaffungen nicht berücksichtigt, liegt die Familie um 199 DM unter dem Sozialhilfesatz und zwar hauptsächlich bedingt durch die hohe Miete. Sie hätte demnach Anspruch auf Sozialhilfe, die sie aber bisher nicht beantragt hat. Viele Familien sind in der gleichen Situation. Aus Unwissenheit oder aus Angst vor der Peinlichkeit nehmen sie die ihnen zustehende Sozialhilfe nicht in Anspruch, obwohl sie die hohen Mieten nicht aufbringen können. Daher steigt die Zahl der Räumungsklagen Jahr für Jahr. 1978 wurden in der BRD 100000 Mietern Räumungsklagen zugestellt, mit der Konsequenz, daß auch die Zahl der Obdachlosen, die im Sinken begriffen war, wieder ansteigt.

Auch hier ist Frankfurt wieder beispielhaft. Bis Ende 1976 wurden alle bestehenden Obdachlosenunterkünfte aufgelöst – ein vielbeachteter Schritt, der in der BRD einzigartig ist. Die Umsetzungspolitik hatte den Zweck, die sozial auffälligen Konfliktherde innerhalb der Stadt zu entschärfen. Die Planung reduzierte sich allerdings auf die Überlegung, daß es schon ausreichen werde, wenn man die Familien nur in Sozialbauwohnungen einwiese. Gemeinwesenarbeiter ziehen jetzt ein Fazit: «Nachdem ein halbes Jahr gearbeitet wurde, individuelle Einzelfallhilfe, kam für uns der Zeitpunkt, unsere Aktivitäten kritisch zu reflektieren. Angesichts der Tatsache, daß viele der ausgezogenen Familien unter der Vereinzelung leiden, die an sie gestellten Ansprüche nicht einlösen können, noch immer diskriminiert werden oder soziale Betreuung und Einrichtungen vermissen, wurde für uns die Umsiedelung der Familien in Wohnungen des sozialen Wohnungsbaus fragwürdig.» Fragwürdig ist die Umsetzungspolitik nicht wegen der Auflösung menschenunwürdiger Slums, sondern weil lediglich soziale Kosmetik betrieben wird. Es gibt bessere Wohnbedingungen, ob sich aber die Lebensumstände verbessern, ist sehr zu bezweifeln. Wenn einer von dieser Strategie der Umsetzung profitiert, ist es die Gemeinde. Es fallen nämlich erhebliche Kosten weg, die bisher in den Obdachlosenunterkünften anfielen. Das sind beispielsweise Erholungsaufenthalte in Heimen, Tageserholungen, Spielstuben, Vorbereitungsmaßnahmen zur Einschulung, Schularbeitenhilfe, Familienhilfe, besondere Stabilisierungshilfen. Insgesamt dürfte die Stadt Frankfurt mit der Auflösung inzwischen Millionen eingespart haben. Das einzige, was an neuen Kosten für die Stadtverwaltung hinzugekommen ist, ist die Verpflichtung, bei Mietschulden oder drohender Räumung die Mietzahlung zu übernehmen, um Obdachlosigkeit zu vermeiden.

Für «Sonderfälle» wurde inzwischen eine ehemalige Obdachlosenunterkunft, die umgebaut wurde, freigehalten. Es handelt sich bei diesen «Sonderfällen» um sogenannte Störer. So heißt es in der Rundverfügung Nr. 17 der Stadt Frankfurt, Abt. Soziales, vom 2. 7. 1975: «Anders ist dies jedoch bei Familien, die auf Grund ihres störenden Verhaltens mit Normalwohnungen nicht versorgt werden können, weil weder der bisherigen noch einer anderen Hausgemeinschaft das Zusammenleben mit ihnen zugemutet werden kann. Deshalb werden Wohnungen im Bereich der Ahornstraße und in Änderung des ursprünglichen Planes auch im Bereich der Wegscheidestraße für diesen Zweck bereitgestellt.»

Hauptziel der gesamten «Sozialarbeit» in den neuen sozialen Brennpunkten ist eigentlich nur, die pünktliche Mietzahlung sicherzustellen. Dies wird unter anderem dadurch erreicht, daß der erwerbstätige Mieter per Lohnpfändung Teile seines Einkommens zur Sicherung der Mietzahlung abtritt.

In einer neuen Rundverfügung vom 29. 5. 1978, einem Entwurf, steht: «Sozialarbeit geschieht durch Familienberatung und Familienbehandlung, sowie durch Beratung von Gruppen und Einzelpersonen. Bei Familien, die noch nicht in das soziale Beziehungsgeflecht integriert oder auf Grund ihres Verhaltens von Obdachlosigkeit bedroht sind, soll durch verstärkte Familienberatung und Familienbehandlung sozialintegratives Verhalten erreicht werden.»

Sozialarbeit und insbesondere die bislang betriebene Gemeinwesenarbeit verkrüppeln zur Kontrolle des Verhaltens der Familien, bei denen man glaubt, durch «Behandlung» etwas zu verändern. Allenfalls wird man erreichen können, daß die Mieten pünktlich gezahlt werden. Ob das als sozialpolitisches Ziel angesehen werden kann, ist mehr als fragwürdig.

Die Gemeinwesenarbeiter in Frankfurt hatten in der Vergangenheit durch ihre Stadtteilarbeit die Bewohner aktiviert, sie zu gemeinsamem Handeln auch gegen die Stadtverwaltung motivieren zu können, um dadurch eine allgemeine Verbesserung der Lebensverhältnisse im Stadtteil zu erreichen. Dem wurde inzwischen ein Riegel vorgeschoben. Einmal dürfen sie sich nicht mehr als Gemeinwesenarbeiter-Gruppe verstehen, sondern werden in den Sozialämtern der Amtsleitung unterstellt. Ihr müssen sie exakte Berichte über Bewohnerversammlungen und über die Situation der Familie liefern. Eine Aktenführung über die betroffenen Familien öffnet der totalen Kontrolle Tür und Tor und zerstört zwangsläufig das bisherige Vertrauen der Bewohner in die Gemeinwesenarbeiter. Gefragt ist lediglich die Effektivität, und zwar in bezug auf «sozialintegratives Verhalten der Einzelpersonen». Soziale Brennpunkte werden zum Problem einzelner Familien. Über diese Einzelfälle müssen Berichte geschrieben werden, denn, so der Sozialdezernent zu den Gemeinwesenarbeitern: «Es ist nicht ihre Sache, sich um die Mißstände zu kümmern.» Die Gemeinwesenarbeiter, einst in Frankfurt diejenigen, die in den Stadtteilen ein vorhandenes soziales Konfliktfeld allen transparent machten, haben resigniert. Das wiederum führt zu verstärkter Isolation der sozial benachteiligten Familien, die inzwischen «Aktenfälle» geworden sind und sich nicht in der Lage sehen, ihre Probleme gemeinsam zu lösen. «Soweit Familien oder Einzelpersonen Hilfen erhalten, sind Akten, bzw. lose Vorgänge anzulegen. Ursachen, die zur Beratung führen, Umfang und Art der Beratung sowie die Teilnahme an Maßnahmen müssen aus den Aktenvermerken zu erkennen sein. Im übrigen gelten die allgemeinen Regelungen für die Aktenführung bzw. losen Vorgänge des Dezernats Soziales und Jugend. Allgemeiner Schriftverkehr, sowie Schriftverkehr, Berichte usw. im Zusammenhang mit Gruppenarbeit und Gemeinwesenarbeit ist in entsprechenden Hauptakten aufzubewahren. Veröffentlichungen bedürfen der Zustimmung des Leiters der Sozialstation bzw. des zuständigen Amtsleiters oder des Dezernenten» (Rundverfügung vom 29. 5. 1978).

Zynischer als dieser Auszug aus der Rundverfügung läßt sich «Gemeinwesenarbeit» als eine neue Form der Bürokratisierung und Menschenverachtung nicht darstellen. Denn alle Aktivierungsprozesse bei der betroffenen Stadtteilbevölkerung waren solange erfolgreich, als die Bewohner gemeinsam für ihre Rechte eintraten und dadurch den Trägern der Sozialverwaltung Druck entgegensetzten. Die Erfolge der «Landesarbeitsgemeinschaft Soziale Brennpunkte Hessen» oder auch der Frankfurter Gemeinwesenarbeiter bestätigen das. In dem Moment aber, wo die Forderungen über soziale Kosmetik hinausgehen, Strukturveränderung gefordert wird, reagiert die Kommune mit Sanktionen. Sozialarbeiter werden entlassen oder versetzt, Initiativgruppen erhalten keine finanziellen Mittel mehr, besonders engagierte Bewohner werden aus dem Mietverhältnis entlassen. Und so entwickeln sich die sozialen Brennpunkte zu isolierten Gettos mit immanenten Erscheinungen, wie Scheidungen, Entwicklungsstörungen der Kinder, psychischen Erkrankungen, zerrütteten Familien.

Perspektiven? «Eine verständnisvolle, umsichtige Sozialarbeiterin kann auf die gesamte Familie einen günstigen Einfluß ausüben. Sie kann die Erziehung der Kinder wesentlich beeinflussen, den Frauen nach und nach wieder eine ordentliche Haushaltsführung beibringen und die Männer zu einer verantwortungsbewußten Lebensweise anhalten und zur Resozialisierung dieser Familie beitragen» (Stadt Gladbeck: Das Problem der Obdachlosen in Gladbeck, 13. 1. 1972, S. 13).

Fazit: Mit zunehmender sozialer Verelendung werden bei den Sozialbehörden alle Erkenntnisse über den Zusammenhang von sozialer Not und gesellschaftlichem Umfeld über den Haufen geworfen. Soziale Probleme werden individualisiert, zu psychischen Störfällen erklärt, die es allenfalls zu behandeln gilt. Es wächst die Bereitschaft zur Psychiatrisierung von sozialer Not – und das auch wegen der finanziellen Defizite, die eine Erfüllung sozialpolitischer Notwendigkeiten unmöglich machen. Vor fünf Jahren war das zumindest in Frankfurt undenkbar, heute wird überhaupt nicht mehr anders gedacht. Und auf diese Weise entsteht der von der LAG Soziale Brennpunkte in Hessen geschilderte berüchtigte Teufelskreis:

«Als untragbar für die Bewohner aus Obdachlosensiedlungen werden die hohen Mieten im sozialen Wohnungsbau bezeichnet. Man habe Leute in den sozialen Wohnungsbau umgesiedelt, wo sie sich dann Mietschulden gegenübersehen, die zu übernehmen sich die kommunalen Verwaltungen weigerten. Es kommt dann zu Räumungsklagen, die zur Rückkehr der Bewohner in die Obdachlosensiedlungen führen» (Stellungnahme der LAG vom 24. 4. 1977).

«Viehstallungen sind nicht so schlimm» Berichte über Slums und Gettos: die Obdachlosen

«Fürsorgeunterkünfte sollten am Rand bestehender Siedlungen des sozialen Wohnungsbaus angeordnet und bei der Neuplanung von Wohngebieten von Anfang an ausgewiesen werden. Dabei ist es vorteilhaft, wenn sie durch Grünbepflanzung auf natürliche Art von den anderen Wohnvierteln getrennt sind, so daß sie zwar für sich gesondert angelegt sind, aber nicht allzu deutlich den Makel der Trennung zeigen. Keinesfalls empfiehlt sich also eine Anordnung eines solchen Einfachhauses inmitten einer normalen Bebauung oder gar seine Plazierung in Baulücken. Angesichts der Tatsache, daß die in solche Häuser eingewiesenen Familien erfahrungsgemäß nicht nur viele, sondern auch oft ungebärdige Kinder haben, empfiehlt es sich, zugleich mit dem Bau solcher Einfachhäuser auch gesonderte Spielplätze für diese Häusergruppen anzulegen» (E. Gross: Bauplanung und Obdachlosigkeit, in: Obdachlosigkeit, Schriften des Deutschen Vereins für öffentliche und private Fürsorge, Nr. 240, Frankfurt 1967, S. 33).

Friedberg in der Wetterau. Die Burg ist Anziehungspunkt für viele Wochenendausflügler. Jedes Jahr finden in der Kreisstadt Treffen von schlagenden Verbindungen statt, 1979 der «Hessentag». Hält man die Augen offen, so sieht man an der Bundesstraße 3 einen Backsteinbau. Es ist die Obdachlosenunterkunft der Gemeinde. Hinter dem Gebäude, auf der nahen Wiese, stehen die Plumpsklos, teilweise kotübersät. Die Wohnungen sind mieser als die Viehstallungen der nahen Bauernhöfe. Kalte, schimmelige, feuchte Wände machen ein menschenwürdiges Wohnen unmöglich, zumal sich in den Wohnungen auch Ratten eingenistet haben. Die 45jährige Ursula Jahn: «Wenn's bei uns stark regnet, sitzen wir mit den Regenschirmen beim Essen». Wir – dazu gehören auch ihre neun Kinder. Die sieben Mädchen schlafen mit ihr zusammen in einem winzigen Zimmer. «Das ist doch eine große Sauerei, daß die Kreisstadt das überhaupt zuläßt», flucht der Wohnungsnachbar. Der 48jährige sucht seit zwei Jahren eine Wohnung für seine achtköpfige Familie. 100 Menschen müssen in dieser Unterkunft leben, ohne daß sich die Stadtverwaltung um ihr Schicksal kümmert.

Ganz anders geht die Stadt Darmstadt mit ihren Obdachlosen um. Dort wurde ein Bankdirektor von einem Räumungsvollzug bedroht. Sein Umzug nach Frankfurt, in eine Villa, verzögerte sich, der Hausbesitzer hatte dem Nachmieter jedoch verbindlich zugesagt, daß der Umzugstermin eingehalten werde. Der Bankdirektor meldete sich daraufhin beim Ordnungsamt der Stadt Darmstadt als «potentiell Obdachloser». Die Behörde verfügte seine sofortige Wiedereinweisung in die bisherige Wohnung. Die Stadt hat für solche Fälle ein Formular, auf dem als Einweisungsgebiete für Obdachlose u. a. der Akazienweg und die Rodgaustraße vorgedruckt stehen. Diese Gebiete wurden im Fall des Bankdirektors ausgeixt. «Eine Einweisung in diese Wohnungen sei einem Bankdirektor wegen Gefahr für Leben und Gesundheit seiner Familie nicht zumutbar», heißt es im «Darmstädter Echo» vom 27. 7. 1978.

Was einem Bankdirektor nicht zuzumuten ist, gilt aber für Hunderttausende in der BRD als zumutbar: das Dahinvegetieren in unzureichen-

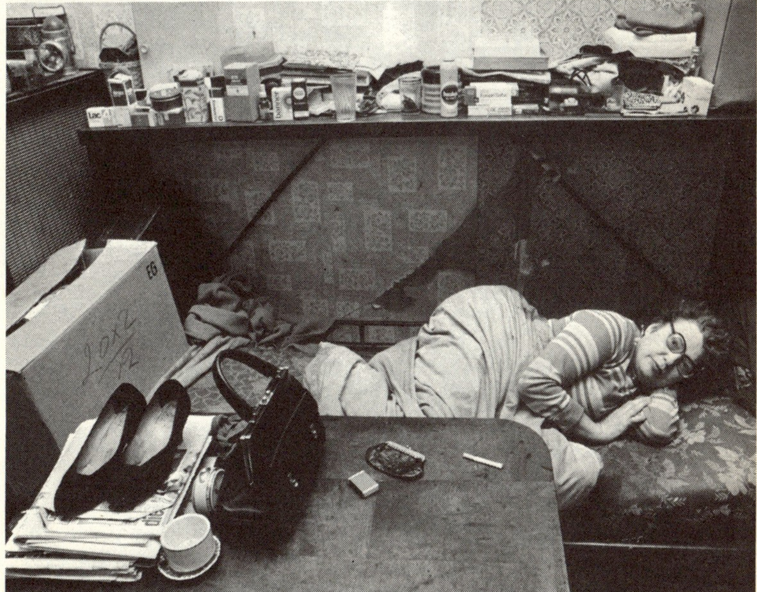

Tablettenabhängige in Köln

den, unwürdigen Obdachlosenunterkünften. In dem genannten Akazienweg sieht es folgendermaßen aus: In diesen relativ neuen Siedlungen wohnen fast ausschließlich kinderreiche Familien. Jeder Wohnblock hat Drei- und Fünf-Zimmer-Wohnungen, die aber ausdrücklich für sieben Personen vorgesehen sind. Von den fünf Räumen sind nur zwei mit einem Ofen beheizbar. Die anderen drei Räume und das Bad können überhaupt nicht beheizt werden. In dem ca. 10 qm großen Elternschlafzimmer ist im Möblierungsplan des Architekten für die Ehebetten nur eine Breite von 1,60 m vorgesehen. Als sich die Bewohner der «neuen Arbeiterwohnungen» über die Nässe und Kälte in den Wohnungen beklagten, bekamen sie zu hören: «Dann müssen Sie halt die Türen zu den Zimmern offen lassen, in denen die Öfen stehen, dann kann man die Räume in gewissem Sinn erwärmen.» Und weil es für die Wohnungsbau-Gesellschaft zu teuer gewesen wäre, Zentralheizungen zu installieren, befand der Vorsitzende des SPD-Unterbezirks in Darmstadt, der gleichzeitig Direktor des Bauvereins für Arbeiterwohnungen ist: «Die Leute können von sich aus steuern, was sie verbrennen. Sie können sich im Wald Holz holen.»

In einer der alten Arbeiterwohnungen von Darmstadt, die vor etwa 50 Jahren gebaut wurde, lebt Familie Schuchmann mit elf Kindern seit über zehn Jahren. Für das elfte Kind der Eheleute übernahm am 1. 7. 1968 der damalige Bundespräsident Lübke die Ehrenpatenschaft. In den Zeitungen war daraufhin zu lesen: «Die Städterinnen Reinhard und Conrad überbrachten den strahlenden Schuchmanns gestern die Patenurkunde und ein Geschenk des Bundespräsidenten. Mit unwahrscheinlichem Fleiß versteht es Frau Schuchmann, ihrer großen Familie unter schwierigsten Raumverhältnissen ein blitzsauberes und anheimelndes Zuhause zu bieten.»

Das Strahlen der Familie hielt nicht lange an. Zwei Jahre, nachdem die Städterinnen die 13köpfige Familie besuchten, lebte die Familie noch immer in den Slums. In Räumen, in denen die Möbel und Betten wegen der ständigen Nässe verfaulten. 13 Personen müssen mit 46 qm Wohnraum auskommen. Drei Kinder schlafen in einem Bett. Immer häufiger wurden die Kinder krank, Infektionskrankheiten übertrugen sich in der Wohnung. Zuletzt erkrankte die achtjährige Tochter an Tuberkulose, und das Patenkind des Bundespräsidenten lag mit einer schweren Bronchitis mehrere Wochen im Krankenhaus.

Familie Schuchmann wandte sich schließlich mit allen möglichen Eingaben an alle möglichen Instanzen, um aus der Elendswohnung zu entkommen. Sie schrieben an den Bürgermeister, an den Magistrat, den Regierungspräsidenten, den Hessischen Minister für Arbeit, Volkswohlfahrt und Gesundheitswesen, den Hessischen Kultusminister, den Bundespräsidenten und an den Bundesminister für Wohnungswesen und Städtebau. Was dann mit derartigen Hilferufen einer im Elend lebenden

Deutsche Arbeiterfamilien

Familie geschieht: gar nichts. Familie Schuchmann wurde – und ihr geht es wie Tausenden anderen kinderreichen Familien – im Räderwerk der Verwaltung zerrieben. Als ich die Familie Schuchmann im September 1977 besuchte, lebte sie noch immer dort.

Armut und Elend: Das bedeutet Leben in Slums von Groß- und Kleinstädten. Bei heftigem Wind wackeln die brüchigen Bretterbuden, in den Zimmern fallen die Tapeten von den Wänden, da es überall naß ist. Die Gehwege – Lehmwege – verwandeln sich bei Regen in schlammige Seen. «Die Fenster können wir gar nicht mehr aufmachen, die fallen sofort aus dem Rahmen heraus.» Viele der Kinder in den Slums leben hart am Rande des Überlebens. Bei einer Familie in Hamburg kränkelte die achtjährige Tochter noch Monate nach einer überstandenen doppelseitigen Lungenentzündung. Die neunjährige Carol hatte auf der Müllkippe eine Packung Tabletten gefunden und sie probiert. Nur knapp kam sie mit dem Leben davon. Im Ziehbrunnen der Familie schwimmen tote Mäuse, Kaulquappen und anderes Getier. Gleich neben dem Brunnen befinden sich Haufen von stinkendem Unrat, Gemeindeabfall und verrostete Autowracks. Die Gemeinde Hamburg zu diesen Zuständen: «Wir können da auch nichts machen.» Ähnlich lebt der Arbeiter K. Er wurde wegen «Strukturveränderungen» von seiner Firma entlassen und mußte gleichzeitig seine Werkswohnung räumen. Als neue Wohnung hat ihm seine Gemeinde eine Baracke vorgeschlagen. Die Baracke ist feucht, baufällig, mit zerbrochenen Fensterscheiben und nicht funktionierender Wasserversorgung. Die Toilette liegt 10 m vom «Haus» entfernt.

Wiesbaden ist die mondänste Stadt in Hessen. In Wiesbaden ist der Sitz der Landesregierung. Die Slums von Wiesbaden stehen, unter anderem, in der Nähe des Güterbahnhofs. Ein paar Meter von den Häusern der Armen entfernt beginnt das Industrieviertel. Gegenüber den Slums steht eine modern aussehende Anstalt mit roten, hohen Mauern, die nachts von Scheinwerfern angestrahlt werden. Es handelt sich um die Jugendstrafanstalt Wiesbaden. Ein paar Meter weiter beginnen die Straßen, die nicht asphaltiert sind. Die Häuser, insgesamt 17, in Einfachbauweise erbaut, haben Eingänge, die nur über eine Außentreppe zu erreichen sind. In vielen Fenstern fehlen die Scheiben. Zwischen dem Haus Nr. 24 und dem Haus Nr. 16 liegt ein Autowrack. Ein Haus weiter, vor einem Sandplatz, sägt ein Mann Brennholz. Kinder spielen im Schlamm. Abfälle liegen umher. Das ganze stellt den Spielplatz für die Kinder dar. Schon oft wurden die kleinen Kinder von Ratten gebissen. Die meisten der hier wohnenden Männer sind Gelegenheitsarbeiter: Möbelträger, Bauhilfsarbeiter. Viele sind arbeitslos. In den Wohnungen, 3,5 qm pro Person, gibt es weder Wasser noch Toilette. Die einzige Waschgelegenheit ist im Freien. Wenn die Kinder nachts auf den Topf gesetzt werden, stinkt es die ganze Nacht im Zimmer. Als 1973 ein Fernsehteam des ZDF

3 bis 4 Millionen Familien leben in Slums – wie hier in Friedberg/Hessen

hier filmte, um den Bedarf an Abschreckung für die Bürger zu befriedigen, mußten die Kinder für die Aufnahmen im Dreck spielen, mußten sich untereinander schlagen, mußten schreien. Auch die Erwachsenen wurden in die Regieanweisungen mit einbezogen. Sie mußten sich gegenseitig anschreien und mit drohenden Gebärden aufeinander losgehen. Das ZDF-Team brauchte eine Armen-Studie. Seitdem sind die Bewohner, die diese Sendung im Fernsehen sahen, allergisch gegen Journalisten.

In Mannheim, im Hinteren Riedweg, müssen 200 Menschen unter unbeschreiblichen Wohnbedingungen vegetieren. Die «Benz-Barakken», wie der Volksmund die Slums genannt hat, sind verfault. Waschbecken dienen zum Waschen, Geschirrspülen und manchmal auch als Klo. Überall trifft man auf Ungeziefer: Ratten, Mäuse, Wanzen und Kakerlaken. In einer Wohnung, die von einer Familie mit fünf Kindern bewohnt wird, rückt die Mutter ein Möbelstück zur Seite: Sichtbar wird ein Nest mit unzähligen wild umherschwirrenden Kakerlaken. Ein paar Haustüren weiter beklagt eine Frau sich darüber, daß sie regelmäßig die Möbel auf den Sperrmüll bringen muß, die Feuchtigkeit mache alles kaputt. In einer dritten Wohnung berichtet eine junge Mutter, daß nachts die Mäuse über das Bett des Neugeborenen sprangen. «Daß das Elend in diesen grauen, schmucklosen Quartieren groß sein muß, erkennt man schon, ehe man die Innenräume betritt.» Das stand am 17. 12. 1932 in der «Neuen Mannheimer Zeitung». Geändert hat sich bis heute überhaupt nichts an diesem Zustand.

«Es ist die Rationalität kapitalistischer Ökonomie. Die Verschrottung des nicht mehr verwertbaren konstanten Kapitals zusammen mit der des variablen wird wenigstens räumlich verbunden, so daß die Ansiedlung von Obdachlosen in der Nähe von Müllkippen und Schrottplätzen eben viel mehr ist als eine bloße Metapher» (AG SPAK: Empirie einer Subkultur, München 1977, S. 106).

Und deswegen verwundert es nicht, daß Familien, die kein Geld für Wohnungen haben, besonders in ländlichen Gegenden in gemeindeeigene, oft baufällige Gebäude eingewiesen werden. In Cham in Bayern ist sinnigerweise eine solche Behausung mit Gittern versehen. Im Winter 1977/78 wurde eine alleinstehende Frau in ein nicht beheizbares Zimmer über dem Spritzenhaus einquartiert und dann von Dorf zu Dorf weitergegeben.

«Bei der Knappheit der Mittel», so resümiert der Kinderschutzbund in Friedberg, «hält man solche Verfahren durchaus für angemessen und ausreichend.»

Durchaus angemessen scheint auch die Praxis, Obdachlose wie Gefangene, auf jeden Fall aber wie Unmündige zu behandeln. Im Ministerialblatt für das Land Nordrhein-Westfalen vom 15. 1. 1970 liest man: «Mit der Einweisung in eine Notunterkunft hat sich der Obdachlose dem

Anstaltsrecht zu unterwerfen. Wesentliche Grundrechte werden außer Kraft gesetzt. Die Unverletzlichkeit der Wohnung ist nicht mehr gegeben. Behördenbesuche sind selbst zur Nachtzeit, auch ohne vorherige Anmeldung, zu gestatten. Es ist verboten, Besucher (Freunde, Verwandte) in die Wohnung vorübergehend aufzunehmen.»

In der Benutzungsordnung der Stadt Bochum ist es darüber hinaus untersagt, nach 22 Uhr Besuch zu empfangen, die Haltung von Haustieren ist verboten. Bei Verstoß gegen die Besucherordnung – sie gilt für 2000 Bewohner – kann die Stadt die «Täter» in eine noch primitivere Unterkunft umsetzen. Wobei es erstaunlich ist, daß es primitiver überhaupt noch geht. Die Wohnungen sind naß, der Schimmelpilz breitet sich aus, im Winter ist es eiskalt, es sei denn, man gibt für die Beheizung der zugigen Wohnungen Unsummen aus. Doch es regte sich Widerstand. Eine Elterninitiative wurde gegründet, die versuchte, Änderungen herbeizuführen. Die Stadt reagierte: Einem der aktivsten Vertreter der Elterninitiative wurde Hausverbot erteilt, im übrigen verwies man auf die Einhaltung der Benutzungsordnung.

In anderen Gettos züchtet die Stadt willige Kapos, die die Anordnungen der Gemeinde vollziehen und jegliche Organisierungsversuche der Bewohner selbst mit Gewalt zu verhindern wissen.

Ein Beispiel dafür ist Darmstadt. Im Jahresbericht der Landesarbeitsgemeinschaft soziale Brennpunkte vom 31. 3. 1977 wird folgendes aus Darmstadt berichtet:

«Die Kommission sollte erforschen, wie die Bewohner in der Siedlung leben, ob sie sich von Herrn Künstler unter ständigen Druck gesetzt fühlen, in welchem äußerlichen Zustand die Siedlung und in welchem Zustand die Wohnungen sind. Die Kommission besuchte die Siedlung dreimal, dabei wurde sie massiv von Seiten städtischer Sozialarbeiter behindert. Das Ausmaß der Unterdrückung großer Teile der Bewohnerschaft durch die Familie Künstler und die damit einhergehende völlige Resignation und Apathie waren größer als erwartet. Hinzu kam der sehr negative Eindruck über den Zustand der Siedlung und die Erkenntnis, daß die Stadt Darmstadt offensichtlich nicht gewillt ist, hier zu intervenieren und verfestigte Machtstrukturen in der Siedlung in Frage zu stellen.» Und als Resümee schreibt die LAG: «Der LAG bleibt nichts anderes übrig, als den langsamen Rückzug mit der Frage anzutreten, ob die Tätigkeit der Kommission den betroffenen Bewohnern nicht mehr geschadet hat. So wurden schon während der Kommissionsbesuche Bewohner, mit denen die LAG-Vertreter gesprochen hatten, tätlich angegriffen.»

In Münster in Westfalen wohnten 1971 1328 Personen, 1978 nur noch 840 Personen in Obdachlosensiedlungen. Die Familien sind in Holz- und Steinbaracken untergebracht. Schadhafte Fußböden, undichte Fenster und Türen, feuchte Wände und eine erdrückende Enge zeichnen diese

Baracken aus. Die Kinder gehen in die Sonderschule. «Und was für eine», sagen die Bewohner, nachdem sie erfahren haben, wie man dort die Kinder aus Obdachlosenunterkünften ‹erzieht›.

Auszug aus einer Dokumentation zur Schulsituation der Kinder: «Wir wissen, daß dieses Schulsystem Arbeiterkinder systematisch benachteiligt und Obdachlosenkinder erst recht. Wir wissen auch, daß die katastrophalen Zustände und die zum Teil unmenschliche Behandlung der Kinder nicht nur an einigen Lehrern liegt, sondern daran, daß die Klassen zu groß sind, daß kein Geld für unsere Kinder da ist und daß die Lehrpläne nicht dazu da sind, unseren Kindern etwas beizubringen, sondern sie zu billigen Arbeitskräften zu machen. Das wird nicht allein dadurch geändert, daß einige Lehrer versetzt werden. Deswegen stellen wir zur Zeit noch keine Anzeige wegen Körperverletzung im Amt. Wir wehren uns aber entschieden dagegen, daß die Lehrer den Druck, unter dem sie selbst stehen, immer an unseren Kindern austragen. Wir verlangen von den entsprechenden Lehrern, daß sie ihr Verhalten rechtfertigen.

Betroffene Eltern und Kinder und Mitarbeiter
des Fachbereichs Lernhilfe

1. Schulbus

Kinder werden geschlagen,

Kinder werden rausgeworfen und müssen zu Fuß zur Schule bzw. nach Hause.

Aufsichtsbeamter äußert: ‹Ihr seid blöd, ihr seid auf der Hilfsschule, mit euch Verrückten kann man sich nicht unterhalten.›

2. Upperbergschule

Eltern berichten, daß Lehrer oft krank sind.

Kinder werden vor der Klasse darauf hingewiesen, daß sie Läuse bzw. Krätze haben, sie dürfen die Schule erst wieder besuchen, nachdem sie ein ärztliches Attest gebracht haben. Im berichteten Fall hatte das Kind weder Läuse noch Krätze (Zeuge bekannt).

Kinder wurden vor Ende der Schulpflicht aus der Upperberg-Schule entlassen.

Upperbergschule schlägt vor, daß ein noch schulpflichtiges Kind nach Westfalenfleiß kommt.

Kinder werden zur Tagesbildungsstätte geschickt. Die Eltern werden einen Tag vorher durch Geschwister benachrichtigt.

Frau . . . zieht Kinder am Kinn hoch und verteilt Ohrfeigen, Kinder berichten, daß die von Frau . . . gekniffen werden.

Herr . . . wirft mit Schlüsselbunden (mehrere Zeugen),

sagt: ‹Kind (Name bekannt) stinkt vor Dreck, ihr von Toppheide müßt mal Ordnung lernen›,

ohrfeigt Kind (Name bekannt) am 20. 3. 73,

äußert gegenüber der Praktikantin D . . . D . . . über die Intelligenz der Kinder sinngemäß: ‹Früher habe ich auch an Umweltbedingungen geglaubt, heute glaube ich, daß es organische Schäden sind›,

äußert inhaltlich das gleiche gegenüber einer anderen Praktikantin (Name bekannt),

äußert auf einem Vortrag für Referendare im Bezirksseminar: ‹Man kann da nichts machen, es ist organisch bedingt›, nennt zur Erläuterung während des Vortrags die Namen einiger Bewohner,

ca. am 25. 11. 72 wird ein Kind (Name bekannt) geschlagen, weil es seine Schulaufgaben nicht fertig hat, obwohl es eine schriftliche, begründete Entschuldigung von seiner Mutter dabei hat (Zeugin bekannt),

schlägt regelmäßig Kinder, die von anderen Lehrern zu ihm geschickt wurden, mit dem Kleiderbügel (mehrere Zeugen bekannt).

Frau . . .

schlägt am 20. 12. 72 ein Kind (Name bekannt),

ohrfeigt ein Kind (Name bekannt), weil es angeblich zu spät von der Toilette kommt, Datum: 15. 3. 73 (Zeugen: Klasse 7 c),

ohrfeigt am 10. 1. 73 ein Kind (Name bekannt); als das Kind daraufhin die Klasse verlassen will, hält sie es fest und gibt ihm eine zweite Ohrfeige (Zeuge bekannt).

Herr . . .

schlägt in der Toppheider Schule Schülerin N . . . vor die Heizung, Schüler A . . . mit dem Rohrstock ins Gesicht (mehrere Zeugen), daraufhin gibt es einen mehrtägigen Schulstreik der Kinder,

sagt: ‹Daß ihr aus der Toppheide kommt, merkt man sofort, ihr blamiert euch überall› (Zeuge bekannt),

schlägt am gleichen Tag ein Kind (Name bekannt),

tritt und boxt vor der Turnhalle ein Kind (Name bekannt),

schlägt Anfang Februar ein Kind (Name des Kindes und Zeugen bekannt).»

In einer Stellungnahme der Lehrer werden die Vorwürfe bestätigt, aber gleichzeitig entschuldigt mit den Lehrbedingungen an der Schule: «Unser Schulgebäude an der Schulstraße verfügt über 7 normale Klassenräume. 4 weitere Räume wurden behelfsmäßig für Klassen eingerichtet. Wegen des Raummangels sind wir bis heute darauf angewiesen, Klassen in Außenstellen unterzubringen. Noch viel hemmender als die Raumnot wirkte sich all die Jahre der Lehrermangel aus. Seit 1949 fehlten uns ständig 20% bis 30% Lehrpersonen. 1972 erhielten die Kinder deshalb durchschnittlich pro Woche etwa 3 Stunden zu wenig Unterricht, zusätzlich etwa 2 Stunden zu wenig durch Krankheiten der Lehrpersonen. 1973 fielen infolge des Lehrermangels durchschnittlich 2 Stunden pro Woche aus, weitere Stunden infolge kranker Lehrer, durch Tagungen, Lehrgänge, Tests, insgesamt 3,4 Stunden. Der größte Teil unserer Kinder stammt aus sozial schwachen Familien.»

Analphabeten

Es ist schon ein Wunder, daß die Kinder unter solchen Bedingungen überhaupt noch etwas lernen. So mag es auch nicht verwundern, daß die Rate der Analphabeten gerade in den Obdachlosenunterkünften zwischen 2 und 15% liegt, hochgerechnet dürften in den Slums mindestens 75000 Kinder und Jugendliche Analphabeten sein. Das geht zumindest aus der Befragung in zehn bundesdeutschen Obdachlosenunterkünften hervor, die für dieses Buch vorgenommen wurden: Köln, Dortmund, Duisburg, Hamburg, Gießen, Marburg, Kaiserslautern, Nürnberg, Friedberg und Saarbrücken. Wichtiges zu diesem Komplex hat der Ortsverband Marburg des Kinderschutzbundes über die Kindergruppenarbeit im Waldtal veröffentlicht. Viel mehr ist zu dem Problem der bundesdeutschen Analphabeten und dessen Ursache nicht mehr zu sagen:

«Infolge der Getto-Situation, Begrenzung der Umwelt auf dieses Gebiet durch räumliche Entfernung und geringe Verkehrsverbindungen zur übrigen Stadt, sowie durch allgemeine Diskriminierung der Bewohner dieses Gebietes im Bewußtsein der übrigen Stadtbewohner, sind überdurchschnittlich viele in diesem Stadtteil aufwachsende, an sich normal begabte Kinder, nach Umwelterfahrungen, Wortschatz und Ausdrucksfähigkeit, gemessen am Altersdurchschnitt, zurückgeblieben. Hinzu kommt, daß viele Eltern dieser Kinder durch die gleichen Defizite benachteiligt und manche sogar selbst Analphabeten sind. Es ist eine Erfahrungstatsache, daß Kinder dieses Herkommens einen unverhältnismäßig hohen Anteil der Schulschwänzer, Sitzenbleiber, Heimzöglinge, Arbeitslosen und jugendlichen Straftäter stellen. Geht man den Ursachen nach, so läßt sich das Folgende feststellen: Erstens können die Kinder trotz normaler Intelligenz eine normale Schul- und Berufsausbildung infolge der umweltbedingten Entwicklungshemmungen und -störungen nicht bestehen. Schulversagen, Ausbleiben von Erfolgserlebnissen und Ablehnung seitens der Mitschüler bringen sie in einen Teufelskreis, in dem durch Mißerfolge und Entmutigung die Leistungsbereitschaft schwindet und erhebliche Verhaltensstörungen sich entwickeln. Sich selbst überlassen, werden sie ihrer intellektuellen Begabung nach dort nicht hingehören oder sie werden nach mehrfachem ‹Sitzenbleiben› ohne den Schulabschluß entlassen. Für sie sind dann aber, wie sich allenthalben zeigt, Arbeits- oder gar Lehrstellen nicht zu finden; sie werden nach der Schulentlassung arbeitslos. Und bei den Bemühungen, ihnen nachträglich im Rahmen der Hilfe gegen Arbeitslosigkeit weiterzuhelfen, ist zu beobachten, daß mangelnde Leistungsfähigkeit und -gewöhnung, verbunden mit nachhaltiger Entmutigung aus der Schulzeit sie daran hindern, diese Hilfe überhaupt anzunehmen. Sie verfallen in Dauerarbeitslosigkeit mit allen ihren bekannten Folgen: Ohne die Möglichkeit, sich sinnvoll zu beschäftigen, können sie wegen der erwähnten verbreiteten Diskriminierung auch kaum Anschluß an die Jugendgruppen und -klubs der übrigen Jugendlichen finden. Sie beginnen zu verwahrlosen, schließen sich unter Umständen mit ihresgleichen zu Banden zusammen, ihre Verhaltensauffälligkeiten verstärken sich. Eine weitere, weniger bekannte Folge eines gestörten Schulverlaufs ist eine Art von praktischem Analphabetentum, das im Umkreis der Kriminalität zu beobachten ist. Diese Jugendlichen haben zwar gelernt, ihren Namen zu schreiben, können auch einzelne wenige, ihnen bekannte Wörter lesen, evtl. PKW-Kennzeichen erkennen, nicht aber einen zusammenhängenden Text lesen und verstehen. Sie sind dadurch nicht imstande, für sie wichtige Informationen im öffentlichen und privaten Bereich aufzunehmen, sich selbst schriftlich auszudrücken, wenn dies unerläßlich ist, und können deshalb im normalen Arbeitsleben nicht bestehen. Zum Beispiel waren 1976 etwa 15% der in einer hessischen Jugendstrafanstalt Einsitzenden in dieser Weise behindert. Oft haben sie diese Defizite überspielt, so daß es erst in länger dauerndem Strafvollzug erkannt werden konnte. Man wird die Quelle kriminellen Verhaltens bei diesen Jugendlichen im Streben nach Selbstbestätigung, die in Schule und Arbeitswelt nicht gefunden werden konnte, wie auch in der Unfähigkeit zu rechtmäßigem Erwerbsleben sehen müssen» (Deutscher Kinderschutzbund, Ortsverband Marburg: Bericht über unsere Kindergruppenarbeit im Waldtal, 1978).

Zur Verdeutlichung dieser Problematik noch zwei Beispiele aus Marburg: In dem einen Fall handelt es sich um einen 39jährigen Schrotthändler, der wegen Fahrens ohne Führerschein bestraft wurde. Per Zufall stellte sich dann heraus, daß er zwar alle Verkehrsregeln beherrschte, auch die Verkehrsschilder «lesen» konnte, nicht aber die bei Fahrprüfungen üblichen Fragebögen.

In einem anderen Fall ging es um einen 20jährigen, der im Gefängnis saß und während seiner Bewährungszeit ihm vermittelte Arbeitsstellen nach kurzer Zeit wieder aufgab. Der Grund war nicht die zuerst vermutete Arbeitsunwilligkeit, sondern er wollte verheimlichen, daß er nicht in der Lage war, die erforderlichen «Stundenzettel» auszufüllen. Seine Arbeit hatte er ansonsten immer zufriedenstellend verrichtet.

Bemerkenswert ist, daß heute aus den Sonderschulen 15% der Kinder ohne jeglichen Abschluß entlassen werden, das Rekrutierungspotential für die Analphabeten. Die Zahl der Schulabgänger ohne Hauptschulabschluß liegt sogar bei 45%. Sie stellen auch das Kontingent für die Arbeitskräfte, die ausschließlich als schlecht bezahlte Hilfsarbeiter eingesetzt werden, einem Job, bei dem Schreibenkönnen nicht gefragt ist.

Daß andererseits Bewohner von Gettos zusammen mit engagierten Sozialarbeitern ihre Situation erheblich verbessern können, zeigt ebenfalls das Beispiel Waldtal in Marburg. 1972 wurde der Arbeitskreis Soziale Brennpunkte Marburg, kurz AKSB, gegründet, mit dem Ziel, den Bewohnern sozialer Brennpunkte ihre Situation bewußt zu machen und sie zu befähigen, ihre eigenen Interessen zu vertreten. Bis zum Ende der sechziger Jahre lebten die Obdachlosen in einer Barackensiedlung, dem Krekel. Man sprach von den «Krekelmännern». Im September 1973 wurden die Baracken abgerissen, die Bewohner in neuerbaute Häuser im Waldtal umgesetzt. Es waren Einfachhäuser mit wenig Raum und vielen Baufehlern. Der Grund für die Umsetzung war nun nicht der, das Los der Obdachlosen zu verbessern, vielmehr störten die Baracken den Bau einer Stadtautobahn. Insgesamt lebten 1975 rund 1400 Menschen im Waldtal, von denen die Hälfte als «sozial Schwache» bezeichnet wurde. 57 Familien bezogen regelmäßig Sozialhilfe, 136 Familien waren Rentner und 11 Familien (bzw. 100 Personen) zählten zu den Zigeunern. An dieser Situation hat sich bis 1978 wenig geändert. Was sich geändert hat ist die Zahl der Arbeitslosen. Waren es im Dezember 1974 65 Personen, die als arbeitslos gemeldet waren, so stieg die Zahl bis Dezember 1978 auf rund 340 Personen.

Bis heute ist auch die Wohnungssituation immer noch «beschissen», wie man von Jugendlichen und Erwachsenen hören kann. In einer 6-Zimmer-Wohnung von 85 qm müssen 11 Personen wohnen. Eine andere Familie mit 5 Personen wohnt in einer 2-Zimmer-Wohnung, 44 qm groß. In den Häusern Am Rain 6 beschwerten sich die Mieter darüber, daß in ihren Wohnungen der Schimmel wuchert. Durch das undichte Dach dringt bei Regen das Wasser in die Häuser.

Mit der Errichtung einer Spielstube, der Eröffnung eines Stadtteilbüros und durch intensive Elternarbeit ist es der Sozialarbeitergruppe gelungen, die Rate der Sonderschüler erheblich zu senken. Zusätzlich ist die Aktivierung der Bewohner in großem Umfang gelungen. Größter Erfolg dieser beispielhaften Arbeit war sicherlich, daß der AKSB mit den Bewohnern zusammen einen Forderungskatalog für die «Stadtteilentwicklungsplanung» erstellte. Die Vorschläge fanden ihren Niederschlag in dem Stadtteilentwicklungsplan für das Waldtal, der im Frühjahr 1975 vom Magistrat der Stadt Marburg verabschiedet wurde und bis heute die wesentliche Grundlage der Erwachsenenarbeit des AKSB bildet. Der Plan, modellhaft auch für andere Gemeinden, sieht vor:

- Keine Aussiedlung sozial Schwacher aus dem Waldtal, da der Wunsch besteht, im Waldtal wohnen zu bleiben und eine Aussiedlung die sozialen und kommunikativen Strukturen beeinträchtigen würde,
- familiengerechte Wohnungen sollen gebaut werden, da eine Verbesserung der sozialen Situation unter anderem zur Voraussetzung hat, daß familiengerechte Wohnungen zur Verfügung gestellt werden,
- Verbesserung der vorhandenen Wohnungen, insbesondere Modernisierung der Häuser,
- zusätzliche soziale Betreuung,

- Fortführung der Präventivmaßnahmen zur Verhinderung von Obdachlosigkeit,
- Einstellplatz für Wohnwagen und
- Bau einer Sozialstation

Voraussetzung für die Entstehung dieses Plans war die bisher praktizierte Gemeinwesenarbeit des AKSB, die sich als Transformator versteht. Das heißt, sie trägt von der Gesellschaft bereitgestellte Hilfen an den besonders unterprivilegierten Personenkreis heran und unterstützt diesen bei Bestrebungen um die Verbesserung seiner Lebensbedingungen. Gemeinwesenarbeit leistet Beteiligungshilfen in Form tendenzieller Anwaltsplanung. Das bedeutet, daß es nicht nur um die Verbesserung durch menschenwürdigen und familiengerechten Wohnraum geht. Betrachtet man die Problemstruktur differenziert, so läßt sich feststellen, daß vor allem die wirtschaftliche Situation der einzelnen Haushalte sich als besonders problematisch erweist. Ein hoher Prozentsatz der Haushalte liegt bei einem Einkommen um das «amtliche Existenzminimum» (Sozialhilfe-Regelsatz).

Jahresbericht über einen sozialen Brennpunkt

«Nach Einkommen strukturiert lassen sich folgende Haushaltstypen klassifizieren:

‹*Arbeiterhaushalte*›: Der monatliche Lohn und das Kindergeld liegen in der Regel knapp über dem Sozialhilfe-Regelsatz. Der größte Teil der Arbeiter hat keine Berufsausbildung oder arbeitet berufsfremd. Sie sind in den untersten Lohngruppen eingestuft; die Arbeitsplätze sind unsicher und auf dem Arbeitsmarkt herrscht eine brutale Konkurrenz. Einzelne entlassene ältere Arbeiter und bisher arbeitslose Jugendliche haben bei Subunternehmen teilweise unter unseriösen Bedingungen (keine Versteuerung, keine Sozialversicherung) Arbeit gefunden. In der Regel müssen in diesen Haushalten Frauen und ältere Kinder mitverdienen.

Allgemein läßt sich feststellen, daß sich die wirtschaftliche Situation dieser Haushalte verschärft.

‹*Selbständig*›: Hierbei handelt es sich in der Mehrzahl um ‹Ein-Mann-Betriebe› im Schrott- und/oder Antiquitätenhandel. Während noch vor Jahren die Einkommen dieser Haushalte über dem ‹Waldtaldurchschnitt› lagen, sind derzeit die Erträge aus dem Schrotthandel so stark rückläufig, daß mehrere Familien den Schrotthandel aufgegeben haben und von der Sozialhilfe leben müssen. (Ausgelöst wurde diese Entwicklung durch die Stahlkrise, die einen rapiden Abfall der Schrottpreise zur Folge hatte!)

Neben den Händlern sind im Waldtal eine Reihe kleinerer und größerer Schaustellerunternehmen angesiedelt. Die wirtschaftliche Situation dieser Familien ist in hohem Maße saisonabhängig: das heißt, während im Sommer das Familieneinkommen gesichert ist und über Rücklagen (in einer guten Geschäftszeit) auch die Herbst- und Wintermonate abgedeckt sind, geraten diese Familien die letzten Monate vor der ‹neuen Saison› (Reise) in wirtschaftliche Not, die sie häufig nur mit Hilfe des Sozialamtes überwinden können. Extrem existenzbedrohend wird für diese Familien die Situation immer dann, wenn ihnen die finanziellen Mittel fehlen, um ihre Wagen, Geräte und Stände im Frühjahr wieder instand zu setzen.

‹*Von staatlichen Hilfen Abhängige*›: Hierbei handelt es sich einmal um Familien, deren Einkommen durch Arbeitslosigkeit bedingt in Form von Arbeitslosengeld/-hilfe vom Arbeitsamt bezahlt wird, andererseits um diejenigen Familien, deren Haupteinkommen in Form von ‹Hilfe zum Lebensunterhalt› durch das örtliche Sozialamt gezahlt wird.

Tendenziell ist feststellbar, daß sich der Personenkreis der Arbeitslosen und ‹Dauerarbeitslosen› in den letzten Jahren stark ausgeweitet hat. Die Betroffenen (sehr häufig ältere Arbeitnehmer) werden mittlerweile vom Arbeitsamt als ‹unvermittelbar› eingestuft; die geringe Höhe der Arbeitslosenhilfe macht in der Regel eine zusätzliche Unterstützung dieser Familien durch das Sozialamt erforderlich.

Der größte Teil der ‹Hilfe zum Lebensunterhalt› wird an unvollständige Familien gezahlt. U. E. nach gibt es im Waldtal einen überdurchschnittlich hohen Anteil ‹alleinerziehender Mütter›, die, bedingt durch die Erziehung ihrer Kinder, aber auch durch Krankheit, den Lebensunterhalt ihrer Familie nicht durch eigene Erwerbstätigkeit verdienen können. Nach Auskunft des Arbeitsamtes sind für diesen Personenkreis auch keine Halbtagsarbeitsplätze vorhanden. Die wirtschaftliche Situation gerade dieser Familien hat sich in den letzten Jahren durch die restriktive Auslegung der BSHG und die Nichterhöhung der Sozialhilfe-Regelsätze extrem verschärft.

‹*Rentnerhaushalte*›: Die im Waldtal lebenden Rentner beziehen – von einigen wenigen Ausnahmen (kriegsversehrte) abgesehen – sehr niedrige Renten, so daß sie Ansprüche auf weitere staatliche Hilfe (Wohngeld/Sozialhilfe) hätten. Gerade dieser Personenkreis ist aber den sogenannten ‹verschämten Armen› zuzuordnen, die sich schämen, ‹nachdem sie ein Leben lang gearbeitet haben, noch ein Almosen anzunehmen›.

Bei vielen Haushalten aller Haushaltstypen ließ sich eine – gemessen am Haushaltseinkommen – hohe Verschuldung feststellen, die in den meisten Fällen aus eigener Kraft nicht mehr abgetragen werden kann. Die Ursachen dieser Schulden waren keineswegs ‹über ihre Verhältnisse hinausgehende Ansprüche›, sondern in den meisten Fällen lebensnotwendige Gebrauchsgüter (zum Beispiel Möbel oder die Anschaffung eines PKW zur Ausübung eines Gewerbes, in einzelnen Fällen wurde zur Deckung von Mietschulden ein Kredit aufgenommen).

Perspektivisch glauben die meisten Bewohner des Waldtals derzeit eher an eine Verschlechterung ihrer finanziellen Situation.

Wenn sich auch die Wohnsituation in den letzten Jahren entscheidend verbessert hat und die infrastrukturelle Versorgung sich für den gesamten Stadtteil positiv entwickelte, so ist diese sich ständig verschärfende finanzielle Bedrohung und Perspektivlosigkeit nach wie vor die Hauptursache für extreme soziale Probleme der Betroffenen, die phänomenologisch bei der Kinder- und Jugendkriminalität anfangen und beim Alkoholismus noch lange nicht aufhören.

Verschärfte soziale Problematik in den sozialen Brennpunkten

In den vergangenen Jahren hat sich – bedingt durch die anhaltende Wirtschaftskrise – die wirtschaftliche und soziale Situation breiter Bevölkerungsschichten verschlechtert. Probleme wie Arbeitslosigkeit, Alkoholismus, Kriminalität und Isolation treffen immer mehr Menschen.

Die Angehörigen von Randgruppen werden allerdings – bedingt durch ihre schlechte Ausgangslage – von diesen allgemeinen Tendenzen (zum Beispiel Wirtschaftskrise und Arbeitslosigkeit) wesentlich stärker betroffen als die übrige Bevölkerung.

So hinterläßt die in den letzten Krisenjahren eingetretene Verschlechterung der finanziellen Absicherung der Waldtal-Haushalte deutlich sichtbare ‹Spuren› an sozialen Folgeproblemen:

- gegenüber den Vorjahren nahm die Zahl der Ehekrisen (Familienkrisen) und Scheidungen deutlich zu! Es konnte auch beobachtet werden, daß die finanzielle Notsituation (jahrelange Auseinandersetzungen um Haushaltsgeld und Anschaffungen) oft den Kern von Familienkrisen bildeten, in deren Folge auch eine Entfremdung in der Beziehung eintrat.
- der phänomenologische Zusammenhang zwischen Schulversagen, Jugendarbeitslosigkeit und Jugendkriminalität und Jugendalkoholismus ist so offenkundig, daß hier ein kausaler Zusammenhang vermutet werden muß!

Im Stadtteil selbst haben Zerstörungen durch Kinder und Jugendliche ein gegenüber früher kaum gekanntes Ausmaß angenommen.

In weit größerem Umfang läßt sich außerdem die Bildung von Kinder- und Jugendbanden feststellen.

Viele Eltern sind gegenüber den Problemen ihrer Kinder und Jugendlichen hilflos, reagieren mit Aggressivität und/oder Gleichgültigkeit, so daß sich die Ablösung der Heranwachsenden heute in der Regel als eine Aneinanderreihung ‹familienzerstörender Konflikte› darstellt:

- eine besondere soziale Problemgruppe bilden alleinstehende Männer, die – oft ohne Arbeit und Einkommen – auch im medizinischen Sinne zur Gruppe der Alkoholiker zu rechnen sind;
- männliche wie weibliche Jugendliche sind dann am ehesten gefährdet,

wenn sie nach Auseinandersetzungen zu Hause, obdachlos und ohne feste Beziehung jedes ‹Angebot›, das sich ihnen stellt, annehmen müssen;
– die Auseinandersetzungen zwischen den ‹Beschäftigten› und den Sozialhilfeempfängern haben sich erheblich verschärft. Gerade der Personenkreis, dessen Arbeitsplatz besonders gefährdet ist, grenzt sich extrem gegenüber den Arbeitslosen und Sozialhilfeempfängern ab. Die Konflikte gehen oft quer durch die Familien. Es kommt im Extremfall zu dauerhaften ‹Verfeindungen›, die das soziale Gefüge im Waldtal negativ beeinflussen;
– solcherart festgefahrene Konflikte wirken dann bis in das Spiel- und Sozialverhalten der Kinder hinein.

Letztendlich wirkt sich die Verschärfung sozialer Probleme innerhalb eines Stadtteils langfristig sowohl für mikrosoziologische Gebilde (Familie, Bekanntenkreis, Hausgemeinschaften, Kindergruppen) wie auch für makrosoziologische Strukturen (Stadtteil, Stadt, Staat) brutal zerstörerisch aus. Dabei zerstören sozial dysfunktionale Strukturen und Bedingungen nicht nur die einzelnen Individuen, sondern auch die Gemeinwesen, in denen diese Individuen leben» (Jahresbericht des AKSB Marburg, Marburg 1977).

Wann wird die Gemeinwesenarbeit des AKSB überflüssig?
«Sozialarbeit mit dem Anspruch der Aktivierung der Bewohner hin zu dem Ziel ‹Hilfe zur Selbsthilfe› postulierte von Anfang an, daß sie sich selbst überflüssig mache, wenn sie das gesteckte Ziel erreicht habe. Mittlerweile ist der AKSB – auf Grund der gesellschaftlichen und sozialpolitischen Realität – nicht mehr der Ansicht, daß systemimmanente qualitative strukturelle Verbesserungen für unterprivilegierte Bevölkerungsgruppen erreichbar sind.

Gesamtgesellschaftlich produzierte Erscheinungen wie Wirtschaftskrisen, Arbeitslosigkeit und die sozialen Folgeprobleme, können mit den Mitteln der Sozialarbeit (zum Beispiel der Gemeinwesenarbeit) nicht grundsätzlich gelöst werden. Allerdings ist die Sozialarbeit – vor allem im Rahmen einer reformorientierten Sozialpolitik – in der Lage, die schärfsten sozialen Folgeprobleme zu verhindern bzw. zumindest abzuschwächen.

Die Frage also, die diejenigen am meisten interessiert, die die Gemeinwesenarbeit (GWA) des AKSB zu finanzieren haben, ob zum derzeitigen Zeitpunkt die Arbeit im Waldtal eingeschränkt oder gar eingestellt werden könne, weil die Notwendigkeit nicht mehr sehr begründet sei, ist durch die vorhergehenden Kapitel ebenso eindeutig wie anschaulich mit NEIN beantwortet worden.

Gleichzeitig sollen aber diejenigen Ziele und Arbeitsmethoden skizziert werden, die sich als Antwort auf veränderte gesellschaftliche Bedingungen für die GWA im Waldtal ergeben:

Während es in der ersten Phase der GWA im Waldtal dem AKSB darum ging, eine auf den Bedürfnissen aktivierter Betroffener basierende infrastrukturelle Planung politisch durchzusetzen und gleichzeitig die eigene Arbeit zu konsolidieren, kommt es heute und in Zukunft – nach Verabschiedung des Waldtal-Entwicklungs-Programms – in erster Linie darauf an, daß die geplanten Maßnahmen konsequent realisiert werden und nicht einer restriktiven Sozialpolitik zum Opfer fallen.

Um dies erreichen zu können, muß der AKSB in Zukunft um so offensiver jeder Einschränkung sozialer Maßnahmen entgegentreten und für den Ausbau des Systems der Sozialen Sicherung kämpfen. Dies vor allem deshalb, weil sich alle Einschränkungen direkt auf die Lebensbedingungen der Waldtalbewohner auswirken. Das Waldtal hatte und hat keinen Sonderstatus, der seine Bewohner vor der allgemeinen wirtschaftlichen und sozialpolitischen Entwicklung verschont hätte. Die Bemühungen des AKSB und anderer sozial engagierter Gruppen haben Teile der Betroffenen bisher davor bewahrt, daß sie von Restriktionen nicht wesentlich schärfer getroffen wurden, als dies ohne ‹schützenden Beistand› der Fall gewesen wäre.

Das Waldtal-Entwicklungs-Programm ist in seiner Realisierung vor allem durch die Einschränkung der Sozialhilfeleistungen gefährdet. Dies führte dazu, daß sich die inhaltlichen Arbeitsschwerpunkte des AKSB in den vergangenen Jahren verändert haben. Einen nicht unerheblichen Teil ihrer Arbeitszeit müssen deshalb die Gemeinwesenarbeiter im Erwachsenen-Arbeitsbereich des AKSB heute dafür aufwenden, in mühsamer Kleinarbeit im Auftrag der Betroffenen Sozialleistungen zu beantragen, gegen Ablehnungsbescheide Einspruch zu erheben und im Extremfall beim Verwaltungsgericht Leistungen einzuklagen. Obwohl gleichzeitig die Schulung der Bewohner in Sozialhilfe und anderen Rechtsfragen begonnen worden ist, läßt sich sagen, daß der größte Teil der Anspruchsberechtigten ohne die Hilfe von Sozialarbeitern nicht zu ‹ihrem Recht› gekommen wäre. Dies ist um so bedrückender, als das BSHG eindeutig vorschreibt, daß das Sozialamt dann tätig werden muß, wenn ihm ein Notfall bekannt wird (§ 5 BSHG). Eine prophylaktische Sozialarbeit oder nachgehende Hilfen bietet im Bereich des Waldtal nur der AKSB und andere Initiativen an: von Seiten des Sozialamtes werden nicht einmal die Hilfen realisiert, die das BSHG für bestimmte Fälle vorsieht (dies gilt besonders für die §§ 6 und 72 BSHG). Dabei ginge es zum Beispiel um die Verhinderung oder den Abbau von Verschuldungen einzelner Familien oder um Hilfen zum Aufbau oder zur Sicherung der Lebensgrundlage.

Konkret muß der AKSB unter den derzeitigen Bedingungen folgende Arbeitsziele zu verwirklichen suchen:

1. Im Rahmen der Kinderarbeit muß die derzeitige Arbeit weiter ausge-

baut werden. Die bestehenden Konzepte müssen weiterentwickelt werden, um die Kinder soweit zu stabilisieren, daß sie auch den gestiegenen schulischen Anforderungen gerecht werden können, ohne dabei erheblich in ihrer Persönlichkeitsentwicklung geschädigt zu werden. Nach wie vor verfolgen wir dabei das Ziel, die Kinder zu einer selbständigen Lebensbewältigung zu befähigen. Dies setzt voraus, daß sie in erheblichem Maße kritik- und konfliktfähig sind.

2. Im Bereich der Erwachsenenarbeit gilt es, die im Waldtal-Entwicklungs-Programm geplanten sozialen Maßnahmen zu realisieren, zum Beispiel die Versorgung mit familiengerechtem Wohnraum und die Nachbetreuung von Familien, die in das Neubaugebiet ‹Am Rain› integriert werden sollen.

Darüber hinaus wendet sich ein immer größer werdender Personenkreis an den AKSB, der durch die aktuellen Bedingungen in Not geraten ist. Der AKSB muß hier folgende Aufgaben wahrnehmen:

- Hilfen zur Einkommenssicherung für Großfamilien, Familien, Alleinstehende (überwiegend Rentner und Kranke);
- Hilfen zur Arbeitsbeschaffung (vor allen Dingen für Familienvorstände und alleinstehende Frauen);
- Beratung in Familien- und Ehekrisen, bei Familienplanung;
- Hilfen zur Verhinderung von Verschuldung, Abbau von bestehenden Schulden durch Rückzahlungsvereinbarungen;
- Hilfen bei Auseinandersetzungen mit Ämtern, Behörden, Versicherungen u. ä. juristischen Personen.

Dabei werden alle diese Hilfs-, Betreuungs- und Beratungsangebote so gestaltet, daß den Betroffenen dabei eine Einsicht in die Bedingungen vermittelt werden soll, die ihre Notlage hervorgerufen haben. Sie werden außerdem über die ihnen zustehenden Rechtsansprüche aufgeklärt und ihnen wird der Weg zur Erlangung dieser Ansprüche aufgezeigt (‹Schulung›). Erst dieses ‹Qualifizieren› der Betroffenen in ihren eigenen Lebensfragen bietet langfristig die Gewähr, daß der Hilfeprozeß kein Entmündigungs- oder Bevormundungsprozeß wird, sondern zumindest tendenziell zur ‹Hilfe zur Selbsthilfe› führt. Wir sind uns dabei darüber im klaren, daß das bloße Wissen um seine Situation und über Hilfsangebote und Hilfsansprüche noch bei weitem nicht ausreicht, um sich selbst aus einer Notlage zu befreien.

Wir müssen weiterhin feststellen, daß wir erst am Anfang dieser Lernprozesse sind und daß derzeit nur wenige betroffene Waldtal-Bewohner in der Lage sind, ihre Ansprüche allein durchzusetzen.

Es wird jetzt deutlich, wohin eine Einschränkung der derzeitigen Arbeit des AKSB führen würde, wenn die bisher erfolgten Kürzungen direkt in eine Stellenkürzung durchgeschlagen wären. Bisher hat die Stadt Marburg durch die Verminderung ihrer Zuschüsse eine Kürzung um eine Erzieher-Jahrespraktikanten-Stelle und um eine Sozialpädagogen-Stelle verursacht. Die Kürzung der Erzieher-Jahrespraktikanten-Stelle konnte nur in geringem Umfang durch den Einsatz von Praktikanten und Mütter-Mitarbeit aufgefangen werden, so daß hier bewußt eine Verschlechterung der pädagogischen Betreuung des Spielhauses in Kauf genommen worden ist.

Solche Verschlechterungen – und dies gilt als sicher – werden sich langfristig sichtbar auswirken. Dabei werden auch hier in den Spielgruppen des AKSB diejenigen Kinder am härtesten betroffen, die am intensivsten betreut werden müßten; ihre späteren Chancen werden sich vermindern.

Wesentlich problematischer war die Kürzung einer Sozialpädagogen-Stelle im Bereich der Erwachsenenarbeit durch die Verminderung des städtischen Zuschusses für das Jahr 1978. Da die Unterbesetzung im Bereich der Erwachsenenarbeit langfristig erhebliche Auswirkungen gehabt hätte – es handelt sich bei der ab Nov. 1977 unbesetzten Stelle um die ‹Umsetzungsstelle› zur Nachbetreuung der Waldtalbewohner Am Rain –, sah sich der AKSB gezwungen, in der Kinderarbeit eine weitere Stelle abzuziehen und diese im Erwachsenen-Arbeitsbereich einzusetzen. Dadurch wird 1978 die ‹Reisende-Kinder-Gruppe› geschlossen werden müssen. Fraglich ist weiter, ob die Kleinstkinder-Gruppe (2- bis 3jährige) fortgeführt werden kann. Den Einschränkungen im Kinder-Arbeitsbereich steht ein steigender Bedarf gegenüber; 1978 werden im Waldtal 35 zwei- und dreijährige Kinder unbetreut sein und die Betreuung einer Hausaufgabengruppe ist noch ungeklärt.

Es muß an dieser Stelle gesagt werden, daß sich die Kinderarbeit derzeit nur noch bewältigen läßt, weil sie durch eine hauptamtliche ABM-Kraft (einen Diplom-Pädagogen) verstärkt wird. Diese Maßnahme endet im Herbst 1979. Spätestens zu diesem Zeitpunkt wird sich entscheiden, ob die Personalkürzungen im AKSB auch zu weiteren Schließungen von Kindergruppen führen werden.

Dies würde dazu führen, daß wieder mehr Waldtal-Kinder dem ‹pädagogischen Feld› der Straße ausgeliefert sein würden, deren Lernprozesse auch den Beginn ‹krimineller Karrieren› begünstigen. Die Verantwortung dafür tragen jene, deren sozialpolitisches Konzept ‹Sparen vor Helfen› beinhaltet.

Die Kosten werden später ein Vielfaches von dem werden, was sich derzeit einsparen ließe. Die unwiederbringlich vergebene Chance, Unterprivilegierten zu einem Zeitpunkt zu helfen, wo diese Hilfe noch fruchtet, wird vergeben sein» (AKSB Marburg: Ziele der Gemeinwesenarbeit, Jahresbericht 1977).

Woher kommen die Obdachlosen?

Alle Erkenntnisse, die inzwischen auch bis in die Amtsstuben der administrativen Kontrollinstanzen vorgedrungen sein dürften, weisen darauf hin, daß es zum größten Teil Lohnabhängige sind, die in die kommunalen Gettos eingewiesen werden. Jedem Arbeiter, aber auch kleinen Angestellten oder Gewerbetreibenden kann es passieren, daß er morgen in eine solche Unterkunft eingewiesen werden muß.

«Die zahlenmäßig stärkste Gruppe der Befragten bilden, mit einem Anteil von 44%, die Hilfsarbeiter. Da außerdem 19% der Befragten angeben, eine Anlerntätigkeit auszuüben, läßt sich die Feststellung treffen, daß 60% eine wenig qualifizierte berufliche Tätigkeit verrichten» (W. Wangler: Sozialökonomische Lage und sozialpsychologische Verfassung von Notunterkunftbewohnern in Mönchengladbach, Düsseldorf 1971, S. 20).

«Von den berufstätigen Männern einer Obdachlosensiedlung in Mannheim waren

83,3% Arbeiter,
5,1% Lehrlinge,
2,6% kaufmännische Angestellte und
9,0% Selbständige.

Von den berufstätigen Frauen über 15 Jahren waren

91,9% Arbeiterinnen,
5,4% Hausgehilfinnen und
2,7% Angestellte»

(H. Hess, A, Mechler: Getto ohne Mauern, Frankfurt 1973, S. 47).

In Duisburger Obdachlosensiedlungen erreicht der Anteil der Arbeiter fast 90%, in Dortmund ca. 80%. Ein hoher Prozentsatz der Arbeiter übt dabei ungelernte Tätigkeiten aus, als Hilfsarbeiter, Bauarbeiter, Gelegenheitsarbeiter. Meist hat eine Herabstufung der Qualifikation, bedingt durch frühzeitige Gesundheitseinbußen, stattgefunden. Das SPAK in Wiesbaden kommt zu dem Ergebnis, daß zwischen 60 und 80% der arbeitsfähigen Bevölkerung von Obdachlosensiedlungen zur Arbeiterklasse gehören, der Anteil der kleinen Selbständigen im Durchschnitt unter 10%, der Anteil des Lumpenproletariats bei 20 bis 30% liegt.

Klarer in der Analyse sind die Ergebnisse der Arbeitsgemeinschaft SPAK über die Obdachlosenpolitik in der BRD: «Zwischen 70 und 80% der Obdachlosen sind eindeutig der Arbeiterklasse zuzurechnen, freilich deren ökonomisch schwächster Fraktion. Dies schlägt sich nieder in folgender sozialer Struktur:

- ungelernte und angelernte Arbeiter bilden gegenüber Facharbeitern eindeutig die Mehrheit.

- Der größte Teil der Facharbeiter hat Berufe erlernt, die durch die technologische Entwicklung entwertet wurden, übt also Hilfsarbeitertätigkeiten aus.»

(AG SPAK: Obdachlosenpolitik in der BRD, München 1977, S. 59).

Entsprechend der sozialen Situation müßte auch das Ausmaß der Arbeitslosigkeit in den Obdachlosenunterkünften extrem hoch sein. Denn, so die Arbeitslosenstatistiken, je geringer die berufliche Qualifikation, um so größer die Wahrscheinlichkeit, arbeitslos zu werden und/oder zu bleiben.

Der Bericht aus dem Marburger Waldtal hat das bereits belegt. In Offenbach, in der Lohwald-Siedlung, ist die Situation nicht viel anders: Waren 1977 noch 15% der Haushalte arbeitslos, so sind im Jahr 1978 62% aller Haushalte von der Arbeitslosigkeit betroffen gewesen. Bei Jugendlichen und jungen Erwachsenen lag die Arbeitslosenquote im Dezember 1977 bei ca. 51%. Die Arbeitslosigkeit bei Mädchen lag sogar bei 76%.

Trotz dieses eindeutigen Sachverhalts versucht man immer wieder, die Bewohner der Gettos als Psychopathen oder lebensunwerte Kranke darzustellen, wie es in Kaiserslautern den Bewohnern der Unterkünfte offen ins Gesicht gesagt wurde. Eine Studie über «Soziale Randgruppen», erstellt von Prof. Vaskovics und Mitarbeitern im Auftrag des Bundesministeriums für Jugend, Familie und Gesundheit leistet solchen Vorurteilen Vorschub. Dort wurde folgende Kategorisierung der Obdachlosen vorgenommen: «deklassierte Arbeiterfamilien, traditionelle Randschichtenfamilien und klinische Randschichtenfamilien». Vaskovics behauptet weiterhin, daß 50% der obdachlosen Menschen Verhaltensabweichungen zeigten und ohne spezielle Behandlungsmaßnahmen nicht integriert werden könnten. Sieht man einmal von den Ursachen der Krankheiten ab – im Kapitel über «Psychische Verelendung» soll näher darauf eingegangen werden – ist trotzdem zu fragen, ob nicht der gleiche Prozentsatz von ‹Kranken› auch innerhalb der ‹Normalbevölkerung› zu finden wäre. Vaskovics macht diesen Vergleich nicht. Und das, obwohl allgemein bekannt ist, daß nach dem «Bericht über die Lage der Psychiatrie in der BRD» als «dringend psychiatrisch bzw. psychotherapeutisch behandlungsbedürftig 1,8 bis 2% der Bevölkerung, also rund eine Million Personen, sind» (Bundestag-Drucksache 7/4200 vom 25. 11. 1975). Nach diesen Erkenntnissen wird nicht nur die Bezeichnung «Verhaltensabweichungen» fraglich. Außerdem: Wer befindet denn gerade bei den Obdachlosen über ‹Verhaltensabweichungen›? Es sind in der Regel Institutionen der sozialen Kontrolle: Sozialamt, Wohnungsamt, Polizei. Also Behörden, deren Beurteilungskriterien eine bestimmte Ideologie zugrunde liegt. Sie nehmen den ‹Normalbürger› als Standard, nach dem sich alle anderen sozialen Gruppen zu richten haben. Verhaltensabweichungen von dieser fragwürdigen Norm werden belegt mit einem Konglomerat von Vorurteilen, Vorbehalten und Abwehrreaktionen, nicht zuletzt auch mit Aggressivität und Diskriminierung. Das gleiche gilt für alle, die aus dem ‹normalen› Rahmen fallen: Inhaftierte, Homosexuelle, Lesbierinnen, Langhaarige, Zigeuner, Ausländer usw.

J. Gotthold zu der Studie von Vaskovics:

«Zunächst hätte der Begriff der Integration bzw. Reintegration von Obdachlosen einer kritischen Nachprüfung bedurft. Ist das Problem der Obdachlosigkeit tatsächlich schon gelöst, wenn die Familie umgesetzt wird und danach nicht gleich wieder obdachlos wird? Die Verfasser akzeptieren das als hinreichenden Maßstab. Tatsächlich ist damit die Obdachlosigkeit einer Familie jedoch zunächst nur juristisch wegdefiniert, die bisher obdachlose Familie hat nun einen Mietvertrag, nicht mehr nur ein polizeirechtliches ‹Nutzungsverhältnis›. Ob damit die sozialen und individuellen Probleme der Familie behoben sind, das menschliche Elend, das sich hinter dem Wort obdachlos verbirgt, auch nur gemildert werden konnte, wird nicht gefragt. Ob die psychische Situation der Familie in der fremden Umgebung, in der zunächst jedenfalls keine sozialen Kontakte vorhanden sein können, nicht noch elender ist als vorher, ob ‹soziale Abweichungen› deswegen unterbleiben, weil jetzt sogar dafür die psychischen Kräfte fehlen, wird nicht einmal als Möglichkeit in Betracht gezogen. Nicht einmal im Hinblick auf Familien, die immer wieder umgesetzt werden, werden solche Fragen gestellt. Projektleiter Vaskovics hat zwar eine Operationalisierung des Begriffs vorgeschlagen, in dem solche Bezüge vorhanden sind, in der vorliegenden Studie aber wird die ‹Richtigkeit› der vorgefaßten Meinung als empirisch überprüft suggeriert, ohne daß die eigenen Kriterien angewendet werden» (Jürgen Gottholdt: Stellungnahme zu der im Auftrage des Bundesministeriums für Jugend, Familie und Gesundheit erstellten Studie von L. Vaskovics, W. Wins, H. P. Buba: «Hilfen für soziale Randgruppen/Obdachlose», Bamberg 1978, Bremen 1978).

Mancher, der ein Buch liest, murrt…

...wenn er Werbung findet, wo er Literatur suchte. Reklame in Büchern!!!? Warum nicht auch zwischen den Akten in Bayreuth oder neben den Gemälden in der Pinakothek?

«Rowohlts Idee mit der Zigarettenreklame im Buch (finde ich) gar nicht anfechtbar, vielmehr sehr modern. Hauptsache, es hat Erfolg und nützt dem Buch, was die deutsche Innerlichkeit dazu sagt, ist allmählich völlig gleichgültig, die will ihren Schlafrock und ihre Ruh und will ihre Kinder dußlig halten und verkriecht sich hinter Salbadern und Gepflegtheit und möchte das Geistige in den Formen eines Bridgeclubs halten – dagegen muß man angehen...»

Das schrieb Ende 1950 – Gottfried Benn.

An Stelle der «Zigarettenreklame» findet man nun in diesen Taschenbüchern Werbung für Pfandbriefe und Kommunalobligationen. «Hauptsache, es hat Erfolg und nützt dem Buch.» Und es nützt auch dem Leser. (Für die Jahreszinsen eines einzigen 100-Mark-Pfandbriefs kann man sich beispielsweise zwei Taschenbücher kaufen.)

Armutsregionen in der BRD

Industrielle Ballungszentren und ländliche Randgebiete: die Beispiele Duisburg und Bayrischer Wald

Atmen kann man kaum. Die Luft ist stickig, voller Staub, und der Dreck der Industrieunternehmen hat sich an den Häusern schmutzig-rot festgesetzt. Spielmöglichkeiten für die Kinder und Jugendlichen sind die verdreckten, mit Unrat und Öl bedeckten Hinterhöfe. Schnellstraßen durchschneiden Stadtteile. In den Ruinen, in denen Menschen wohnen müssen, tummeln sich die Ratten. Duisburg, das ist die Spitze eines Eisberges, ein Brennspiegel kapitalistischer Produktionsbedingungen, steigender Verelendung und einer unglaublich restriktiven Sozialpolitik. All das, was Verelendung heute auszeichnet, ist in Duisburg zu finden: hohe Arbeitslosigkeit, wirtschaftliche Strukturkrise, hohe Anzahl von Sozialhilfeempfängern, hoher Grad von psychischer und physischer Verelendung, Obdachlosengettos, Sanierungsgebiete, Wohnsilos und insbesondere eine Stadt, die vor der finanziellen Pleite steht. Der Wirkungszusammenhang von kapitalistischer Wirtschaftspolitik, Umweltzerstörung und einer unfähigen Sozialpolitik, die den gesellschaftlichen Problemen nicht gewachsen ist, macht Duisburg zum Modellfall. Aus diesem Grund ist Duisburg sogar Untersuchungsgegenstand der Europäischen Gemeinschaft, die in zahlreichen Staaten ‹Armut› untersucht. In Duisburg führt das Institut für Sozialarbeit und Sozialpädagogik mit der AWO diese Untersuchung durch, mit erschreckenden Ergebnissen. Forschungsgegenstand sind eigentlich nur die Obdachlosenunterkünfte, in denen 2542 Menschen leben, wobei noch 2640 potentiell Obdachlose dazukommen, die in «beschlagnahmten Wohnungen» leben. Je intensiver die Wissenschaftler und Sozialarbeiter die Struktur der Stadtteile untersuchen, um so deutlicher wird werden, daß der größte Teil von Duisburg ein sozialer Brennpunkt ist. Die Ratten aus der Emscher schleichen ja nicht nur in den Obdachlosengettos herum, sondern auch in den alten und sanierungsbedürftigen Wohnhäusern im Norden der Stadt. Und wie es scheint, haben sie sich besser angepaßt als die umweltvergifteten Menschen.

In Duisburg leben knapp 600000 Menschen. 20% der Gesamtfläche der Stadt sind Industriegelände, 24% Wohnfläche. Der Anteil an Grünflächen, Sport- und Spielplätzen beträgt demgegenüber nur 15% und an Wald nur 8%.

Gab es in Zeiten der wirtschaftlichen Prosperität noch genügend Ar-

Umweltvergiftung, unsoziale Lebensbedingungen – Armutsregion Duisburg

beitsplätze und hohe Sozialleistungen, hat sich dieser Zustand in den letzten Jahren der Wirtschaftskrise gewaltig verändert. Duisburg ist eine bankrotte Stadt, in der alle Sozialleistungen in den letzten drei Jahren um 30–50% gekürzt worden sind.

Eine der Ursachen dieser Krisensituation ist die allgemeine Schwächung der Wirtschaftsstruktur der fast ausschließlich Kohle und Stahl produzierenden Industrie. In den letzten Jahren ist es in Duisburg zu einer Welle von Betriebsschließungen gekommen, im wesentlichen bei den Großkonzernen von Flick, Thyssen, Krupp und Mannesmann. Tausende Arbeitsplätze wurden vernichtet. Die Folgen waren unter anderem, daß das Gewerbesteueraufkommen gesunken ist, während die Soziallasten erheblich angestiegen sind. 1977 hatte Duisburg ein Haushaltsvolumen von knapp 1,5 Milliarden DM. 13% Haushaltsvolumen bestanden aus den Gewerbesteuereinnahmen, ein Anteil, der im Bundesgebiet bei durchschnittlich 40% liegt. Weil dieses Aufkommen gesunken ist, stagniert auch der öffentliche Haushalt. Nun meinen die Wirtschaftsförderungsstrategen, daß man dem gegensteuern kann, indem man neue Betriebe der Montanindustrie ansiedelt. Was dabei verschwiegen wird ist, daß diese Betriebe durch ihren hohen Technisierungsstandard kaum neue Arbeitsplätze schaffen werden. Außerdem hat die Ansiedlung auch neuer Betriebe zur Folge, daß weiterhin annähernd die Hälfte der westdeutschen Stahlerzeugung auf engstem Raum konzentriert ist.

Diese Konzentration jedoch führt zu einer Festschreibung der unerträglichen Belastung der Arbeitsbedingungen: a) menschenungerechte Arbeitsbedingungen (körperliche Schwerstarbeit, monotone Tätigkeit, erhebliche Belastungen aus der Arbeitsumgebung, Schicht- und Nachtarbeit), b) gesundheitsgefährdende Umweltbedingungen.

Seit Jahren sind Arbeits- und Lebensbedingungen konserviert worden, die die Struktur dieses Arbeits-, Wirtschafts- und Lebensraumes zusätzlich nachhaltig verschlechtern. Mit wenigen Daten läßt sich die Strukturkrise des Ruhrgebiets belegen: Die Zahl der Beschäftigten in der Industrie sank in den Jahren 1957 bis 1977 um fast 400000. Allein der Kohlebergbau (–333000) und die Stahlindustrie (–28000) verloren zusammen mehr als 360000 Arbeitsplätze. Die Situation in Duisburg sieht noch trauriger aus: Der Steinkohlebergbau ist fast völlig aus dem Duisburger Raum verschwunden. In der Stahlindustrie und in der Metallverarbeitung gingen in den letzten 10 Jahren mehr als 12000 Arbeitsplätze verloren. Die Belegschaften werden unter anderem wie folgt dezimiert:

«Die Kupferhütte verkleinerte von 4300 auf 1800 Beschäftigte. Ihr weiterer Bestand ist ungewiß, nachdem die Großchemie sich zurückgezogen hat. Rheinstahl-Wanheim baute von 5500 auf 1800 Beschäftigte ab. Thyssen Niederrhein verringerte die Belegschaft von 4000 auf 2000 und legte 1978 die Drahtstraße III still. Betroffen: 500 bis 700 Beschäftigte. Zum Ende 1978 hat Thyssen in Duisburg-Ruhrort die Feinwalzenstraße dichtgemacht (180 Stahlarbeiter).

Mannesmann drosselte die Belegschaft des Großrohrenwerkes Mündelheim von 1200 auf 500 Beschäftigte und wird das Großrohrenwerk ganz stillegen. Fast gleichzeitig stellt die Großblechverarbeitung von Mannesmann in Huckingen den Betrieb ein. 75 Mitarbeiter sind davon betroffen. Krupp beendete in Rheinhausen die Betonstahlfertigung. Am 30. September 1978 wurde die Kaltprofilanlage geschlossen. Die Esch-Werke in Hochfeld, die Firma Peter Schmitz in Homberg und andere Firmen schlossen ganz» (M. Schweres: Es stinkt in der Montanstadt, in: Der Arbeitnehmer, Saarbrücken, 11/1978, S. 393f.).

Und in Zukunft, so Experten aus der IG Metall, werden noch mehr als 80000 Stahlarbeiter ihren Arbeitsplatz verlieren. Da wundert es nicht mehr, daß Duisburg die höchste Arbeitslosenquote in Nordrhein-Westfalen hat, mit 7,8% (im Bundesdurchschnitt 4,18%). M. Schweres geht sogar davon aus, daß die Zahl der Arbeitslosen noch erheblich höher liegen würde, wenn die Unternehmen nicht unter anderen mit Sozialplänen die Arbeitnehmer ab 59 Jahren (und früher) frühzeitig «in Rente schicken» würden.

Daß überhaupt die Zahl der Frühinvaliden und die der vorzeitig aus dem Berufsleben ausscheidenden Arbeiter ansteigt, ist nicht zuletzt auf die barbarischen Arbeitsbedingungen und die vergiftete Umwelt zurückzuführen. Die Zahl der erwerbstätigen Männer über 55 Jahre hat sich von 1961 bis 1970 um 22,1% verringert (Bundesdurchschnitt: 6,6%). Diese Zahl sagt jedoch nichts darüber aus, wie viele der früh in Rente geschickten Arbeitnehmer Zeit hatten, ihre freie Zeit zu genießen. Es sind keine Zahlen bekannt, wie viele das 60. Lebensjahr erreichen oder älter werden. Sieht man sich aber die Lebenserwartungen in den Slums von Duisburg an, so stellt man fest, daß kaum jemand älter als 60 Jahre ist. Und zwar nicht deswegen, weil die Alten in irgendwelche Heime eingewiesen wurden, sondern weil die Menschen vorher gestorben sind. Wie kann man leben, fragen sich beispielsweise die Schichtarbeiter oder die Arbeiter, die am Hochofen stehen, wenn wir nur noch Maschinen sind?

Unzweifelhaft ist, daß eine kontinuierliche Schichtarbeit den Menschen völlig in das Industriegeschehen einbaut. Der gesamte Lebensrhythmus des Arbeiters ist der Produktion untergeordnet. Wer beispielsweise in der «Konti-Arbeit» integriert ist, das heißt im Vier-Schichten-Betrieb auch an Wochenenden und Sonn- und Feiertagen arbeitet, lebt im Gegensatz zum normalen biologischen und sozialen Rhythmus. Konti-Arbeiter leiden erheblich unter gesundheitlichen, aber auch sozialen Defiziten.

So schlecht wie ihre Arbeit ist die gesamte Lebenssituation der Arbeiter. Denn die Konzentration der extrem umweltbelastenden Industrie in Duisburg führt zu einer erheblichen gesundheitlichen Belastung der Menschen. Aber eben doch nicht aller Menschen, wie sich zeigt. In einer «Ökologischen Studie» von Ursel Becher, erstellt für das EG-Projekt über Armut, fällt auf, daß es sich bei den Stadtteilen mit den höchsten Anteilen an Arbeitern und Obdachlosen (im wesentlichen die nördlichen und nordwestlichen Teile von Duisburg) um diejenigen Wohngebiete handelt, die durch besonders hohen Industriebesatz und die damit verbundenen hohen Emissionswerte erheblich beeinträchtigt sind. Hinzu kommt, daß ein fast ständig wehender Südwest-Wind dazu führt, daß die im Nordosten der Stadt gelegenen Stadtteile auch durch extrem hohe Emissionswerte und Geruchsbelästigungen beeinträchtigt sind.

«Betrachtet man die räumliche Verteilung der Stadtteile mit hohen und niedrigen Anteilen Beamter und Angestellter an den Erwerbstätigen, so zeigt sich, daß diese Berufsgruppen die Stadtteile der Innenstadt, am Kaiserberg und im Süden als Wohnorte bevorzugen, die durch hohe Emissionswerte stark beeinflußten Stadtteile entlang am rechtsrheinischen Industriegebiet und im Norden und Nordosten der Stadt werden dagegen von den Angehörigen dieser Berufsgruppen gemieden. Mit Ausnahme von Rumeln-Kalenhausen liegen alle Stadtteile mit hohen Quoten von Arbeitern im Norden und Nordosten der Stadt. Die Stadtteile der Innenstadt, Kaiserberg und im Süden, mit besseren Wohnbedingungen, sind den Arbeitern praktisch verschlossen» (Ursel Becher: Ent-

Sozialer Wohnungsbau — pro Jahr mehrere Mieterhöhungen in Duisburg

wurf einer ökologischen Studie der Stadt Duisburg, unveröffentlichtes Manuskript, Institut für Sozialarbeit und Sozialpädagogik, ISS, Duisburg, August 1978).

Klagen über psychische und physische Verelendung, die Brutalität der Arbeitsbedingungen, den Dreck und das Gift, das die Bevölkerung ertragen muß, werden nicht laut. Sie sind in vielen Fällen noch nicht einmal bewußt. Und in anderen Fällen klingt es eher schicksalsergeben. Zum Beispiel als in der ersten Januarwoche 1979 Smog-Alarm gegeben wurde. Die höchsten Immissionswerte wurden übrigens aus dem Norden von Duisburg gemeldet, wo riesige Schornsteine seit jeher den Himmel permanent gelb färben und hustende Kinder und Jugendliche zum Alltag gehören. Stimmen der Bevölkerung zum Smog-Alarm:

«Das habe ich gestern schon gemerkt. Man hat so einen eigenartigen Geschmack auf der Zunge. Man kann schlecht atmen.»

«Herzbeschwerden kriege ich, Herzschmerzen, dann werde ich kurzatmig.»

«Da braucht man ja bloß hier an der Zinkhütte vorbeizugehen. Da fallen Sie um.»

«Wenn der Wind ungünstig steht, dann drückt der hohe Kamin da die ganze Saupest nach unten. Da müssen Sie das Taschentuch vor den Mund halten, daß Sie überhaupt klarkommen.»

Am 18. 1. 1979 meldete der Westdeutsche Rundfunk: «So schlimm wie heute war es schon lange nicht mehr. Aber die Kokerei bläst weiter und auch die Schlacke-Lastwagen fahren und stinken, als hätte es keinen Alarm gegeben.»

Kurioserweise werden ja auch nicht die Betriebe dazu angehalten, ihren Ausstoß von Schadstoffen zu vermindern, obwohl sie technisch dazu in der Lage wären. Vielmehr wird die Bevölkerung aufgerufen, weniger Auto zu fahren und weniger zu heizen.

In Duisburg handelt es sich bei der permanenten Überschreitung von Höchstgrenzen – egal ob von Gift oder Lärm – um eine andauernde Lebensgefährdung, die jeden einzelnen in seinen Lebensmöglichkeiten erheblich beeinträchtigt. Da wirken auch die Appelle an die Bevölkerung zynisch, wenn man weiß, daß im Immissionsschutzbericht der Bundesregierung, der 1977 veröffentlicht wurde, zu lesen ist, daß 81% der gesamten Schwefeldioxidverschmutzung der Luft auf das Konto der Kohle- und Ölkraftwerke sowie der Industriefeuerung gehen, nur knapp 10% stammen aus den Schornsteinen der privaten Haushalte, und der Rest geht zu Lasten von Straßenverkehr und Kleinbetrieben. Mit dem «Luftreinhalte-Plan Ruhrgebiet-West» liegt eine geschlossene Darstellung der Luftbelastung in Duisburg vor. Danach war die Industrie mit 90% an der Immission beteiligt. Die zulässigen Grenzwerte der Staubniederschläge werden in dieser Region außerdem weit überschritten. Was die Vergiftung der Menschen betrifft, hält Duisburg auch hier einen traurigen Spitzenrekord. Bei den gasförmigen Immissionen wurden Werte von 0,14 mg/m³ ermittelt.

Auch bei der Belastung durch Schwebstoffe hält Duisburg seine Spitzenstellung. Der Bericht des Gewerbeaufsichtsamtes von Nordrhein-Westfalen meldet: «Der Grenzwert von Blei wird nur an einer einzigen Station, und zwar im Raum Duisburg, überschritten. Eine wesentliche Änderung der räumlichen Struktur der Schwermetallbelastung gegenüber dem Vorjahr ist nicht festzustellen» (Jahresbericht 1977 der Gewerbeaufsicht des Landes Nordrhein-Westfalen, Düsseldorf 1977, S. 118).

Grenzwertüberschreitungen auch bei der Belastung durch Immissionen organischer Gase und Dämpfe. Im Belastungsgebiet Duisburg wurden 1977 von der Industrie, dem Hausbrand/Kleingewerbe und dem Verkehr jährlich insgesamt 2,3 Millionen Tonnen luftverunreinigender Stoffe in die Atmosphäre geblasen, die sich dann auf Menschen, Tiere und Pflanzen niederlegten. Teilt man die gesamten Schadstoffe in drei große Gruppen, ergibt sich folgendes Bild:

- anorganische Gase (zum Beispiel Schwefeldioxid, Stickstoffoxid, Kohlenmonoxid)
- organische Gase und Dämpfe (zum Beispiel alle Kohlenwasserstoffe wie Benzindämpfe, Benzol und Phenol) und
- Staub.

Wobei die Industrie zu 85 bis 95% der Verursacher aller genannten Belastungen ist (Jahresbericht 1977 der Gewerbeaufsicht des Landes Nordrhein-Westfalen, a. a. O., S. 120).

Die Auswirkungen einer zerstörten Umwelt insbesondere auf die Wohn- und Lebensbedingungen der Bevölkerung werden ignoriert. Selbst in ihren Freizeitbereich werden den Arbeitern über Schornsteine, Abwasserkanäle und Straßen die Schadstoffe nachgeschickt. Die giftschleudernden Betriebe sind teilweise wie zum Beispiel Hamborn, direkt an die Wohnhäuser gebaut, allenfalls getrennt durch dicke schwarze Rohre. Autobahnen rechts und links der Arbeiterstadtteile, Fabriken vor und hinter den Häusern. Unmittelbarer und sinnfälliger läßt sich Menschenverachtung kaum erfahren.

Die gesundheitlichen Folgen:

1. Die mittlere Lebenserwartung ist erheblich geringer als im Bundesdurchschnitt.
2. Im Ruhrgebiet ist die Zahl der Lungenkrebserkrankungen um 60 bis 400% höher als in anderen Regionen.
3. «Von besonderer Bedeutung ist die Feststellung, daß in Duisburg mit 26,8% etwa doppelt so viel Probanden Symptome einer chronischen Bronchitis aufweisen wie im Kontrollgebiet Oberbergischer Kreis. Darüber hinaus wurden vermehrt Nasennebenhöhlen-Entzündungen festgestellt, bedingt durch verstärkte Einwirkung von Luftverunreinigung. Auch die Vegetationsuntersuchungen zeigen durch Luftverun-

reinigung hervorgerufene Wirkungen wie zum Beispiel Schwermetallkontamination an Futter- und Gemüsepflanzen sowie Funktionsstörungen der Gehölze und erhöhte Anfälligkeit gegen Pilzerkrankung und Schädlingsbefall» (Jahresbericht der Gewerbeaufsicht des Landes Nordrhein-Westfalen, a. a. O., S. 121).

Eine weitere Tatsache ist:

«Jeder 5. Todesfall ist auf Krebs zurückzuführen und voraussichtlich wird jeder 3. oder 4. Einwohner bei gleichbleibenden Verhältnissen an Krebs erkranken und nur jeder 10. eine Krebskrankheit geheilt überstehen» (Krebsforschung, Antwort der Bundesregierung vom 9. 2. 1976). Umgerechnet heißt das, daß 12 Millionen Menschen an Krebs sterben werden.

Über Blei, wo Duisburg erheblich über den zulässigen Grenzwerten liegt, schreibt F. Naschold:

«Bei Blei gibt es einen großen Kumulationseffekt, den erst die Nachkommenschaft spüren wird. Resorbiertes Blei wird bei Schwangeren durch die Placenta hindurch zur Frucht transportiert. Mißbildungen von Embryos durch Blei sind schon früh beobachtet worden. Frauen, die in Bleibetrieben arbeiten, sind bis zu 50% kinderlos. Fehlgeburten sind häufiger als im Durchschnitt der Bevölkerung. Besonders beunruhigend ist, daß Mißbildungen auch dann gehäuft auftreten, wenn die Mütter nicht unter dauernder Bleieinwirkung standen, sondern nur die Männer in solchen Betrieben beschäftigt waren. Für die Gesamtbevölkerung hält der russische Toxikologe eine Dauerbelastung von 0,7 mg/m^3 Luft für eben noch tolerabel. (Das Limit der Weltgesundheitsorganisation sieht 2,0 mg/m^3 vor).» (F. Naschold: Systemanalyse des Gesundheitswesens in Österreich. Eine Studie über Entstehung und Bewältigung von Krankheit im entwickelten Kapitalismus, Wien, Dezember 1974, Band II).

Alle genannten Grenzwerte werden in der BRD, bzw. in Duisburg erheblich überschritten. Ein krimineller Vorgang. Naschold: «Das Wissen um Gesundheitsbeeinträchtigungen durch subtoxische Bleimengen ist ständig im Wachsen begriffen. Die Aussagen in der Literatur hängen aber sehr davon ab, ob es sich um unabhängige Forschungsgruppen oder um Auftragsforschungen einschlägiger Industrien handelt» (F. Naschold, a. a. O., S. III A).

Erste Anzeichen für Blei im Organismus sind Magen-Darm-Beschwerden, Schwäche und Müdigkeitsgefühl, unbestimmte Gliederschmerzen, Konzentrationsschwächen, Erinnerungslücken, Schlafstörungen, unspezifische Symptome, wie sie jeder Städter kennt. Zahlreiche Hinweise deuten auf psychische Wirkungen wie Aggressivität.

Die Auswirkungen von Blei und Benzopyren auf die Gesundheit sind heute noch nicht zu übersehen. «Um im Versuch bei 50% der behandelten Mäuse ein Karzinom zu erzeugen, genügen weniger als 0,1 mg Benzopyren pro Maus. Diese Menge ist in den Abgasen eines Volkswagens enthalten, der etwa 10 Minuten lang ein durchschnittliches städtisches Fahrprogramm absolviert. Diese Menge ist in etwa 200 m^3 Stadtluft enthalten, also in einer Luftmenge, die ein erwachsener Mensch in rund 20 Tagen einatmet» (G. Grimmer: Öffentliches Hearing des Innenausschusses des Deutschen Bundestags, 14. Juni 1971, nach: Der Spiegel, 26/1971, S. 28). In Duisburg sind auch diese Werte extrem hoch. Das bedeutet eine überdurchschnittliche «Mortalität», wie die Mediziner sagen, also eine höhere Sterblichkeitsziffer.

Das gleiche gilt für die Immissionsbelastung durch Stickstoffdioxid, die in Duisburg gefährliche Werte erreicht, nämlich zwischen 0,05 und 0,10 mg/m^3. Stickstoffdioxide sind Stoffe, die vor allem die Lunge angreifen, außerdem wirken Nitrite auf das Lungenepithel. Stickstoffdioxide werden heute auch mit der Krebsentstehung in Zusammenhang gebracht, da sie Mutationen auslösen können. «In Tierversuchen führten schon geringe Stickstoffdioxidkonzentrationen zu Änderungen der Atmung, histologisch wurden pathologische Erscheinungen in den Lungengeweben festgestellt. Stickstoffdioxid wirkt außer in der Lunge auch in der Leber, in den Nieren und im Blut. Exponierte Ratten zeigen Wachstumsstörungen» (F. Naschold: Systemanalyse des Gesundheitswesens in Österreich, a. a. O., Bd. II, S. 193).

Übrigens sind Wachstumsschäden bei Kindern und Jugendlichen in Duisburg besonders häufig festgestellt worden. Kinder in Gebieten mit hohen Stickstoffdioxidwerten hatten signifikant niedrigere Werte bei den Lungenfunktionstests als Kinder in anderen Kontrollgebieten, auch die Zahl der akuten Erkrankungen war erheblich höher.

Die Schlußfolgerungen sind eindeutig. Durch die Untersuchungen für das EG-Modellvorhaben ist bekannt, daß die Kinder nicht nur an Unterernährung leiden, sondern auch eine hohe Anfälligkeit für Infektionskrankheiten haben, daß Hautkrankheiten, gefährliche Geschwüre, Augenkrankheiten und Zahnkrankheiten häufig vorkommen. Die Erwachsenen klagen nicht nur über Magen-, Leber- und Gallenbeschwerden, sondern leiden erheblich unter Kopfschmerzen, Kreislaufstörungen und Störungen des vegetativen Nervensystems. Der Zusammenhang zwischen Krankheit und Umweltvergiftung ist unübersehbar.

Sicher dürfte auch sein, daß in den Duisburger Stadtteilen mit hoher Umweltvergiftung auch andere gesundheitliche Schäden entstehen: psychische und intellektuelle Retardierungen. «Die körperliche Situation von Erwachsenen und Kindern hat sich insgesamt gesehen eher noch verschlechtert. Auffallend ist der zum Teil weit fortgeschrittene Alkoholismus und Tablettenmißbrauch» (EG-Modellvorhaben, Projektverbund Obdachlosenarbeit des Instituts für Sozialarbeit und Sozialpädagogik, Duisburg, unveröffentlichtes Manuskript, Nov. 1978).

Seit Jahren wenden sich Bürgerinitiativen gegen diese Umweltvergiftung. Mit geringem Erfolg. Das lag nicht nur daran, daß die Großindustrie, vor allem die Stahlkonzerne, die Umweltschutzmaßnahmen als ausreichend darstellten, sondern auch daran, daß die Unternehmer argumentierten, eventuell zu erfüllende Auflagen seien zu teuer und würden daher Arbeitsplätze gefährden. Gestützt wird dieses Argument auch vom Gewerbeaufsichtsamt in Nordrhein-Westfalen. In seinem Bericht für 1977 kann man lesen: «Maßnahmen zur Bekämpfung von Luftverunreinigung, Geräuschen und Erschütterungen haben betriebswirtschaftliche Auswirkungen durch die Investitions- und Folgekosten. Es bleibt somit die Finanzierungsfrage, denn der Belastbarkeit der Industrie sind Grenzen gesetzt. Hier ergibt sich insbesondere in Zeiten wirtschaftlicher Rezession eine Interessenkollision zwischen notwendigem Umweltschutz und der ebenso notwendigen Sicherung der Arbeitsplätze» (Jahresbericht 1977 der Gewerbeaufsicht des Landes Nordrhein-Westfalen, Düsseldorf, S. 109). Und es ist auch nicht abzusehen, daß die politisch Verantwortlichen – bedingt durch die starke Verflechtung von Politik und Großindustrie – einsichtig werden. Sie werden viel mehr die Konzerninteressen als die der Bevölkerung verkaufen.

Das soziale Elend in Duisburg

Während nach dem Gemeindefinanzbericht von 1977 die Investitionen im Durchschnitt um 2% zurückgingen, waren es in Duisburg rund 30%! Die Sozialausgaben haben sich zwischen 1972 und 1976 nahezu verdoppelt. Das liegt im wesentlichen an der Zunahme der «Sozialfälle», die zum Beispiel durch Dauerarbeitslosigkeit verursacht werden. Merkmal der sozialen Verelendung ist auch der hohe Anteil jugendlicher Arbeitsloser (knapp 50%), ein hoher Anteil an Frührentnern, Drogenabhängigen und Menschen, die sich durch Alkoholismus und Tablettensucht psychisch zerstört haben. 1975 gab es rund 9000 Sozialhilfeempfänger, 1978 waren es ca. 18000. Damit liegt Duisburg an der Spitze aller Ruhrgebietsstädte. Tatsächlich ist der Anteil derjenigen, die einen Anspruch auf Sozialhilfe haben, beträchtlich höher. Er wird auf 50% geschätzt. Denn außerordentlich viele wissen überhaupt nicht, was sie beantragen können. Eine «Betroffenenbefragung» des EG-Modellvorhabens Projektverbund Obdachlosenarbeit gelangt zu folgendem erschreckendem Ergebnis:

«Im Bereich der sozialpolitischen Fragestellung fällt auf, daß vielen Befragten die Maßnahmen der Arbeitsversorgung und Versicherung nicht bekannt sind. Die Altersrente ist zwar nur 5,5% der Befragten unbekannt, bei spezifischen Hilfen, zum Beispiel Berufsunfähigkeit (10,2%) und Erwerbsunfähigkeitsrenten (12,5%) liegt der Bekanntheitsgrad erheblich niedriger. Der Grad der Unbekanntheit erhöht sich

Für *junge Menschen,* die von der Schule in die Berufswelt ‹entlassen werden›, werden ebenfalls unterschiedliche Hilfen/Maßnahmen bereitgestellt. Welche der hier aufgeführten Maßnahmen/Hilfen sind Ihnen bekannt?
(Kreuzen Sie bitte für die Teilfragen a–h jeweils eine Antwortmöglichkeit an)

	nicht bekannt		bekannt, aber nicht beansprucht		beansprucht, wurde als *hilfreich* empfunden		beansprucht, wurde *nicht* als *hilfreich* empfunden		keine Antwort	
	N	%	N	%	N	%	N	%	N	%
a Erreichung des Sonderschulabschlusses	48	37,5	29	22,7	9	7,0	1	0,8	41	32,0
b Erreichung des Hauptschulabschlusses	30	23,4	42	32,8	10	7,8	3	2,3	43	33,6
c Berufsberatung des Arbeitsamtes	4	3,1	46	35,9	29	22,7	11	8,6	38	29,7
d Arbeitsvermittlung des Arbeitsamtes	8	6,3	32	25,0	37	28,9	13	10,2	38	29,7
e Berufsvorbereitungsjahr	45	35,2	30	23,4	10	7,8	3	2,3	40	31,3
f Lehrgänge zur Verbesserung der Eingliederungsmöglichkeiten	61	47,7	22	17,2	3	2,3	1	0,8	41	32,8
g Berufsförderungslehrgänge	45	35,2	39	30,5	7	5,5	–	–	37	28,9
h Grundausbildungslehrgänge	41	32,0	41	32,0	3	2,3	1	0,8	42	32,8

(Betroffenenbefragung des EG-Modellvorhabens Projektverbund Obdachlosenarbeit, Duisburg 1978, unveröffentl. Manuskript, S. 38)

noch bei Übernahme der Kosten für Umschulungsmaßnahmen (19,5%) und Ausbildungsbeihilfen (16,4%). Diese Hilfen wurden auch nur von sehr wenigen beansprucht; Umschulungsmaßnahmen insgesamt nur von 9 Personen bzw. 7,1%, von denen 7 diese Maßnahmen als hilfreich ansahen, und Ausbildungsbeihilfen von 15 Personen, von denen 13 Personen sich positiv darüber aussprachen. Die Hilfe, die am häufigsten beansprucht wurde, ist die ‹Hilfe zum Lebensunterhalt› nach dem Bundessozialhilfegesetz, insgesamt 55,5%. Wenn auch 33,6% der Befragten die Sozialhilfe als hilfreich empfinden, muß doch gesehen werden, daß sie von 21,9% als nicht hilfreich empfunden wird. Diese Beurteilung ist, wie alle anderen auch, relativ, aber es muß gesehen werden, daß Sozial-

Die BRD ist ein sozialer Rechtsstaat; das bedeutet, daß der Staat verpflichtet ist, den Bürgern zu helfen, die es aus eigener Kraft nicht können, z.B. Kranken, Rentnern, Arbeitslosen und jedem anderen, dessen eigenes Einkommen nicht für seinen (und seiner Familie) Unterhalt ausreicht. Welche der aufgeführten Maßnahmen/Hilfen sind Ihnen bekannt?
(Kreuzen Sie bitte für die Teilfragen a–m jeweils eine Antwortmöglichkeit an)

	nicht bekannt		bekannt, aber nicht beansprucht		beansprucht, wurde als *hilfreich* empfunden		beansprucht, wurde *nicht* als *hilfreich* empfunden		keine Antwort	
	N	%	N	%	N	%	N	%	N	%
a Altersrente	7	5,5	74	57,8	3	2,3	3	2,3	41	32,0
b Berufsunfähigkeitsrente	13	10,2	61	47,7	7	5,5	1	0,8	46	35,9
c Erwerbsunfähigkeitsrente	16	12,5	56	43,8	3	2,3	2	1,6	51	39,8
d Krankengeld	4	3,1	36	28,1	35	27,3	12	9,4	41	32,0
e Arbeitslosengeld	3	2,3	32	25,0	35	27,3	22	17,2	36	28,1
f Arbeitslosenhilfe	3	2,3	31	24,2	29	22,7	21	16,4	44	34,4
g Übernahme der Kosten für Umschulungsmaßnahmen	25	19,5	46	35,9	7	5,5	2	1,6	48	37,5
h Wohngeld	11	8,6	41	32,0	28	21,9	10	7,8	38	29,7
i Befreiung von Rundfunk- und Fernsehgebühren	26	20,3	46	35,9	12	9,4	4	3,1	40	31,3
k Sozialhilfe (Hilfe zum Lebensunterhalt)	6	4,7	22	17,2	43	33,6	28	21,9	29	22,7
l Sozialhilfe in besonderen Lebenslagen	22	17,2	33	25,8	16	12,5	8	6,3	49	38,3
m Ausbildungsbeihilfen	21	16,4	48	37,5	13	10,2	2	1,6	44	34,4

(Betroffenenbefragung des EG-Modellvorhabens Projektverbund Obdachlosenarbeit, Duisburg 1978, unveröffentl. Manuskript, S. 37)

hilfeempfänger über Jahre, zum Teil über Jahrzehnte vom Existenzminimum leben müssen und ‹einmalige Beihilfen›, zum Beispiel für Bekleidung, Hausrat, Möbel etc. nach ‹Ermessen› gewährt werden. Dabei ist festzustellen, daß diese Hilfen in den verschiedenen Bezirksämtern, von Sachbearbeiter zu Sachbearbeiter und von Klient zu Klient unterschiedlich gehandhabt werden. Die besonderen Hilfen für junge Menschen, um ihnen die Chance eines Schulabschlusses und die Integration in den Arbeitsprozeß zu ermöglichen, sind ebenfalls häufig nicht bekannt.»

Im Rahmen *sozialer Dienste* (Einrichtungen im Sozialbereich) werden unterschiedliche Maßnahmen/Hilfen angeboten. Welche der hier aufgeführten Maßnahmen sind Ihnen bekannt?
(Kreuzen Sie bitte für die Teilfragen a–x jeweils eine Antwortmöglichkeit an)

	nicht bekannt		bekannt, aber nicht beansprucht		beansprucht, wurde als *hilfreich* empfunden		beansprucht, wurde *nicht* als *hilfreich* empfunden		keine Antwort	
	N	%	N	%	N	%	N	%	N	%
a Sprechstunden der Sozialarbeiter/Familienfürsorge	24	18,8	31	24,2	31	24,2	11	8,6	31	24,2
b Mütterberatung	12	9,4	44	34,4	34	26,6	5	3,9	33	25,8
c Ferienfreizeiten f. Kinder	16	12,5	43	33,6	31	24,2	5	3,9	33	25,8
d Müttererholung	18	14,1	62	48,4	10	7,8	1	0,8	37	28,9
e Familienerholung	35	27,3	51	39,8	6	4,7	–	–	36	28,1
f Erziehungsberatung	34	26,6	51	39,8	2	1,6	1	0,8	40	41,3
g Familienberatung durch die Sozialarbeiter/Familienfürsorge	27	21,1	40	31,3	17	13,3	8	6,3	36	28,1
h Vorgehende und nachgehende Hilfen bei Auszug aus dem sozialen Brennpunkt	50	39,1	30	23,4	7	5,5	1	0,8	40	31,3
i Eheberatung	30	23,4	58	45,3	1	0,8	1	0,8	38	29,7
k Lebensberatung	55	43,0	34	26,6	–	–	–	–	39	30,5
l Beratung für jugendliche und erwachsene Suchtgefährdete	30	23,4	60	46,9	1	0,8	–	–	37	28,9
m Altenpflege	23	18,0	65	50,8	1	0,8	1	0,8	38	29,7
n Jugendpflege	33	25,8	52	40,6	3	2,3	1	0,8	39	30,5
o Pflegekinderbetreuung	37	28,9	46	35,9	1	0,8	2	1,6	42	32,8
p Adoptionsvermittlung	31	24,2	56	43,8	–	–	–	–	41	32,0
q Vormundschaften	23	18,0	55	43,0	7	5,5	3	2,3	40	31,3
r Erziehungsbeistand	50	39,1	35	27,3	2	1,6	–	–	41	32,0
s Heimerziehung	20	15,6	54	42,2	6	4,7	9	7,0	39	30,5
t Jugendgerichtshilfe	42	32,8	41	32,0	2	1,6	1	0,8	42	32,8
u Bewährungshilfe	20	15,6	57	44,5	5	3,9	4	3,1	42	32,8
v Weibl. Kriminalpolizei	20	15,6	58	45,3	3	2,3	5	3,9	42	32,8
w Jugendschutzstelle	44	34,4	41	32,0	3	2,3	5	3,9	42	32,8
x Eingliederungshilfe für Behinderte	43	33,6	35	27,3	8	6,3	–	–	42	32,8

(Betroffenenbefragung des EG-Modellvorhabens, Projektverbund Obdachlosigkeit, Duisburg 1978, unveröffentl. Manuskript, S. 40)

Die Untersuchung zeigt auf, daß in anderen Bereichen die gleiche Unkenntnis herrscht, genährt von dem Verhalten der Sozialbürokratie. Demnach waren Maßnahmen zum Erreichen des Sonderschulabschlusses 37,5% und des Hauptschulabschlusses 23,4% der Befragten nicht bekannt. So ist zu erklären, daß diese Hilfen auch nur selten beansprucht werden. Das Erreichen des Sonderschulabschlusses wurde von 7,8% als hilfreich angesehen.

Noch unbekannter sind die Lehrgänge zur Verbesserung der Eingliederungsmöglichkeiten (47,7%), Berufsförderungslehrgänge (35,2%) und Grundausbildungslehrgänge (32,0%). Daher wurden diese Möglichkeiten, die bei den unqualifizierten Jugendlichen von großer Bedeutung wären, auch nicht wahrgenommen. Warum sie bisher niemand darauf hingewiesen hat, bleibt dabei unbeantwortet. Auch die im Rahmen der sozialen Dienste angebotenen Maßnahmen, insbesondere Beratungsdienste, aber auch materielle Hilfen, sind zum Teil unbekannt. Auffallend ist, daß 39,1% der Befragten antworteten, daß ihnen die besonderen Hilfen – sowohl materielle als auch Beratung –, die beim Auszug aus dem sozialen Brennpunkt gewährt werden können, nicht bekannt seien.

Die These der Wissenschaftler: «Unbekanntheit von sozialpolitischen und sozialarbeiterischen Hilfen wurde von uns vermutet, der Grad hat uns aber erschreckt und gleichzeitig gezeigt, daß es unsere Aufgabe sein muß, den Betroffenen diese Hilfen bekannt zu machen. Gleichzeitig müssen aber auch die Institutionen, die derartige Maßnahmen und Hilfen anbieten, bzw. durchführen, auch über ihre Dienstleistungen besser informieren. Noch erschreckender ist, daß vielen der Befragten, also den jetzigen Obdachlosen, die Maßnahmen bzw. Hilfen, durch die möglicherweise ihre Unterbringung in eine Notunterkunft hätte verhindert werden können, nicht bekannt waren. 53,1% von ihnen hatten nicht von den Möglichkeiten der Sozialhilfe nach dem BSHG gewußt. Die Möglichkeit der Übernahme der Mietschulden durch das Sozialamt war nur 23,4%, Hilfe zum Lebensunterhalt nur 39,8% (!!), Wohngeld, Form der staatlichen Kompensation der im Verhältnis zum Einkommen zu hohen Mieten – nur 27,3% (!) und die Möglichkeit der Vermittlung von Sozialwohnungen nur 24,2% der Befragten bekannt.

Diese Untersuchungsergebnisse machen deutlich, daß es nicht ausreichend ist, sozialpolitische und sozialarbeiterische Dienstleistungen anzubieten; es muß dafür Sorge getragen werden, daß diese Hilfen für alle potentiellen Hilfesuchenden erreichbar sind» (Betroffenenbefragung im EG-Modellvorhaben Projektverbund Obdachlosenarbeit, Erste Untersuchungsergebnisse, Duisburg 1978, unveröffentlichtes Manuskript, S. 23).

Die Stadt kann sich glücklich schätzen, daß dieses hohe Maß von Unwissenheit vorhanden ist. Trotzdem wird im sozialen Bereich gestrichen. Gestrichen wird wegen der Finanzkrise. Abgesehen davon, daß diejenigen, die Anspruch auf Sozialhilfe haben – wie in allen anderen Städten auch –, diesen Anspruch überhaupt nicht durchsetzen können, wird bei der offenen Jugendarbeit, der Arbeit der Wohlfahrtseinrichtungen, der vorbeugenden Gesundheitsvorsorge und an den Bildungseinrichtungen gespart. Nicht gespart wird bei Repräsentation: beim Bau bzw. der Subventionierung eines First-class-Restaurants im Zoo, das die Leute wegen der hohen Preise nicht besuchen können, der Mercedes-Flotte der Beigeordneten, wo jeder bislang seinen eigenen Chauffeur hat, einer Regattabahn. Die Weihnachtsbeleuchtung wird bezuschußt, die öffentlichen Gebäude bestrahlt und besonders die Polizei kann sich rühmen, mehr Mittel zu bekommen als sie überhaupt verkraften kann. Sie muß ja dafür sorgen, daß die Jugendlichen im Zaum gehalten werden, und da ist es schon richtig, im Kampfanzug mit scharfen Hunden durch die Arbeiterviertel zu patrouillieren oder am Hauptbahnhof randalierenden Jugendlichen eins drauf zu geben.

In diesem riesigen sozialen Brennpunkt Duisburg existieren außerdem noch besondere Elendsquartiere. Eines dieser Quartiere ist das Gleisdreieck, in dem Ende Dezember 1978 35 Familien mit 206 Personen lebten. Das Gleisdreieck ist eine sozialpolitische Schande. Rechts und links der einstöckigen Baracken sind Eisenbahngleise; die Abgase der Autos, die nur wenig oberhalb der Baracken rasen, sind lautlose Killer. Wenn die Sozialarbeiter von ständigen schweren Erkrankungen der Bewohner reden, hat das viel mit dem Blei der Autos zu tun. Die Baracken sind überfüllt, vom Schimmel befallen, die Zimmer sind winzig, so klein, daß man nicht einmal seinen Hund dort einsperren würde. Die meisten der Arbeiter in solchen Quartieren, es gibt in Duisburg über 30 davon, führen unqualifizierte Arbeiten aus, Sklavenarbeiten. Sie sind als Hilfsarbeiter in Tiefbauunternehmen tätig, als Beifahrer, Arbeiter auf dem Großmarkt, Nachtwächter, Anstreicher oder arbeiten auf der Hütte. Ein besonderes Problem von denjenigen, die das «Glück» haben, eine Arbeit zu finden, liegt darin, daß sie bei Firmen beschäftigt sind, die untertariflich bezahlen und sich vor den Versicherungsleistungen drükken. Die Arbeiter haben also in Krisensituationen, bei Entlassungen überhaupt keinen Versicherungsschutz: weder Arbeitslosenversicherung noch Krankenversicherung. Sie haben auch keinerlei andere Alternative als diese Sklavenarbeit anzunehmen. Denn zahlreiche Unternehmen weigern sich, Arbeiter aus den Unterkünften zu beschäftigen. Aus der schon zitierten Betroffenenbefragung geht hervor, daß 42,2% der Befragten erklärten, ihnen seien Arbeitsplätze verweigert worden, und 56,3% hatten den Eindruck, daß Arbeitgeber Vorurteile gegenüber Bewohnern sozialer Brennpunkte haben. Dagegen hatten nur 27,3% der Befragten den Eindruck, daß Arbeitskollegen Vorurteile gegenüber Bewohnern sozialer Brennpunkte haben.

Sanierung in Duisburg – und Widerstand

Geklagt wird zwangsläufig am häufigsten über die Wohnungsverhältnisse, die von allen Bewohnern als sehr problematisch bewertet werden. Sie unterscheiden sich aber nur geringfügig von den Wohnungsverhältnissen in der Umgebung. Geklagt wird über die Enge (46,9%), über Feuchtigkeit (59,4%) und über die schlechten sanitären Anlagen (56,3%). Kritisiert wird daneben, daß Reparaturen nur sehr nachlässig ausgeführt werden. Demgegenüber empfinden es die Obdachlosen – und da unterscheiden sie sich von den übrigen Bewohnern – als vorteilhaft, daß man im sozialen Brennpunkt auch mal fröhlich und laut sein kann oder Tiere halten darf.

Das hat sich für diejenigen geändert, die in die neuen sozialen Gettos, diesen wohnungspolitischen Segen, umziehen konnten. Zum Beispiel in den Hagenshof. In dieser Neubausiedlung des sozialen Wohnungsbaus, einem der schlimmsten Gettos, wohnen überwiegend ehemalige Obdachlose, Arbeiter, kleine Gewerbetreibende und besonders viele kinderreiche Arbeiterfamilien. Die Wohnungen sind normal, für das Leben in kinderreichen Familien aber unerträglich. Wer aus einer Obdachlosenunterkunft gekommen ist, hat es besonders schwer. Nach kurzer Zeit werden die Bewohner bei den Nachbarn auffällig. Und zwar weil sie in den schlecht isolierten Häusern durch die vielen Kinder und ihr Sozialverhalten viel Lärm verursachen. Die Kinder, an Freiheit gewöhnt, benutzen die Treppenhäuser und Aufzüge als Spieleinrichtung, weil es nichts anderes gibt. Sie stören dabei, es kommt zu Auseinandersetzungen, zu Schlägereien. In erheblichem Umfang nehmen die Zahlen der Ehezerrüttungen und Ehescheidungen zu, genauso wie die Quote der Mißhandlungen. Der Grund ist einmal in der Enge der Wohnungen und der Hellhörigkeit zu suchen. Besonders aber darin, daß es an sämtlichen Einrichtungen fehlt, die das Leben in den Silos einigermaßen erträglich machen. Freizeitmöglichkeiten fehlen, Kinderspielplätze, Kommunikationszentren oder Beratungsstellen wären dringend erforderlich. Es gibt keinerlei Treffpunkte, wo man sich aufhalten könnte, ohne sich gegenseitig auf die Nerven zu gehen. Eine Möglichkeit haben die Jugendlichen und Kinder noch, diesem Wohnterror zu entgehen, und sie machen regen Gebrauch davon: sie fliehen in die Kleinkriminalität. Die Jugendkriminalität ist im Hagenshof im Vergleich zu anderen Stadtteilen Duisburgs besonders hoch. «Die Auffälligkeits- und Straffälligkeitsrate von Kindern und Jugendlichen liegt mit 14,5% deutlich über dem Durchschnitt des übrigen Stadtgebietes mit 6,5%» (EG-Modellvorhaben, Projektverbund Obdachlosenarbeit a. a. O., S. 48). Die Stadtverwaltung will nun etwas dagegen tun. Informellen Berichten zufolge werden nicht etwa infrastrukturelle Verbesserungen vorgenommen, nein, man denkt daran, einen Polizeiposten in dem Silo einzuquartieren.

Weil außerdem viele Bewohner die hohen Mieten (7 DM pro qm) nicht aufbringen können, sind sie ständig von neuer Obdachlosigkeit bedroht. Die Bewohner finden sich in einem Teufelskreis und müssen dafür büßen. Denn nach den Einsichten der Stadt ist Obdachlosigkeit selbstverschuldet. Damit diese Selbstverschuldung sich in den Köpfen der Leute festsetzt, verhindern die Sozialverwaltungen auch, daß beispielsweise Wohngeld in Anspruch genommen wird. Der Trick ist simpel. Es werden immer mehr Behördengänge notwendig, und immer kompliziertere Formulare sind auszufüllen, um das Wohngeld zu beantragen, und vielen ist es zuviel, weil sie nicht wissen, wie sie die Anträge ausfüllen sollen, Beratung aber nicht stattfindet. «Es wurde außerdem deutlich, daß Familien zu wenig Beratung erfuhren. In dem Zeitraum von Januar bis Mai 1978 wurden 60 Räumungsklagen registriert, die mindestens zur Hälfte bei rechtzeitiger Beratung und gezielter Anwendung des Bundessozialhilfegesetzes hätten vermieden werden können. Die hohe Rate der Räumungsklagen ließ darauf schließen, daß hier bei einem Großteil der Bevölkerung mit drohender Obdachlosigkeit gerechnet werden muß» (EG-Modellvorhaben, a. a. O., S. 49).

Das allgemeine soziale Elend

Eine These ist, daß nicht nur Obdachlose von sozialem Elend und mangelnder sozialer Betreuung betroffen sind, sondern weite Schichten der Industriearbeiterschaft. In der schon zitierten «Ökologischen Studie» heißt es dazu: «Es hat sich gezeigt, daß die Kriterien ‹Anteil Obdachloser an der Wohnbevölkerung›, ‹Anteil der Arbeiter und gewerblicher Berufe an den Erwerbstätigen› und ‹Anteil der 5- und Mehrpersonenhaushalte› hoch miteinander korrelieren. Es kann auch davon ausgegangen werden, daß diese Segregation durch ökonomische Faktoren bedingt ist, da sich gezeigt hat, daß insbesondere Obdachlose und kinderreiche Familien, aber in der jetzigen konjunkturellen Situation häufig auch Arbeiter unter oder nur knapp über der ‹Armutslinie› liegen. Es hat sich gezeigt, daß diese Kriterien insgesamt wiederum Einfluß auf die Bildungs- und Ausbildungssituation der jeweils nachwachsenden Generationen haben. Deshalb ist auch davon auszugehen, daß es sich nicht um eine freiwillige Segregation dieser Personengruppen handelt, sondern daß ihnen keine andere Chance bleibt» (Ökologische Studie, a. a. O., S. 185).

Diese empirisch begründete Feststellung ist von erheblicher Bedeutung für die künftige Untersuchung sozialer Gruppen. Denn demnach sind soziale Randgruppen eben nicht nur die Menschen am Rand des Elends, sondern weitaus größere Teile der Bevölkerung, als es die Zahl von Obdachlosen anzeigt, sind betroffen. Es finden sich gravierende Übereinstimmungen zwischen Arbeitern, kleinen Angestellten und der Vergleichsgruppe der Obdachlosen.

1. Untersucht man die Verteilung der Wohnbevölkerung nach dem Kriterium Schulabschluß, so ist festzustellen, daß der Anteil der Haupt- bzw. Volksschüler in Duisburg in einzelnen Stadtteilen erheblich voneinander abweicht. Die höchsten Quoten von Volksschülern gibt es in den nördlichen Stadtteilen. Stadtteile mit niedrigen Anteilen an Volksschülern sind neben der Altstadt die Stadtteile Südstadt und Kaiserberg. Das sind diejenigen Stadtteile, in denen Angestellte, Beamte und Unternehmer wohnen, während die nördlichen Stadtteile von Arbeitern/Obdachlosen bewohnt werden. Die Tendenz setzt sich fort, wenn man den Anteil derjenigen untersucht, die eine höhere Schulausbildung haben. In dem Arbeiterstadtteil Bruckhausen haben nur 0,4% eine höhere Schulausbildung.
2. Auffallend ist, daß es in zehn Großstadtteilen überhaupt keine Hauptschulen gibt, im wesentlichen in den südlichen Stadtteilen, und sich die meisten Sonderschulen in den Stadtteilen der Arbeiter finden, die wenigsten dort, wo die Begüterten leben können.
3. Das Bild präzisiert sich bei der Wohnungsversorgung weiter. Den wenigsten Wohnraum haben die Arbeiterfamilien im Norden, beispielsweise Hochfeld mit 51,5 qm im Durchschnitt, während der Anteil im Süden bei 80 qm liegt. Die gleiche Situation bei der Wohnfläche pro Person: Der Bundesdurchschnitt liegt bei 23,8 qm. Die niedrigsten Werte wiederum finden sich in fast allen Stadtteilen nördlich der Ruhr und in den Stadtteilen entlang des rechtsrheinischen Industriegebietes. Der Anteil der Wohnungen ohne Bad variiert von 1% im Süden bis zu 55% in Bruckhausen. Auch die meisten Wohnungen ohne Sammelheizung gibt es in diesen nördlichen Stadtteilen. An der Spitze liegt Bruckhausen mit 89%. Haben im Durchschnitt 22,4% aller Duisburger Haushalte einen Telefonanschluß, so in Bruckhausen nur 8,8%, in Duissern im Süden jedoch 46,9% der Haushalte. Niedrige Anteile weisen neben allen linksrheinischen Stadtteilen, Hochfeld und Neuenkamp-Kaßlerfeld elf der Stadtteile nördlich der Ruhr auf.
4. Schlecht ist in allen Stadtteilen die Versorgung mit Ärzten, Fachärzten und Zahnärzten. In 14 Stadtteilen haben sich überhaupt keine Fachärzte niedergelassen. Die schlechteste Versorgung wiederum ist in den Gebieten nördlich der Ruhr und westlich des Rheins festzustellen, Gebieten mit überwiegendem Anteil von Arbeitern an der Wohnbevölkerung. Im städtischen Durchschnitt lag Duisburg mit 0,32 erheblich unter dem Durchschnitt in der BRD mit 1,04 Ärzten auf 1000 Einwohner. Das gleiche auch bei den Zahnärzten. Einerseits allgemeine Unterversorgung in Duisburg (Bundesdurchschnitt 0,52 Zahnärzte auf 1000 Einwohner), mit 0,35 Zahnärzten auf 1000 Einwohner, andererseits die extrem schlechte Versorgung insbesondere im Norden und Nordosten des Gebietes. Diese Mangelsituation, zumal die Versorgung mit Krankenhausbetten als extrem schlecht gilt, steht in

krassem Widerspruch zu dem elenden Gesundheitszustand der Bevölkerung, deren Behandlung eine Goldgrube für die Ärzte sein müßte. Scheinbar lohnt es sich trotzdem nicht: entweder wegen der Erfolglosigkeit der Behandlungen oder weil es zu wenig Privatpatienten gibt.

5. In den Stadtteilen, in denen ein hoher Anteil der Bevölkerung Arbeiter sind, gibt es die wenigsten sozialpolitischen Leistungen und sozialen Versorgungseinrichtungen.

Fazit: Duisburg mag in der Konzentration industrieller Produktion und dem Vorhandensein einer krisengeschüttelten Stahlindustrie ein Ausnahmefall sein, werden einige einwenden. Ist es aber nicht, weil die gleichen Erscheinungen auch im Saarland zu beobachten sind. Duisburg ist eine finanziell bankrotte Stadt. Kapitalinteressen hatten einen idealen Standort erschlossen, eine industrielle Monostruktur aufgebaut und ein Reservoir an Arbeitskraft angelockt. Krankmachende Arbeit und vergiftete Umwelt waren bis vor wenigen Jahren nicht im öffentlichen Bewußtsein – man starb, ohne zu wissen warum und wofür. Hier leben Menschen, die eine weitaus geringere Lebenserwartung haben als die Menschen in anderen Regionen. Die Rate der physisch und psychisch verkrüppelten Menschen ist in Duisburg hoch, und es ist keine Wende zum Besseren abzusehen. Die Arbeiter hören dafür von den Politikern und Wirtschaftsführern Versprechungen, daß zumindest ihre Arbeitsplätze sicher sind. Doch es sind keine neuen Arbeitsplätze, sondern in computergesteuerten vollautomatisierten Fabriken können sie allenfalls noch unqualifizierte Handlangertätigkeiten ausüben. Die hohe Anzahl von Arbeitslosen in Duisburg ist nur ein Vorzeichen dessen, was auf die Arbeitnehmer anderswo bald zukommen wird. Vieles von dem, was sich heute an sozialen Problemen in Duisburg abzeichnet, spielt sich – versteckter vielleicht – auch in anderen Regionen ab. Dabei ist es ausschließlich der «EG-Studie» und dem Institut für Sozialarbeit und Sozialpädagogik, bzw. deren politisch engagierten Mitarbeitern zu verdanken, daß der Wirkungszusammenhang von Produktion, Umweltvergiftung und Sozialstruktur transparent gemacht werden konnte.

Wie in allen anderen Großstädten ist auch in Duisburg Armut nicht nur ein materielles Problem. Teilweise noch verbreiteter und bedrückender ist das Ausmaß der psychischen Verelendung, hervorgerufen durch die zerstörte Umwelt und die hoffnungslose soziale Lage. *Zerstörte Umwelt ist genauso Bestandteil von Armut wie fehlendes Einkommen. Und zwar deshalb, weil die Menschen nicht nur psychisch zerstört werden, sondern in ihrer gesamten Lebensentfaltung behindert werden.*

Mit dieser Situation müssen wir leben, wird man einwenden. Vielleicht. Aber solange sich an dieser Situation nichts ändert, wird es auch sinnlos sein, soziale Reparaturmaßnahmen durchzuführen, weil die

Schäden immer größer werden und keine Kommune die Kosten zur Behebung dieser Schäden mehr aufbringen kann.

Protokoll eines Duisburger Arbeiters: Wohnen und Widerstand

«1950 hab ich selbst auf der Zeche angefangen. Und dann war das so: Jeden zweiten Sonntag mußten wir Sonntagsschichten fahren. Dann hat man uns erzählt, das ist für die Altersheime und für die Schulen, damit die beheizt werden können. Und dann auf einmal, 1958 oder '56 oder '57, dann kam die Bergbaukrise, dann hat man uns erzählt, ja, Kumpels, das ist ja so, die Amerikaner führen über Brüssel billigere Kohle ein.

Dann bin ich 1961 von Lintfort weggezogen, dann hab ich 'ne Frau kennengelernt, unten im Lippeland, das ist unten bei Kleve. Kam da hin, aber da war 'ne Atmosphäre, da konnte man nie warm werden, wenn man nicht ein Eingeborener war. Da bin ich 1970 auch wieder weggezogen, bin dann wieder an den Niederrhein runter, kam dann zuerst nach Homberg, hab da wieder 'ne Frau kennengelernt, geheiratet, die Frau hatte fünf Kinder. Da hat man mir von der Stadt direkt gesagt, wie kannst du 'ne Frau mit fünf Kindern heiraten! Hab ich denen gesagt, das ist mein Problem, da dürft ihr euch gar nicht mit aufhalten. Die Frau wohnte mit ihren fünf Kindern auf 46 qm. Da hab ich das Problem erst mal in die Hand genommen und hab gesagt, wie ich zur Stadt hin bin: 46 qm – wir sind mittlerweile sieben Personen, und ich hatte noch ein Kind aus erster Ehe mitgebracht, das waren dann acht Personen – das ist ein bißchen wenig. Ham se gemeint: ‹Ja, wir können da nichts machen.› Dann hab ich das Bundespräsidialamt angeschrieben und den Innenminister angeschrieben, Familienministerium angeschrieben. Überall kriegte ich dann Bescheid: Ja, wir haben Ihren Fall zur Kenntnis genommen und haben das weitergeleitet an die Stadt Moers. Dann hör ich auf einmal, da unten in der Stadt Moers sind se 'ne Hochhaussiedlung am Bauen, wie sieht das denn damit aus? Dann bin ich da hingefahren. Da haben sie gesagt: ‹Dreieinhalb Zimmer können Sie haben.› ‹Dreieinhalb Zimmer›, sag ich, ‹gut und schön, aber was soll denn das?› ‹Ja›, sagten die, ‹ein Kinderzimmer, Wohnzimmer, Schlafzimmer, Eßdiele und Küche.› Für 434 Mark. Plus 93 DM Heizung. Ich wollte die Wohnung nehmen, da hab ich das Kinderzimmer gesehen, waren das 14 qm. Dann auf einmal hör ich, da ist so 'ne Siedlung, da ist auch 'ne Bergarbeitersiedlung, da steht 'ne Fünf-Zimmer-Wohnung, die steht leer, die will der Eigentümer abbrechen. Ich denk, wat is dat! Hingegangen und geguckt und gefragt, wer hat die Schlüssel davon? Kam direkt einer an und sagte: ‹Ja, ich hab die Schlüssel.› Ich sag: ‹Her damit, ich zieh da ein.› Ich bin also eingezogen. Der Vermieter fing an zu klagen und alles, und ich denke, och, da kann mir nicht viel passieren. Die Frau ist in Umständen, das siebte Kind unter-

«Die Stadt hat mir eine Wohnung angeboten. Da dachte ich, ich steh im Schweinestall.»

wegs. Jetzt hat der geklagt. Die erste Instanz hat er gewonnen, ich wurde verurteilt, die Wohnung innerhalb von zwei Monaten zu verlassen. Dann hab ich den Richter gefragt, wie er sich das vorstellt, in zwei Monaten wär meine Frau schon wieder zwei Monate weiter mit der Schwangerschaft und ob er dann die Frau im achten Monat auf die Straße setzen wollte. Da drohte er mir 'ne Ordnungsstrafe von 50 DM an. Da hab ich ihn gefragt, ob ihm das noch nicht genug ist, daß er 'ne Familie auf die Straße setzt, jetzt will er den Kindern die Butter direkt vom Brot nehmen. Auf alle Fälle hab ich erreicht, daß wir bis zum 20. Januar in der Wohnung wohnen bleiben konnten. Dann ist man auf der Stadt auf einmal wach geworden. Da hat man mir 'ne Wohnung angeboten, die hab ich mir angeguckt. Ich dachte, ich steh im Schweinestall. Da hing so dick der Knies in der Badewanne, die Waschbecken ham se als Toilette benutzt. Das wollte man mir anbieten. Da hab ich gesagt, wenn ich auch sieben Kinder hab, da gehör ich noch lange nicht in 'nen Schweinestall. Entweder ich kriege 'ne vernünftige Wohnung, oder es passiert gar nichts. Dann kam 'ne Sozialarbeiterin und bot mir 'ne Acht-Zimmer-Wohnung an, aber drei von den Zimmern wären im Moment noch belegt, die würden aber in nächster Zeit ausziehen. Auf einmal hör ich Hochfeld. Aha, denk ich, Hochfeld, wieder Sanierungsgebiet. Da hab ich die Lauscher wieder gestellt. Wir sind also hingezogen, und ich hab da noch nicht 'ne Woche gewohnt, da denk ich, mußte doch mal zum Sanierungsausschuß, mal gucken, was da so weiter laufen soll. ‹Ach›, sagt der, ‹Sie sind der Herr F.› ‹Ja›, sag ich. ‹Na›, sagt der, ‹wir werden uns bemühen, für Sie ein neues Grundstück zu finden, hier ist ja sowieso Sanierungsgebiet, da fliegen Sie in zwei Jahren wohl wieder raus.› ‹Na›, sag ich, ‹da laßt euch mal was einfallen, sonst mach ich aus Hochfeld 'ne Insel, da könnt ihr von mir aus abreißen, was ihr wollt, aber mein Haus hier bleibt stehen.› Da sagt der, so ginge das auch nicht. Und sie wären schon am Suchen nach 'nem Grundstück, wo se für mich ein Häuschen hinsetzen könnten. Ich sage: ‹Das können se vielleicht meiner Oma erzählen, aber nicht mir.›

Paar Tage später kriegte ich dann auch 'nen Anruf von meiner Sozialarbeiterin. Die klärte mich auf, was der mir alles für Lügen erzählt hätte. Ich wollte dann gleich zum Dezernenten von der Stadt hin und mich beschweren gehen. Das hat se mir ausgeredet und gesagt, wir sollten das nicht machen.

Jetzt kam sie mittlerweile zu mir hin und sagte: ‹Da unten in Neumühl, da verkaufen sie Zechenhäuser. Lassen se sich doch fürn Zechenhäuschen auf dem Liegenschaftsamt eintragen, dann können Sie das doch käuflich erwerben, ja.› Und ich sag: ‹Wie sehen denn die Zuschüsse aus, rechnen Sie mir das mal aus.› Dann kam dabei raus, wenn ich das Häuschen gekauft hätte, daß ich dann monatlich trotz der sieben Kinder noch 745 DM hätte aufbringen müssen, und verdienen tu ich 1500 DM. Und da hab ich zu ihr gesagt: ‹Wissen se wat, behalten Sie mal ihr Zechenhäuschen in Neumühl und alles, und sehnse mal zu, daß Sie für mich hier 'ne Mietwohnung kriegen.›

Jetzt hab ich mich heute Mittag mit dem Vermieter mal hingesetzt und hab ihn mal gefragt, wie das denn jetzt aussieht, ob die Stadt denn schon mal an ihn rangetreten wär, wegen verkaufen oder wat. Sagt der: Nä.

Und ich frag den: ‹Wem gehören denn die Häuser, wo die Ratten ein und aus gehen?› Da sagt der, die hätte die Stadt mittlerweile schon gekauft.

Ich sag, dat is ja ein schönes Problem. Jetzt hab ich das Ordnungsamt angerufen und drauf aufmerksam gemacht, daß da 'n Haufen Müll rumliegt. Da haben die gesagt, da ham wir nichts mit zu tun. Ich hab denen gedroht, ich würde 'ne Untätigkeitsklage beim Oberstadtdirektor einlegen. Da stand auf einmal ein Container da, und der Müll war verschwunden.»

«Der Hof verfällt, und Arbeit gibt es auch keine» Armutsregion Bayrischer Wald

In der ersten Woche jedes Monats veröffentlichen die Lokalzeitungen des Bayrischen Waldes die neuesten Zahlen über die Arbeitslosenquote. In Kötzting schimpft dann regelmäßig eine Redakteurin: «Die sind ja froh, daß sie arbeitslos sind. Da können sie Eisstockschießen gehen.» Selbst wenn es so wäre, müßten die eisstockschießenden Arbeitslosen im Landkreis Cham tagelang warten, bis sie an die Reihe kämen. Denn lag im Januar/Februar 1978 die Arbeitslosenquote im Bundesdurchschnitt bei 5,4%, so stieg sie in Kötzting, einer Stadt im Landkreis Cham, auf 36%, in Viechtach auf 30,4%, in Cham auf 10,1%.

Der Landkreis Cham mit 115000 Einwohnern, nahe der Grenze zur CSSR gelegen, hat viele Besonderheiten. In den Fremdenverkehrsbroschüren rühmt man die landschaftlichen Schönheiten: «Fast das ganze Kreisgebiet ist ein Naturpark und durch Landschaftsschutz-Verordnungen geschützt. Die Aktivierung des grünen Kapitals macht den Landkreis Cham zum Fremdenverkehrsland Nr. 1 in der Oberpfalz.»

Eine Imageaufpolierung hat der Landkreis auch bitter nötig. Bisher galt er nämlich als das Armenhaus der BRD. Und das ist er, trotz großer Werbeanstrengungen, auch heute noch. Denn hinter der Idylle von Tannen, Bergen und Heimatabenden verbirgt sich große wirtschaftliche Not. Die Caritas: «Arm sind hier die Leute, die schlecht wohnen, wenig Geld haben und sich kaum einkleiden können, die kein kulturelles Leben haben und oft krank sind. Ich habe viele Leute getroffen, die nichts zum Essen hatten.»

Der Landkreis Cham ist die Region mit der höchsten Arbeitslosenquote in der BRD – seit Jahren hat sich daran nichts geändert. Fast in jedem Jahr schließt einer der wenigen Industriebetriebe, und auch die landwirtschaftlichen Betriebe kümmern dahin. Die Touristen, die hierherkommen, stört das nicht. Sie finden würzige Luft und deftiges Essen – Erholung. Sie wissen nichts von Industriebetrieben, in denen kein Gewerkschaftler eingestellt wird, sie sehen nicht die Bauern, die sich kaputt arbeiten und doch nur Schulden machen, und merken nichts von den Problemen der Arbeitslosen.

Bis vor einigen Jahrzehnten hat es in dieser Region noch kaum Industrie gegeben. Mit starker staatlicher Unterstützung, niedriger Gewerbesteuer, billigen Grundstücken und insbesondere billigen und willigen Arbeitskräften konnten schließlich einige Unternehmen – Filialen der Bekleidungsindustrie meist – zur Ansiedlung gewonnen werden.

Die segensreichen Arbeitsbeschaffungsmaßnahmen hielten aber nur solange an, als die Arbeitnehmer geduldig die schlechte Bezahlung ak-

Täglich 3 Kilometer Weg, um die Milch zur Sammelstelle zu transportieren

zeptierten. Forderungen nach Zahlung von Tariflöhnen, Angleichung an das Lohnniveau in anderen Regionen wird mit Betriebsschließungen beantwortet. In den letzten drei Jahren gingen allein in Cham 22 Betriebe «pleite», 1375 Arbeitsplätze wurden unwiederbringlich vernichtet. Gewerkschafter beschreiben die Situation in einem Vergleich: Das sind Blutsauger, die sich zuerst den ganzen Lebenssaft holen und dann, satt geworden, abfallen. Der Fall der Firma Fisch in Cham ist allen noch gut in Erinnerung. Fast von einem Tag auf den anderen machte das Bekleidungsunternehmen dicht. 240 Arbeiterinnen waren ohne Arbeit, ausstehende Löhne wurden nicht bezahlt. Die Notwendigkeit für die Arbeiter und Arbeiterinnen im Landkreis Cham, jede Arbeit anzunehmen, um überleben zu können, wird von den meisten Unternehmern bedenkenlos ausgenutzt. Vieles erinnert an frühkapitalistische Zustände. Zirka 70% der Unternehmer zahlen Niedriglöhne. Viele sind nicht einmal dem Arbeitgeberverband angeschlossen und müssen daher auch keine Tarifverträge mit den Gewerkschaften abschließen.

Gewerkschaften sind überhaupt ein rotes Tuch für die Unternehmer. Dem Geschäftsführer der Gewerkschaft Textil und Bekleidung in Regensburg wurde von einem Unternehmer angedroht, daß er ihn erschieße, wenn er nicht augenblicklich den Betrieb verläßt. Ein anderer warf einen Briefbeschwerer haarscharf am Kopf des Gewerkschafters vorbei. «Gewerkschaftsarbeit kann hier lebensgefährlich sein», berichtet denn auch die Mitgliederzeitschrift der Bekleidungsgewerkschaft (Textil-Bekleidung, Düsseldorf, 2/1978, S. 22).

In viele Betriebe aber kommen die Gewerkschafter überhaupt nicht hinein, weil die Unternehmer die Beschäftigten erpressen. «Wenn die Gewerkschaft in meinen Betrieb kommt, dann mache ich dicht» – und das sind keine leeren Drohungen, bestätigen die Funktionäre der Textil- und Bekleidungsgewerkschaft der Verwaltungsstelle Regensburg, die auch für Cham zuständig ist. Und, so die Unternehmer weiter, wenn die Gewerkschaft so hohe Lohnforderungen stellt und durchsetzt, müssen die Betriebe eben geschlossen werden. In der deutschen Textil- und Bekleidungsindustrie sind mit solchen Argumenten von 1967 bis 1977 313000 Arbeitsplätze vernichtet worden. Mit solchen Methoden werden die Arbeitnehmer vor die Alternative gestellt, entweder für Hungerlöhne zu arbeiten oder zu gehen.

Da die Arbeitsplätze im wesentlichen für unqualifizierte Arbeiter ausgerichtet sind, gibt es in dieser Region einen hohen Anteil angelernter und ungelernter Arbeitskräfte. Sie haben von allen die geringste Chance, bei Entlassungen eine neue Arbeit außerhalb des Landkreises zu finden. Sie sind auch die ersten, die auf die Straße gesetzt werden. «Da traut sich doch niemand, krank zu sein», meint eine Arbeiterin, die Christbaumschmuck bemalt. Eine andere: «Wer 15 Minuten zu spät kommt, wird entlassen», und, so beklagt sich in Cham eine Näherin: «Eine Kollegin ist zum Arzt gegangen, und schon hat der Chef sie entlassen.»

Im Dezember 1978 gab es im Landkreis Cham 8769 Arbeitslose, das entspricht einer Arbeitslosenquote von 8,1%. In Kötzting jedoch waren 21% der Erwerbstätigen im Dezember 1978 arbeitslos, im Januar 1979 sogar 32%. Die meisten kamen aus dem Baugewerbe, aus dem Hotel- und Gaststättengewerbe und von öffentlichen Arbeitgebern (Forstarbeiter). 60% der Arbeitslosen waren ohne abgeschlossene Berufsausbildung. Schwer vermittelbar, so das Arbeitsamt, sind aber auch Schulabgänger und die Dauerarbeitslosen. Immerhin waren 1978 34% aller Arbeitslosen länger als ein Jahr arbeitslos und 15% länger als zwei Jahre ohne Arbeit. Das bedeutet, daß ein fester Prozentsatz von Arbeitslosen in dieser Gegend überhaupt keine Chance hat, dort eine Arbeit zu finden (nach: Chamer Zeitung, 22. 9. 1978).

Was den anderen bleibt, sind Gelegenheitsarbeiten, vielleicht in der Holzschuhfabrik in Furth im Wald, wo ein Stundenlohn von ca. 3 DM gezahlt wird. Oder in einer Stickerei, wo die Arbeiterinnen immerhin 3,50 DM Stundenlohn erhalten.

Die Folgen sind überdeutlich: Am Monatsende sitzen im überhitzten Keller des Landratsamtes Cham die Sozialhilfeempfänger und warten darauf, daß ihnen die Sozialhilfe ausbezahlt wird – sie warten mitunter sieben Stunden. 2000 Sozialhilfeempfänger sind im Landkreis zu versorgen, wobei hier hauptsächlich Arbeitnehmer Sozialhilfe bekommen und nur wenige Bauern, obwohl diese sicher nicht weniger sozialhilfebedürftig sind.

Die Not ist groß. Ein Bauarbeiter aus Cham: «Mit dem wenigen Geld müssen wir uns einschränken, weil, da ham wir 534 oder 545 DM. Davon gehen die 300 DM Zahlungen weg. Da bleiben noch 240 DM für vier Wochen zum Leben. Da kochen wir entweder mal gar nichts oder halt das, was wir grad ham. Wir kochen viel Kartoffeln. Kartoffeln und Nudeln. Und wenn das so weitergeht, müssen wir auch ausziehen. Dann müssen wir auf die Straße, weil wir sonst nichts haben. So ist es schon vielen hier gegangen. Die mußten ausziehen, weil sie sich's nimmer leisten konnten, die Sozialmieten zu zahlen. Und wenn sie mehrere Kinder haben, dann sowieso.»

Eine Frau über ihren Mann: «232 DM hat er in der Woche und 266 DM Miete, Kirchengeld, 10 DM Fernseh- und Rundfunkgebühren, und da schaun Sie mal, was der Rest ist, und da soll ein Mensch noch von leben, soll fest Hurra schrein.»

Zum Hurraschreien gibt es in der Tat wenig Anlaß in dieser Armutsregion. Auch nicht bei Familie Lummer in Furth im Wald. Die Familie wohnt mit sechs Kindern in einem halb zerfallenen Haus. Die elektrischen Leitungen hängen lose herum, jederzeit könnte etwas passieren. Heizung gibt es nicht, so daß sich in der 8 qm großen Küche die ganze Familie zusammendrängen muß. Für die Außenstehenden gehört die Familie Lummer zum Abschaum, zu den Faulenzern, den Nichtstuern. «Als wir noch Arbeit hatten, ging es uns besser», sagt Frau Lummer. Als sie noch Arbeit hatten – das war vor vier Jahren. Damals wurde ihr Mann krank, bekam sein Kündigungsschreiben und hat seitdem keine neue Arbeit mehr gefunden. Es geht ihnen schlecht, doch Sozialhilfe wollen sie nicht beantragen. «Da sind die größeren Kinder, die schon Familie haben, und denen geht es auch schlecht. Die werden dann zu Hilfeleistungen für uns herangezogen, das wollen wir nicht.» Von Juli 1978 bis Dezember 1978 hatte Herr Lummer im Rahmen der Arbeitsbeschaffungsmaßnahmen einen Arbeitsplatz bei der Stadtverwaltung bekommen, dann wurde er wieder für 14 Tage krank und daraufhin entlassen. Andere Familien gehen zumindest zur Caritas. Bei der Caritas ist im Jahr 1978 die Beratungsnachfrage um 50% gestiegen. In der Beratungsstelle im ehemaligen Kinderheim liegt ein Schreiben eines Hilfesuchenden: «Durch ein angebliches Verschulden meinerseits wurde meine Rente gekürzt, so daß ich mit meiner Frau 500 DM habe. Können Sie mir helfen?»

Der Caritas-Sekretär von Cham: «Unterstützt werden vor allem kinderreiche Familien, die durch krankheitsbedingte Dauerarbeitslosigkeit in Notlage geraten sind. Neben Kleidungsstücken können aber auch Spielzeug für Kinder, Schuhe und Möbelstücke gespendet werden.»

Dieser Aufruf wurde Ende November 1978 in den Chamer Zeitungen veröffentlicht. Die Barmherzigkeit war groß. Eine Menge alter Kleider und Spielzeug konnte eingesammelt werden. Anfang Januar waren die Lager fast leer.

Die soziale Not ist groß, deshalb wird die Sozialhilfe auch besonders restriktiv gehandhabt. Selbst Caritas-Sozialarbeiter monieren, daß auf dem Sozialamt die «Leute ganz schön getäuscht werden und sowieso nicht alles bekommen, was ihnen zusteht». Kleidergeld beispielsweise. Der nach dem Bundessozialhilfegesetz zustehende Betrag wird nicht sofort gewährt, die Antragsteller müssen erst einmal zu Caritas ins Kleiderlager gehen und das nehmen, was vorrätig ist.

Weil viele die belastende Situation nicht aushalten, wächst die Flucht in den Alkohol. Dies ist eines der größten Probleme für die Institutionen der sozialen Kontrolle und zwar deshalb, weil die Zahl der Alkoholiker im Landkreis Cham in den letzten zwei Jahren um 200% gestiegen ist.

Soziale Not für die Arbeitnehmer im Landkreis Cham heißt: hungern, frieren, hoch verschuldet sein und kaum Aussicht haben, daß sich diese Situation einmal ändern könnte. Es sei denn, man verkauft sein gesamtes Hab und Gut und wandert in eine andere Region ab. Nur, ist das zumutbar? In Rötz erklärt der katholische Gemeindepfarrer: «Hier ist vieles versäumt worden, die haben überhaupt keine Strukturpolitik betrieben.» Die einzigen, die von der fehlenden arbeitnehmerorientierten Strukturpolitik profitieren, sind die Unternehmer. Sie finden ein ideales Gebiet, um schnell und problemlos saftige Gewinne einzustreichen.

«Ich habe den längeren Arm – Sie werden sich wundern!» Erfahrungen eines Betriebsratsvorsitzenden aus dem Landkreis Cham mit Unternehmerwillkür und Unterwerfung (Tonbandprotokoll)

«1975 bin ich mit 90% der Stimmen zum Betriebsratsvorsitzenden gewählt worden. Bis dahin wurde jeder Betriebsrat, der dort war, herausgeekelt. Wenn damals Lohnerhöhungen im Raum gestanden haben, hat der Chef zwar eine Zusage gemacht, sie aber dann nicht mehr eingehalten. ‹Das ist ein Schmarrn›, hat er gesagt, ‹Lohnerhöhungen gibt es nicht.›

Immer wieder hat er die Mitarbeiter vertröstet, ohne daß es zu Lohnerhöhungen gekommen ist. So Sprüche hat er gemacht: ‹Seid's froh, daß ihr eine Arbeit habt. Wenn ihr mehr Geld haben wollt, kann ich euch nicht beschäftigen.› Das war damals so. Nach einem Jahr meiner Tätigkeit wurde wenigstens die untere Grenze des Tarifs bezahlt. Aber ohne jegliche Zuschläge und Zulagen.

Die Probleme sind gewachsen. Dann hat der Chef wieder gesagt, daß er nicht zahlen könne. Plötzlich ist ein Auftrag gekommen, da sollten Überstunden gemacht werden. Zur gleichen Zeit wurden in der Halle die Fenster rausgerissen, so daß es ziemlich kalt war. Da haben die Leute gesagt, wenn's so kalt ist, sollen wir auch noch Überstunden machen. Ich als Betriebsratsvorsitzender konnte da nicht zustimmen. Dann kam die Anordnung, daß Überstunden ohne Zuschläge gemacht werden müssen. 52% waren gegen Überstunden, wenn wir sie nicht bezahlt bekommen. Daraufhin ist das Gaudi losgegangen. ‹Das gibt's nicht, wem gehört denn die Firma?› Zu mir hat er gesagt: ‹Sie können sowieso nicht in der Firma bleiben, weil Sie die Leute von der Arbeit abhalten.›

Auf jeden Fall haben wir die Überstunden nicht gemacht. Während dieser Zeit hat er hinter meinem Rücken die Betriebsräte geholt und denen gesagt: ‹Wenn ihr so weitermacht und den als Vorsitzenden behaltet, und wenn der die Richtung weiter verfolgt, die mir nicht paßt, dann wird einfach das Zweigwerk stillgelegt. Ich lege da keinen Wert drauf, wenn aus dem Werk nichts rauskommt. Da könnt ihr euch entscheiden.›

Dann ist eine neue Betriebsratsvorsitzenden-Wahl abgehalten worden, ohne mein Wissen, und ich als Vorsitzender wurde abgewählt. Vom Rechtsstandpunkt aus war das nicht möglich, weil ich die Versammlung einberufen muß, weil ich noch dazu im Betrieb war. Der neue Vorsitzende hat mir das schriftlich mitgeteilt, daß ich abgewählt worden bin. Die Kollegen haben aber gesagt: ‹Was ist da denn los?› Weil es ungewöhnlich war, daß der Chef immer da war. Der läßt sich doch sonst das ganze Jahr nicht blicken. Und dann die ewigen Debatten mit den Meistern. Das haben die Leute beobachtet. Dann hat der neue Betriebsratsvorsitzende (BRV) die neue Wahl am schwarzen Brett bekanntgegeben: ‹Die Arbeitsplätze waren gefährdet, und wir haben den BRV abwählen müssen. Der Chef hat gedroht, daß er die Firma stillegt, und das konnten wir nicht verantworten.› Das Schreiben hat nun der Betriebsleiter abgenommen und es nach N. geschickt. Der Chef hat geflucht! ‹Was erlaubt sich denn der neue BRV, irgendwelche Sachen ans schwarze Brett zu hängen? Wir werden ihm gleich ein Verfahren anhängen.› Daraufhin sagte sich der neue BRV, wenn das der ganze Grund ist und das meine erste Amtshandlung, dann sind wir beide fertig miteinander und hat sein Amt niedergelegt. Das war 1976. Jetzt mußten sie wieder wählen. Und sie haben mich wieder gewählt. Da ist der Chef gekommen und hat gesagt, das gibt es nicht. Die Wahl muß wiederholt werden. Vorher hat der Chef darauf bestanden, daß ich nicht wiedergewählt werden darf. Ich bin trotzdem wiedergewählt worden, und da hat er mir fristlos gekündigt. Ihn hat gestört, daß ich mir nicht alles habe gefallen lassen und versucht habe, ein paar Dinge durchzusetzen: Zuschuß zur Arbeitsschutzkleidung, Verpflegungsgeld, Lohnkontoausgleich, betriebliche Altersversorgung, Versorgung mit Werkzeugen, Sicherheitsingenieur, Belüftung für die Arbeitsräume, Unterstützung bei Todesfall, Weihnachtsgeld,

Lohngruppeneinteilung und Leistungszuschläge – das alles hat es bei uns ja nicht gegeben. Einmal habe ich ihm geschrieben:

‹Es ist auf die Dauer nicht mehr zu verantworten, wenn die Arbeitnehmer mit 800 DM Nettolohn eine 5köpfige Familie ernähren sollen, noch dazu, wo jeder ein Fahrzeug braucht, um den Arbeitsplatz zu erreichen. Wir haben einen effektiven Lohnverlust von 8,6%, wogegen es bestimmt nicht übertrieben ist, wenn eine Lohnanpassung von 5,4% stattfindet. Auch hier kann von einer Lohnerhöhung keine Rede sein, wenn ein Minus von 3,4% bleibt. Ich glaube auch kaum, daß durch den Einbehalt der Lohnerhöhungen die Wettbewerbslage beeinflußt wird, weil Sie das Endprodukt nicht ungünstiger anbieten.›

Daraufhin ist er ins Werk gekommen und hat mich angeschrien: ‹Sie gehen zu weit mit Ihren Arschpunkten (soziale Belange) und Scheißgesetzen, die scheißknausrigen Gesetze. Ich habe den längeren Arm. Sie werden sich wundern!›

Und so ging das weiter. Am 18. 3. sprach ich beim Betriebsleiter vor und sagte ihm, daß es unverantwortlich sei, wenn die Anordnung von Spritzen ohne Absaugung aufrechterhalten bleibt. Dabei entstand erheblicher Farbnebel mit Verdünnungszusätzen, die gesundheitsschädlich sind. Es fehlte eine Absauganlage, so daß immer Explosionsgefahr bestand. Die Antwort: ‹Können wir uns nicht leisten.›

Da ist einer plötzlich krank geworden. Nieren. Also er war sechs Wochen krank. Dann ist er wieder gesund geworden und später wieder krank. Da wurde plötzlich seine Leistungszulage auf 15 Pfennige zurückgestuft. Kommt der zu mir und sagt, das paßt mir überhaupt nicht. Ich habe ein Verfahren eingeleitet. Doch da trifft er sich mit dem Chef im Gericht und schließt einen Vergleich. Der Chef hat gesagt, er stellt ihn wieder ein, wenn er wieder arbeitsfähig ist. In der Zwischenzeit ist er gestorben. Auf der Beerdigung hat ein Betriebsratsmitglied einen Kranz niedergelegt. ‹Da kann man danken für das Geleistete›, hab ich gesagt. Das wurde wieder dem Chef gesagt, und der hat ein Beleidigungsverfahren gegen mich angestrengt. Habe ich 250 DM Geldbuße bekommen und mußte 1800 DM Gerichtskosten zahlen.

Inzwischen war auch Betriebsleiter-Wechsel, weil der vorhergehende einen Nervenzusammenbruch gehabt hat. Daraufhin ist er fristlos entlassen worden. Dann ist der Betriebsleiter zu mir gekommen und hat sich beschwert, daß er seinen Lohn für den letzten Monat nicht bekommen hat.

Bei den Angestellten haben sie Eingruppierungen falsch gemacht. Da hat's geheißen: ‹Wem's nicht paßt, der kann ja gehen. Das kann ich nicht zahlen, die Belastungen sind zu groß.›

Ein großer Teil, ein Drittel, sind Landwirte. Es sind die ersten gewesen, die gesagt haben, für 5,50 DM arbeite ich nicht. Die Landwirte arbeiten, weil die Landwirtschaft nicht als Erwerb ausreicht. Da hat der Chef mich wieder kommen lassen und hat gesagt: ‹Ja, das ist alles gut und recht. Wir können es uns nicht leisten, daß wir den Arbeitern mehr geben.› Und da haben die Kollegen gesagt: ‹Bevor ich entlassen werde, nehm ich lieber den niedrigen Lohn und betreibe abends die Landwirtschaft.›

Zu mir sagte der Herr P. immer wieder, ich soll die Firma verlassen, denn ich will die Firma sowieso nur ruinieren. Dann ging es los mit den Sprechstunden. Ich wollte an einem Tag in der Woche Sprechstunden abhalten für die Kollegen. Da hat der Chef gesagt, die erste Stunde, wo ich rumstehe, werde ich entlassen. Schließlich habe ich vom Betriebsleiter die Erlaubnis bekommen, die wurde dann vom Chef wieder rückgängig gemacht.

Am 29. 3. habe ich vom Chef einen Brief bekommen:

‹Sehr geehrter Herr W. Zu Ihrer Mitteilung nehme ich wie folgt Stellung. Wenn Sie unbedingt Sprechstunden abhalten wollen, müssen Sie einen anderen Beruf wählen, zum Beispiel Arzt, Rechtsanwalt oder Briefkastenonkel. Aus wirtschaftlichen Gründen ist es unmöglich, Ihnen diese von Ihnen gewünschten Stunden einzuräumen. In N. haben wir über 200 Beschäftigte, und unser BRV benötigt nicht einmal eine halbe Stunde für diese Arbeit in der Woche. Ich glaube, eine Stunde müßte auch bei Ihnen ausreichen. Am besten am Freitag von 11 bis 12 Uhr 15. Die Belegschaft wird sicher mit dieser von mir zugestandenen Zeit einverstanden sein. Ihren an mich gerichteten langen Brief können Sie sich sparen, denn so etwas kostet Zeit und Geld. Außerdem habe ich selbst nicht die Zeit, diese weitschweifenden Schilderungen zu lesen. Ich bitte Sie, sich doch in Zukunft wesentlich kürzer zu fassen, dann kommen Sie auch mit der zur Verfügung stehenden Zeit gut aus. Mit freundlichen Grüßen.›

Ich kam ja bei Schulungen oft mit anderen Gewerkschaftern zusammen. Die sagen alle das gleiche: ‹Im Grunde hat das Recht hier keine Gültigkeit. Siehst ja, was herauskommt. Entweder du fügst dich, oder du mußt schauen, wie du weiterkommst.›

Grundsätzlich würde ich mich heute für keinen mehr einsetzen. Das war nur so damals, da ist eine Liste umgegangen, da ist oben gestanden: ‹Wer ist für die Entlassung des BRV W. und wer ist dagegen?› Damals haben die alle unterschrieben, daß sie dafür wären, weil sonst die Arbeitsplätze gefährdet sind. Das hat auf dem Papier gestanden. Und die Kollegen mußten alle namentlich unterschreiben. Später sind sie dann zu mir gekommen und haben gesagt: ‹Wenn ich nicht unterschrieben hätte, hätte er mich rausgeworfen.›»

2. Mai 1977: Der Betriebsratsvorsitzende erhält ein Schreiben des Stahl-, Metall- und Maschinenbauunternehmers:

«Sehr geehrter Herr . . ., wegen fortgesetzter Störung des Betriebsfriedens Ihrerseits sehen wir uns gezwungen, Ihr Arbeitsverhältnis fristlos zu kündigen. Die Zustimmung zu dieser Kündigung seitens des Betriebsrates liegt vor. Hochachtungsvoll.»

Die Armut der Bauern in Cham und anderswo

«Die haben doch alles, Milch, Fleisch und ein Haus dazu, von der guten Luft ganz zu schweigen.» Vorurteile über die Situation der Bauern halten sich bis heute. Aber: «Allein in Cham», so der Bayrische Bauernverband (konservativ wie die gesamte Landbevölkerung), «spricht man von mindestens 2000 landwirtschaftlichen Familien, die ‹echt› arm sind.» Der Geschäftsführer des Bauernverbandes weiter: «Die haben keinen Lebensstandard, keine Fortbewegungsmittel, sie leben primitiv. Ich sage den Leuten immer, da ist was bei der Sozialhilfe zu holen. Aber die gehen nicht.»

Arm sein, das bedeutet ein Einkommen, das pro Familie nicht einmal 200 DM im Monat ausmacht. Ein großer Teil der Bauern findet sich mit diesem Zustand ab. Ihre Wohnungen haben sich in den letzten 50 Jahren nicht verändert. Es gibt auch keine Chance, daß sich ihr Einkommen in den nächsten Jahren erhöhen wird – im Gegenteil. Schon im Jahr 1977/78 ist das allgemeine Einkommen der landwirtschaftlichen Betriebe in Bayern um 50% gesunken, bedingt durch die Trockenheit. Das Gesamteinkommen je Familie ging um durchschnittlich 12,5% zurück, auf 27194 DM im Jahr 1976/77. Dafür haben die langfristigen Verbindlichkeiten um 3,4% und der Anstieg der Gesamtverschuldung um 5,5% zugenommen (nach: Bayrischer Agrarbericht 1978, Bayrisches Staatsministerium für Landwirtschaft und Forsten, München, Juni 1978, S. 7).

Daß es den Bauern, vor allem den Kleinbauern, überall in der BRD dreckig geht, ist dem «Agrarbericht 1978» der Bundesregierung zu entnehmen:

«Das Gesamteinkommen je Bauernfamilie ist in der BRD durch mindestens drei Erwerbspersonen zu teilen. Nach Abzug von mindestens 24% für die Aufrechterhaltung des Landwirtschaftsbetriebes, 16% für persönliche Steuern und Lasten sowie 10% für die Schuldentilgung verbleiben je Person rund 379 DM netto monatlich für die persönliche Lebenshaltung. Die Nebenerwerbsbauern erzielten infolge geringfügig hoher außerlandwirtschaftlicher Einkommen je Person einen Nettobetrag von rund 455 DM» (Agrarbericht der Bundesregierung, Bonn 1978, S. 23).

Besonders betroffen sind die kleinen Betriebe, die weniger als 10 ha Gesamtfläche besitzen. Überproportional sind diese Betriebe im Bayrischen Wald vertreten. 41% aller Betriebe gehören zur Betriebsgrößenklasse von 2 bis 10 ha. Da die Kosten für Dünger, Dieselkraftstoff und die Reparaturkosten für landwirtschaftliche Geräte erheblich gestiegen sind, gleichzeitig die Erzeugerpreise nicht erhöht worden sind, bzw. gesenkt wurden, bedeutet das für viele Bauern, entweder den Betrieb aufzugeben oder noch mehr Schulden zu machen. Wollen sie wettbewerbsfähig bleiben, müssen sie automatisieren. Das kostet Geld, das die

Hof in Falkenstein im Bayerischen Wald

kleinen Bauern nicht haben. Es ist daher nicht verwunderlich, daß in Cham bei der Bayrischen Agrarkreditbank die meisten Kredite im Vergleich zu Gesamtbayern aufgenommen worden sind. Trotz der schlechten Ertragslage zieht es viele junge Bauern, die sich vorübergehend als Arbeiter verdingt hatten, auf den Hof zurück. Denn auch die schlechte Arbeitsmarktlage kann eine gesicherte Zukunft nicht mehr garantieren.

Die Bäuerin Berta S. aus Falkenstein mußte wegen Überschuldung ihren Hof verkaufen, an einen Münchner, der den Hof als Geldanlage gekauft hat.

Ein anderer Bauer erzählt, daß sie aufhören werden zu arbeiten, wenn alle Schulden bezahlt sind. Der Bauer ist jetzt 60, seine Frau 59 Jahre alt. Die Schulden werden in 10 Jahren abbezahlt sein. 150 DM hatten sie in den letzten Monaten des Jahres 1977/78 zur Verfügung.

«Es wird ja alles teurer», sagt mißtrauisch der Bauer, der im Eingang seines baufälligen Hauses steht. «Ich muß für Autosteuer, Brandversicherung, Bulldozerversicherung, Alterskasse und landwirtschaftliche Berufsgenossenschaft allein rund 300 DM zahlen.» Die Kinder dieses Bauern sind «irgendwo», um die Eltern kümmern sie sich nicht. Die einzigen, die sich um die Bauern in dieser Gegend kümmern, sind fliegende Händler und Bibelforscher.

Die Bäuerin Ederer aus Bernried in der Nähe von Rötz erzählt: «Wir

Bayerischer Wald – die Romantik des bäuerlichen Elends

müssen einen neuen Stall bauen, aber wir haben kein Geld. Schauen Sie, im Jahr müssen wir für 5000 DM Lasten zahlen, 20 Jahre lang. Selbst für die Reparaturen der Maschinen haben wir kein Geld. Es wird nicht weniger, es wird immer mehr. Im Monat bleibt nichts. Um 5 Uhr fange ich an zu arbeiten, bis 19 Uhr geht die Arbeit. Im Sommer ist es noch länger. Da stehn wir um 4 Uhr auf und arbeiten bis 21 Uhr. Wie sollen wir sparen? Alles wird teurer. Vor vier Jahren habe ich 1,70 DM pro kg für Schweinefleisch bekommen, jetzt sind es 1,35 DM pro kg.»

«Würden Sie sich als arm bezeichnen?»

«Reich bin ich nicht. Nichts als ein Haufen zu arbeiten und abzuzahlen. Mehr habe ich nicht.»

Diese Frau gehört zu den 85% aller Bäuerinnen, die bisher noch nie Urlaub gemacht haben, dafür aber täglich 12 bis 16 Stunden hart arbeiten müssen, für einen Hungerlohn. Der einzige Lohn dieser Arbeit scheint die Selbständigkeit zu sein, die aber, wie das Beispiel vieler Bauernfamilien zeigt, von den Banken schon lange wieder aufgehoben worden ist. Viele Bauern fühlen sich eher wie die Leibeigenen des Mittelalters.

Für die älteren Bauern bedeutet die soziale Verschlechterung und das Nachhinken bei der technischen Entwicklung, daß sie ihren Hof verkaufen müssen. Wenn sie Glück haben, erhalten sie die landwirtschaftliche Altersrente in Höhe von maximal 450 DM. Die durchschnittliche Altersrente liegt jedoch, zumindest im Bayrischen Wald, bei 280 DM. Wie die

Bauern mit diesem Geld leben sollen, selbst wenn sie keine Miete bezahlen müssen und einen großen Teil der Nahrungsmittel kostenlos bekommen, weiß auch beim Bayrischen Bauernverband niemand so recht zu sagen. Um diesem Elend zu entgehen, weigern sich die Bauern, ihre Höfe abzugeben und arbeiten so lange, bis sie tot umfallen.

«Der Besitz der Produktionsmittel durch die einzelnen Produzenten verleiht heutzutage diesen Produzenten keine wirkliche Freiheit mehr. Der selbsterwirtschaftende Kleinbauer ist weder im sicheren Besitz seines Stückchen Landes, noch ist er frei. Er, wie sein Haus, sein Hof, seine paar Felder, gehören dem Wucherer, seine Existenz ist unsicherer als die des Proletariers, der wenigstens dann und wann ruhige Tage erlebt, was dem gepeinigten Schuldensklaven nie vorkommt» (F. Engels: Die Bauernfrage in Frankreich und Deutschland, in: Marx/Engels-Werke, Bd. 22, S. 492).

An dieser Situation hat sich in vielen Grenzregionen der BRD wenig geändert, auf jeden Fall nicht im Bayrischen Wald. Man muß die Augen offenhalten oder den Georg E. aus Bernried, den Karl D. aus Höll, die Berta S. aus Falkenstein, den Josef W. aus Biberach, die Maria J. aus Habersdorf oder den Max F. aus Sattelpeilnstein besuchen. Nicht immer ist von außen die Not in den Häusern zu sehen. Doch alle haben eines gemeinsam: die Schuldenlast erdrückt sie. Einige können gerade so viel erwirtschaften, um die Schulden abzubezahlen. Der Bauer Georg E. aus Bernried arbeitet noch in einer Fabrik, um dann abends den Hof zu bewirtschaften. Mit dem Fabriklohn zahlt er die Schulden, mit dem Einkommen aus dem landwirtschaftlichen Betrieb kann er nicht einmal die notwendigsten Maschinenreparaturen bezahlen. Die Bauern sagen, daß man vieles ändern muß, aber sie sehen nicht, womit sie es bezahlen sollen.

Jakob Brunner aus Kleinried ist 45 Jahre alt. Er sieht wie 60 aus, er ist verbittert, daß sein körperlicher Arbeitseinsatz durch nichts honoriert wurde. Kleinried besteht aus sieben Häusern. Sie sind alle renovierungsbedürftig. Die Kirche und die Schule sind vier km weit entfernt unten im Tal. Das Haus ist groß, aber schäbig. Die Kühe sind dreckig, seit einer Woche liegen sie in ihrem eigenen Mist. Es ist niemand da, der den Stall reinigen könnte. Der Bauer besitzt 21 ha Boden, von dem nur ein geringer Teil landwirtschaftlich genutzt werden kann. 1933 hatte er den Hof übernommen. Frau Brunner sagt, daß sie sich im Jahr vielleicht zweimal Fleisch leisten können.

Das Wohn-, Eß- und Schlafzimmer sieht aus wie tausend andere derartige Zimmer der kleinen Bauern: dunkel, verräuchert, mit schiefen Decken und Wänden, Steinfußboden. Hinten, in der Ecke des etwa 30 qm großen Raumes ein Herd, Holzfeuerung. Zwei Sitzbänke und ein Tisch vervollständigen das karge Mobiliar. Kein Radio, kein Fernseher. Familie Brunner ist völlig verarmt. Sie ist auch isoliert. Frau Brunner kann selbst die Grundbedürfnisse wie Essen nicht immer befriedigen. Sie hatte neun Kinder, vier davon sind gestorben, zwei arbeiten in München, und drei Söhne sind noch im Haus. Sie besuchen die Sonderschule. Der Schulweg beträgt über eine Stunde. Im Winter, bei starkem Schneefall, müssen die Kinder zu Hause bleiben. Der Schneepflug räumt die Straße erst nach vier oder fünf Tagen.

Das Elend der Familie begann, als der Bauer Brunner krank wurde. Dann bekam das Vieh Tbc. Das verbliebene gesunde Vieh mußten sie verkaufen, um die Arztrechnungen bezahlen zu können. Jetzt besitzen sie drei Kühe.

Im Winter ist es im Haus furchtbar kalt, überall regnet und schneit es herein. Die Kinder schlafen in einer kleinen Stube im ersten Stock unter dem Dach. Ihr Zimmer ist ungeheizt. «Die haben sich schon an die Kälte gewöhnt.» Doch auch die Eltern haben in ihrem Schlafzimmer keinen Ofen. Sie müssen mit dem Holz sparen. Ihre Kleider sind abgetragene Fetzen. Der Bauer hat keinen Rentenanspruch, krankenversichert sind sie auch nicht, denn es gibt keine Pflichtversicherung für Bauern.

Die Speisekarte der Brunners ist wie die vieler anderer Kleinbauern auch: «Kartoffeln, Kartoffeln, saure Milch, saure Milch mit Kartoffeln, Einbrennsuppe, Kartoffeln, Nudeln, Kartoffeln.»

Da Brunner nicht krankenversichert ist, hat er alle Arztrechnungen selbst zu bezahlen. Wenn er ins Krankenhaus muß, wie bisher dreimal, nimmt er Sozialhilfe in Anspruch. Der Bauer müßte Diät essen, doch die kann er sich nicht leisten. Das Brot backen sie selbst. Im Steinofen. Im letzten Sommer war die Ernte noch schlechter als erwartet, und dann war im Winter kein Korn mehr da. So mußten sie Brot beim Bäcker kaufen. Eine finanzielle Belastung, die niemand eingeplant hatte.

Die Kinder können keine weiterführende Schule besuchen. Die beiden Söhne, die in eine Sonderschule gehen, werden auch keine Lehre absolvieren können. Sie müssen auf dem Hof arbeiten. Das mußten sie während ihrer Kindheit zwar auch, aber jetzt verbaut man ihnen damit ihre berufliche Zukunft. Der älteste Sohn ist 22 Jahre alt.

In einem anderen Dorf sitzt ein alter Mann, 76 Jahre alt, am Rande eines Feldweges und klopft Steine. Seine Frau ist krank, er möchte ein wenig dazuverdienen. Der Sohn arbeitet in Stuttgart, 300 km von zu Hause entfernt. Im Bauernhof leben jetzt sechs Personen. Das Land des Bauern Mayerhofer ist 5 ha groß. Wie er sagt, wirft die Landwirtschaft höchstens 150 DM im Monat ab.

Ein anderer Bauernhof, ein typisches Beispiel für die Überalterung und Verelendung ganzer Familien, ganzer Dörfer: Birkenhof. Ein paar Häuser, alle über 100 Jahre alt. Das Haus des Bauern Gruber steht abseits, nur durch einen schmalen Feldweg über Wiesenflächen zu erreichen. Rechts am Wege, am Waldrand, das Wohnhaus mit dem Stall. Daneben die Scheune, die aus Bohlen besteht, mit Lücken und Löchern.

Familie Gruber ist die dritte Generation, die auf diesem Hof lebt. Den 12 ha großen Betrieb bewirtschaften die Frau, 43 Jahre alt, und die zwei kleinen Kinder. Der Mann ist krank. Er hat ein Nieren- und Herzleiden und kann sich keinen Arzt leisten, denn er ist nicht versichert. Ihr Eigentum ist das Haus mit vier kleinen Räumen, einem Traktor, zwölf Stück Vieh. Das Haus wurde seit 20 Jahren nicht mehr renoviert. Im Winter ist manchmal der Brunnen zugefroren, so daß sie dann Schnee schmelzen müssen. Das Plumpsklo befindet sich in der Nähe der Scheune. Im alten Wohnraum mit Nähmaschine, Herd, einem zerschlissenen Sofa und einem Radio sitzt die Familie am Mittagstisch. Auch hier fast jeden Tag Einbrennsuppe. Das Gelände ist steinig, der Ertrag gering. Morgens steht die Familie um 5 Uhr 30 auf, bringt die Milch, zwei Kannen, zum Sammelplatz. Die Milch ist die einzige Erwerbsquelle des Bauern. Danach, ungefähr um 7 Uhr, wird das Vieh gefüttert und auf die Weide getrieben. Gegen 8 Uhr, manchmal schon früher, muß gemäht und Heu gewendet werden. Mittagstisch ist um 12 Uhr. Nach dem Essen müssen die Frau und die Kinder wieder aufs Feld. Gegen Abend muß der Haushalt gemacht werden, die Kinder haben jetzt Gelegenheit, ihre Hausaufgaben zu erledigen. Um 19 Uhr werden sie zu Abend essen. Die Kinder hören Radio. Die Frau muß noch den Stall ausmisten, die Kühe melken. Auch hier wird das Brot selbst gebacken. Urlaub gibt es nicht. Am Ende des Monats haben sie trotz schwerster körperlicher Arbeit gerade 180 DM zusammengewirtschaftet. Damit müssen sie leben, Maschinen reparieren lassen, die Arznei- und Arztkosten bezahlen.

Sie arbeiten umsonst. Entmutigt lassen sie alles verkommen, denn für sie gibt es keine Zukunft mehr.

Selbst die Häuser im Bayrischen Wald sind ein Indiz dafür, daß Armut allgemein verbreitet ist. 33% der Gebäude sind vor 1900 erbaut. Mit Kohle, Holz oder Torf werden noch 68% der Wohnungen im Kreis Waldmünchen beheizt. Ohne Wasserversorgung müssen 19% der Wohnungen auskommen, ohne Kanalisation 41%.

Sie haben keine Alternative, keine Möglichkeiten, ihr Leben zu verändern. Mit unrentablem Feldbesitz, mit veralteten Maschinen hinken sie hinter dem technischen Fortschritt her. Touristen können sie nicht aufnehmen, denn wer möchte schon in diese alten, verfallenen Buden einziehen? Familie Gruber kann sich nicht vorstellen, wie sie die nächsten Jahre überstehen wird. Sie wohnen in einem kleinen Dorf, in dem jeder den anderen genau beobachtet, und schämen sich, Sozialhilfe zu beantragen. Es wäre das schlimmste Opfer, das sie ihrem Elend bringen müßten, nur um ein wenig besser zu leben. Sie gewöhnen sich an ihr Elend. Sie sind froh, wenn das Wetter gut bleibt, wenn die Ernte rechtzeitig eingebracht werden kann.

Lieber arbeitslos als tot?

Berichte und Analysen über die neue Qualität von Armut und Verelendung

Die im Rahmen der kapitalistischen Produktionsverhältnisse geleistete Arbeit führt bei einem großen Teil der bundesdeutschen Bevölkerung zu einem hohen Grad an Verelendung. Sie bewirkt nämlich physische und psychische Krankheit. Krankheit aber löst, wie materielles Elend, einen erheblichen Leidensdruck aus, der auf dem Menschen lastet, dem er nicht entkommen kann. Dieser Leidensdruck behindert ihn in seiner Lebensgestaltung, läßt ihn nicht am sozialen und gesellschaftlichen Fortschritt teilnehmen. Nervenzusammenbrüche, Selbstmord, Aggressionen sind Folgen dieser psychischen Verelendung. Aber auch die verkürzte Lebenserwartung vieler Arbeiter, im Vergleich mit denjenigen, die über befriedigende und humane Arbeitsplätze verfügen und die über sich und ihre Arbeit selbst bestimmen können. Wenn Menschen auf Grund der Wohnbedingungen erkranken und gar sterben, sind wir bereit, von Armut zu sprechen. Wenn Menschen keine Chance haben, gesund zu sein, weil sie kein Geld haben, um zum Arzt zu gehen oder wie in den Staaten der Dritten Welt an Unterernährung leiden, sind wir ebenfalls bereit, von Armut zu sprechen. Wenn das so ist, müssen wir konsequenterweise auch von Armut sprechen, wenn in der BRD zahllose Menschen auf Grund der Arbeitsbedingungen verkümmern oder sterben. Jeder dritte Mensch wird in den nächsten 20 Jahren an Krebs sterben – auch das ist Verelendung. Um genau diesen Prozeß geht es bei der psychischen Verelendung, der bei der Armutsdiskussion in Zukunft eine noch wichtigere Rolle spielen wird als schon heute.

Die Zusammenhänge zwischen psychischer und materieller Verelendung sind zudem offensichtlich. Wer die unbefriedigendste und belastendste Arbeit ausführen muß, wird dafür am geringsten entlohnt. Niedriges Einkommen schneidet aber nicht nur den Zugang zu bestimmten Formen materiellen Ausgleichs für Belastungen durch gute Wohnverhältnisse, Gesundheitsvorsorge und Konsum ab, sondern schafft neue soziale Probleme in der Familie. Die Sorge ums materielle Überleben der Familie, drangvolle Enge in der Wohnung und eine zerstörte, menschenfeindliche Wohnumgebung, die Erfahrung, von den anscheinend selbstverständlichen Konsummöglichkeiten ausgeschlossen zu sein, sind wohl kaum Voraussetzungen, unter denen sich Arbeitsbelastungen auch nur mildern lassen. Ein Beispiel für diese These: In den

Alkoholiker aus Köln

letzten Jahren wurde festgestellt, daß viele in der Produktion von PVC (Polyvinylchlorid) Beschäftigte an Leberkrebs starben. Bis 1974 wurde ohne große Schutzmaßnahmen mit dem tödlichen Gift hantiert, so als sei es ein harmloser Stoff. Dann kam eine Sterbewelle, und die Öffentlichkeit wurde alarmiert. Doch für viele war es zu spät. Denn der Umgang mit krebserregenden Stoffen in der Produktion wirkt anscheinend erst alarmierend, wenn die Krebsherde an den Menschen schon diagnostizierbar sind. Solange das nicht der Fall ist, müssen die Arbeitnehmer mit dem Gift leben. Klaus Kirschner, SPD-Bundestagsabgeordneter, spricht in diesem Zusammenhang von einer totalen Blindheit gegenüber den in aller Regel ja erst nach 15–30 Jahren auftretenden tödlichen Erkrankungen. Nicht Vorbeugung, so Kirschner, sondern Verbot aller krebserregenden Stoffe sei gefordert. Zerstörungen des Körpers durch Krebswucherungen, Arbeitsunfälle mit tödlichem Ausgang, psychische Folgen von Hetzarbeit und Automatisierung: keine Kriminalstatistik wird darüber geführt. Alle zweieinhalb Stunden stirbt ein Arbeitnehmer an den Folgen der Arbeit – Millionen sind gesundheitlich ruiniert. Das macht psychische Verelendung, eben Armut aus.

Psychische Verelendung als Leidensqualität in der hochindustrialisierten Gesellschaft wird durch Zerstörung der Umwelt und der Lebensentfaltung produziert. Dabei ist es natürlich nicht Arbeit an sich, die den Gesundheitszustand des arbeitenden Menschen schädigt. Es ist vielmehr die im Rahmen des kapitalistischen Produktionsprozesses geleistete Arbeit, die krank macht. Der Produktionsprozeß wirkt sich auf das Leben direkt, aber auch mittelbar aus. Direkt über die Vielzahl von psychischen und physischen Belastungen wie Akkordarbeit, Prämiensystem, Fließbandarbeit, Automation – Methoden, um die Leistungen des einzelnen oder die der Gruppe ständig zu erhöhen. Direkt sind auch die physikalisch-chemischen Einflüsse wie Hitze, Lärm oder Vergiftung. Folgen sind die Frühinvalidisierung des arbeitenden Menschen oder seine geringe Lebenserwartung. Mittelbare Auswirkungen des Produktionsprozesses finden sich bei der Reproduktion der Arbeitskraft. Probleme, die in der Arbeit nicht bewältigt werden, wirken sich massiv auf das Freizeitverhalten, auf die Beziehungen in der Familie und auf das Verhalten überhaupt aus. Schon alleine durch Nacht- und Schichtarbeit wird das Zusammenleben in einer Familie beträchtlich gestört. Es hat auch viel mit den herrschenden Arbeitsbedingungen zu tun, wenn die Zahl der an Depression erkrankten Menschen innerhalb von 30 Jahren von 8 auf 30% angestiegen ist. Etwa 10% aller Patienten mit depressiven Erkrankungen werden in Krankenhäusern behandelt – meist ohne Erfolg. Im Jahresbericht einer Schweizer psychiatrischen Universitätsklinik wird über die Gründe mitgeteilt:

«Die Zunahme der Depressionen wird auf ungünstige Zivilisationserscheinungen zurückgeführt. Zu diesen gehören Hetze, Konkurrenzkampf, allzu rasche Technisierung, Automatisation, Entpersönlichung der Arbeit. Gesteigert werden die Krankheitsquellen durch die Existenzangst als Folge der Rezession und die durch die Probleme der Arbeitslosigkeit» (nach: Baseler Zeitung, 5. 8. 1978).

Unfälle am Arbeitsplatz

«Es wird zuviel von den Menschen heutzutage verlangt. Es ist früher doch ruhiger gewesen, wie ich angefangen habe im Hafen. Heute ist jeder Unternehmer darauf erpicht, seine Tonnage nach Möglichkeit schnellstens über die Runden zu bringen», sagt ein Hafenarbeiter. Und ein Vorarbeiter erklärt: «Unfälle passieren durch eine gewisse Hektik. Man versucht jetzt, mehr zu machen, nicht wahr. Man sagt, das geht schon gut so. Und: laß das mal so laufen. Und dann passieren natürlich die Unfälle.»

Aus einer Bremer Untersuchung über Unfallgründe im Hafen geht hervor, daß zu 63% das Arbeitstempo und zu 22,8% ungenügende Sicherheitsvorrichtungen dafür verantwortlich sind.

Auch über Berufsunfälle gibt es Statistiken: In der BRD wurde 1975 alle 16 Sekunden ein leichter, alle 8 Minuten ein schwerer und alle zweieinhalb Stunden ein tödlicher Arbeitsunfall gemeldet (Unfallverhütungsbericht der Bundesregierung 1976).

1977 wurden 190000 Lohnabhängige vor Erreichung des Rentenalters berufs- und erwerbsunfähig, man zählte 2 Millionen Arbeitsunfälle mit schweren Folgen, 4454 Menschen starben durch einen Unfall am Arbeitsplatz (Unfallverhütungsbericht vom 29. 11. 1978).

Das Risiko, einem Arbeitsunfall zum Opfer zu fallen, ist für Arbeiter rund fünfmal höher als für Angestellte und rund sechsmal höher als für selbständige Erwerbstätige.

Dieser Verschleißprozeß wird nach den Worten des DGB-Vorsitzenden Vetter «durch das herrschende Prinzip in unserer Wirtschaftsordnung verursacht, nämlich die Ausschließlichkeit der privatkapitalistischen Rentabilität. Eine exakte Einhaltung der Arbeitsschutzbestimmungen ist eben teuer, und wo es um Kostensenkung geht, bleibt das menschliche Interesse nur allzu leicht auf der Strecke. Eine weitere Quelle von Gesundheitsgefahren liegt in zahlreichen Rationalisierungen, häufig die Folge von zu hohem Arbeitstempo und Überstundenschinderei. In vielen Betrieben herrscht stumpfsinnige oder monotone Arbeit vor. Wer stundenlang unter solchen Bedingungen arbeitet, muß sich wie in einer Tretmühle fühlen. Als Anhängsel an die Maschine bleibt ihm kaum ein Rest eigener Gestaltungsmöglichkeiten.»

Ein wesentlicher Grund für die Arbeitshetze ist die ständige Erhöhung der Arbeitsproduktivität. Immer weniger Arbeitnehmer müssen immer mehr arbeiten. «1952 waren 65 Erwerbstätige notwendig, um Waren und Leistungen im Wert von 1 Million DM zu erwirtschaften, 1976 brauchte man dazu nur 23 Erwerbstätige» (Süddeutsche Zeitung, 23. 9. 1976). Insofern ist der oft verherrlichte technologische Fortschritt für die Lohnabhängigen keiner; er hat im Gegenteil zu einer Häufung von gesundheitlichen Schädigungen geführt. Der Fortschritt hat einer großen Gruppe von Arbeitnehmern nur Elend gebracht.

«61,1% der Lohnabhängigen verrichten mittelschwere körperliche Arbeit im Stehen,
19,3% verrichten schwere körperliche Arbeiten,
33,3% arbeiten ganztägig im Akkord oder machen regelmäßig Überstunden,
66,4% haben am Arbeitsplatz unter betriebsbedingten Arbeitserschwernissen zu leiden,
65,4% aller Arbeiter im Betrieb waren ständig harter psychischer Belastung ausgesetzt.

Daraus folgt:
20,8% der Arbeitnehmer wurden von den Ärzten als sanatoriumsreif bezeichnet» (Modell einer allgemeinen Vorsorgeuntersuchung im Jahre 1969/70. Hg. vom Ministerium für Arbeit, Gesundheit und Sozialordnung Baden-Württemberg, Schlußbericht, Stuttgart 1972).

So erzählen Arbeiter einer Traktorenfabrik in Mannheim von zermürbenden Arbeitsbedingungen:

«Man hat für die 60%ige Produktionssteigerung nur etwa 300 Arbeiter mehr eingestellt, das sind ca. 15%. Das heißt, die Steigerung der Produktion ist viermal so hoch wie der Zuwachs an Arbeitskräften. Dafür bekommen die Kollegen die Produktionssteigerung zu spüren. Aber nicht in der Lohntüte, sondern durch mehr Überstunden und schlechtere Arbeitsbedingungen. Täglich wird bei uns 9 bis 11 Stunden gearbeitet; auch samstags wird gearbeitet. Und was ist die Folge? Die Gesundheit wird ruiniert. Die Kollegen sind nervös und gereizt, immer mehr werden krank, insbesondere die älteren Kollegen, weil sie nicht mehr durchhalten. Die Arbeitsunfälle häufen sich, es sind schon doppelt so viele wie im letzten Jahr. Das Arbeitstempo sieht so aus: Das Band wird schneller laufen gelassen, als im Extremfall gearbeitet werden kann. Die Kollegen werden gezwungen, so schnell zu arbeiten, wie sie überhaupt können. Und erst dann, wenn es gar nicht mehr geht, wird das Band gestoppt. Für eine Zigarette bleibt da keine Zeit. Das beste wäre es, den ganzen Krempel hinzuschmeißen und keine Überstunden mehr zu machen. Aber das geht nicht so einfach. Denn die Löhne sind so mies, daß man gezwungen ist, Überstunden zu machen, damit man wenigstens genug hat für Miete, Lebenshaltungskosten und vielleicht noch den Urlaub.»

Als am 16. November 1978 bei Opel in Bochum ein Schweißer tödlich verunglückte, meldeten die Zeitungen lakonisch: «Schweißer verblutete am Arbeitsplatz.» Meldungen wie diese erscheinen in einer arbeitgeberfreundlichen Kontinuität und erwecken meist den Eindruck, daß Arbeitsunfälle selbstverschuldet sind. Hintergründe des Selbstverschuldens in diesem Fall schildert eine Erklärung von Betriebsratsmitgliedern aus dem Opel-Werk II: «Als Betriebsratsmitglieder und als Kollegen aus der betroffenen Abteilung müssen wir richtigstellen: Ungeklärt ist bisher einzig, warum unser Kollege Joachim D. in seiner Schweißkabine hingefallen ist. Die Ursache seiner tödlichen Verletzung war der auf ihn gestürzte etwa 80 kg schwere Schweißblock. Diese Arbeitsvorrichtung war nicht im Boden verankert. Sicherheitswidrig war auch, daß die Füße des Schweißblocks zum Nachteil seiner Standfestigkeit verändert worden waren. Entsprechend wurde die Firma von der Gewerbeaufsicht angewiesen, sämtliche ähnlichen Einrichtungen umgehend standsicher zu befestigen. Außerdem mußte sich die Opel AG von der Berufsgenossenschaft belehren lassen, daß es für derartige Schweißkabinen durchsichtige blendschützende Vorhänge gibt. Die Berichte lassen die Vermutung aufkommen, als hätten die Arbeitsbedingungen bei diesem tödlichen Unfall keine Rolle gespielt. Das Gegenteil wollen wir hiermit klarstellen.»

Hetze bei der Arbeit, gesteigerte Arbeitsintensität läßt eine genaue

Einhaltung von Sicherheitsbestimmungen – vorausgesetzt es gibt sie – nicht zu. Würde man die Sicherheitsbestimmungen einhalten, würde sich der Arbeitsablauf verzögern, der Akkord könnte nicht gehalten werden, was zu Lohneinbußen führen würde. Unternehmer und viele Arbeitswissenschaftler interessieren jedoch aus Prinzip die Zusammenhänge von Unfällen und Arbeitshetze bzw. Überanspruchung der Arbeitskraft nicht. Für sie sind Arbeitsunfälle «ein einmaliges, plötzliches, von außen her einwirkendes Ereignis mit erkennbaren Schädigungen des Körpers, das sich bei der Betriebsarbeit oder im Zusammenhang mit derselben ereignet hat. Betriebsunfälle werden überwiegend durch persönliche Ursachen hervorgerufen. Zu einem geringen Teil entstehen sie durch Ursachen, die in den Produktionsmitteln und dem Arbeitsablauf begründet liegen» (H. Petry: Arbeitsunfälle, in: Arbeitsmedizin, Lehrbuch für Ärzte und Studenten, hg. v. H. Valentin, Stuttgart 1971, S. 379).

Eine solche Selbstverschuldungsideologie ist bekanntlich nicht auf das Arbeitsleben beschränkt. Gleiche Argumente werden benutzt, wenn nachgewiesen werden soll, daß auch das soziale Elend selbstverschuldet, also auf persönliches Versagen zurückzuführen sei. Insofern haben die Herrschenden ein berechtigtes Interesse daran, die Selbstverschuldungstheorie auch bei Arbeitsunfällen vorzubringen. Die Frage, ob und in welchem Ausmaß Akkord, Schwere der Arbeit usw. die Unfälle beeinflussen, wird daher von einem Teil der Unfallursachenforschung auch gar nicht erst gestellt.

Die Bundesanstalt für Arbeitsschutz und Unfallforschung erklärte dagegen in einer «Denkschrift über den Arbeitsschutz»: «Obwohl heute unter Fachleuten die These, daß 80 oder mehr Prozent der Unfälle auf menschliches Versagen zurückzuführen seien, seit einiger Zeit als überwunden und überholt gelten kann, ist in der breiten Öffentlichkeit dieses aus dem vorigen Jahrhundert stammende Stereotyp immer noch anzutreffen.» Dabei genügt ein Blick auf die Arbeitsplätze, wo es besonders häufig zu Berufsunfällen kommt. Im Saarland liegt die Häufigkeit mit 116 Unfällen pro 1000 Versicherte um 35% über dem Bundesdurchschnitt. Das liegt nicht daran, daß die saarländischen Arbeitnehmer dümmer oder lebensmüde sind, sondern daran, daß im Saarland 30% aller Arbeiter in unfallträchtigen Industrien beschäftigt sind (insbesondere die Kohle-, Stahl- und Metallindustrie), während es im Bundesdurchschnitt nur 13% sind.

Liest man den Jahresbericht der Gewerbeaufsicht von Nordrhein-Westfalen aus dem Jahre 1977 über die tödlichen Arbeitsunfälle, dann stellt sie jede Kriminalstatistik, die für Schlagzeilen sorgt, in den Schatten. Und im Schatten der Öffentlichkeit werden diese Statistiken der tödlichen Gefährdung auch behandelt. Auszug aus der Tabelle:

Tödliche Unfälle oder Massenunfälle am Arbeitsplatz (1. 1. bis 31. 12. 1977)
– außerhalb des öffentlichen Verkehrs –

Datum	*Anzahl der Toten*	*Branche*	*Kurzbeschreibung*
5. 1. 77	1	Stahlwerke	Durch Verpuffung in einem Elektrolichtbogen von austretendem flüssigem Stahl verletzt
10. 1. 77	2	Stahlwerke	Von einer durch Wasserdissoziation verursachten Eruption aus Stahlkonverter getroffen
18. 1. 77	1	Gerüstbau	Bei Demontage eines Gerüstes abgestürzt
22. 1. 77	1	Baugewerbe	Elektrischer Schlag durch Berührung einer Krananlage mit einer 15-kV-Freileitung
25. 1. 77	1	Baugewerbe	Von einem Großflächenschaltungselement erschlagen
7. 2. 77	1	Kunststoffverarbeitung	In einer Kunststoffpresse erdrückt
8. 2. 77	1	Straßenreinigung	Von rückwärtsfahrendem Tankwagen in Schlammklärteich gestoßen
9. 2. 77	1	Baugewerbe	Von einstürzendem Graben verschüttet
11. 2. 77	1	Textilindustrie	Bei Bauarbeiten von umfallendem Stempel zur Unterfangung einer Stahlbetonkonstruktion getroffen
18. 2. 77	1	Elektrizitätsversorgung	Verbrennungen durch Lichtbogen bei Betätigung eines Trennschalters
18. 2. 77	1	Kältemaschinenbau	Durch Ammoniakausbruch bei Austausch einer Pumpe in einer Kälteanlage getötet
21. 2. 77	1	Stahlbau	Von 10 m hoher Stahlkonstruktion abgestürzt
27. 2. 77	1	Stahlwerke	Von pendelnder Sauerstofflanze gegen Geländer gedrückt
28. 2. 77	1	Müllabfuhr	Vom Müllwagen überfahren
4. 3. 77	1	Hüttenwerke	Bei Reinigungsarbeiten im Silo verschüttet
4. 3. 77	1	Stahlwerke	Bei Kranreparatur zwischen Gebäudestütze und Kran eingequetscht
7. 3. 77	1	Forstbetriebe	Von umfallendem Baum bei Fällarbeiten getroffen
12. 3. 77	1	Stahlwerke	Von flüssiger Schmelze bei Reparaturarbeiten an einem Konverter getroffen

Datum	*Anzahl der Toten*	*Branche*	*Kurzbeschreibung*
13. 3. 77	1	Hüttenwerke	Bei Wartungsarbeiten an Gleisbeleuchtung mit hochgefahrener Hubarbeitsbühne Brückenkonstruktion angefahren und abgestürzt
16. 3. 77	1	Papiergroßhandel	Bei Transportarbeiten von Papierrolle erdrückt
16. 3. 77	1	Schiffahrt	Vergiftung durch Phosphorwasserstoff-Einwirkung durch feuchtes Ferrosilium
18. 3. 77	2	Baugewerbe	Durch plötzlichen Ausbruch eines Bitumenbrandes auf einer Baustelle war Verlassen der Arbeitsstelle nicht möglich
19. 3. 77	1	Stahlbau	Bei Explosion durch weitfliegendes Bauteil getroffen
22. 3. 77	1	Holzhandel	Von herabfallendem Brett getroffen

Wie unfallträchtig gerade die Industriezweige sind, die besondere Leistungen von den Arbeitnehmern fordern, ist auch einer Untersuchung über die Unfallhäufigkeit bei Hafenarbeitern zu entnehmen. Von den befragten Hafenarbeitern hatten bisher nur 17% keinen Arbeitsunfall. Von den 83%, die einen Arbeitsunfall erlitten hatten, waren gut 14% mehrere Male verunglückt, bzw. hatten einen schweren Unfall erlitten. «Relativ häufige Verstöße gegen die Sicherheitsvorschriften erfolgen im Bereich des Umgangs mit dem Krangeschirr beim Anschlagen und Löschen von Stückgut, wobei mitunter zeitsparende, aber riskante Verfahren angewendet werden, wie zum Beispiel unvorschriftsmäßiges Befestigen der Stroppen, Überladen des Krangeschirrs. Eine genaue Einhaltung von Sicherheitsbestimmungen würde die Arbeit insgesamt verzögern, so daß selbst dort, wo die Sicherheitsbestimmungen eindeutig geregelt sind, sie zumindest teilweise umgangen werden, da sie oft im Gegensatz zu betrieblichen Leistungsanforderungen stehen» (Kooperation, Mitteilungen der Kommission für die Durchführung des Kooperativvertrages mit der Arbeiterkammer Bremen, Bremen, Mai/Juni 1977, S. 39).

Die Unternehmer kümmert das wenig. Wichtig ist für sie, daß die Arbeit schnell erledigt wird. Maschine und Mensch müssen funktionieren, sonst wird ersetzt oder repariert. Die Reparatur der Ware Arbeitskraft kostet die Unfallversicherungsträger pro Jahr immerhin 20 Milliarden DM (1972); der durch Arbeits- und Wegeunfälle bedingte Arbeitskräfteausfall entsprach einem ganzjährigen Ausfall von ca. 170000 Erwerbstätigen (Bau-Informationen 6/1976).

Setzt man nun die Arbeitsunfälle mit den Altersgruppen in Beziehung, so ergibt sich, daß diejenigen, die die höchsten Leistungen vollbringen müssen, die jungen Arbeiter, häufiger Opfer von Unfällen werden. Gleichzeitig kommt es zu Unfällen aber auch dort, wo ältere Arbeiter sich der durchschnittlichen Arbeitshetze anpassen müssen. Durch den altersbedingten Verschleiß und die Abnutzung bei der bisherigen Arbeit sind sie erheblich unfallanfälliger. Sowohl in der gewerblichen Wirtschaft als auch in der Landwirtschaft erleiden Personen unter 35 Jahren prozentual die meisten Arbeitsunfälle. Von den tödlichen Arbeitsunfällen ist dagegen die Altersgruppe der über 50jährigen überproportional betroffen.

Solche Aussagen allein machen die subjektiven Auswirkungen des Unfalls für die Betroffenen und deren Familien nicht deutlich. Denn jede nachhaltige körperliche Verletzung ist oft mit großen sozialen Beeinträchtigungen verbunden. Wer einen schweren Unfall erlitten hat, wird physisch und sozial invalidisiert, er wird zum Krüppel: Lohn der Arbeit.

Schließlich erleiden diejenigen, die einfache oder unqualifizierte Arbeiten verrichten, die ungelernten oder nur mangelhaft ausgebildeten Arbeiter, wiederum die meisten Berufsunfälle. In ihren Tätigkeitsbereich wird so gut wie nichts in Schutzvorrichtungen investiert, weil ein unfallfreier Arbeitsplatz immer noch teurer ist als der Austausch einer verletzten, unqualifizierten Arbeitskraft. Hinzu kommt, daß die 700000 Hilfsarbeiter den Gefahren des Arbeitsplatzes auch deshalb ausgesetzt sind, weil sie häufig in unfallträchtigen Branchen wie der Bauindustrie oder in Produktionsabschnitten mit eintönigen, sich ständig wiederholenden Arbeiten eingesetzt werden. Je länger die Arbeit dauert, um so stärker ist der Verschleiß der Arbeitskraft. Insbesondere die Arbeiter in den Niedriglohngruppen sind im Betrieb zur Mehrarbeit gezwungen, wollen sie nicht krasse materielle Entbehrungen in Kauf nehmen. Das bedeutet: nicht die sogenannte Leichtfertigkeit oder Bequemlichkeit schaffen eine unfallträchtige oder psychisch belastende Situation, sondern der geringe Lohn, die hohen Lebenshaltungskosten, die Akkordhetze und Fließbandmonotonie. Berufsunfälle sind zum größten Teil nicht selbstverschuldet, sondern Reaktion des Körpers auf Arbeitshetze und Arbeitsintensivierung.

Nun wäre es möglich, die «kriminelle Qualität» unfallträchtiger Arbeitsbedingungen zu entschärfen. Das schon vor Jahren verabschiedete Gesetz über Betriebsärzte, Sicherheitsingenieure und andere Fachkräfte sollte dazu beitragen. Und in der Tat ist ein Rückgang der Unfälle zu beobachten. Aber immer noch gibt es viel zu wenig Arbeitsmediziner, Betriebsärzte, Sicherheitsingenieure. Es wird geschätzt, daß ca. 9000 Betriebsärzte fehlen und 80000 Sicherheitsfachkräfte benötigt werden. In Bayern ist ein Bedarf von 1900 Arbeitsärzten veranschlagt worden,

1975 waren jedoch nur 163 hauptberufliche Betriebsärzte tätig (nach: Niederschrift des Hearings der SPD-Landtagsfraktion zum Arbeitssicherheitsgesetz am 21. 1. 1975).

Mangelhaft ist auch die Kontrolle der Gewerbeaufsichtsämter, die dazu verpflichtet sind, die Betriebe auf Unfallquellen zu untersuchen. Zwar führten im Jahr 1974 2060 Beamte im Außendienst 430000 Besichtigungen im gesamten Bundesgebiet durch und erfaßten dabei rund 230000 Betriebe. Das heißt aber, daß sie nur 17% der ihrer Aufsicht unterstehenden Betriebe kontrollierten. Und wie die Kontrollen aussehen, wenn es keine «Totalrevisionen» sind, wurde von einem Betriebsrat als «Augenwischerei» beschrieben. In Bayern wurden 1977 168442 Besichtigungen durchgeführt, 20,2% mehr als im Vorjahr. Aber in den Betrieben mit 1000 und mehr Arbeitnehmern wurden nur 13,2% Vollrevisionen, das heißt genaue Untersuchungen durchgeführt. Bei diesen Besichtigungen wurden 329740 Beanstandungen festgestellt, eine Steigerung von 26,2% gegenüber dem Vorjahr. Jedoch, die trockenen Zahlen verbergen viel von den persönlichen Erfahrungen, die der einzelne in den Betrieben macht, in denen es zu den Beanstandungen gekommen ist. Ob der Lärmschutz fehlte, keine Absauganlage für giftige Luft oder verschmutzte Arbeitsplätze der Grund für die Beanstandung waren – all das heißt noch nicht, daß die Mängel auch behoben werden. Nach einigen Monaten nämlich erhält der Betrieb eine Karte, auf der auszufüllen ist, daß die Fehler behoben bzw. beseitigt worden sind. Der Arbeitgeber kann auf gut Glück alles eintragen, auch wenn bisher noch nichts verändert worden ist.

Berufskrankheiten und psychische Verelendung

Der «Gesundheitskriminalität» bezichtigte in Duisburg-Huckingen der Betriebsrat die Geschäftsleitung. Denn obwohl am Blasstahlwerk II eine gesundheitsschädigende Konzentration von Giftstoffen gemessen wurde, weigerte sich das Unternehmen, den Werksangehörigen Atemgeräte zur Verfügung zu stellen. Schon vier Jahre zuvor hatte der Betriebsrat eine Überprüfung auf Schadstoffe für den Spülstand im Blasstahlwerk beantragt. Zuerst einmal wurde die Untersuchung verzögert und schließlich, als die ersten Ergebnisse vorlagen, erhielten weder die Belegschaft noch der Betriebsrat davon Kenntnis. Erst Ende März 1978, nach zahllosen Mahnungen und mit Hinweis auf Gesetzesmißachtung wurde das Untersuchungsergebnis veröffentlicht. Man höre und staune: Es gibt keinen Grund zur Beunruhigung. Demgegenüber berichten Kollegen in den Leserbriefen an die NRZ über erhebliche Gesundheitsschädigungen, so daß in einzelnen Arbeitsbereichen ganze Mannschaften ausgetauscht oder umbesetzt werden mußten. Umdenken, so die Arbeiter, werden die Unternehmer erst dann, wenn die ersten Krebserkrankungen bekannt werden.

Wie bei den Arbeitern des Chemiegiganten BASF. Dort sind seit 1969 mindestens 15 Chemiearbeiter an Bronchialkrebs erkrankt, nachdem sie mit dem Gift Dichlormethyläther gearbeitet hatten. Elf dieser Arbeiter sind inzwischen gestorben. Die Betriebsleitung dazu: «Es muß schweren Herzens vorausgesagt werden, daß ein erheblicher Anteil, wenn nicht die Mehrzahl der Verbliebenen, noch erkranken werden.» In der Tat sind das keine Ausnahmen, man hat sich nur daran gewöhnt, damit (abzu-)leben.

In Wirklichkeit ist das Ausmaß der Krebsverseuchung durch Arbeit viel höher. Dr. Wölke von der Bundesanstalt für Arbeitsschutz und Unfallforschung teilte auf einer Konferenz der IG Chemie/Papier/Keramik mit, daß etwa 1,2 Millionen arbeitende Menschen in der BRD Krebsopfer werden, weil sie an ihren Arbeitsplätzen mit krebserregenden Stoffen in Berührung kommen. Jeder 5. Mann und jede 20. Frau, die an Krebs leiden, seien durch «berufliche Einwirkungen erkrankt». In Bremen wurde bekannt, daß dort seit 1973 23 Arbeiter an Lungen- und Rippenfellkrebs gestorben sind – ausgelöst durch Asbest. Der DGB über Asbest: «8 ehemalige Arbeitnehmer eines Betriebes, in dem mit Asbestspritzverfahren gearbeitet wird, sollen verstorben sein» (DGB Nachrichten-Dienst, 17. 1. 1979).

Nach Angaben des Statistischen Bundesamtes und der Stadt Ludwigshafen waren 1976 in der BRD von je 100 Toten 19,6 an Krebs gestorben, in Ludwigshafen jedoch 21,7. Diese überdurchschnittliche Rate an Krebstoten ist auf die Konzentration der chemischen Industrie in diesem Gebiet zurückzuführen.

Bestimmte Kühlmittel in der Metallbearbeitung bilden extrem krebserzeugende Verbindungen (Nitrosamine), die nach Angaben von Krebsforschern alle möglichen Krebsarten vom Scheitel bis zur Sohle auslösen können (Hannoversche Allgemeine, 20. 11. 1978). Vor kurzem meldete die «Frankfurter Rundschau»: «. . . hat sich ein Stoff, der als Benzinzusatz verwandt wird, als der bisher stärkste Krebserreger gezeigt. Gefährdet sind besonders die Chemiearbeiter, Tankwarte und Bauern» (Frankfurter Rundschau, 23. 11. 1978).

- Arbeiter in der Gummiindustrie bekommen ca. vierzigmal häufiger Hirntumore als die übrige Bevölkerung.
- An Krebs, hervorgerufen durch Anilin aus der Farbenindustrie, sterben pro Jahr 30 Arbeiter.

Im Jahresbericht 1972 des Bayrischen Gewerbeaufsichtsamtes sind folgende Fälle von Berufskrankheiten erwähnt:

«Fall 1: Bei einem Arbeiter, der in den Jahren 1946 bis 1950 bei der Kampfstoffvernichtung mitarbeitete, hatte sich auf der Basis der damals erlittenen Schädigung der Atemwege erst jetzt eine chronische Bronchitis mit Lungenblähung entwickelt.

Fall 2: Der Magenkrebs bei einer Arbeiterin in einer Thermometerfabrik war auf langjährigen Kontakt mit Glas und Quecksilber zurückzuführen.

Fall 3: Demgegenüber konnten drei Fälle von Lungen- bzw. Bronchialkrebs bei zwei Spritzlackierern und einem Straßenbauarbeiter nicht mit Wahrscheinlichkeit als beruflich verursacht angesehen werden. Zwei Fälle von Kehlkopf- bzw. Stimmbandkrebs bei einem Glühfüller und einem Kaltlöter, wobei ein Schilddrüsenkrebs bei einem Tankwart ebenfalls nicht mit notwendiger Wahrscheinlichkeit als durch berufliche Einflüsse verursacht angesehen werden konnte» (Jahresbericht des Bayrischen Gewerbeaufsichtsamtes, München 1972, S. 83).

Untersuchungen über Schädigungen der Lunge und Bronchitis am Arbeitsplatz kamen zu dem Ergebnis, daß an Bronchialkrebs 54 Meister, 69 Unternehmer, 162 Steinklopfer, 162 Schweißer, 183 Werftarbeiter und 1375 Asbestarbeiter sowie 2820 Chromarbeiter starben. Es besteht demnach eine Korrelation zwischen Arbeitsbedingungen (und oft niedriger Entlohnung) und erhöhter Lungenkrebssterblichkeit. «Die größte Krebshäufigkeit in den unteren Sozialschichten ist seit langem bekannt. Bei praktisch allen Krebslokalisationen ist auch die Aussicht auf eine Heilung bei Wohlhabenden besser als bei Armen» (Basisgruppe Medizin, Tübingen, in: Das Gesundheitswesen in der BRD, Teil I, Analysen und Referate, Zeitschrift für Allgemeinmedizin, 8/1970).

Dabei ist heute noch nicht einmal sicher, ob alle krebserzeugenden Stoffe erfaßt sind. Auf eine Anfrage des SPD-Bundestagsabgeordneten Klaus Kirschner antwortete die Bundesregierung am 14. 12. 1978: «Es ist nicht auszuschließen, daß infolge der weiterentwickelten tierexperimentellen toxikologischen Forschungsmethoden sowie der arbeitsmedizinischen Erfahrungen und Erkenntnisse weitere Arbeitsstoffe als möglicherweise krebserzeugend erkannt werden.»

Frage des Abgeordneten Kirschner: «Herr Staatssekretär, wo sind nach Erkenntnissen der Bundesregierung die Ursachen dieser krebserzeugenden Substanzen zu suchen, und ist die Bundesregierung bereit, noch mehr Gewicht auf die Ursachenforschung zu legen?»

Antwort des parlamentarischen Staatssekretärs Buschfort: «Ich möchte nur die zweite Hälfte der Frage beantworten. Wir legen großes Gewicht darauf, und wir vergeben nicht nur in unserem Haus in beachtlichem Umfang Forschungsaufträge. Wo die Ursachen liegen, kann ich als Nichtmediziner leider nicht beantworten.»

Frage des SPD-Abgeordneten Sieler: «Welche Schwierigkeiten sieht die Bundesregierung, solche krebsfördernden oder krebserzeugenden gefährlichen Arbeitsstoffe generell zu verbieten?»

Buschfort: «Herr Kollege, sehr häufig befinden sich die Werte im

Streit, und auch die Arbeit der Verarbeitung ist häufig von Industrieunternehmen zu Industrieunternehmen unterschiedlich. Wir dürfen uns hier, glaube ich, im Interesse der Menschen, aber auch im Interesse der Arbeitsplätze wohl nur auf gesicherte Erkenntnisse verlassen. Sobald wir über gesicherte Erkenntnisse verfügen, ist es selbstverständlich, daß wir entweder die zulässigen Werte verändern oder aber, bei Beeinträchtigungen in beachtlichem Umfang, an ein Verbot zu denken haben.»

Frage des CDU-Abgeordneten Ey: «Herr Staatssekretär, ich habe nur eine Aufklärungsfrage. Sind nicht durch karzinogene Stoffe sowohl Arbeitgeber als auch Arbeitnehmer gefährdet?»

Antwort: «Alle können gefährdet sein, nicht nur die im Betrieb Beschäftigten, sondern möglicherweise auch Personen, die nichts mit dem Betrieb zu tun haben» (Bundestagsprotokoll vom 14. 12. 1978, S. 9787f.).

Es ist schon ein unglaublicher Zynismus, wenn die Arbeitnehmer als Versuchskaninchen benutzt werden. Sie dürfen solange mit krebserzeugenden Stoffen arbeiten, bis «gesicherte Erkenntnisse vorliegen». Das kann, wie die Erfahrung gezeigt hat, Jahre dauern. In diesen Jahren wuchert der Krebs, und auch die schönsten Reden der Politiker halten die Zerstörung der Gesundheit nicht auf. «Experten» wollten dem entgegentreten und machten den Vorschlag, daß man an den krebsgefährdeten Arbeitsplätzen nur die älteren Arbeitnehmer beschäftigen soll, da bei der Latenzzeit des Krebs einerseits und der verbliebenen Lebenszeit andererseits der Krebs keine Gefahr mehr für die Älteren mit sich bringt!!! Der Gedanke an das «unwerte Leben» drängt sich auf.

In Betrieben hilft man sich derzeit mit MAK-Werten, der «maximalen-Arbeitsplatz-Konzentration». In dieser Liste sind alle Arbeitsstoffe enthalten, die zu Gesundheitsschäden führen und deren Werte nicht überschritten werden dürfen. Doch diese Liste ist unvollständig und ungenau. Für einige in der MAK-Liste enthaltenen Stoffe, wie zum Beispiel Vinylchlorid, besteht der Verdacht, daß es gerade die kurzfristige Spitzenkonzentration ist, die zu einer Schädigung führt. Spitzenkonzentrationen sind in der MAK-Liste aber nicht enthalten. Die Liste enthält auch keine Aussagen über das Einwirken mehrerer Giftstoffe am Arbeitsplatz. Sie macht erst recht keine Angaben über die Gefährdung infolge einer Kombination der Belastung durch Arbeitsstoffe mit anderen Belastungen wie etwa Lärm, Nacht- und/oder Schichtarbeit (nach: Der Gewerkschafter, 1/1979, S. 13).

Bei Krebsgefahr kann es überhaupt keine tolerierbaren Grenzen geben. Zwar macht sich die Industrie mit Erfolg zunutze, daß bisher zwischen der Berührung mit einem krebserzeugenden Stoff und dem Auftreten der ersten bösartigen Wucherungen 10 bis 40 Jahre vergehen können und es daher schwierig ist, im konkreten Fall den Arbeitsplatz verantwortlich zu machen. Wissenschaftler haben jedoch bereits nachgewiesen, daß die Entstehungszeit immer kürzer wird. Man muß also nicht mehr 10 bis 40 Jahre warten, bis man an Krebs erkrankt und in der Regel auch daran stirbt, sondern der Krebs tritt immer früher auf, bedingt durch die Vielzahl der Krebserreger, sowohl in der Industrie als auch in der Umwelt.

Aber noch gibt es genügend Krebserkrankungen, die erst in der künftigen Generation, übertragen durch Keimzellen, ihre mörderische Wirkung zeigen. Das heißt, daß man heute überhaupt keine verläßliche Risikokalkulation darüber treffen kann, was den künftigen Generationen geschieht, wenn heute der Stoff in den Organismus von Männern und Frauen eindringt. Die Aussage, daß es noch weiterer Erkenntnisse darüber bedarf, um krebserzeugende Stoffe am Arbeitsplatz zu verbieten, zeugt von menschenverachtender Ignoranz.

«Nun haben die bisherigen Experimente mit krebserzeugenden Stoffen ergeben, daß hier kein Anhalt für die Existenz eines solchen Grenzwertes besteht. Alles deutet darauf hin, daß Cancerogene auch in geringsten Dosen akkumulieren können, um schließlich auch nach sehr langer Zeit zur Tumorerzeugung zu führen. Es gibt also weder ein tierexperimentelles Argument für die Existenz von Schwellen bei krebserzeugenden Stoffen, noch hat bisher irgendeine epidemiologische Studie quantitativ hinreichenden Anhalt ergeben, daß man die Existenz eines Krebsrisikos unterhalb einer bestimmten Dosis oder eines Konzentrationsschwellenwerts mit Sicherheit ausschließen könnte. Hinzu kommt noch ein Sachverhalt, der uns am meisten beunruhigt: es gibt auch keinerlei theoretischen Anhalt dafür, daß solche unbedenklichen Schwellen doch existieren könnten» (Prof. D. Henschler, Institut für Toxikologie der Universität Würzburg, Vortrag auf der 67. Fachtagung des Arbeitskreises Sicherheitstechnik am 10. 5. 1978 in Innsbruck).

Folgerungen wie diese sind für die Arbeitnehmer, aber auch für die Gewerkschaftsvertreter von erheblicher Tragik. Denn bis heute ist es immer noch üblich, die Grenzwerte so niedrig wie möglich zu halten, mit dem Argument, zu viele Sicherheitsmaßnahmen würden die Produktion belasten und Arbeitsplätze gefährden.

Hinzu kommt noch, daß nur ein Teil der krebserregenden Stoffe festgestellt ist, ein anderer Teil (Prof. Henschler spricht von 60%) ist noch nicht als krebserregend erkannt. Auf jeden Fall ist der Arbeiter gezwungen, dort zu arbeiten, wo seine Gesundheit zerstört wird. Entweder arbeitslos oder irgendwann krebstot – eine makabre Zukunftsvorstellung.

Ein Beispiel für viele: die Krebserkrankungen bei Dynamit-Nobel.

«Ein wiederum verbessertes Ertragsergebnis» wurde am Ende des Geschäftsjahres 1973 bei der Dynamit-Nobel AG in Troisdorf verzeichnet. Der Vorstand führte das unter anderem auf Bemühungen zurück, dem Kostenanstieg durch Rationalisierungsmaßnahmen zu begegnen.

Resultat war die Überweisung eines Gewinnes von 8,4 Millionen DM an die Muttergesellschaft Feldmühle, die dem Flick-Konzern gehört.

In eben diesem Jahr der Rationalisierungserfolge häuften sich bei Dynamit-Nobel Fälle einer bisher angeblich unbekannten Krankheit. Arbeiter klagten immer häufiger über Schwindelanfälle, Übelkeit, Orientierungsstörungen, Brennen an Händen und Fußsohlen – ihre Füße seien so taub, als seien sie abgestorben. Ein Arbeiter berichtet:

«Vor drei Jahren wurde es mir zum erstenmal schlecht. Zwei- bis dreimal in der Woche mußte ich in die Autoklaven (Druckbehälter) steigen, um die notwendigen Reinigungsarbeiten durchzuführen. Häufig hatte ich mit ohnmachtsähnlichem Schwindel zu kämpfen. Das wurde von Tag zu Tag schlimmer.»

Er ist einer der über 70 Arbeiter bei Dynamit-Nobel, die durch die PVC-Produktion krank und zum Teil invalidisiert wurden. Was ist das für eine Krankheit, von der man angeblich bisher nichts gehört hat? Wodurch entsteht sie?

Das Erdölderivat Polyvinylchlorid, den Chemikern seit 1878 bekannt, wird heute zur Herstellung von Kunststoffen verwendet, aus denen unzählige Gegenstände des täglichen Bedarfs bestehen. Zur Zeit werden in der BRD rund 1 Million Tonnen pro Jahr davon produziert. Hersteller sind die Chemiekonzerne Höchst und BASF, und auch die Dynamit-Nobel AG, wo 1953 mit der PVC-Produktion begonnen wurde.

Der Produktionsvorgang ist bei allen Firmen im wesentlichen gleich: Das aus Erdöl gewonnene, fast farblose Gas Vinylchlorid wird unter Druck mit Hilfe von Wasser bei Temperaturen von ca. 60 Grad Celsius in großen Druckbehältern – den Autoklaven – in den Kunststoff PVC umgewandelt. Krankheitserzeuger ist nicht der feste Kunststoff, sondern das Gas Vinylchlorid. Dieses Gas trat im Produktionsprozeß bei der Dynamit-Nobel infolge Undichtigkeiten der Autoklaven aus – beim Ablassen und Öffnen sowie beim Reinigen der Druckbehälter, was bis vor einem Jahr von Hand und ohne Schutzkleidung gemacht wurde. Die Arbeiter atmeten zwangsläufig das Gas ein, da es im Betrieb keinerlei Schutzvorrichtungen gab.

In extrem hohen Konzentrationen riecht das VC-Gas süßlich. Nach Empfehlungen von Arbeitsmedizinern der Deutschen Forschungsgemeinschaft darf die dauernde Konzentration von VC-Gas 100 ppm (parts per million: das bedeutet 100 Teile Gas auf eine Million Teile Luft) nicht übersteigen – riechen kann man das Gas jedoch erst bei einer Konzentration von 25000 ppm. Aus der Angabe von Arbeitern, daß es tatsächlich in einem Maße süßlich gerochen habe, daß Ohnmachtsanfälle vorkamen, ist zu schließen, daß sie das 120- bis 250fache der zulässigen Konzentration eingeatmet haben.

Die Folgen sind in einer Untersuchung durch sieben Mediziner der Bonner Universitätsklinik festgestellt worden. Bei den an der PVC-

Krankheit leidenden Arbeitern traten an den Händen Taubheitsgefühle, Kältegefühle und Kribbeln auf. Die Arbeiter klagten über Schmerzen in den Fingerkuppen und Lockerungen der Fingernägel, außerdem über gelegentliche Beschwerden wie Schwindel, Kopfschmerzen, Schwitzen, Übelkeit, Seh- und Hörstörungen. Durchblutungsstörungen an den Händen wurden nachgewiesen. Einige Arbeiter wiesen Hautveränderungen auf, trommelschlegelähnliche Auftreibungen an den Fingerspitzen, Knochenveränderungen und deutliche Verkürzungen der Fingerendglieder wurden festgestellt. Bei sechs Arbeitern hatte sich die Leber derart vergrößert und schwammig deformiert, wie es sonst nur bei «Säuferlebern» und schweren Lebererkrankungen vorkommt.

Nun ist die Giftigkeit des bei der Kunststoffproduktion verwendeten Gases Vinylchlorid in der Medizin seit Jahrzehnten bekannt. In der UdSSR wurde bereits 1949 von Leberschäden berichtet, weitere Veröffentlichungen folgten, zum Beispiel aus den USA. Dennoch wurden die Beschwerden und Krankmeldungen der Arbeiter bei Dynamit-Nobel weder für die Betriebsleitung noch für den Betriebsrat noch für Berufsgenossenschaft und Gewerbeaufsicht zum akuten Anlaß, einzugreifen – die beiden letzteren hätten zum Beispiel das Unternehmen zwingen können, die Arbeitsbedingungen so zu verändern, daß die Arbeiter keinen gesundheitsschädlichen Gasen ausgesetzt worden wären.

Die zugänglichen internationalen Veröffentlichungen über VC-Schäden hatten in der BRD nicht zu Maßnahmen geführt, durch die einer weiteren Schädigung der Arbeiter vorgebeugt worden wäre. Bis 1973 ließ man bei Dynamit-Nobel ohne wirksamen Arbeitsschutz weiter produzieren.

Festzustellen ist: Zu Reaktionen im Betrieb und bei staatlichen Instanzen kam es erst, nachdem Anfang 1973 die Betriebszeitung der DKP mit Mitteilungen über die schweren PVC-Erkrankungen die Öffentlichkeit alarmierte.

Jetzt dürfen die Autoklaven zur Reinigung nur noch mit Sauerstoffmasken betreten werden. Einige uralte Druckbehälter, bei denen das VC-Gas aus Ritzen und Löchern ausströmte, sind entfernt worden.

Die PVC-Krankheit wurde inzwischen als Berufskrankheit anerkannt. Für viele Arbeiter kommt das zu spät. Noch Anfang 1974 erklärte die Betriebsleitung, PVC sei nicht Ursache von Erkrankungen der in der Kunststoffindustrie Beschäftigten, und bis vor kurzem äußerte sich der Betriebsrat der Dynamit-Nobel nur beschwichtigend. Es war die DKP-Betriebsgruppe des Unternehmens, die erklärte, daß die Todesursache bei fünf in den letzten fünf Jahren im Alter zwischen 35 und 55 Jahren gestorbenen Arbeitern des Betriebes vermutlich VC-Vergiftungen gewesen sind – eine Erklärung, deren Wahrscheinlichkeit durch Berichte aus den USA unterstützt wird, wo zahlreiche Arbeiter, die jahrelang in der PVC-Produktion beschäftigt waren, Opfer von tödlich verlaufenen Krebserkrankungen wurden.

Das wahre Ausmaß der durch Vinylchlorid verursachten Erkrankungen und Todesfälle kann nicht abgeschätzt werden, weil

1. ein Großteil der in der PVC-Produktion Beschäftigten ausländische Arbeiter sind, die allenfalls drei Jahre bei der gleichen Firma tätig bleiben und
2. bei den langjährig bei Dynamit-Nobel beschäftigten Arbeitern die Langzeitwirkung schwer bestimmbar ist.

Die bestimmbare Marke ist bereits, wie das Vorstandsmitglied für die Sparte Chemikalien der Firma im Gespräch mit dem Autor erklärte, langfristig genug. Dr. Achterberg sagte:

«In allen Fällen wird eine Entschädigung gezahlt, auch wenn dic Arbeiter nicht mehr bei Dynamit-Nobel beschäftigt sind. Man nimmt ja allgemein eine Latenzzeit von 10 bis 15 Jahren an, bis die Krankheit überhaupt ausbricht. Aber auch diese Fälle werden entschädigt werden.»

Bei vielen Arbeitern, deutschen wie ausländischen, die länger bei Dynamit-Nobel gearbeitet haben, werden die geschilderten Vergiftungsfolgen langfristig auftreten – zu einem Zeitpunkt möglicherweise, an dem eine VC-Vergiftung als primäre Ursache für Krankheiten wie Bronchialkrebs oder Tuberkulose schwer nachzuweisen sein wird.

Im Jahr 1974 sind bereits zwei neue Fälle der VC-Krankheit bekannt geworden. Dr. Achterberg, Vorstandsmitglied für die Sparte Chemikalien: «Daß es neue Erkrankungen gegeben hat, kann man nicht so richtig sagen. Es sind neue Verdachtsfälle aufgetreten. Es kann aber sein, daß sich diese Verdachtsfälle als harmlos herausstellen.»

Frage: «Ist es zu Todesfällen gekommen?»

Dr. Achterberg: «Es ist zu zwei Todesfällen durch Krebs gekommen, die durch die PVC-Produktion bedingt sind.»

Frage: «Wie ist es überhaupt zu den Erkrankungen gekommen?»

Dr. Achterberg: «Die allgemeinen MAK-Werte betragen 100 ppm. Bei uns werden diese Höchstwerte deutlich unterschritten. Wir haben diese Höchstwerte inzwischen auch schon heruntergesetzt. 1970 lagen sie bei 500 ppm.»

Frage: «Es kann doch immer wieder zu Gasausbrüchen kommen, zum Beispiel durch schadhafte Autoklaven?»

Dr. Achterberg: «Natürlich kann es immer zu betrieblichen Störungen kommen. Das ist nicht ausgeschlossen. Aber es stimmt auf jeden Fall nicht, daß wir die Sicherheitsbestimmungen außer acht gelassen haben oder sie nicht beachtet werden, nur um die Produktion zu erhöhen.»

Fatal für die Arbeitnehmer ist, daß die genannten MAK-Werte inzwischen längst als zu hoch gelten.

«Wir stellten fest: Schon bei 100 ppm treten bei Versuchen an Tieren

Veränderungen an den Nieren und an der Leber auf. Das hat uns veranlaßt, 1970 den MAK-Wert auf 100 ppm zu senken. 1974 wurde klar, daß bestimmte Tumore, die man in Tierversuchen gefunden hatte, auch beim Menschen auftreten. Nun haben wir eine technische Richtkonzentration von 5 ppm in der BRD eingeführt, und zwar zugleich mit der Maßgabe, daß der Wert in Kürze wahrscheinlich weiter reduziert werden wird, soweit die technischen Schutzmaßnahmen eben mitziehen können» (Prof. D. Henschler in seinem Vortrag auf der 67. Fachtagung des Arbeitskreises Sicherheitstechnik am 10. 5. 1978 in Innsbruck).

Solche Krebserkrankungen werden als «Berufserkrankungen» statistisch erfaßt. Neben den Berufsunfällen gehören diese Berufskrankheiten zu den wesentlichen Ursachen psychischer und physischer Verelendung.

1977 gab es insgesamt 48189 angezeigte Fälle von Berufskrankheiten (1975: 36374), eine trotz jährlicher Steigerungsrate im Vergleich zu den Berufsunfällen niedrige Zahl. Da aber Berufskrankheiten erst im Lauf der Zeit ihre zerstörende Wirkung zeigen, sagt diese Zahl wenig aus. Zunehmend bei diesen Berufskrankheiten sind im wesentlichen die Lärmschäden, Hauterkrankungen, Silikose- und Infektionskrankheiten.

Dauernde Nervosität bis hin zu Schäden am Gehörsystem sind die psychischen wie physischen Auswirkungen des ständig steigenden Lärms. Dabei fällt auf, daß Arbeiter besonders unter dem Lärm zu leiden haben. Ihre Wohnungen liegen in Zonen mit starker Lärmgefährdung, und die Bewohner von Arbeitersiedlungen arbeiten ebenfalls überwiegend in Arbeitsstellen mit starker Lärmgefährdung. Lärmeinwirkungen sind – und selbst industriefreundlich gesinnte Wissenschaftler bestätigen diese Tendenz – für das psychische Wohlbefinden, die allgemeine Gesundheit und demnach die gesamte Lebensqualität von enormer Bedeutung. Beispiel: In der Faßreinigung der Treviraabteilung bei Höchst ist eines der Hauptprobleme der Lärm. Beeinträchtigungen der Hörfähigkeit sind die schlimmsten Auswirkungen der Arbeit unter diesen Bedingungen. Dazu gehören auch Nachlassen der Konzentration, Gereiztheit unter den Kollegen, häufiges Unwohlsein und Mattigkeit, sexuelle Störungen und Magenkrankheiten. Aber nicht nur in den Farbwerken Höchst, sondern an den meisten industriellen Arbeitsplätzen bedeutet Lärm psychische Verelendung. Bei einer ärztlichen Begutachtung von Stahlarbeitern, die starkem Lärm ausgesetzt sind, kam man zu folgenden Befunden:

«Es ergab sich, daß bei der lärmreichen Gruppe eine deutliche Häufung von Durchblutungsstörungen in der Haut und in den Schleimhäuten vorhanden war. Es ergab sich aber auch eine größere Häufigkeit von Irregularitäten der Herztätigkeit. Und wenn auch nicht statistisch signifikant, eine Vermehrung der Verdauungsstörungen und eine größere Häufung von Gleichgewichtsstörungen. Zumindest ein Teil der beobachteten Erscheinungen läßt sich als ein Stationärwerden des durch die Reflexe hervorgerufenen Zustandes bei diesen Lärmarbeitern auffassen, so zum Beispiel die Durchblutungsstörungen der Haut und Schleimhaut. Andere lassen sich ohne Schwierigkeiten auf die durch die Lärmreaktion bedingten Veränderungen im vegetativen Bereich zurückführen. Es dürfte also durch diese Untersuchung der Beweis erbracht sein, daß die langandauernde Einwirkung intensiven Lärms auf das Vegetativum zu Dauerveränderungen führt, die bereits den Charakter klinischer Symptome tragen» (F. Naschold: Systemanalyse des Gesundheitswesens in Österreich, a. a. O., Bd. II, S. A/65).

Mangelnde Kommunikation am Arbeitsplatz einerseits, die durch rigide Unterdrückung jeglicher kollegialen Kommunikation gekennzeichnet ist, führt zur Isolierung des einzelnen Arbeiters, zu seiner Verelendung. Darüber hinaus führt Lärmbelästigung zu Unbehagen, Ärger, Verdruß, Unmut und Aggression.

Doch viele berufsbedingte Erkrankungen werden überhaupt nicht als Berufskrankheiten angeführt:

Arbeitsbelastung	**Gesundheitsschäden**
Lärm in Lautstärken von 65 bis 85 Dezibel (db), erhöhte psychische Belastung, Nachtschichtarbeit, Vibration	Vegetative Regulationsstörungen
Lärm wie oben, erhöhte psychische Belastungen	Herz- und Kreislaufschäden
Erhöhte psychische Belastung	Herzkrankheiten
Erhöhte psychische Belastung	Magengeschwüre
Nacht-Schichtarbeit, wiederholte gleichförmige Belastungen, Zwangshaltungen	Verschleißschäden der Wirbelsäule, des Bewegungsapparates

«10% der Belegschaft werden als Schwerbehinderte anerkannt. Vor 5 Jahren waren das erst 5%. Der rapide Anstieg dieser Zahlen, die nach wie vor hohe Quote von Unfällen (3230 in 1977), die 8 Todesfälle des vergangenen Jahres, die Qualen von Wechsel- und Nachtschicht, eure Kopf-, Magen und Kreislaufbeschwerden, all das sind keine individuellen Krankheiten und Wehwehchen, die mit Tabletten zu kurieren wären. Das sind Folgen einer Arbeitsweise und eines Arbeitstempos, das uns immer früher unserer Lebenskraft und unserer Gesundheit beraubt. Welches Unternehmen nimmt denn heute noch Kollegen, die das 50. Lebensjahr überschritten haben? Die sind verbraucht, kaputt, ausgesogen von der Maloche für den Profit, und als Dank dafür dürfen sie gehen» (Mannesmann-Arbeiter, Vertrauensleute, Flugblatt zum Streik der Stahlarbeiter im Winter 1978).

Tatsächlich wird das Ausmaß der Berufskrankheiten, überhaupt der gesamten Arbeit im kapitalistischen Produktionsprozeß erst deutlich, wenn die Entwicklung der Frühinvalidisierung in der BRD untersucht wird. Hier existiert ein bisher kaum gekanntes Ausmaß an psychischer Verelendung.

Auf dem Schrottplatz der Gesellschaft

Invalidisierung bedeutet: Die Arbeitskraft wird durch die Arbeitsbedingungen und das allgemeine Arbeitsmilieu derart verschlissen, daß sie im Betrieb nicht mehr produktiv eingesetzt werden kann. Der Arbeitnehmer wird als psychisches und physisches Wrack mit einer am Existenzminimum orientierten Rente abgeschoben.

1970 erhielten mehr als die Hälfte aller Arbeiter-Neurentner eine vorzeitige Rente infolge psychischer und physischer Abnutzung durch die Arbeit.

1977 hat sich diese Zahl weiter erhöht: nur noch 22% aller Arbeitnehmer konnten so lange arbeiten, bis sie die reguläre Altersrente bezogen.

Sieht man sich das Alter der Frührentner an, so stellt man fest, daß bei den berufsunfähigen Arbeitern zwar die größte Gruppe, nämlich ein Drittel, zwischen 60 und 64 Jahren alt war. Faßt man dann die 50- bis 59jährigen zusammen, so machen sie immerhin 40% aus. Bei den Frauen entfällt ebenfalls ein Drittel der Arbeiter-Rentnerinnen auf die Altersgruppe 60–64 Jahre. Aber fast 50% sind zwischen 50 und 59 Jahre alt.

Dabei trifft das Schicksal, frühzeitig in Rente zu gehen, nicht alle Berufstätigen gleichermaßen:

1977 mußten 103000 Arbeiter vorzeitig wegen Berufs- und Erwerbsunfähigkeit aus dem Arbeitsleben ausscheiden, aber nur 30000 Angestellte. Ähnlich die Zahlen bei den Arbeiterinnen und weiblichen Angestellten: 91000 Arbeiterfrauen und 42000 Angestellte wurden ‹ausgemustert›. So liegt heute das Durchschnittsalter der Rentenempfänger bei Arbeitern bei 59,5 Jahren, Angestellten 61,8 Jahren (nach: Statistik der Deutschen gesetzlichen Rentenversicherung, Rentenzugang und Rentenwegfall 1977, Frankfurt 1978, S. 1).

Tatsache ist, daß die Berufe mit der höchsten Lebenserwartung auch die geringsten Frühinvaliditätsraten aufweisen, und daß die Angehörigen von Berufen mit dem höchsten Anteil an Frühinvaliden (Eisen- und Bauhilfsarbeiter, Schlosser, Schweißer, Presser u. a.) die geringste Lebenserwartung nach Rentenbeginn haben: Sie erreichen nur ein Durchschnittsalter zwischen 49,2 und 62,6 Jahren. Sie hatten eine Frühinvaliditätsquote von 30 bis 40% und bezogen ihre Frühinvalidenrente nur drei bis sechs Jahre lang. Parlamentsabgeordnete dagegen und andere Arbeitende in führenden Tätigkeitsbereichen erreichten in der Regel das 70.

und 80. Lebensjahr. Und es sind keine statistisch bemerkenswerten Fälle bekannt, daß jemand aus diesen Berufsgruppen wegen Invalidität vorzeitig aus dem Erwerbs- und Berufsleben ausscheiden mußte (vgl. L. Popper: Beruf und Lebenserwartung im Spiegel der Statistik, Untersuchungen zum Problem der Frühinvalidität, Wien 1961, S. 45).

Regionale Untersuchungen der Frühinvalidität kommen zu noch dramatischeren Ergebnissen. Im Saarland konnten im Jahre 1976 nur jeder 5. Mann und jede 10. Frau die Altersrente beziehen. Vorzeitig, wegen Berufsunfähigkeit oder Erwerbsunfähigkeit bzw. Arbeitslosigkeit, haben das Erwerbsleben aufgeben müssen: 78% der Männer und 70% der Frauen. Der Anteil der mit dem 65. Lebensjahr aus dem Erwerbsleben ausscheidenden Männer hat in den letzten fünf Jahren ständig abgenommen: 1971 waren es noch 21%, im Jahr 1976 nur noch 9% (nach: Bericht an die Regierung des Saarlandes, Arbeitskammer, 1977, S. 197).

Auffällig ist die Ungleichgewichtigkeit bei den Ursachen der vorzeitigen Berufs- bzw. Erwerbsunfähigkeit.

Krankheit	**Arbeiter**		**Angestellte**	
	männl.	*weibl.*	*männl.*	*weibl.*
Krebs	5629	7731	1827	3840
Herzkrankheiten	14744	12966	4966	3099
Bronchitis	7866	1690	744	388
Neurosen, Psychosen etc.	3148	2559	756	1518

Diese Zahlen aus dem Jahr 1973, entnommen dem Gesundheitsbericht 1977 des Bundesministeriums für Jugend, Familie und Gesundheit, zeigen sehr wohl das Bild der besonderen Arbeitsbelastungen für Arbeiter, im Gegensatz zu den Angestellten. Auch wenn man davon ausgeht, daß ca. 11 Millionen Erwerbspersonen Arbeiter sind und nur 9,1 Millionen Angestellte, läßt sich trotzdem nachweisen, daß Arbeiter überdurchschnittlich häufig auf Grund berufsbedingter Einwirkungen vorzeitig erwerbs- bzw. berufsunfähig werden. Interessanter noch wäre der Vergleich, wenn man die Sparte der Beamten und der Unternehmer zum Vergleich hätte, die aber werden – aus gutem Grund – in der Statistik nicht geführt.

Männliche Arbeiter mit 30 werden durchschnittlich drei- bis viermal häufiger als Bauern, fünfmal häufiger als Angestellte und ca. hundertmal häufiger als Selbständige erwerbsunfähig (vgl. Liebmann, in: Schriftenreihe des Forschungsinstituts für Soziale Sicherheit beim Hauptverband der österreichischen Sozialversicherungsträger, Bd. I, Wien 1974).

Wie sehr sich die arbeitsbedingten Belastungen auf die Frühinvalidität auswirken, zeigt das Beispiel der Lokführer bei der Deutschen Bundesbahn. Das durchschnittliche Alter der «Zurruhesetzung» sank seit 1960 von 59,3 Jahren auf 55,9 Jahre im Jahr 1977. Wegen Dienstunfähigkeit mußten 10,5% bereits zwischen ihrem 46. und 50. Lebensjahr, 16,1% zwischen dem 51. und 55. Lebensjahr und 33,3% zwischen dem 56. und 60. Lebensjahr den Dienst quittieren. Davon allein 57,5% wegen Herz- und Kreislauferkrankungen (nach: Der Deutsche Eisenbahner, Zeitung der Gewerkschaft der Eisenbahner Deutschlands, 12/1978, S. 18).

Doch diese extrem hohe Quote der durch Verschleiß aus dem Arbeitsprozeß geworfenen Arbeiter ist nur die Spitze eines Eisberges. Darüber hinaus gibt es noch die große Zahl der Arbeitsgeschädigten, die allenfalls noch leichte und einfache Tätigkeiten verrichten können, die mit unbefriedigenden Arbeiten abgespeist werden. Diese heimliche Invalidität, von der ca. 50% aller Arbeiter betroffen sind, hat jedoch nichts mit altersbedingter Abnutzung zu tun. Forschungen in der Geriatrie haben nachgewiesen, daß der Alterungsprozeß nur einen begrenzten Einfluß auf die menschliche Leistungsfähigkeit hat, daß das Altern wohl qualitative Verschiebungen der Leistungsfähigkeit bedingt, nicht aber generell ein kontinuierliches Abfallen der Leistungskurve verursacht.

«1. Die These vom generellen Nachlassen bestimmter Funktionen muß zurückgewiesen werden.
2. Innerhalb der Psychomotorik setzt mit fortschreitenden Jahren weniger eine quantitative Abnahme als vielmehr eine qualitative Umstrukturierung ein.
3. Von einem generellen Nachlassen der Lernfähigkeit im Alter kann nicht gesprochen werden; auch hier scheint es sich eher um Umstrukturierungen zu handeln» (V. Lehr und R. Schmitz-Scherzer: Psychologische Störfunktionen des modernen Arbeitslebens, in: Zeitschrift für Gerontologie, Bonn 1969, S. 183).

Es bestehen natürlich auch Möglichkeiten, die frühzeitige Arbeitsunfähigkeit zu vermeiden, unter anderem durch Kuren. Stieg bis 1974 die Zahl der Kuren um knapp 44% an, so sank sie in den Jahren 1975 und 1976 um bis zu 17%. Allgemein wird diese Entwicklung auf die Wirtschaftskrise zurückgeführt. Arbeitnehmer, die eine Kur bitter nötig haben, stellen aus Angst, ihren Arbeitsplatz zu verlieren, erst gar keinen Antrag. So gibt es zum Beispiel Arbeitgeber, die ‹unseren Mitarbeitern› mitteilen, daß sie, sollten sie ohne Rücksprache mit der Geschäftsleitung in Kur gehen, einen Grund zur fristlosen Kündigung bieten. Hinzukommt, daß besonders Arbeitnehmer der unteren Einkommensgruppen meist so krank sind, daß eine Kur auch nicht mehr helfen würde.

Weitaus höher als in allen vergleichbaren Stadtteilen ist denn auch die Invaliditätsrate in den Obdachlosengettos. Lediglich 20 bis 30% der Erwerbstätigen erreichen überhaupt das Rentenalter. Denn gerade bei Obdachlosen kumulieren Arbeitsbelastung, Unfallgefährdung und die Belastungssituation der sozialen Umgebung.

«Frühinvalide, die von schwerem Asthma geplagt nur noch mit pfeifenden Lungen ihre wenigen Treppenstufen hochkommen, werden folglich nicht in Kur geschickt, um sich in reiner Atmosphäre einmal Lungen und Bronchien durchlüften zu lassen, sondern mit einem ganzen Arsenal billigster Pillen vollgestopft, die zwar kurzfristig die akuten Beschwerden beseitigen, aber sie langfristig um chronische Organschäden vermehren. Manch einer von diesen von Luftnot Geplagten verfällt nach einiger Zeit auf den verzweifelten Einfall, die Atemwege mit Alkohol zu reinigen. Kurzfristig stellt sich auch hier Besserung ein, auf die Dauer wird davon aber die Leber zerfressen» (AG Obdachlosen, Wiesbaden-Mühltal, 1976, S. 114).

Doch selbst eine Kur bedeutet noch keine Heilung. Diese Reparatur der Ware Arbeitskraft kann allenfalls zu vorübergehenden Besserungen führen. Eine Untersuchung des Verbandes Deutscher Rentenversicherungsträger aus dem Jahr 1976 weist nach, daß nur bei 471 von 7779 wegen Psychosen und Psychoneurosen Behandelten eine wesentliche Besserung registriert werden konnte. Bei 855 war der Zustand unverändert, bei 30 Patienten hatte er sich verschlechtert, sechs Personen waren gestorben. Gebessert hat sich der Gesundheitszustand bei 6415 Personen, wobei Besserung lediglich Symptombefreiung bedeutet. Das heißt, daß bei nur 6,1% aller behandelten Arbeiter eine wesentliche Besserung erreicht werden konnte, und zwar bei einem Gesundheitszustand, der bisher zu erheblichen Beeinträchtigungen der Arbeitskraft geführt hatte (Statistik der deutschen gesetzlichen Rentenversicherung, Bd. 49, Oktober 1977).

In diesem Kontext ist auch die Armut zu begreifen. Gerade die Arbeiter, und besonders die unqualifizierten Arbeiter, sind erheblicher materieller Not ausgeliefert. Sie leben schlecht und müssen die schwersten und unbefriedigendsten Arbeiten verrichten, die sich durch hohe Unfallquoten und gesundheitliche Beeinträchtigungen sowie geringen Lohn auszeichnen. Der gesundheitliche Verschleiß führt zu einer frühen Invalidisierung, noch geringerem Einkommen, also auf geradem Weg in die psychische Verelendung.

Das folgende Gedicht hing am «schwarzen Brett» eines Betriebes der Firma Girmes AG, von einem Betroffenen verfaßt und den Arbeitskollegen mitgeteilt. Es geht dabei um die Einführung neuer Webmaschinen. Das Gedicht entstand 1978:

Auf und ab und ab und auf
ist des Greiferwebers Lauf.
60 Meter eine Tour,
120 mit Retour.
8 Stunden lang kannst du sie rennen,
weil immer rote Lampen brennen.
Hat Feierabend dann das Weberlein,
fällt er wie ein nasser Sack ins Bett hinein.
Alpträume quälen ihn dann sehr,
denn Greifer sausen hin und her.
Du träumst von Twister und vom Fadenbruch,
von Spatten und vom Federzug.
Die eheliche Pflicht indessen,
die kannst du ganz und gar vergessen.
Mit 50 Jahren so alsdann,
ist man dann ein müder Mann.
Hast keine Freude mehr am Leben,
geschweige denn auf Greifer weben.

Die besonderen Belastungsfaktoren industrieller Arbeit

Arbeitsbedingungen und Umwelteinflüsse wirken sich nicht nur auf die Gesundheit aus, sondern auch auf die allgemeine Lebenserwartung. Betrug bis vor wenigen Jahren noch die mittlere Lebenserwartung 67 Jahre, die bei entsprechender sozialer und medizinischer Vorsorge weiter ausgebaut werden konnte, so zeichnet sich seit einigen Jahren eine Trendumkehr ab. Nach allgemeinen Untersuchungen der Weltgesundheitsorganisation ist in den industriellen Ballungszentren die Lebenserwartung in den letzten 15 Jahren um drei Jahre gesunken. Berufstätige Frauen haben dabei die geringsten Chancen, lange zu leben. In Österreich liegt die Lebenserwartung der berufstätigen Frauen beträchtlich unter dem Durchschnitt der allgemeinen weiblichen Lebenserwartung. Weibliche Angestellte können nur 90% der durchschnittlichen Lebenserwartung aufweisen. Arbeiterinnen liegen noch weit unter dem niedrigeren allgemeinen Durchschnitt beider Geschlechter. Männliche Arbeiter liegen dabei mit beträchtlichen berufsspezifischen Unterschieden am tiefsten, Angestellte über dem allgemeinen Durchschnitt. Zu ähnlichen Ergebnissen ist man auch in der BRD gekommen: «In der BRD war 1970 das durchschnittliche Sterbealter (70,1) um zwei Jahre niedriger als das in der Angestelltenversicherung (72,1). Diese bestürzende Differenz ist das Ergebnis des Gesamteffektes aller Unterschiede in den Lebenslagen und der Berufssituation dieser Bevölkerungsgruppen» (C. Helberger: Ziele und Ergebnisse der Gesundheitspolitik, in: W. Zapf, Lebensbedingungen in der BRD, Frankfurt 1977, S. 705).

Was bedeutet diese Trendumkehr? Sie hat viel damit zu tun, daß die Ursachen der Frühsterblichkeit, Arbeits- und Umweltbedingungen, nicht mehr durch ein ausgeklügeltes System medizinischer Forschung und ärztlicher Behandlung behoben werden können. Die Lebens- und Erlebenschancen im vorherrschenden Produktionsprozeß sind die Ursache dieser Lebenserwartungsdefizite. Bestätigt wird das durch eine auf 15 Jahre angelegte Studie aus Amerika, die feststellt, daß die beiden wichtigsten Vorhersagekriterien für die Lebenserwartung nicht der medizinische Befund einer physischen Untersuchung, die genetische Lage oder der Grad des Tabakkonsums sind, sondern die beiden sozio-psychologischen Faktoren «Arbeitszufriedenheit» und «allgemeines Wohlbefinden» (E. Palmore: Predicting Longevity. A Follow-Up Controlling for Age, 1969, zit. n. F. Naschold: Systemanalyse des Gesundheitswesens in Österreich, Wien 1975, S. II/a7).

Frühe Sterblichkeit und hohe Invaliditätsquoten sind die gravierendsten und endgültigen Auswirkungen des hochindustrialisierten Kapitalismus. Um es zu Tod oder Invalidität kommen zu lassen, bedarf es jedoch noch einer Vielzahl von anderen Belastungsfaktoren. Diese Belastungen beginnen schon auf dem Weg zur Arbeit. Die meisten Pendler, diejenigen, die außerhalb der Metropolen in den Schlafstädten wohnen, müssen ein bis zwei Stunden fahren, bis sie überhaupt ihren Arbeitsplatz erreichen. Wer in Regensburg wohnt und in Nürnberg arbeitet, muß mindestens eineinhalb Stunden Anfahrtzeit rechnen, mit Staus und kilometerlangen Autoschlangen, so daß er schon zermürbt seinen Arbeitsplatz erreicht. Eine Konsequenz: 1975 kam es zu 165 492 Wegeunfällen, von denen 1330 tödlich verliefen. Der Grund: Hetze im Berufsverkehr, die Nervosität während des Autofahrens durch den Druck, pünktlich zur Arbeit kommen zu müssen, oder auch Erschöpfungszustände auf der Fahrt von der Arbeit nach Hause. Ein Arbeiter: «Obwohl ich heute nicht länger als früher arbeite, habe ich weniger Freizeit. Morgens muß ich früher aufstehen, abends komme ich später nach Hause.»

Nicht nur die Arbeitszeit verlängert sich durch lange Anfahrtswege, auch psychische und psychosomatische Erkrankungen treten bei Pendlern ungleich häufiger auf als bei Arbeitnehmern, die nur einen kurzen Weg zur Arbeit haben. Nervöse Erscheinungen, Magen- und Darmstörungen sowie Herzleiden entstehen durch die Belastungen des Straßenverkehrs.

Besondere Einwirkungen auf das Leben der Arbeitnehmer sind die zahlreichen betriebsbedingten Belastungsfaktoren. Einer ist die immer noch reichlich anzutreffende Schwerarbeit.

Schwerarbeit, verbunden mit ungünstigen Arbeitsbedingungen, ist ein wichtiger Faktor bei der Entwicklung der Verschleißkrankheiten, von denen schon die Rede war. Bei einer Untersuchung von etwa 200 Arbeitsplätzen mit manuellen Transportarbeiten in Industrie- und Gewerbebetrieben sowie im Handel- und Dienstleistungsgewerbe wurde festgestellt, daß etwa 12% der Arbeiter Beanspruchungen ausgesetzt sind, die weit über die Dauerleistungsgrenze hinausgehen. Bei 15% der Arbeiter lagen die Beanspruchungen leicht darüber, bei ca. 36% an der Dauerleistungsgrenze, und nur bei 7% der Arbeiter waren sie weit darunter.

Unter Dauerleistungsgrenze wird eine Kreislaufbeanspruchung verstanden, die eine gesunde Person ein Berufsleben lang ohne gesundheitliche Schädigungen aushalten kann. In der BRD müssen dabei ca. 18 bis 20% der in der Industrie Beschäftigten ausgesprochene Schwerarbeit ausführen. «In der Eisen-Stahl-Industrie finden sich Arbeitsplätze mit maximalen Belastungen, die mit denen eines Leistungssportlers identisch sind. Bei dieser Feststellung muß man berücksichtigen, daß der Leistungssportler derartige Leistungen nur kurzfristig in einem Jahr seines Lebens durchführt, während die im Produktionsgeschehen stehenden Belegschaftsmitglieder diesen Belastungen täglich über eine Achtstundenschicht ausgesetzt sind. Sie sollten diese möglichst über Jahrzehnte ohne Lohnverlust und Arbeitsplatzwechsel ausüben können. Physische Schwerarbeit führt zu erhöhten Erkrankungszeiten, gehäuften Unfällen und u. U. auch zu einer vorzeitigen Invalidität» (Th. Hettinger: Die physische Belastung an Arbeitsplätzen der Eisen- und Stahlindustrie, in: Arbeit und Leistung, 11/1969, S. 203).

Andere Studien gehen davon aus, daß die starken Zusatzbelastungen durch negative Umgebungseinflüsse wie Hitze, Lärm etc. geeignet sind, langfristige Schädigungen hervorzurufen. Selbst wenn die physische Belastung in den letzten Jahren zurückgegangen ist, ist die psychische Belastung dafür erheblich gestiegen. «Doch darf man nicht annehmen, daß die Rationalisierungen unbedingt immer von unangenehmer körperlicher Plackerei befreien. Die physische Arbeit wird zwar in vielen Fällen erleichtert, recht häufig nimmt sie aber durch den technischen Fortschritt einen unangenehmeren Charakter an» (ATA-Studie 1971, Arbeiter und Angestellte im technischen Wandel, Zwischenbericht des Instituts für Gesellschaftspolitik, Wien 1971).

Der gleichen Studie ist folgende Aufstellung über unterschiedliche Belastungsformen zu entnehmen:

	Arbeiter	**Angestellte**
Körperliche Belastung	18 %	1 %
Nervliche Belastung	31 %	45 %
Arbeitstempo	29 %	17 %
Umgebungseinflüsse (Lärm, Hitze, Schmutz etc.)	43 %	15 %

Was heißt: die Arbeit ist in vielen Fällen noch genauso mörderisch wie vor 30 oder 40 Jahren und wirkt sich dementsprechend auf das psychische und physische Wohlbefinden aus.

Ein Beispiel: «‹Bei Opel gibt es weder im Preßwerk noch im Rohbau, noch in der Lackiererei schwerste körperliche Arbeit im Sinne der Arbeitswissenschaft›, das schrieb Bochums Personalchef Dr. Prein im Juli 1976. Er sollte mal eine Schicht lang bei den Einlegern in der Abteilung 3381 arbeiten! Die beiden Kollegen, die den Vorderbau vom Förderer abheben und in den Rahmen einlegen, müssen weit über 600mal pro Schicht 15 kg heben. Das macht 180 Zentner pro Schicht! Die Kollegen, die jeweils zu zweit die Seitenwände vom Förderer heben, in den Rahmen einlegen und diesen dann zusammenschieben, bewegen rund einen Zentner pro Wagen. Also jeder fast 300 Zentner pro Schicht! Fast alle Einleger haben infolge dieser dauernden körperlichen Schwerstarbeit Rückenbeschwerden, Kreuzschmerzen, kaputte Bandscheiben usw. – Letzte Woche mußte ein ausländischer Kollege aus dieser Abteilung mit Leistenbruch ins Krankenhaus. Eine besondere Schweinerei: früher waren an dieser Stelle 8 Kollegen eingesetzt. Dann kamen 1975 Opels Stopper – und es blieben nur noch 7 Kollegen übrig . . . Wen wundert es, daß in Abteilung 3381 auch erhebliche Unfallgefahren bestehen? Fast täglich passiert es, daß eine Punktschweißzange an den Karosserien hängenbleibt und mitgezogen wird. Dann verdreht sie sich und schleudert plötzlich heftig zurück, so daß die Kollegen blitzschnell reagieren müssen, um nicht voll getroffen zu werden. Dazu kommt: die Schweißzangen hängen so eng beieinander, daß der Mensch automatisch beim Punktschweißen die Nachbarzange 600mal am Tag ins Kreuz kriegt. Bei den Einlegern besteht erhöhte Unfallgefahr durch die scharfen Kanten der Blechteile, die an den Fördergehängen über ihren Köpfen ankommen. Kürzlich wurde einem Kollegen fast ein Ohr abgeschnitten! Einziger Unfallschutz: Helmpflicht für die Kollegen . . . Daß im Sommer unter dem Helm die Suppe nur so runterläuft, das interessiert die Unfallabteilung nicht. – ‹Ja, aber wir haben doch extra einen Ventilator über dem Band angebracht.› – Der Ventilator bringt nur eins: dauernde Zugluft für die Kollegen. Also erhöhtes Gesundheitsrisiko. Wer aber bei Opel öfter krank wird, der weiß inzwischen, was ihm blüht: antreten auf Zimmer 6 . . . Kündigungsdrohung» (Flugblatt-Auszug der Gruppe oppositioneller Gewerkschaftler, GOG, bei Opel in Bochum).

Nacht- und Schichtarbeit

Nacht- und Schichtarbeit wird von den Betroffenen als die verwaltete Zerstörung menschlichen Lebens beschrieben. Diese Nacht- und Schichtarbeit, auch die Sonntagsarbeit, hat in den letzten Jahren eher zugenommen. Allein der Anteil der Nacht- und/oder Schichtarbeiter und/oder Sonntagsarbeiter ist von 1960 bis 1972 von 12% auf 17,5% gestiegen. Der Zuwachs war fast viermal so groß wie der Zuwachs der abhängig Beschäftigten überhaupt. 1972 war jede 5. männliche und jede 10. weibliche Arbeitskraft in Nacht- und/oder Sonntagsarbeit beschäftigt. Im übrigen ist der Anteil der Arbeiter an der Gesamtzahl der in Nachtschicht eingesetzten abhängig Erwerbstätigen übermäßig hoch: 64% in der BRD (nach: M. Osterland, W. Deppe u. a.: Materialien zur Lebens- und Arbeitssituation in der BRD, Frankfurt 1973, S. 72).

Sicher ist, daß die Zahl der in Nacht- und/oder Wechselschicht Beschäftigten weitaus höher ist, als allgemein angenommen wird. Im Saarland ging man bis vor kurzem davon aus, daß es lediglich 23000 Schichtarbeiter geben würde. In Wirklichkeit, so hat eine Projektstudie über Schichtarbeit der Fachhochschule des Saarlandes im Juli 1977 ergeben, arbeiten 60000 Menschen in Nacht- und/oder Wechselschicht. Demnach ist jeder zweite Arbeitnehmer in Nacht- oder Wechselschichten tätig, mehr als jeder dritte Arbeitnehmer ist im Drei-Schichten-Wechsel und in Nachtschichten tätig, und mehr als jeder siebte Arbeitnehmer arbeitet regelmäßig an Sonn- und Feiertagen (Informationen der Arbeitskammer des Saarlandes, Saarbrücken, 22. Juli 1977).

Dabei ist diese Sonntagsarbeit, Nacht- und Schichtarbeit überhaupt nicht in diesem Umfang notwendig. Es gibt zwar Bereiche, wo aus versorgungstechnischen oder produktionstechnischen Gründen Schichtarbeit notwendig ist. In der Mehrzahl der Fälle, so F. Naschold, «wird die Produktion aus Gründen der Kapitalverwertung in Form der Schichtarbeit organisiert: je höher der Ausnutzungsgrad von kapitalintensiven Maschinerien, desto höher die Profitrate. Mit wachsender Kapitalintensität und fortschreitender Mechanisierung und Automatisierung verstärkt sich für das Kapital die Notwendigkeit der Einführung von Schichtarbeit. Doch auch hinter der produktionstechnischen Notwendigkeit als Rechtfertigung für Schichtarbeit verbergen sich oft Verwertungsinteressen; denn Zielfunktion für die Entwicklung von Produktionstechniken ist Rentabilität, nicht Humanität.

Arbeitsmediziner und Gewerkschafter wissen dagegen sehr genau, daß die Gesundheitsgefahren für die Wechselschichtarbeiter so groß sind, daß diese Arbeitsform in der Tat nur dort zugelassen werden dürfte, wo eine echte Notwendigkeit besteht.

- In einer Fabrik mit 800 Arbeitern zählt man dreimal mehr Magengeschwüre unter dem Schichtpersonal als bei den Arbeitern, die keine Schicht machen. Man kann den Anteil der Arbeiter, die die Wechselschicht schlecht vertragen, mit 70% veranschlagen.
- Bei etwa 50% der Drei-Schicht-Arbeiter finden sich Appetitmängel, Verdauungsstörungen und schlechter Schlaf. Gleiche Beschwerden treten dagegen nur bei ca. 5% der Früh-, Spät- und Wechselschichtar-

beiter ohne Nachtschicht auf. Drei-Schicht-Arbeiter zeigen außerdem eine höhere Belastung mit Herzinfarkten und Magengeschwüren.

- Nach einer Untersuchung von Anders klagten von 600 Wechselschichtarbeitern 33,9%, von 300 Tagesarbeitern ohne Nachtschichterfahrung nur 10,5% über gastritische Beschwerden.
- Von 257 Arbeitern, die nach werksärztlichen Überprüfungen aus gesundheitlichen Gründen von der Wechselschicht zur Tagesschicht überwechselten, taten dies 39% wegen Verdauungsstörungen (inkl. Magengeschwüre), 32% wegen nervöser Störungen, 8% wegen Krankheiten der Kreislauforgane und 21% wegen anderer Krankheiten.
- 66% der Drei-Schicht-Arbeiter litten unter Schlafstörungen.
- Arbeiter in der Nachtschichtperiode schlafen im Mittel vier bis sechs Stunden, bei Frühschicht sechs bis sieben Stunden, bei Mittagsschicht acht bis neun Stunden.
- Wechselschichtarbeiter leiden unter erhöhter Nervosität, vegetativer Labilität, allgemeinen Störungen der Kontaktfähigkeit zur sozialen Umwelt und verminderter Leistungsfähigkeit.
- Die Unfallhäufigkeit ist bei ihnen höher und das Risiko der Frühinvalidität größer als bei vergleichbaren Berufsgruppen mit Tagesarbeit.
- Die höhere Belastung der Nacht- und Schichtarbeiter wie ihre geringe Erholung während des Schlafens deuten darauf hin, daß diese Belastung nur durch ein ständiges Überziehen der psychischen und physischen Leistungskapazitäten auf Kosten eines Verschleißes von Leistungsfähigkeit und Gesundheit durch einen Abbau körperlicher Substanz erkauft werden kann» (F. Naschold: Systemanalyse des Gesundheitswesens in Österreich, a. a. O. Band II, 1977, S. 34–36).

Es besteht Einhelligkeit darüber, daß eine Umstellung des biologischen Tag- und Nachtrhythmus selbst nach jahrelanger Nachtarbeit nicht zu erreichen ist.

Ein BMW-Arbeiter erzählt zu diesem Problem, wie der abgearbeitete Mensch durch Lärm und Krach wachgehalten wird:

«Seit fast einem Jahr arbeite ich bei BMW in der Lackiererei. Ich dachte mir, Fahrzeit kostet Geld, Nerven und geht von meiner Freizeit ab. Ich mietete eine Wohnung in der F.-Straße, 8 DM pro qm und unmöbliert. Nun bin ich schnell in der Fabrik. Nach acht Stunden Bandarbeit, Akkordhetze, Lärm, Nitrodämpfen und Hitze will ich zu Hause Entspannung. Dort dasselbe. Lastwagenverkehr für BMW von 5.30 Uhr morgens bis abends gegen 21 und 23 Uhr. Morgens und nachmittags bis zu 100 Lkw pro Stunde, abends nur noch alle 2 bis 3 Minuten ein Lkw. Lärm und Abgase also auch zu Hause. Mit dem Schlafen habe ich Schwierigkeiten. Nicht, daß ich nicht müde wäre. Bei Frühschicht, gut, mit dem ersten Lkw ist es Zeit, aufzustehen. Aber nach der Schicht lege ich mich gerne eine Stunde aufs Ohr. Das brauche ich, um nachher noch was mit mir anfangen zu können. Ich muß alle Fenster dicht machen, um schlafen zu können. Bei Spätschicht würde ich ganz gerne etwas länger schlafen als bis 5.30 Uhr. Aber da ist nichts drin.»

Ein Arbeiter, der in der Nacht arbeiten muß, möchte zumindest zu Hause Ruhe und Entspannung finden. Doch schon die Wohnsituation läßt das nicht zu. Die Wohnungen sind schlecht isoliert, hellhörig und liegen meist im Lärmzentrum. Der Arbeiter kann also nicht in Ruhe schlafen. Hinzu kommt, daß die Familie durch die Schichtarbeit gezwungen ist, extreme Rücksicht zu nehmen. Insbesondere Kinder werden auf Ruhe getrimmt, dürfen nicht lärmen und verlieren so erst den Spaß und dann die Fähigkeit zu kreativen Spielen. Dazu kommt, daß wütende Arbeiter oft ihre Kinder zusammenschlagen, weil sie ihren Schlaf stören. Die extreme Belastung der Arbeiter und ihrer Familien führen häufig zu unkontrollierter Aggressivität und massiver Unzufriedenheit. Das Ergebnis: 80% aller Schichtarbeiter sind durch schwere psychische Behinderungen erheblich in ihren sozialen und individuellen Entfaltungsmöglichkeiten behindert und behindern dadurch auch ihre soziale Umwelt.

Neben dieser institutionalisierten Störung menschlichen Lebens durch die Auswirkungen der Schichtarbeit führt der Belastungsfaktor «Arbeitszeit» zu einer ähnlich massiven Form von Verelendung wie die Schichtarbeit. Dabei sind die Arbeitszeitregelungen unlösbar an die wirtschaftliche Entwicklung gefesselt. In einer Phase wirtschaftlichen Aufschwungs steigt die durchschnittliche Arbeitszeit. Denn es wachsen die Aufträge, die Produktivität wird hochgeschraubt und die Arbeiter müssen entsprechend Überstunden machen. In dieser Phase erreicht die durchschnittliche Arbeitszeit in einigen Branchen 60 Stunden und mehr pro Woche. Demgegenüber sinkt die Arbeitszeit in Zeiten des wirtschaftlichen Niedergangs, wie es seit 1973 zu beobachten ist, bis auf weniger als 30 Stunden pro Woche. Die Aufträge bleiben aus, die Nachfrage wird künstlich reduziert, und um Kosten zu sparen, wird zum Beispiel zur Kurzarbeit übergegangen. Insbesondere fallen die Überstunden weg, obwohl sie – trotz allem – für viele Arbeiter die einzige Möglichkeit waren, bedingt am Konsum teilzunehmen. Mit Überstunden wurde der Urlaub finanziert, das Auto oder der Fernseher.

Man rechnet damit, daß zwischen 1969 und 1971 bis zu 30% der Arbeiter mehr oder weniger regelmäßig nebenberuflich gearbeitet haben. Andere Untersuchungen, die bei Arbeiterinnen der Textilindustrie durchgeführt wurden, kamen zu folgendem Ergebnis: Fast jede zweite Frau hatte eine Bruttoarbeitszeit von 10 bis 12 Stunden, und 12,5% arbeiteten mehr als 12 Stunden pro Tag. Das bedeutet, daß die arbeitende Bevölkerung noch ähnlich lebt wie vor 50 Jahren. Die Folgen der langen Arbeitszeit und des damit verbundenen psychischen und physischen Verschleißes: «Je länger der Arbeitstag, die Arbeitswoche, um so mehr wird die Arbeitskraft in der Produktion verschlissen, und um so kürzer wird die Erholungszeit. Mit der Länge der Arbeitszeit aber steigt infolge der wachsenden Überanstrengung die Unfallgefahr und die Gefahr von Erkrankungen. Obwohl seit vielen Jahrzehnten eine Verminderung der tariflichen Arbeitszeiten durch die Kämpfe der Lohnabhängigen und ihrer Gewerkschaften erreicht ist, ist die Länge der Arbeitszeit noch immer ein zentrales Moment der Belastung der Werktätigen» (Tagung: Sicherheit am Arbeitsplatz, 4. 6.–6. 6. 1973 in Bremen).

Überstunden und Schwarzarbeit, bedingt durch wirtschaftliche Not und Konsumzwänge, führen zu einer Vielzahl von psychosomatischen Erkrankungen. Die Lohnabhängigen, die völlig erschöpft nach Hause kommen, sind nicht mehr in der Lage, sich an irgend etwas zu beteiligen, das Aktivitäten und Initiative verlangt. Was bleibt ihnen übrig, als passiv zu konsumieren, wenn ihnen der letzte Rest Energie durch die Arbeitsbedingungen genommen wurde? Die Frau eines Arbeiters: «Wenn er am Abend nach Hause kommt, fällt er auf einen Stuhl und bleibt ungefähr eine Viertelstunde schweigend sitzen. Ich weiß nicht viel von seiner Arbeit in der Fabrik. Aber sie tut ihm nicht gut. Eigentlich darf ich mich ja nicht beklagen. Er bringt einen guten Lohn nach Hause. Wir konnten einen Kühlschrank kaufen, einen Fernseher und eine Masse anderer Sachen, die wir sonst nicht hätten. Aber manchmal frage ich mich, ob das alles für uns wichtiger ist als ein Leben ohne die ständige Nervosität und Gereiztheit.»

Oder ein 24jähriger Arbeiter, der in einer Schlosserei schweißt: «Ich falle abends, wenn ich von der Arbeit komme, noch in den Sessel, trinke eine Flasche Bier und gucke allenfalls noch Fernsehen. Um 21 Uhr ist für mich alles dicht, dann falle ich ins Bett. Da habe ich keine Zeit mehr für andere Sachen, Politik oder so.»

Beide Aussagen sind repräsentativ. Bei einer Befragung von insgesamt 200 Automobilarbeitern über das, was sie nach der Arbeit machen, erklärten 80% dem Autor, daß sie abends zu keinerlei Aktivitäten mehr fähig wären, da die Arbeit sie zu sehr beansprucht hätte. 75% beklagten sich auch darüber, daß sie nicht zu der notwendigen Ruhe kämen, da die Frau oder die Kinder mit ihnen reden oder spielen wollten. 40% erklärten, daß sie sich zwar im Prinzip politisch engagieren würden, daß sie aber nach der Arbeit dazu nicht mehr fähig wären.

Fließband und Akkord sind Mord

Zu den wesentlichen Gründen, die zu psychischer Verelendung führen, gehört die Fließbandarbeit und das noch immer vorherrschende Akkordsystem. Der von Arbeitern häufig benutzte Slogan «Akkord ist Mord» gibt die Erfahrung der Arbeiter genauso wieder wie «Wer am Fließband steht, steht nicht mehr im Leben». Heute müssen rund ein Drittel aller

Arbeiter im Akkord arbeiten und 10% der männlichen und 40% der weiblichen Arbeiter müssen am Fließband monotone und aufreibende Tätigkeiten verrichten.

Das Fließband als charakteristisches Instrument der Rationalisierung hatte von Anfang an einen Disziplinierungseffekt, da es Bewegungsabläufe und Schnelligkeit der Arbeiter vorbestimmte. Zum einen führte es zu einer Verminderung der notwendigen Arbeitszeit bei gleichzeitiger Erhöhung der Produktivität. Außerdem konnten jetzt auch ungelernte und unqualifizierte Arbeiter optimal eingesetzt werden. Durch den Takt des Bandes wird der arbeitende Mensch an die Produktionsmittel gekettet, der Maschine bedingungslos ausgeliefert. Der Arbeitsrhythmus verwandelt den Arbeiter in eine Art menschlichen Roboter. «Worin besteht dieses wissenschaftliche System? Darin, aus dem Arbeiter die dreifache Arbeit in derselben Arbeitszeit herauszupressen. Man läßt den stärksten und geschicktesten Arbeiter arbeiten, mit einer besonderen Uhr mißt man die Zeit, die für jeden Arbeitsgang, für jede Bewegung gebraucht wird, man ermittelt die sparsamsten und produktivsten Arbeitsmethoden. Die Arbeit des besten Arbeiters wird auf einem Filmstreifen festgehalten. Im Ergebnis wird während der gleichen 9 bis 10 Arbeitsstunden aus dem Arbeiter die dreifache Arbeit herausgepreßt, werden alle seine Kräfte erbarmungslos aufgebraucht, wird dem Lohnsklaven mit verdreifachter Geschwindigkeit jedes bißchen Nerven- und Muskelenergie ausgesogen. Er wird früher sterben. Viele andere warten an den Toren . . . Fortschritt durch Technik und Wissenschaft bedeutet im kapitalistischen Gesellschaftssystem Fortschritt in der Kunst der Schweißauspressung. Der Arbeiter erhält zunächst einen Zuschlag. Aber Hunderte von Arbeitern sind entlassen. Wer geblieben ist, arbeitet viermal so intensiv, reibt sich bei der Arbeit auf. Alle Kräfte des Arbeiters werden ausgepreßt, und dann wird er davongejagt. Man nimmt nur die Jungen und Starken. Eine Schweißauspressung nach allen Regeln der Wissenschaft» (W. I. Lenin: Ein wissenschaftliches System zur Schweißauspressung, Werke Bd. 18, S. 588).

Damit die Taktzeiten – also die Zeiten, nach denen ein neuer Arbeitsvorgang beginnt – immer kürzer werden und dadurch die Arbeitsintensität gesteigert werden kann, wendet man in den Betrieben das Akkordsystem an. Im Gegensatz zum Stundenlohn wird beim Akkord dem Arbeiter eine höhere Entlohnung in Aussicht gestellt. Voraussetzung ist, daß er in der gleichen Zeit mehr produziert, das heißt mehr Leistung aus sich herausholt, intensiver arbeitet. Das Streben der Unternehmer nach einer immer höheren Produktivität führte zu zahlreichen Entlohnungssystemen, die die optimale Ausbeutung der menschlichen Arbeitskraft erreichen sollen. Die wohl ausgeklügeltste Methode ist das MTM-System. Mit Hilfe dieses Systems wird jede einzelne Bewegung, jeder Bewegungsablauf so weit aufgegliedert, daß man den Arbeiter fast hundertprozentig genau an den Takt der Maschinen oder des Bandes anpassen kann. Jede Tausendstelsekunde des Arbeitstages ist exakt vorgeschrieben.

Akkordarbeit in der Automobilindustrie

Zu welchen psychischen und physischen Deformationen Fließbandarbeit und Akkord führen, läßt sich am ehesten in dem Sektor nachweisen, in dem das Fließband zuerst eingeführt wurde, in der Automobilindustrie. Hier zeigt sich aber auch am deutlichsten, daß die Arbeiter in der Lage sind, gegen unmenschliche Arbeitsbedingungen zu kämpfen. Die Welle der spontanen Streiks in der BRD im Herbst 1973 erwies sich als angemessenes Kampfmittel einer politisierten Arbeiterschaft.

Über die Formen ihrer Arbeit sagten Arbeiter der Ford-Werke in Köln in einem Interview auf die Frage «Kann man sagen, daß im Vergleich zu BMW, VW oder Opel bei den Ford-Werken unmenschliche Arbeitsbedingungen herrschen?»:

«Die IG Metall hat einen Arbeitskreis Automobilarbeiter, und der hat festgestellt, daß in den Ford-Werken eine höhere Arbeitsleistung und ein höherer Arbeitsdruck vorherrscht als in der anderen Automobilindustrie.»

«Worauf führen Sie das zurück?»

«Auf die Programmgestaltung hinsichtlich des Aufbringens des Arbeitsvolumens durch die Ermittlung der sogenannten Vorgabezeit. Bei den anderen Werken werden bei den Vorgabezeiten persönliche Verteilzeiten und sachliche Verteilzeiten sowie Erholungszeiten berücksichtigt, was bei den Ford-Werken nicht festzustellen ist. Die Vorgabezeiten, wie man bei REFA allgemein sagt, beinhalten unter anderem die sogenannten Ausführungs- oder Tätigkeitszeiten, dann die Erholungszeit, dann die Störungszeiten – oder man sagt auch Verteilzeiten dazu –, die sich wieder unterteilen in sachliche und persönliche Verteilzeiten. Die persönlichen Verteilzeiten sind in den Ford-Werken im Schnitt nur 4,16%, wobei selbst Arbeitswissenschaftler fordern, daß mindestens 5% für männliche und 7% für weibliche Arbeitnehmer das Minimum sein muß.»

«Haben Sie festgestellt, daß Bandarbeit, Akkord und die Schichtarbeit hier zu bestimmten Krankheiten führen?»

«Zu bestimmten Krankheiten, kann ich nicht beurteilen. Aber meine Kollegen und ich vermuten, daß hier, bedingt durch unseren höheren Krankenstand, der zur Zeit bei den Türken um 13% liegt, bei den Italienern um 9% und bei den Deutschen um 6%, eine sogenannte Flucht in die Krankheit besteht.»

Übereinstimmend monierten insbesondere ausländische und ungelernte Arbeiter bei Ford, daß es in der Produktion so kurze Taktzeiten gäbe, daß der Arbeiter zwischen zwei Arbeitsgängen nicht einmal die Hände sinken lassen könne. Ferner, daß die generelle Bandpause sowie die individuellen Pausen dem Arbeiter kaum Zeit ließen, seine Notdurft zu verrichten. Wie sehr hier die Arbeit den Arbeiter mechanisiert und funktionalisiert, zeigen die Protokolle der Vertrauensleute von Ford, die erklärten:

«Die Situation am Endmontageband ist untragbar. Die Bandgeschwindigkeit steht in keinem Verhältnis zur menschenmöglichen Leistung. Das Endmontageband läuft so schnell, daß kein Kollege einen Fehlgriff machen darf. Der Wagen ist dann schon aus seinem Arbeitsbereich. Dieser Zustand führt häufig zu Spannungen im Arbeitsablauf. Ein Beispiel: Es kommt zu einer Produktionsstörung am Motorenband. Dadurch wird das Motorstapelband leer und das Endmontageband muß warten. Durch diesen Umstand kann das Produktionsprogramm nicht mehr eingehalten werden. Die zuständigen Vorgesetzten lassen dann das Band bis zum äußersten Punkt laufen, damit kein Minus entsteht. Da bekanntlich die Arbeitsplätze an der Endmontage auf das äußerste zusammengepfercht sind, versteht es sich von selbst, daß die Kollegen wie Ameisen an den Wagen hängen. Stellt einer das Band ab, so wird er schon von den zuständigen Vorgesetzten angeschrien, er habe das Band nicht abzustellen. Der tägliche Fehlbestand an eingearbeiteten Kollegen wird mit Leihleuten ausgeglichen. Hier tritt eine ganz enorme Störung im Arbeitsablauf ein. Da es einem eingearbeiteten Kollegen schon schwer fällt, das gegenwärtige Tempo beizubehalten, kann es von Leihleuten schon gar nicht bewältigt werden. Mit einer kurzen Unterweisung in der Arbeitsfolge kann man diesen Leihmann nicht alleine lassen. Er soll ja in möglichst kurzer Zeit seine Aufgaben alleine ausführen können. Das Springersystem ist total zusammengebrochen. Die zur Zeit praktizierte Übergangslösung ist ein menschenunwürdiges System, das nicht auf die persönlichen Bedürfnisse abgestimmt ist, sondern nur eine Rechtfertigung für die verantwortlichen Manager bedeutet, die damit nachweisen wollen, daß alles in Ordnung ist.»

Nicht nur über Arbeitshetze wird bei Ford geklagt, sondern auch über Lärm, Hitze, Gestank und ganz besonders über das allgemeine Arbeitsmilieu. In der Lackspritzerei lernt der Meister die Neulinge an, ohne eine Atemmaske zu tragen – die neuen machen ihm das natürlich nach. Arbeiter, die Autodächer mit Zinn verschwemmen, tragen keine Schutzbrillen, für Besucher sind sie aber vorgeschrieben. An den Trinkständen gibt es keine Sitzgelegenheiten. Ein Arbeiter aus der Kunststoffertigung: «Ich arbeite als Maschinenführer in der Kunststoffertigung. Über meinen Arbeitsplatz habe ich soweit keine Beschwerden. Ich bin zufrieden. Aber die meisten anderen Mitarbeiter, die sind sehr durch äußere Einflüsse benachteiligt. Es sind Lärm und Gase und Dämpfe, die da bei der Fertigung entstehen, und überhaupt heute, bei dem heißen Wetter draußen. Die bekommen einen Hustenreiz. Er setzt sich auf die Bronchien, und wir sind auch diesbezüglich schon vorstellig geworden bei der Geschäftsleitung. Und es ist auch ein Kostenvoranschlag gemacht worden und so ein Projekt erstellt worden, damit eine Besserung bzw. eine Linderung für die Mitarbeiter entsteht. Aber das Geld ist leider noch nicht bewilligt worden.»

Als Anreiz, trotz aller Arbeitserschwernisse bei Ford zu arbeiten, hat das Werk neben Taktzulagen, Springern, Nachtschichtzulagen und anderen übertariflichen Leistungen eine abgestufte Leistungszulage von 5 bis 32 Pfennigen pro Stunde eingeführt. Sie wird nach folgenden Gesichtspunkten gegeben: 1. Zeitaufwand für die erledigte Arbeit, 2. Qualität der Arbeit, 3. Arbeitssorgfalt, also Verbrauch von Energie, Werk- und Hilfsstoffen sowie Pflege von Werkstücken und Maschinen, 4. unfallsichere Arbeitsweise und 5. persönliche Einsatzbereitschaft. Alle 12 Monate wird jeder Ford-Arbeiter von seinem direkten Vorgesetzten nach diesen Maßstäben überprüft und erneut eingestuft. Das bedeutet für den Arbeiter den Zwang, die von ihm verlangten Leistungen täglich zu erbringen und möglichst überzuerfüllen. Es kommt dabei zu der Erscheinung, daß mancher Arbeiter sich mit diesem System vollkommen identifiziert, daß er also die Norm übererfüllt, ohne dadurch einen Pfennig mehr zu verdienen. Die Masse der Arbeiter reagierte aber auf andere Weise. In jedem Jahr kündigen 25 bis 30% aller Fordarbeiter. In vier Jahren erneuert sich also theoretisch die gesamte Belegschaft.

Ford hat mit seinem System Erfolg gehabt. Am Umsatz gemessen ist die Arbeitsleistung stark gestiegen. 1963 lag der Pro-Kopf-Umsatz noch bei jährlich 74000 DM, 1972 betrug er schon 106000 DM.

Zermürbende Arbeitsbedingungen sind jedoch keine Erscheinung, die nur bei Ford anzutreffen ist. Bei BMW geht es im Grunde genommen nicht viel anders zu als in Köln: Viele Arbeiter von BMW wohnen nicht in München, sondern in den umliegenden Kleinstädten und Dörfern. Sie müssen also früher aufstehen als die anderen Arbeiter und kommen später nach Hause. Für viele Pendler ist die Nacht schon um 3 Uhr zu Ende. Denn sie können den Werkbus erst im Nachbarort erreichen. Nach einer Fahrt von eineinhalb Stunden sind sie schon müde, wenn sie am Arbeitsplatz ankommen. Hier müssen sie eine ständig steigende Arbeitsleistung vollbringen. Innerhalb eines Jahres stieg in verschiedenen Hallen die Zahl der zu bearbeitenden Autos von 73 auf 78 an, und in der Schweißerei müssen anstelle von 260 jetzt 300 Wagen fertiggemacht werden. Beschwerden über das allgemeine Arbeitsmilieu – die sogenannten Belastungsfaktoren Hitze, Lärm und Gestank – fehlen auch bei BMW nicht. In einzelnen Fabrikhallen steigt während der heißen Sommerwochen die Temperatur bis auf 40 Grad an, so daß die Arbeit in der Lackiererei, in der Härterei und im Preßwerk zur Qual wird. In der Lackiererei werden in der Nähe der Heißlufttrockenanlage durchschnittlich 50 Grad Hitze gemessen. Auch die Arbeit mit den Schutzmasken in den Kabinen ist durch die hohe Temperatur unerträglich geworden. Die Arbeiter setzen sich lieber den giftigen Dämpfen aus, als in der Schutzmaske zu verschmoren. Die Dämpfe in der Lackiererei und der Chemikaliendunst im Auto beim Putzen des Wagenhimmels verursachen dauernde Übelkeit und Ohnmachtsanfälle. Beim Wagenreinigen bekommen die Frauen rheumatische Beschwerden, weil sie dauernd in die kalte Waschflüssigkeit greifen müssen. In einem Katalog, der von BMW-Arbeitern über die Arbeitsbedingungen aufgestellt wurde, heißt es unter anderem:

«Beim Punktschweißen ist die Luft voll von giftigem Zinkstaub, spritzende Kleinteile brennen immer wieder durch die Arbeitskleidung auf die Haut. In der Härterei ist die Luft verpestet und die Hitze unerträglich, in der Lackiererei ist die Luftverpestung so schlimm, daß Kollegen ohnmächtig geworden sind.»

Karosseriezusammenbau bei Opel: «Hier wird der Mensch zum Tier gemacht.»

«Jede Besuchergruppe bei Opel kriegt als besondere Attraktion die Abteilung 3381, Karosseriezusammenbau im Werk I, vorgeführt. Da sehen sie dann 2 Minuten lang mit offenem Mund zu, wie bei Opel ‹alles wunderbar funktioniert›.

Aber was für eine tierische Maloche das für die Kollegen bedeutet, das kann nur der beurteilen, der selber 8 Stunden am Tag in Opels Knochenmühle drinsteckt.

In dieser Abteilung arbeiten rund 60 Kollegen pro Schicht, davon die Hälfte Ausländer. Sie bauen die Rohkarosserie zusammen. Seitenwände, Vorderbau und Rückwand werden über Förderer in Kopfhöhe angeliefert. An der ersten Station werden die Rohteile vom Förderer abgenommen und in die Rahmenvorrichtungen eingespannt, die auf dem Rundband mit dem bereits eingelegten Unterboden vorbeilaufen. An den folgenden Bandabschnitten werden sie dann zur Rohkarosserie zusammengeschweißt.

Die durchschnittliche Stückzahl hat sich im letzten Jahr von rund 580 auf 620 Wagen erhöht. Spitze im März: 637 Wagen! An bestimmten Arbeitsplätzen werden die Kollegen durch die mörderische Bandgeschwindigkeit gezwungen, mehr als 100% Leistung zu bringen. (Bei Opel heißt das ganz trocken: ‹Auslastung›.) Kann man sich das überhaupt vorstellen? 100% heißt doch totale Auslastung. Aber selbst das reicht den Opel-Profitmachern noch nicht aus. Dafür genehmigt Opel 5 Kollegen dann zusätzlich 2 Springerpausen, damit sie ihr Kreuz überhaupt mal wieder gerade richten können – wenn sie das noch können! Was erst recht kein Besucher von den begleitenden Werksführern erfährt, das sind die gesundheitlichen Folgen dieser Knochenarbeit. Jeder, der in der Abteilung 3381 an den Schweißzangen arbeitet, muß voll die Schweißdämpfe einatmen. Es gibt keine

Absaugvorrichtung! Lediglich ein Gebläse für Luft, das längst auf den Schrott gehört und nur die Schweißdämpfe gleichmäßig unter alle Kollegen verteilt. Auch das geplante neue Gebläse wird keine entscheidende Luftverbesserung bringen.

Fast jeder Kollege klagt infolge der Schweißdämpfe über Beschwerden in den Atemwegen und am Magen. Ein besonders krasser Fall war ein Kollege, der im Februar in die Abteilung 3381 umgesetzt wurde. Nach 3 Tagen wurde er vom werksärztlichen Dienst mit Magenschmerzen und Brechreiz zum Hausarzt geschickt. Er erklärte: ‹Die Arbeit kann ich nicht schaffen. Wenn ich gezwungen werde, weiter in der Abteilung zu arbeiten, dann nehme ich lieber meine Kündigung in Kauf.› – Der Kollege ist bis heute nicht wieder aufgetaucht. Ein anderer Kollege, der erst seit einem Jahr in dieser Abteilung arbeitet, muß bereits wegen Magenschleimhautentzündung in ärztliche Behandlung gehen» (Aus einem Flugblatt der Gruppe oppositioneller Gewerkschaftler, GOG, bei Opel in Bochum).

Arbeitsbedingungen der Frauen

Von unmenschlichen Arbeitsbedingungen sind alle betroffen, die vom Verkauf ihrer Arbeitskraft leben müssen. Aber einzelne Gruppen der Arbeiterklasse werden besonders kraß benachteiligt. Zum Beispiel die berufstätigen Frauen.

Über die Auswirkungen der Akkordarbeit gibt es eine Vielzahl von Untersuchungen. Eine dieser Untersuchungen über diese Arbeitsform bei Fakturistinnen kam zu folgenden Ergebnissen: «Während der mit Gehalt bezahlten Untersuchungstage wurde etwa die vorherberechnete Normalleistung erzielt. An den Tagen, die im Akkord entlohnt wurden, stieg die Leistung erheblich, um 114%. Diese hohe Arbeitsleistung war jedoch von ausgeprägtem psychischen und physischen Unbehagen begleitet. Die Hälfte der Gruppe klagte, sie habe das Gefühl, an den Tagen, wo sie im Akkord arbeiteten, gehetzt zu werden. Alle, außer zwei Fakturistinnen, klagten über Müdigkeit, Rückenschmerzen, Schmerzen in den Schultern und Armen. Während der Tage mit festem Gehalt gab es nahezu keine physischen Beschwerden. Die durchschnittliche Adrenalin- und Noradrenalinabsonderung stieg während der Akkord-Arbeitstage um 40 bzw. 27%» (L. Levi: The Stress of Everyday Work as Reflected in Productiveness, Untersuchung, veröffentlicht während des Jahreskongresses der Gesellschaft für Psychosomatische Untersuchungen, London, 8. 1. 1963).

«Ich arbeite praktisch rund um die Uhr. Morgens um sechs aufstehen, Kinder anziehen, Frühstück machen, Kinder in den Hort bringen. Dann fahr ich zur Arbeit – und bin schon völlig erschöpft von der Hektik am Morgen. Dann: acht Stunden arbeiten. Raus aus dem Betrieb, zum Kindergarten hetzen, nach Hause fahren, Abendbrot machen, bißchen mit den Kindern spielen, alle ins Bett bringen. Für mich geht's dann weiter: abwaschen, saubermachen, Socken, Hosen und Pullover stopfen. Wenn alles halbwegs erledigt ist, also mein Feierabend anfängt, dann ist es Mitternacht. Ich fall ins Bett und am nächsten Morgen geht der Trubel von vorne los.»

Der Bericht von Frau K., Mutter von drei kleinen Kindern, ist, was die Leidenserfahrungen angeht, hunderttausendfach multiplizierbar, weil so oder ähnlich mehr als 7 Millionen erwerbstätige Frauen leben müssen.

Die Mütterarbeit hat zwischen 1965 und 1972 um 60% zugenommen (Familienbericht 1975). Die Gründe für diese Berufstätigkeit liegen aber nicht in der wünschenswerten Selbstentfaltung oder darin, daß die Männer die Hausarbeit übernommen haben, sondern sie ist in erheblichem Umfang auf den Zwang zurückzuführen, im Haushalt mitzuverdienen.

78,1% der Mütter gaben nach einer Repräsentativerhebung «Familie und Sozialisation» 1973 an, daß sie aus finanziellen Gründen eine Arbeit angenommen haben. Und je geringer dabei das Einkommen des Mannes, um so höher die Pflicht der Mütter, zu arbeiten. 87,4% der Mütter, deren Ehegatten ein Einkommen unter 1200 DM hatten, waren gezwungen zu arbeiten.

Die besonderen Arbeitserschwernisse der erwerbstätigen Frauen, die nur in Ausnahmefällen ihre Berufswünsche erfüllen können, hängen eng mit ihrer sozialen Rolle und Funktion innerhalb der traditionellen bürgerlichen Familie zusammen. Die Frau hat diejenige zu sein, die neben ihrer Erwerbstätigkeit den Haushalt und die Kindererziehung übernimmt und schließlich auch noch den Mann befriedigen soll. Diese Mehrfachbelastung treibt unzählige Frauen an den Rand der Verzweiflung.

In der BRD gibt es rund eine Million Mütter, die am Rand der totalen seelischen und körperlichen Erschöpfung stehen. Die meisten haben seit 8 oder 9 Jahren keinen Urlaub gehabt – und sind verschlissen wie Schwerstarbeiter. Und der Lohn ihres Gefügigseins, ihrer Selbstaufgabe und Aufopferung ist in der Regel, daß sie mißhandelt werden, wenn sie einmal nicht so funktionieren, wie es sich ihr Mann vorstellt. Eine Kurleiterin des Müttergenesungswerkes berichtet, daß «wohl 40% unserer Teilnehmerinnen von ihren Männern verprügelt werden». Eine Frau: «Dann hat er mir eine gescheuert, daß ich Sterne gesehen habe. Da war das Essen versalzen, da hat er mir die heiße Suppe ins Gesicht geschüttet» – All diese Erscheinungen sind Ausdruck der herrschenden psychischen Verelendung.

Die Unzufriedenheit der arbeitenden Frauen resultiert nicht alleine aus der mehrfachen Belastung. Noch immer hat sich nichts an dem

Zustand geändert, daß Frauen in den Berufen mit geringer oder keiner Qualifikation und ohne Aufstiegsmöglichkeiten ihren mageren Lohn verdienen.

3,6 Millionen Angestellte arbeiten als Verkäuferinnen in Kaufhäusern, als Stenotypistinnen, als Friseusen,

3,4 Millionen Arbeiterinnen schuften als Montiererinnen in der Metallindustrie, als Stepperinnen in der Schuhfabrik, als Näherinnen im Textilgewerbe oder als Putzfrauen.

100 Jahre sind seit Bebels Untersuchung zur Lage der arbeitenden Frauen vergangen und wie damals werden die Frauen in den sogenannten Leichtlohngruppen beschäftigt. Das sind «einfache, gleichbleibende Tätigkeiten, für die Ablauf und Ausführung festgelegt sind (Tarifgruppe 1 A); einfache Tätigkeiten mit wechselnden Anforderungen, für die Ablauf und Ausführung festgelegt sind. Sie erfordern Kenntnisse, die in der Regel nach einer Einarbeitungszeit von einem Monat erworben werden (Gruppe 1b); . . . Tätigkeiten erfordern Kenntnisse oder Fertigkeiten, wie sie im allgemeinen durch eine abgeschlossene Berufsausbildung bis zu 2 Jahren erworben werden. Diese Kenntnisse oder Fertigkeiten können auch durch eine entsprechende Berufstätigkeit erworben werden (Tarif 2) (IG Metall: Daten, Fakten, Frankfurt 1978, S. 26). Einmal abgesehen davon, daß die sogenannten Leichtlohngruppen von außerordentlich viel nervlicher und vor allem körperlicher Belastung geprägt sind, wird auch noch ungerecht bezahlt. «In der Regel liegen die Löhne der Frauen, bei gleicher Arbeitsleistung, um ein Drittel unter denen der Männer, obwohl 35% der arbeitenden Frauen Hauptverdiener sind» (Unterprivilegiert, Studie über sozial benachteiligte Gruppen in der BRD, Neuwied 1973, S. 188).

Im Saarland beispielsweise erreichen nur knapp sechs Zehntel der Frauen das durchschnittliche Monatsgehalt der Männer in der Industrie-, Handel-, Kredit- und Versicherungswirtschaft. Zum einen liegt das daran, daß die Frauen traditionell in schlechter zahlenden industriellen Branchen ihren Arbeitsplatz finden, zum anderen werden die höher qualifizierten Tätigkeiten vorzugsweise an Männer vergeben. Die Frauen müssen sich zufriedengeben mit dem, was übrigbleibt.

Und solche Arbeiten dürfen Frauen dann verrichten: In der Bekleidungsfirma Brandt im Niederbayrischen müssen sie in der Stunde 50mal ein Kleidungsstück zusammennähen, dazu dürfen sie maximal 70mal das Fußpedal der Nähmaschine bedienen. Kleidungsstück weglegen, neues Kleidungsstück holen, nähen, Kleidungsstück weglegen, neues Kleidungsstück holen, nähen – Tag für Tag, Monat für Monat, Jahr für Jahr die gleiche monotone Tätigkeit.

Bis zu 1250mal am Tag öffnen und schließen Arbeiterinnen der Phönix-Gummiwerke ihre Plastikautomaten, um 625 Paar modische Gummistiefel zu fertigen.

In monotonen Tätigkeiten erschöpft sich für die meisten Frauen das ‹erfüllte Arbeitsleben›. Angestellten im Büro geht es nicht viel besser: Tag für Tag müssen Kontoristinnen und Fakturistinnen triste Büroarbeiten verrichten, nur ist die Arbeit ‹sauberer›.

1879 schrieb August Bebel über die Frauenarbeit:

«Die immer mehr zunehmende Beschäftigung auch der verheirateten Frauen ist namentlich bei Schwangerschaften und Geburten und während der ersten Lebenszeit der Kinder, während welcher diese auf die mütterliche Nahrung angewiesen sind, von den verhängnisvollsten Folgen. Es entstehen eine Menge von Krankheiten während der Schwangerschaft, die sowohl auf die Leibesfrucht als auf den Organismus der Frau zerstörend wirken, Abortus, Früh- und Todgeburten. Ist das Kind zur Welt gekommen, so ist die Mutter gezwungen, so rasch als möglich wieder zur Fabrik zurückzukehren, damit ihr Platz nicht von einer Konkurrentin besetzt wird» (A. Bebel: Die Frau und der Sozialismus, 14. Auflage, Stuttgart 1892, S. 98f.).

Einen Vergleich mit der heutigen Situation führt zu ähnlichen Ergebnissen. Obwohl es in den Betrieben Arbeitsschutzbestimmungen gibt, nach denen zum Beispiel Frauen nicht nachts und schwangere Frauen nicht an belastenden Arbeitsplätzen arbeiten dürfen, sieht die Wirklichkeit weitaus deprimierender aus:

Betriebsart	**Art der Tätigkeit bis zur Überprüfung**
Gartenbaubetriebe	Schwere körperliche Arbeiten, Arbeiten in Kälte und Nässe
Kartoffelverarbeitung	Arbeiten in Nässe
Chemische Reinigungen	Arbeiten mit gesundheitsgefährdenden Stoffen
Schallplattenvertrieb	Arbeiten mit gesundheitsgefährdenden Stoffen (PVC)
Kaschiererei	Arbeiten mit gesundheitsgefährdenden Stoffen (Äthylacetat, Aceton)
Näherei	Arbeiten mit gesundheitsgefährdenden Stoffen (Blausäure, Polyacrylnitrit)
Krankenhaus	Arbeiten mit gesundheitsgefährdenden Stoffen (Labor)
Spinnereien	Arbeiten unter Lärmeinwirkung
Holzverarbeitungsbetriebe	Arbeiten unter Lärmeinwirkung
Arzneimittelvertrieb	Beschäftigung auf Beförderungsmitteln
Näherei	Akkordarbeit

(Jahresbericht der Gewerbeaufsichtsbehörden des Freistaates Bayern für das Jahr 1977, München 1978, S. 50)

In einer Offsetdruckerei war eine werdende Mutter als Offsetkopiererin erheblichen Belästigungen durch Chromalinpuder und starke UV-Lampen sowie durch die damit verbundene Ozonbildung ausgesetzt.

Außerdem mußte sich die Frau ständig über ein großes Kopierbecken beugen, wobei der Rand des Beckens gegen den Unterleib drückte. Bei einer Nachtkontrolle wurde eine Reinmacherin einer Gebäudereinigungsfirma angetroffen, die nach eigenen Angaben vor drei Wochen entbunden hatte. In einer Reinigungsfiliale wurde festgestellt, daß eine werdende Mutter, die alleine in der Filiale tätig war, viele Stunden täglich stehend mit Bügelarbeiten beschäftigt war. Bei der Bedienung der Waschmaschinen, insbesondere beim Entnehmen des Reinigungsgutes, war die Schwangere der Einwirkung von gesundheitsgefährdenden Perchlorathylen-Dämpfen ausgesetzt (nach: Jahresbericht der Gewerbeaufsichtsbehörden des Freistaates Bayern, a. a. O.).

In vielen Betrieben bitten die werdenden Mütter, weiterhin im Akkord bleiben zu dürfen und versuchen, durch Verschweigen ihrer Schwangerschaft bei erhöhter Akkordleistung auch zu höheren Arbeitslöhnen zu kommen. Grund ist die finanzielle Notlage der Familie. Andere Frauen haben Angst, daß sie entlassen werden, wenn ihre Schwangerschaft bekannt wird. Die Angst der schwangeren Frauen ist berechtigt. In vielen Fällen würde den Frauen gekündigt, da sie wegen ihrer Schwangerschaft einige Zeit der Arbeitsstelle fernbleiben mußten.

All das hat einen Einfluß auf die Häufigkeit von Früh- und Fehlgeburten.

«So hatten zum Beispiel Druckereiarbeiterinnen siebenmal so häufig wie Hausfrauen eine Frühgeburt und fünfmal so häufig einen Abort. Einer anderen Untersuchung zufolge hatten durchschnittlich 13,7% der berufstätigen Frauen, aber nur 8,4% der Nichtberufstätigen eine Fehlgeburt. Desgleichen wird die Säuglingssterblichkeit vom sozialen Status beeinflußt. Bei minderbemittelten Frauen war sie fünfmal häufiger als bei wirtschaftlich und sozial gutgestellten Müttern. Auch die Fruchtbarkeit leidet unter einer ständigen Überbelastung der Mütter. So vermutet Hofstätter, daß die Fruchtbarkeit von Fabrikarbeiterinnen hinter der von berufslosen Frauen, Handwerkerinnen, Landarbeiterinnen und Heimarbeiterinnen stark zurückbleibt» (K. Andersen: Arbeitsschutz – «wie es die Natur des Betriebes gestattet», in: R. Kasiske (Hg.): Gesundheit am Arbeitsplatz, Reinbek 1976, S. 149).

Die gesamte Belastungssituation der arbeitenden Frauen führt zu einer Vielzahl psychosozialer Krankheiten. Bei den meisten Frauen, die die Doppelbelastung von Arbeit und Haushalt zu ertragen haben, treten nervöse Herzbeschwerden, Herzstechen, Rheuma, Kreislaufstörungen, Menstruationsstörungen und nervöse Magen- und Darmbeschwerden auf. Dazu eine Phonotypistin, die bei Neckermann im Großraumbüro beschäftigt ist:

«Weil das einfach sehr stark mit Strafe bedroht ist, zum Beispiel krankmachen, wenn man sich nicht wohl fühlt. Weil nur die ganz klaren Geschichten als Krankheit gelten wie Grippe und Fieber und alles mögliche. Es ist auch ziemlich schwierig, sich offen darüber zu unterhalten, was eigentlich die Ursachen sind für die verschiedenen Krankheiten. Die Frauen haben Kopfschmerzen bis zu allen möglichen Magenbeschwerden. Sie selbst wissen oft nicht, daß es mit der Arbeit zusammenhängt, mit dem ganzen Stress und der Hetze, sowohl im Betrieb als auch außerhalb.»

Folgende Fälle aus einer psychosomatischen Klinik verdeutlichen die ganze Bandbreite der Wechselbeziehungen zwischen Krankheiten und Arbeitsbedingungen:

Fall 1: Hausgehilfin. Vater Dachdecker, Mutter Hausfrau. Sie arbeitet in einer Pension mit 20 Gästen und das seit dem 16. Lebensjahr. Ihre Aufgaben: das Haus sauberhalten, auch am Sonntag muß sie arbeiten. Resultat: körperliche Erschöpfung, deutliche vegetative Fehlsteuerung, Schwindel.

Fall 2: Arbeiterin. Schwierigkeiten in der Ehe. Akkordarbeit, Rükken- und Beinbeschwerden, starke Verspannungen der Rückenmuskulatur.

Fall 3: Hilfsarbeiterin. Der Ehemann ist zuckerkrank und körperbehindert. Deshalb muß sie allein für den Haushalt sorgen. Der dadurch entstandenen Belastung war sie nicht gewachsen. Resultat: Erschöpfungszustände und hexenschußartige Schmerzen.

Derartige Verhältnisse finden ihren Ausdruck schließlich in eindeutigen Zahlen: 35,4% der über 45 Jahre alten Arbeiterinnen sagten im Rahmen einer Umfrage, sie seien überfordert. Als wesentliche Gründe dieser Überforderung nannten sie 1. zu schnelles Arbeitstempo, 2. Lärm, Licht, Schmutz, 3. familiäre Pflichten, 4. körperliches Unwohlsein (nach: DGB-Informationsdienst, 4/1974, Düsseldorf, 17. 4. 1974).

Frauen verdrängen die Unterdrückung, der sie bei der Arbeit und in der Familie ausgesetzt sind, weitaus häufiger und intensiver als die männlichen Arbeiter. Hauptsächlich die älteren Frauen sind von einem neurotischen Pflichtbewußtsein geprägt, so daß sie alle Belastungssituationen geduldig ertragen, wobei sich die verdrängten Konflikte im psychosomatischen Bereich ausdrücken. Das Gefühl, als Frau und Mutter etwas leisten zu müssen, die Rolle als Hausfrau und Erzieherin zu bewältigen und die jahrzehntelange Überbeanspruchung im Beruf kollidieren und führen zu psychosozialen Behinderungen. Angst, stundenlanges Herzklopfen, Nervosität, Weinkrämpfe und Schlafstörungen sind regelmäßig auftauchende Symptome.

Die Verbreitung dieser unspezifischen Gesundheitsstörungen kommt auch in empirischen Untersuchungen zum Ausdruck: In einer von 1967 bis 1969 durchgeführten Untersuchung bei 20- bis 30jährigen verheirateten Frauen, die in Großbetrieben dreier österreichischer Bundesländer arbeiteten, wurden auch deren gesundheitliche Beschwerden erfaßt. Die

Befragung gibt einen Einblick, wie häufig Nervosität und Kopfschmerzen schon unter jungen Arbeitnehmerinnen verbreitet sind:
- rund 60% der Arbeiterinnen und Angestellten und 50% der Verkäuferinnen bezeichneten sich als sehr nervös oder nervös;
- ein Fünftel bis mehr als ein Viertel der Frauen, die sich als nervös bezeichnen, nahmen Beruhigungsmittel ein, und selbst von jenen berufstätigen Frauen, die sich als gar nicht nervös bezeichneten, noch 7%. Der Anteil der Frauen, die Beruhigungsmittel einnahmen, ist bei den Fließbandarbeiterinnen größer als bei Frauen mit anderen Tätigkeiten.

Die Autoren halten diese Nervosität für die Folge eines konfliktbeladenen psychischen Komplexes von unbefriedigenden Berufserfahrungen, uninteressanten Tätigkeiten und mangelndem Selbstvertrauen» (L. Rosenmayr u. a.: Barrieren im beruflichen Aufstieg, Wien 1973, S. 41).

Unternehmerreaktionen auf Krankheit durch Arbeit

Arbeiter oder Angestellte werden bei Krankheit, gerade in der Krise, mit Kündigung bedroht. Mit solchen Drohungen möchte man den Arbeitsausfall dämmen, um die Ware Arbeitskraft optimal auszunutzen. Auf die betriebliche Praxis übertragen heißt das, daß der Kranke trotz der Krankheiten, trotz Leiden, weiterarbeiten muß, auch wenn er damit seine Gesundheit vollends ruiniert. Für den Unternehmer ist das Risiko klar kalkulierbar. Je geringer der Wert der Arbeitskraft, um so eher ist sie entbehrlich und zu ersetzen, gerade in Zeiten hoher Arbeitslosigkeit. Es besteht zwar Rechtsschutz auch für Kranke, aber viele Betriebsräte lassen sich von den Unternehmern oft einschüchtern und stimmen dem Kündigungswunsch der Unternehmer zu. Und je geringer der Durchsetzungswille des Betriebsrats, um so häufiger werden in den Betrieben Kranke entlassen. Viele Arbeitgeber beschäftigen «Krankenbesucher», «Spione und Schleimer» werden sie von den Kollegen genannt. Sie besuchen die Kranken zu Hause und weisen sie darauf hin, daß bei längerer Krankheit ihr Arbeitsplatz neu besetzt werden muß. Gleichzeitig wird dem Arbeitgeber durch den «Krankenbesuch» ein Bericht geliefert, in dem das Verhalten des Kranken beschrieben wird. Selbst die Angestellten trauen sich inzwischen kaum noch, sich krank schreiben zu lassen. Laut Betriebskrankenstatistik von 1973 (damals waren die Arbeitsplätze noch sicherer als heute) waren in einem Industriebetrieb 4,3% krank. Im Juli 1977 wagten es noch ganze 1,52%, sich krank schreiben zu lassen. Dabei sind die Arbeitnehmer nicht gesünder geworden. Ein Angestellter erzählt: «Als kürzlich einer umfiel, weigerte er sich, nach Hause gebracht zu werden. Er blieb hier liegen, weil er nicht krank geschrieben werden wollte.»

Im Dezember 1975 sank der Krankenstand auf 6,5 %, im März schnellte er hoch, trotz der Angst, auf 11,7 %. Ein Zeichen dafür, daß sich auch Krankheiten nicht beliebig lange unterdrücken lassen. Margot Brunner von der IG Metall:

«Die Arbeitgeber sind nicht gerade rücksichtsvoll mit krankgearbeiteten Menschen. Dies beweisen sie mit Drohbriefen an die Kranken. Eine Datentypistin konnte nach 8 Jahren auf Grund von Überlastung der rechten Hand diese Arbeit nicht mehr machen. Der Dank des Hauses ‹Siemens› sah so aus: Entweder Sie gehen freiwillig (das heißt mit einem erheblichen Gesundheitsschaden arbeitslos werden) oder Sie können als Lohnempfängerin in Schicht arbeiten. Die Wirkung auf die Arbeitenden schildert M. Kimmberger, Betriebsratsmitglied, so: ‹In einer Abteilung, in der früher nachweisbar das beste Betriebsklima war, habe ich kürzlich richtig Angst gekriegt. Früher haben alle gestrahlt und mit einem gesprochen. Jetzt läßt jeder den Kopf hängen und wühlt in Papieren. Sie sind überlastet und unzufrieden.› Jetzt strahlt nur noch die Konzernleitung» (M. Brunner, in: Metall, 24/1977, S. 4).

In einer Automobilfabrik berichten die Arbeiter: «Viele Kollegen haben Angst, ihre Krankheiten auszukurieren und lange Abwesenheitszeiten zu riskieren (zum Beispiel Magenkrankheiten, die sich besonders bei Schweißarbeiten, durch schädliche Dämpfe usw. ergeben können). Oft bleiben solche Kollegen dann nur kurze Zeit zu Hause, und schon heißt es ‹Bummelant›, ‹ist nicht richtig krank›. Diese Angst wird durch die Praxis der Firma gefördert, Kollegen nach Zimmer 6 vorzuladen und auf die mögliche Kündigung hinzuweisen.»

Man kann es auch so praktizieren wie die Personalabteilung der Elektro-Montage-Gesellschaft Finger & Pelz in Essen:

«Sehr geehrter Herr. Ihre außergewöhnlichen Arbeitsunfähigkeiten veranlassen uns, Ihnen die Arbeitsunfähigkeitstage, für die wir Lohnfortzahlungen gewährleistet haben, wie folgt bekanntzugeben.» Es folgt dann eine Aufstellung der Ausfalltage. Weiter heißt es: «Wir weisen darauf hin, daß wir erhebliche Zweifel haben, daß es sich immer noch bzw. in vollem Umfang um wirkliche Arbeitsunfähigkeit gehandelt hat. Es ist auch nicht einzusehen, daß Sie ständig einer höheren gesundheitlichen Belastung ausgesetzt sind als andere Monteure auf der gleichen oder anderen Montagestellen. Die Rentabilität unseres Unternehmens und somit die Erhaltung der Arbeitsplätze können nur gewährleistet bleiben, wenn jeder Arbeitnehmer sich verantwortungsvoll verhält. Bei zukünftigen Arbeitsunfähigkeitsmeldungen werden wir uns detailliert über die Ursachen informieren und, wenn es sich um eine montagespezifische Krankheit handeln sollte, Sie zu einer anderen Montagestelle verlegen. Wir appellieren noch einmal an Ihr Verantwortungsbewußtsein und werden unnachgiebig gegen Verantwortungslosigkeit vorgehen.»

Ähnlich ist die Situation beim Neckermann-Versand in Frankfurt. Eine Arbeiterin berichtet:

«Zum einen ist es der direkte finanzielle Druck, wenn man einen Tag im Monat fehlt. Dann wird das Fahrgeld von 20 DM gestrichen, und das heißt für viele Frauen, die fast alle niedrige Löhne bekommen, daß sie auf die 20 DM angewiesen sind. Und dann gibt es halt die direkte und persönliche Kontrolle durch die Vorgesetzten. Außerdem gibt es bei Neckermann so etwas wie eine Krankenkontrolle. Und zwar geht die nicht von der Krankenkasse aus, sondern sie dient der Bespitzelung von Mitarbeitern. Sie ist nicht vom Betriebsrat, sondern geht direkt von dem Abteilungsleiter aus. Der kontrolliert die Kranken. Das ist eigentlich illegal. Aber Neckermann deklariert es als Krankenbesuch. Die Krankenkontrolle ist wirklich eine Bespitzelung. Es gibt danach auch Protokolle von den Krankenbesuchen. Sie werden der Personalzentrale vorgelegt und in die Personalakte eingelegt.»

Nach Ansicht einer Stuttgarter Firma ist eigentlich nur der krank, der 40 Grad Fieber hat oder wenn durch eine Röntgenaufnahme die Arbeitsunfähigkeit festgestellt wurde, bzw. wenn die Einweisung in ein Krankenhaus notwendig wurde. In einem Schreiben dieser Firma an einen kranken Arbeiter heißt es:

«Ihre Arbeitsunfähigkeitsbescheinigung erkenne ich nicht an, da Sie nicht krank sind. In jedem Geschäft muß man sich körperlich und geistig auf seine Arbeit vorbereiten, damit man seiner Arbeit auch vorstehen kann. In letzter Zeit sind Sie zu Ihrer Nachtschicht nur noch zum Schlafen gekommen, da Sie sich tagsüber nicht ausgeruht haben und meiner Firma durch Ihr Verhalten großen Schaden zugefügt haben. Sie sind ein Simulant und versuchen, die sozialen Leistungen eines Betriebes auszunutzen.»

Einen ähnlichen Brief schrieb eine Elektrofirma ebenfalls an einen kranken Arbeiter:

«Sehr geehrter Herr G. Wir haben Ihre Abwesenheitskarte überprüft und stellten fest, daß Sie in diesem Jahr bereits vom 5. 2. bis 11. 2. durch Krankheit Ihrer Arbeit fern blieben. Mit Bedauern lesen wir heute, daß Sie wiederum krankfeiern. So geht es nicht. Sie stören dadurch den Betriebsablauf, weil Ihr Arbeitsplatz nicht regelmäßig besetzt ist.»

Ein anderes Drucksystem gegen Arbeitnehmer – allerdings auf einer subtileren Ebene – ist das Prämiensystem. Ein Arbeiter der Göttinger Alcan-Werke berichtet:

«Es gibt eine freiwillige Jahresprämie für Lohnempfänger. Diese Prämie wird zum Weihnachtsgeld bezahlt, und zwar an denjenigen Arbeiter, der im Jahr jeden Tag zur Arbeit kam, 225 DM. Wer einmal krank war, bekommt nur noch 180 DM, wer zweimal fehlte 135 DM, wer dreimal fehlte 90 DM, und wer viermal fehlte erhält 45 DM. Wer mehr als viermal der Arbeit fernblieb, bekommt überhaupt nichts mehr. Daher haben viele Arbeiter, die krank sind, ihre Krankheit wie Fieber, Übelkeit oder Nervosität unterdrückt, weil sie auf die Prämie nicht verzichten konnten. Dadurch holen die Unternehmen ein Vielfaches an Arbeitskraft heraus, wenn die Arbeiter trotz Krankheit weiterarbeiten.»

Diese Unterdrückung von Krankheit hat sehr viel mit Armut zu tun. Arbeitslosigkeit bedeutet in zahlreichen Fällen Abstieg in Armut. Die Angst vor Arbeitslosigkeit wiederum hindert die Arbeiter daran, besonders diejenigen, die wegen mangelnder Qualifikation zuerst entlassen werden, ihre Krankheiten auszukurieren. Sie verschleppen die Krankheit und schädigen dadurch nachhaltig ihre Gesundheit. Rascher Verschleiß ist die Folge. Die psychische Angst auf der einen Seite und die körperliche Schädigung auf der anderen Seite stellen psychische Verelendung dar, weil hier Belastungssituationen kumulieren. Gleichzeitig sind die krankheitsverursachenden Arbeitsbedingungen an der Verelendung ursächlich beteiligt.

Arbeitsbedingungen und psychische Erkrankungen

Um die Abhängigkeit der psychischen und materiellen Verelendung von den Arbeits- und Umweltbedingungen aufzuzeigen, wurden die Krankenblätter einer psychosomatischen Klinik bei Gießen ausgewertet. In dieser Klinik werden ausschließlich Arbeiter, Hilfsarbeiter und Angestellte aufgenommen, die durch ihre psychischen Erkrankungen im Betrieb «auffällig» wurden, also längere Zeit krank waren.

Insgesamt 250 Krankenblätter, das entspricht ca. 25% aller behandelten Patienten, wurden dabei erfaßt. Und zwar systematisch alle Krankenfälle der Buchstabenreihe A bis H. Aus diesem Grund kann man die Auswertung als repräsentativ für die Auswirkungen der Industriearbeit auf Krankheit und soziales Leben der Arbeiter und Angestellten ansehen. Typisch sind zum Beispiel die folgenden Fälle:

Fall 1: Postangestellte, 44 Jahre. Sie arbeitet zusammen mit 40 Kolleginnen in einem großen Raum, in den sie sich eingepfercht fühlt. Der Raum ist schlecht belüftet, das Betriebsklima schlecht. Ein Aufmucken gegen die Arbeitsbedingungen wagt sie aus Angst vor Entlassung nicht. Krankheitserscheinungen (Ke): Schlafstörungen, Kopfschmerzen, Nervosität, Lustlosigkeit.

Fall 2: Schlosser, 41 Jahre. Er ist als Vorarbeiter in einem Metallbetrieb beschäftigt. Seine Eltern waren nach seinen Worten ehrgeizig, er wurde zur Ehrfurcht und Zurückhaltung erzogen. Seine Arbeitsbedingungen: Akkord und Schichtarbeit. Ke: Herzstechen und Ohnmachtsanfälle.

Fall 3: Metallschleifer, 48 Jahre. Er möchte aus dem Arbeitsalltag

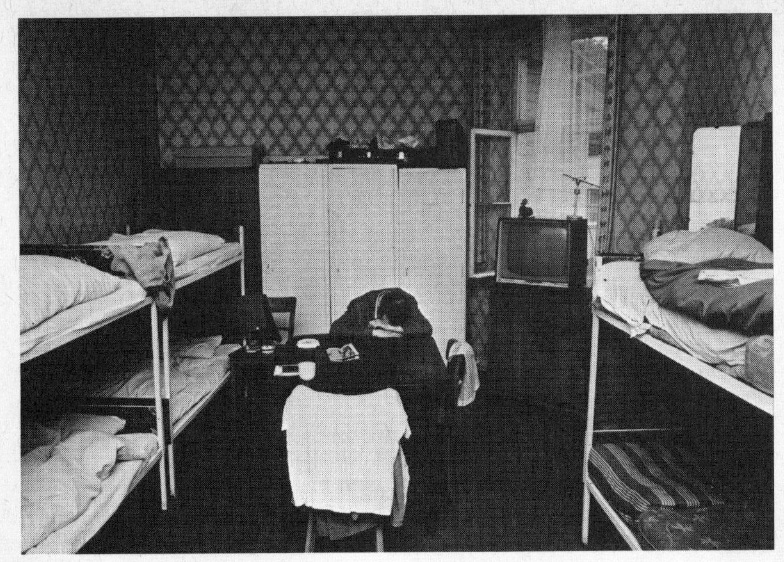

Endstation Männerwohnheim: von der Gesellschaft zerstört – von der Gesellschaft abgeschoben.

ausbrechen, da er schwere Auseinandersetzungen mit seinem Vorarbeiter hat. Doch da er das Einkommen braucht, kann er seinem Haß gegen die Arbeit keinen freien Lauf lassen. Ke: Kreislaufbeschwerden, Nervosität, Herzkrämpfe.

Fall 4: Montagearbeiter, 34 Jahre. Arbeitsbedingungen: er hat sich bei der Akkordarbeit verausgabt, die Arbeit fällt ihm schwer. Ke: Schlafstörungen, Nervosität, Kopfschmerzen, Hitzewallungen.

Fall 5: Waldfacharbeiter, 30 Jahre. Arbeitsbedingungen: 9 bis 11 Stunden Arbeit im Betrieb. Wegen der Überstunden Entfremdung von seiner Frau, Ke: Magenbeschwerden, Nervosität, Erschöpfung und Schlafstörungen, starke Erregbarkeit.

Fall 6: Arbeiter, 50 Jahre. Arbeitsbedingungen (Ab): Unzufrieden mit der Arbeit, Schicht- und Akkordarbeit und allgemeine Überbelastung, Ke: Magenkrämpfe, Beschwerden im Hinterkopf, starke Unruhe.

Fall 7: Putzfrau, 60 Jahre. Ab: Seit 10 Jahren ständig Schichtarbeit, Arbeitszeit von 14 bis 22 Uhr, um 23 Uhr kommt sie nach Hause, geht um 23 Uhr 30 ins Bett. Muß um 4 Uhr 30 aufstehen, um ihrem Mann das Brot für die Schicht zu schmieren, danach fühlt sie sich so zerschlagen, daß sie nicht mehr einschlafen kann. Ke: rheumatische Beschwerden, Gallenblasenbeschwerden, Erschöpfungszustände.

Fall 8: Arbeiter, 45 Jahre, Ab: Erträgt die als zu schwer empfundene Arbeit, da er sich keinen Arbeitsplatzwechsel leisten kann. Arbeitet nach Feierabend am eigenen Haus und hat bisher niemals Urlaub gemacht. Ke: Einschlafen der Hände, Schmerzen in der Herzgegend, wenn er anstrengende Arbeit verrichtet, Nervosität.

Fall 9: Fließbandarbeiter, 53 Jahre. Ab: Die Arbeit empfindet er als zu schwer und ungerecht bezahlt. Ke: Abendliche Abgeschlagenheit, ziehende Schmerzen in der Herz- und Atemgegend, Kopfschmerzen, kurzer, flacher Schlaf und Nervosität.

Fall 10: Weber, 53 Jahre, Familienbedingungen: Wurde autoritär erzogen, oft geschlagen. Heute erkennt er alle Autoritäten an und möchte durch starken Leistungseinsatz entsprechende Anerkennung finden. Als das nicht gelang, Flucht in die Krankheit. Ke: Schwindel, Schmerzen an Beinen und Wirbelsäule.

80% aller Patienten litten unter Kopfschmerzen, Herzklopfen, Schwindel, Erbrechen, Nervosität, Zittern, Angstträumen, Weinkrämpfen und Erschöpfungszuständen. Diese Erscheinungen waren so massiv, daß sie zu längerer Arbeitsunfähigkeit führten. Bei 80% dieser Menschen waren die primäre Ursache der psychischen Verelendung die Arbeitsbedingungen.

Bei den restlichen 20% waren die Familienverhältnisse bzw. die Auswirkungen der Sozialisation ausschlaggebend für die Entstehung psychischer Krankheiten. Bei mehr als der Hälfte dieser Patienten kamen zu den psychosomatischen Leiden, die hier unter psychischen Erkrankungen subsumiert werden, noch schwere psychische Behinderungen hinzu. Es konnte exakt verfolgt werden, daß, durch die Erziehung bedingt und durch die aktuellen Arbeitsbedingungen ausgelöst, schwere Krankheiten auftraten, die wiederum die Gesamtpersönlichkeit der Patienten nachhaltig schädigten. Ein ebenso herausragendes Resultat der Untersuchung war die Rolle der Sexualität und ihrer Unterdrückung bei der Entstehung von psychischen Erkrankungen. Bei den Arbeitern führte die strenge, autoritäre Erziehung, die meist mit einer unterdrückten Sexualität verbunden war, zu vegetativen Störungen. Angestellte mit autoritärer Erziehung und verdrängter Sexualität litten meist unter neurotischen Verhaltensstörungen. Die strukturellen Auswirkungen waren jedoch bei Arbeitern und Angestellten gleich: Kommunikationsstörungen, Kompensation durch Überangepaßtheit oder Demutshaltung gegenüber Vorgesetzten im Betrieb und politische Kritiklosigkeit. Ebenso auffällig war die Verbindung zwischen finanziellen Schwierigkeiten und Krankheit. Meist mußte die Frau mitarbeiten, da das Geld für die Lebenshaltung nicht ausreichte. Die Arbeit der Frau führte zu Konflikten in der Familie, die sich durch die Verdrängung der Probleme bei den Partnern in der Krankheit ausdrückten.

Durch die Psychoanalyse ist bekannt, daß diejenigen, die zu reaktionären und faschistischen Zügen neigen, in ihrer Kindheit massiv geschädigt wurden. Der autoritäre und sadistische Erziehungsstil sowie eine unterdrückte Sexualität, verbunden mit dem Zwang zu Ordnung und Reinlichkeit bildet den Charaktertyp, der auch heute noch nach Ordnung, Autorität und einem Führer verlangt. Im Betrieb ist er überangepaßt. Seiner Familie und seinen Kindern gegenüber tritt er dagegen als die strenge Autoritätsperson auf, die mittels Triebversagungen die Familie terrorisieren kann: «Übertriebene Höflichkeit und Zuvorkommenheit, Weichheit und Neigung zu Hinterlist kennzeichnen diesen Typus, der mit seiner Haltung die aktiven männlichen Strebungen abwehrt, in erster Linie einen verdrängten Haß gegen den Vater» (W. Reich: Charakteranalyse, Köln 1970, S. 183).

Die Ergebnisse dieser Auswertungen von Krankheitsbeschreibungen sind in jeder Beziehung erschreckend. Zum einen zeigen die Fallbeschreibungen die Vielzahl von Behinderungen, die zum großen Teil durch die Arbeitssituation bedingt sind. Man kann davon ausgehen, daß zwischen 30 und 50% aller Arbeitnehmer unter ähnlichen Krankheitsformen leiden, weil sie auch die gleiche soziale Biographie und die gleichen Arbeitsbedingungen aufweisen.

Bei den Patienten in der Klinik zeigten sich die Auswirkungen der Verelendung auch darin, daß sie nicht mehr fähig waren, sich in irgendeiner Form sozial, kulturell oder politisch zu betätigen. Daß das eine allgemeine Entwicklung ist, bestätigen zahlreiche Betriebsratsmitglieder: «Zu was führt die harte Arbeit? Im familiären Bereich hat man wenig Ahnung davon. Zumindest können wir feststellen, daß das Bestreben, sich in der Gewerkschaft zu betätigen, sehr stark nachgelassen hat, weil unseren Vertrauensleuten durch die hohen Anforderungen im Beruf keine Zeit mehr bleibt. Das gleiche gilt natürlich auch im parteipolitischen Leben.»

Die Unternehmer und die politischen Instanzen sind nicht gerade unglücklich darüber. Denn fehlendes politisches Engagement bedeutet: keine Störung im Betriebsablauf, keinen Streik, keine Sabotage, keine Selbstorganisation der Arbeiter, bedeutet demnach Stabilisierung von Macht und Herrschaft in der BRD.

Opfer der Krise: Arbeitslose in der BRD

Arbeitslos 1933: «Es ist nicht die Anstrengung, sich dauernd die Füße abzulaufen, wenn das auch schlimm genug ist. Es ist die Hoffnungslosigkeit in jedem Schritt, den du tust, wenn du nach einer Stelle suchst, von der du weißt, daß es sie gar nicht gibt.»

Arbeitslos 1978: «Auf dem Arbeitsamt kommst du dir vor wie ein Arschkriecher, weil du was von denen willst. Zwei, drei Minuten hast du

Zu verkaufen ist eine

metallverarbeitende Fabrik

im Saarland, Nähe Saarbrücken – franz. Grenze
GmbH und Co

mit:
1. Werksgelände ca. 35 000 qm
2. Werkshallen ca. 4000 qm
3. Verarbeitungsmaschinen für Stahlbau
4. Lagerhalle ca. 700 qm
5. Büro und Sozialräume ca. 500 qm
6. Belegschaft ca. 130 Pers.

Das Werk ist in Betrieb.

Verkaufspreis 2,7 Mio. zuz. Mehrwst.

Zuschr. unter M B 285325 an die Frankfurter Allgemeine, Postf. 2901, 6000 Ffm. 1.

(Aus der «Frankfurter Allgemeinen Zeitung»)

im Zimmer zu bleiben, dann mußt du raus. Du kannst den Typen gar nicht vorbringen, was du willst. Du bist 'n Aktendeckel für die. Pro Mann fünf Minuten vielleicht, dann weitergeschoben. Wir gelten nicht als Menschen, eben nur als Arbeitsmaterial.»

Arbeitslos 1978: «Aus Verzweiflung über seine wirtschaftliche Notlage nahm sich ein 40jähriger Arbeitsloser in Düsseldorf das Leben. Nach 6 Monaten Arbeitslosigkeit war sein Schuldenberg so angewachsen, daß er keinen anderen Ausweg mehr sah. Seine Leiche wurde im Düsseldorfer Erholungsgebiet Grafenberger Wald gefunden.»

Die Arbeitslosen sind vergessen, weil sich die meisten schon an den Millionensockel von Arbeitslosen gewöhnt haben, besonders die politisch Verantwortlichen in diesem Land. Alle Monate wieder wird aus Nürnberg, vom Präsidenten der Bundesanstalt für Arbeit, der Arbeitslosen-Frontbericht verlesen. Besondere Erfolge von einer wirksamen Bekämpfung der Arbeitslosigkeit konnte der Präsident in den letzten vier Jahren nicht melden. Die Zahlen, die er bekanntgibt, finden Eingang in die Berichterstattung der Tageszeitungen. In der Regel wird über die Folgen der Arbeitslosigkeit für die Betroffenen nichts gesagt. Dafür machen sich einzelne Politiker und Wissenschaftler emsig Gedanken darüber, wie man das Problem der Arbeitslosigkeit mit restriktiven Mitteln in den Griff bekommen kann. Der CDU-Vorsitzende von Westfalen, Kurt Biedenkopf, ehemals Manager bei Henkel, schlägt vor, daß

Arbeitsamt Frankfurt 1978

die Arbeitslosen in den ersten vier Wochen der Arbeitslosigkeit überhaupt kein Geld bekommen sollen. Ein Wissenschaftler vom Kieler Institut für Weltwirtschaft meint, daß das Arbeitslosengeld nach einem zweimonatigen Bezug nur noch als Kredit vergeben werden soll – und findet starken Beifall bei seinem Landesherrn, Herrn Stoltenberg. Ein FDP-Landesminister in Hessen, Herbert Karry, geht sogar davon aus, daß es überhaupt keine Arbeitslosen gibt, sondern nur «Krücken, Nulpen und Nieten» (Der Spiegel, 16. 5. 1977). Solche Verleumdungen werden von Teilen der Presse und von Arbeitgebern begierig aufgenommen. Die Arbeitgeber wiederum nehmen das günstige Klima zum Anlaß, eine ‹Studie› in Auftrag zu geben, die dann auch zu dem Ergebnis kommt, daß Arbeitslosigkeit zu einem großen Teil auf eine angeblich mangelnde Arbeitsbereitschaft der Betroffenen zurückzuführen ist. Also Faulenzer. Und der Volksmund sagt: «Wer arbeiten will, findet auch Arbeit.» Bei diesem Trommelfeuer gegen die Arbeitslosen will auch die Bundesregierung nicht zurückstehen. Sie setzt den eben beschriebenen Diskriminierungsversuchen und -praktiken die SPD/FDP-Krone auf, indem sie einen Erlaß vorbereitet, der ab April 1979 in Kraft treten soll. Danach kann es einem Angestellten oder Arbeiter, der innerhalb eines Jahres bzw. eines halben Jahres keine Arbeit findet, zugemutet werden, seine Umgebung, seine Familie aufzugeben, und irgendwo hinzuziehen, wo es Arbeit gibt, auch wenn erheblich weniger Lohn gezahlt wird oder auf die Qualifikation keine Rücksicht genommen wird. Die Arbeitskraft wird mobil gemacht für die Unternehmer, die sich freuen, billige und willige Arbeitskräfte zu bekommen.

In Wahrheit wird mit all diesen Methoden versucht, das Problem der Arbeitslosigkeit zu verschleiern. Denn sowohl die offenkundigen Arbeitsmarktdaten als auch verschiedene repräsentative Untersuchungen über die psychischen und ökonomischen Belastungen der Arbeitslosigkeit entlarven eine derartige Politik als platte Polemik. Mit den Zahlen über die Arbeitslosigkeit fängt es schon an. Im Januar 1979 wurden 1,17 Millionen Arbeitslose gezählt. Das entspricht in etwa dem Bestand von 1975 (1,154 Millionen). Gleichzeitig hat sich die Zahl der Kurzarbeiter um 6,5% auf rund 135000 erhöht. Das sind Zahlen aus der «Frankfurter Allgemeinen Zeitung» vom 3. 2. 1979, die blenden und wenig über das wahre Ausmaß der Arbeitslosigkeit aussagen. In Wirklichkeit liegt die Zahl der Arbeitslosen einschließlich der stillen Reserven und der abgewanderten ausländischen Arbeitnehmer heute bei über 2 Millionen. Tatsächlich betroffen – auch das wird gerne verschwiegen – waren von der Arbeitslosigkeit seit 1974 etwa 10 Millionen Personen.

«Eine Million, das ist der Bestand an registrierten Arbeitslosen. Viele resignierte, schwer vermittelbare Arbeitslose werden gar nicht erfaßt. Diese stille Reserve der nicht registrierten Arbeitslosen wird von dem der Bundesanstalt angegliederten Institut für Arbeitsmarkt- und Berufsforschung auf knapp 700000 geschätzt. Auch mit dieser Zahl ist die Größe des Beschäftigungsmangels noch nicht korrekt wiedergegeben. Von 1974 bis 1977 sind die in der BRD beschäftigten ausländischen Arbeitnehmer von 2,6 auf 1,9 Millionen verringert worden. Von den 700000 ‹freigesetzten› ausländischen Arbeitnehmern tauchen nur 76000 unter den registrierten Arbeitslosen auf! Ein großer Teil von ihnen dürfte abgewandert oder abgeschoben worden sein» (Der Gewerkschafter, Funktionärszeitschrift der IG Metall, Dezember 1978, S. 42).

Das heißt nichts anderes, als daß die Zahl der Arbeitslosen weitaus größer ist, als es die Statistik ausgibt: auf jeden Fall nicht geringer, wie es die Politiker vorgaukeln wollen.

Gerade bei der Jugendarbeitslosigkeit ist diese Zahlengaukelei deutlich. Ende 1978 waren nach der Arbeitslosenstatistik ca. 88000 Jugendliche ohne Arbeit, das sind knapp 9% aller Arbeitslosen. Diese Statistik aber enthält nur Angaben über die Jugendlichen, die zu diesem Zeitpunkt als Ausbildungs- oder Arbeitsplatzsuchende in den Karteien der Arbeitsämter geführt werden. Vergessen werden dabei diejenigen, die nach langem und erfolglosem Warten mutlos geworden sind und sich nicht mehr arbeitslos melden. Eine andere Gruppe sind Mädchen, die ihr Recht auf Ausbildung und Arbeit überhaupt nicht anmelden. Sie bleiben zu Hause, lernen im Haushalt was sie zum Leben angeblich brauchen: Kinderbetreuung, Kochen und Putzen. Das Statistische Bundesamt, das jährlich reprä-

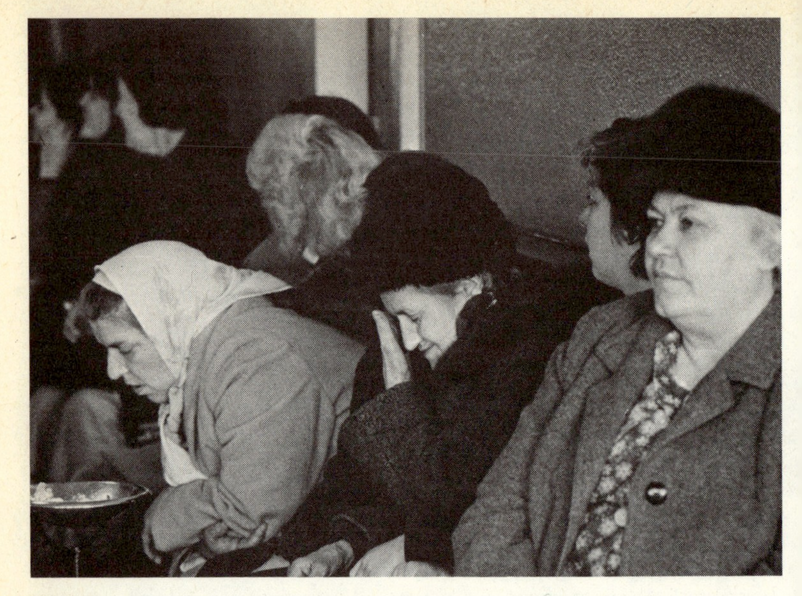

Warten auf Arbeit im Arbeitsamt

sentative Befragungen zur Erwerbstätigkeit durchführt, bestätigt dies. «Die von dort ausgewiesenen Zahlen lagen in den letzten 2 Jahren jeweils doppelt so hoch wie die der Bundesanstalt. Meldete die Bundesanstalt im Mai 1976 84963 arbeitslose Jugendliche, liest man beim Statistischen Bundesamt 168000 arbeitslose Jugendliche» (Metall-Pressedienst, 8. 12. 1977).

Die gleiche Verschleierung ist bei den Zahlen über die Frauenarbeitslosigkeit zu registrieren. 6,2% der weiblichen Erwerbstätigen waren im Januar 1979 ohne Arbeit. Dabei sind in der amtlichen Statistik diejenigen Frauen nicht berücksichtigt, denen ‹freiwillige› Kündigungen durch Abfindungen schmackhaft gemacht wurden oder die aus anderen Gründen keinen Anspruch auf Arbeitslosengeld oder -hilfe haben. Oder solche, die sich, resigniert, überhaupt nicht mehr beim Arbeitsamt melden.

«Daß kürzlich Kardinal Höffner allen Ernstes den Geburtenrückgang für die hohe Arbeitslosigkeit verantwortlich machte, weil dadurch die Nachfrage so erheblich gesunken sei, kann nur verdeutlichen, welche Kreise mit welchen abgestandenen ideologischen Formeln wie

– die Frau gehört in die Familie
– Frauen sind bloß ‹Dazuverdiener›
– Mädchen brauchen keine Ausbildung, weil sie ohnehin heiraten,

die wirklichen Ursachen der Arbeitslosigkeit verschleiern und eine aktive Solidarität von Frauen und Männern verhindern» (C. Morgenroth, in: Arbeitslos, Zeitschrift der Arbeitsloseninitiative, Hannover 1978).

Man rechnet allgemein damit, daß ca. 600000 Frauen in die «stille Reserve» abgewandert sind. Zu berücksichtigen ist, daß ein Großteil der Frauen, die verheiratet sind und die Berechtigung zum Bezug von Arbeitslosengeld verloren haben, auch keine Arbeitslosenhilfe erhalten, weil der berufstätige Ehemann zum Unterhalt verpflichtet ist. Sie melden sich häufig nicht mehr arbeitslos, sondern scheiden entweder ganz aus dem Arbeitsprozeß aus oder versuchen, über Annoncen eine Arbeitsstelle zu finden. Insgesamt sind Frauen besonders in den Dienstleistungsberufen von Arbeitslosigkeit betroffen, während sich die Arbeitslosigkeit im produzierenden Bereich vor allem auf die Textil- und Bekleidungsindustrie und den Metallbereich beschränkt.

Das Problem der Arbeitslosigkeit ist auch geprägt durch den hohen Anteil an Dauerarbeitslosen, der immer noch zunimmt; die Zahl der schwer vermittelbaren Arbeitslosen ist weiter angewachsen. Waren im September 1977 169000 Arbeitslose länger als ein Jahr arbeitslos, so stieg die Zahl bis zum Herbst 1978 auf 376000. Die Folge:

«Die Entwicklung seit 1975 und die ‹verschämte Armut› deuten schon an, daß heute große Teile der Arbeitslosenhaushalte ein Einkommen beziehen, das niedriger ist als der Sozialhilfebedarf» (Begleiter der Arbeitslosigkeit: Abstieg und Armut, Dokumentation zur wirtschaftlichen Lage von Arbeitslosen in der BRD, hg. vom Ministerium für Soziales, Gesundheit und Sport in Rheinland-Pfalz, Mainz 1977, S. 7).

Besonders betroffen von Arbeitslosigkeit sind auch ungelernte Arbeitnehmer und solche mit geringen beruflichen Qualifikationen. Sie werden zuerst entlassen, haben die niedrigsten Löhne, die wenigste Aussicht auf einen neuen Arbeitsplatz, die niedrigsten Arbeitslosenhilfesätze – der größte Teil lebt in Armut. So kletterte 1977 die Zahl der Arbeitslosen ohne abgeschlossene Berufsausbildung auf 53,2%. Es ist ein Teufelskreis. «Die Wahrscheinlichkeit, daß die Kinder, deren Eltern der untersten Schicht, den ungelernten Arbeitern, angehören, auch dort bleiben und nicht sozial aufsteigen, ist 3000- bis 7000mal größer als bei den Kindern der oberen Mittelschicht. Im Vergleich zu dieser Schicht sind aber auch die Aufstiegschancen der Kinder von Facharbeitern 600- bis 900mal schlechter. Anders ausgedrückt: Es ist viel wahrscheinlicher, daß der Sohn bleibt, was der Vater war, als daß er in eine sozial höhere Schicht aufsteigt. Und je weiter unten er steht, desto schwieriger ist es hochzukommen» (W. Zapf: Lebensbedingungen in der BRD, Sozialer Wandel und Wohlfahrtsentwicklung, a. a. O., S. 194). Das bedeutet, daß bei den Arbeitslosen, die längere Zeit ohne Arbeit sind, in der Familie meist mehrere Angehörige von Arbeitslosigkeit betroffen werden. Arbeitslosigkeit wird so auch für die Söhne und Töchter ein permanentes, existentielles Problem.

Betriebsschließungen, Disziplinierungen und Einschüchterungen Berichte aus der Krisenwelt

Ein Bereich der Krise und Massenarbeitslosigkeit wird von Statistiken und offiziellen Studien ausgeblendet: die Auswirkungen auf das Betriebsleben, auf die allgemeinen Arbeitsbedingungen. Auch daß immer wieder Betriebe schließen oder Arbeitskräfte entlassen – mit welchen Mitteln und Methoden, soll an folgenden Beispielen verdeutlicht werden.

«Am 14. 11. 1975 verstarb völlig unerwartet unser Mitarbeiter . . . Wir beklagen den Verlust dieses langjährigen und treuen Mitarbeiters sehr, der die Anerkennung und das Vertrauen unserer Firma und seiner Mitarbeiter besaß.» So stand es in der «Bruchsaler Rundschau». Was nicht in der Anzeige stand: Der «liebe Mitarbeiter», Vater eines zehnjährigen Kindes, wurde plötzlich krank. Wegen der Krankheit bekam er seine Kündigung. In tiefer Depression, aus Angst, daß er keine neue Arbeit finden würde, ging er in die Garage, schloß die Tür hinter sich ab und ließ den Motor seines Autos an. Nachbarn fanden Stunden später den Toten.

In anderen Betrieben, beispielsweise bei Schrickel in Philipsburg in Baden-Württemberg, haben die Arbeitnehmer eine solche Angst vor Entlassungen, daß sie ‹Herztabletten› nehmen, um die ständige Belastung ertragen zu können. Denn seitdem der Unternehmer das Arbeitsmonopol in der Kleinstadt hat, hagelt es Drohungen und Lohnkürzungen. Und wer dann nicht pariert, wird entlassen. Eine neue Arbeit findet der Entlassene nicht, weil es in der Umgebung keine Erwerbsalternative gibt. Als die IG Metall die Arbeitnehmer während einer Betriebsversammlung auf ihre Rechte aufmerksam machte, stürzte Betriebsbesitzer Schrickel auf den IG Metall-Funktionär zu und würgte ihn. Fälle wie Mordversuche an Gewerkschaftsfunktionären, die trotz Krise und allgemeiner Angst die Kolleginnen und Kollegen in den Betrieben unterstützen, mögen zwar Ausnahmen sein. Daß die Krise für die Unternehmer aber gerade zur rechten Zeit gekommen ist, kann niemand leugnen. Sie gibt ihnen die Möglichkeit, auf das in den letzten Jahren gestiegene politische Bewußtsein der Arbeitnehmer, die für ihre Rechte kämpfen, jetzt mit ihren Mitteln zu reagieren: Vernichtung des Arbeitsplatzes. In der Hochkonjunktur waren sie auf die Arbeitskräfte angewiesen, im Zeichen der langanhaltenden Massenarbeitslosigkeit glauben sie tun und lassen zu können, was sie wollen. Und sie praktizieren das auch: «Ich meine, daß die Lohnforderungen in diesem Jahr maßvoll ausfallen sollten», schrieb Kurt Beyer, Präsident des Bundesverbandes der Bekleidungsindustrie in einem mit seinem Foto versehenen Schreiben an die

P. & S. SCHMIDT - Bauunternehmen - O. H. G.

— Gegründet 1826 —

HOCH-, TIEF-, BETONBAU · ERD-, GLEISBAU

P. & S. Schmidt, Bauunternehmen, 355 Cölbe-Marburg/Lahn

Herrn

Heinrich

Im Waldtal 9

3550 Marburg/L.

3553 Cölbe/Lahn
Kupferschmiede 1
Telefon: Marburg 2769

355 Marburg/Lahn
Breslauer Straße 22
Telefon: Marburg 2198

Bankverbindung:
Marburger Volksbank
Marburg Nr. 949

Ihr Zeichen:	Ihre Nachricht vom:	Unser Zeichen:	Tag:
		Schm/D.	16. Nov. 1978

Betr.: Kündigung des Arbeitsverhältnisses.

Infolge Auslaufens der Arbeiten und nach Ablauf Ihres Urlaubs kündigen wir Ihnen hiermit mit dem heutigen Tage das Arbeitsverhältnis zum Donnerstag, den 23.11. 1978, sodass Sie dann am 24.11.78 sich bei Ihrem zuständigen Arbeitsamt als Arbeitsloser melden müssen.

Es stehen Aufträge in Aussicht, aber die Arbeitsaufnahme zur Erledigung der Aufträge ist seitens der Auftraggeber noch nicht erfolgt, sodass wir dann bereits sind, Sie selbstverständlich wieder einzustellen.

Wir bitten Sie daher, sich hin und wieder in unserem Büro zu melden.

Hochachtungsvoll!

P. & S. Schmidt
BAUUNTERNEHMUNG

Eingestellt und entlassen – wie es dem Unternehmer paßt

«lieben Mitarbeiter und Mitarbeiterinnen» – sie fielen maßvoll aus. Die «lieben Mitarbeiter» der Bekleidungsfirma Hövelmann in Mönchengladbach erhielten ein besonderes Schreiben von ihrem Unternehmer:

«Die Durchführung Ihrer Arbeit erfordert Ihre volle Konzentration. Aus diesem Grund muß ich Sie ersuchen, alle Gespräche mit Ihren Kolleginnen zu unterlassen, die nicht ausschließlich Ihrer Arbeit dienen. Zur Erreichung der erforderlichen Akkordleistung ist es daher notwendig, auch in Ihrem eigenen Interesse, Sie während der Probezeit hierauf arbeitsmäßig zu trainieren. Ich erachte es daher als notwendig, daß Sie täglich nach Beendigung der Arbeitszeit 25 Minuten unentgeldlich zu REFA-Bedingungen Teile fertigen.»

Ein anderer Unternehmer, Klaus Rinder, Elektrohandwerksmeister aus Kassel, läßt vor der Einstellung folgende Vereinbarung unterzeichnen:

«Als Elektromonteur verpflichte ich mich, sauber, zügig und zuverlässig zu arbeiten. Wegen Kleinigkeiten werde ich nicht gleich krank feiern.»

Die Donau-Werkzeugmaschinenfabrik Dörrenberg KG in Langenau bei Ulm trieb es auf die Spitze. Die Mitarbeiter müssen folgendes unterschreiben:

«Deinen Vorgesetzten gegenüber hast Du unbedingt gehorsam und höflich zu sein. Es ist auch Pflicht, innerhalb und außerhalb des Werkes seine Vorgesetzten zu grüßen. Wir verlangen unbedingte Kameradschaft.»

Wenn die Arbeitnehmer dann mit solchen Bedingungen einverstanden sind, weil ihnen überhaupt nichts anderes übrigbleibt, werden sie mit enormer Arbeitshetze und Schikanen getriezt. In den Betrieben von Göppingen wurden Treueprämien gestrichen, Essenspreise erhöht, gewohnte Ausflugs-, Mai- und Fahrgelder nicht mehr gezahlt. Zwei Firmen stellten den Busverkehr für die Schichtarbeiter ein, eine andere Firma entzog den Schweißern die bisher kostenlos ausgegebene Milch. Desgleichen in der Werkzeugmaschinenfabrik Ex-Cell-O: die Arbeiter, die gesundheitsgefährdende Arbeiten verrichten, bekommen keine Milch mehr.

Andere Unternehmer verkauften die Werkswohnungen, was den Familien regelmäßige Mieterhöhungen einbrachte.

In einer Bekleidungsfirma wurde die Vorgabezeit von bisher 4,08 Minuten für zwei Arbeitsgänge auf 3,80 Minuten für drei Arbeitsgänge erhöht. Das bedeutet weniger Lohn für erheblich mehr Arbeit. Die Firma Kubach-Moden in Mainz zahlte für Näherinnen, die im Akkord arbeiten, 1,93 DM brutto aus, bei einem Akkordrichtsatz von 6,42 DM. Begründung: die Näherinnen kommen nicht an die durchschnittliche Akkordleistung heran. In Hannover ließ ein Unternehmer eine Nähhilfe die ersten 14 Tage umsonst arbeiten und zahlte danach einen Leistungslohn von 2,78 DM. Denn, so der Arbeitgeber: «Die Näherin ist auf Knien zu mir gerutscht gekommen, um endlich nähen zu dürfen.»

Die Firma Zanker, ein AEG-Tochterunternehmen, ließ, trotz Kurzarbeit, gleichzeitig die Stückzahlen und das Arbeitstempo erhöhen. Die Arbeitsintensität, so die Arbeitnehmer, «wurde bis zur Knochenschinderei gesteigert».

Über die Zustände bei Alfa-Romeo in Frankfurt konnte man folgendes erfahren: «Überstunden werden angeordnet, ohne daß der Betriebsrat seine Zustimmung gegeben hat. Bezahlt wird nach Sympathie. Einige Kollegen kriegen diese Überstunden mit 100%, die anderen mit 25% bezahlt. Wer diese Überstunden verweigert, dem wird die Produktionsprämie gestrichen. Wer mehr als 14 Tage im Jahr krank war, dem wird das Urlaubsgeld gestrichen. Die Sterberate bei Alfa Romeo ist hoch. Drei Kollegen in zwei Jahren. Ein Kollege hat sich aufgehängt, weil ihm der Weihnachtsurlaub nicht bewilligt wurde. Ein anderer ist im Werk zusammengebrochen und dann im Krankenhaus gestorben – Magendurchbruch. Vorher hatte er noch mit Kollegen gesprochen: ‹Ich habe Angst, mich krank schreiben zu lassen. Wer krank ist, kriegt kein Weihnachtsgeld.› Was bei Alfa Romeo gut funktioniert, ist das Spitzelsystem. In der Neuwagenhalle hängen Kameras, die alles, was in der Halle geschieht, über Monitoren in die Direktionszimmer übertragen» (M. Held, in: Metall, 6. 4. 1976, S. 5).

Wie sich erhöhte Produktivität bei gleichzeitiger Verringerung der Arbeitskräfte in der Druckindustrie auswirkt, berichtet ein ehemaliger Betriebsrat der Firma Lohse: «Die Firma baut seit sieben Jahren kontinuierlich die Belegschaftsstärke bei gleichbleibender und zum Teil sogar erhöhter Kapazität an Produktionsmitteln ab. In Zahlen ausgedrückt heißt das: 1970 ca. 300, 1972 ca. 270, 1975 ca. 190 und 1977 ca. 165 Mitarbeiter weniger. Um die Konkurrenzfähigkeit zu erhalten, sah sich die Geschäftsleitung gezwungen, folgende für verpfuschte Firmenführung typische Maßnahme zu ergreifen: 1. erhöhte, über das gesetzliche Maß hinausgehende Überstundenleistungen, 2. verstärkte Anordnungen in der Normalarbeitszeit und 3. Reduzierung oder Auflösung einzelner Abteilungen durch Verlagerung auf auszuliefernde Fremdarbeit. Zum Schluß noch eine Bemerkung: Seit August 1977 ist die Firma ohne Betriebsrat.»

Es wird ‹gesund›-geschrumpft und gekündigt in der deutschen Industrie – auch in Zukunft. Nach übereinstimmender Meinung von Fachleuten dürften allein in den nächsten zehn Jahren durch die Einführung neuer Technologien, besonders der Halbleitertechnik in der Metallindustrie, mindestens 300000 Arbeitsplätze wegfallen. In der Druckereiindustrie wird mit einem Wegfall von 50000 Arbeitsplätzen gerechnet, ebenfalls wegen der kommenden Automatisierung und Umstellung auf computergesteuerte Maschinen. Da scheint es noch harmlos, wenn die Zeitungen manchmal von «kleineren Betriebsschließungen» berichten.

So wie am 29. Juni 1978, als zwei Tage vor Betriebsferien die 117 Beschäftigten des Bekleidungswerkes Albert Lucas in Mühlheim/Ruhr zu einer Belegschaftsversammlung gerufen wurden. Der Unternehmer: «Sie brauchen nach den Ferien nicht wiederzukommen. Die Firma ist pleite. Sie sind gekündigt.»

Mitte November 1977 meldete die Textilgruppe van Delden in Nordhorn (über 1000 Beschäftigte) den Vergleich an. Die meisten Arbeiter sind seitdem ohne Arbeit, nur ein geringer Teil hat bisher neue Arbeit gefunden. Der Grund für die Betriebsschließung, so die Fachpresse: Eklatantes Versagen des Managements, das in selbstherrlicher Manier folgenschwere Fehlentscheidungen produzierte. Die Opfer sind die Arbeitnehmer. Ihnen kann es so ergehen wie den Belegschaftsmitgliedern der 1975 geschlossenen Firma DEMAG in Kalletal. Zwei Jahre nachdem der Betrieb geschlossen wurde, haben 50% der ehemaligen Beschäftigten immer noch keine Arbeit gefunden. Ein Angestellter: «Ich habe auf eigene Faust alle in Frage kommenden Firmen abgeklappert. Ich kenne inzwischen alle Personalchefs, und die kennen mich. Und wenn du die Firmen durchhast, tja, dann kannst du wieder von vorne anfangen. Ich kann die Sprüche schon nicht mehr hören: ‹Leider im Augenblick nichts zu machen, schauen Sie doch mal wieder vorbei, vielleicht klappt's beim nächstenmal.›»

Ein Arbeiter: «Ich hätte ja nie gedacht, daß Arbeitslosigkeit so auf die Nerven geht. Immer dasselbe Spiel: Spannung, wenn du die Bewerbung wegschickst, Hoffnung, wenn der Briefträger kommt und die Enttäuschung, wenn wieder nichts war. Ich komm mir vor wie eine Stahlfeder: wenn man die zu oft spannt, dann geht sie kaputt. Das nennt man dann Materialverschleiß.»

Dabei gibt es ganze Regionen in der Bundesrepublik, wo eine einseitige Monostruktur zusammenbricht – und es für die Erwerbstätigen keinerlei Möglichkeiten gibt, in der Nähe eine neue Arbeit zu finden. Ein Beispiel dafür ist Rheinland-Pfalz. Die allgemeine Arbeitslosenquote liegt hier bei 5,3%. Im Saarland sogar bei 7,9% (Zahlen vom Januar 1978).

Vor der ständigen Angst, die letzte Arbeitsstelle zu verlieren, stehen die Bewohner der Bischofstadt Speyer. Innerhalb eines Jahres (1976) machten zehn Betriebe dicht, darunter eine Baumwollspinnerei, eine Zelluloidfabrik, eine Brauerei, eine Schuhfabrik und eine Rußfabrik. Über 2000 Arbeitsplätze wurden vernichtet, und das in einer Stadt, in der es nur 50 Industriebetriebe mit ca. 7000 Beschäftigten gibt. Jede weitere Betriebsschließung bedeutet für die Betroffenen, daß die Axt an die Wurzel ihrer Existenz gelegt wird. Die Frau eines Maschinenschlossers: «Er hat noch keine Kündigung. Aber ich rechne damit, man weiß es eben nicht. Ich bin alle Tage froh, wenn es nicht so ist. Wir haben drei Kinder. Die beiden Älteren rufen alle, wenn mein Mann abends nach Hause kommt: ‹Na, Papa, hast du noch deine Arbeit oder bist du schon entlassen?›»

Ähnlich in Hagen. Mitte 1976 erlosch dort der letzte Hochofen. Allein in den letzten vier Jahren gingen rund 10000 Arbeitsplätze verloren. Neue Arbeitsplätze, sichere zumal, wurden bis heute nicht geschaffen.

Die Angst, den Arbeitsplatz und die Existenz zu verlieren, führt dazu, daß die Arbeiter trotz Krankheit, trotz Fieber oder Unfallverletzung, zur Arbeit gehen und sich anstrengen, ihren Arbeitsplatz nicht zu verlieren. Im Durchschnitt gingen die Krankheitsquoten in den letzten Jahren bis um 50% zurück, ein Zeichen dafür, welche elementaren Ängste die Arbeiter auch heute noch haben – trotz sozialer Sicherungsmaßnahmen. Bei Telefonbau und Normalzeit in Frankfurt oder bei Opel in Rüsselsheim gingen die Krankheitsquoten bis um 50% zurück. Immer wieder sieht man fiebernde Arbeiter, die sich mit hochrotem Kopf und Schweißperlen auf der Stirn über ihre Maschinen beugen und trotz hohem Fieber lieber arbeiten als sich krank schreiben lassen. Wiederholtes Kranksein wird bei den nächsten Entlassungswellen dann entsprechend berücksichtigt.

Wie das praktiziert wird, ist einem Brief der Firma Grundig in Landau/Isar an eine im sechsten Monat schwangere Arbeitnehmerin zu entnehmen:

«Sehr geehrte Frau . . . Unserer Fehlzeitenstatistik entnehmen wir, daß Sie häufig wegen Krankheit an Ihrem Arbeitsplatz fehlen. Im einzelnen notieren wir folgende Arbeitsversäumnisse: 1974 – 2 Fälle/15 Tage, 1975 – 1 Fall/9 Tage, 1976 – 2 Fälle/16 Tage. Wie nachteilig sich derartige Fehlzeiten auf den Betriebsablauf, insbesondere auf die Erledigung der Ihnen übertragenen Arbeiten auswirken, können Sie wohl selbst ermessen. In beiderseitigem Interesse dürfen wir hoffen, daß wir in Zukunft Eintragungen der oben geschilderten Art auf Ihrer Personalakte nicht mehr vorzunehmen brauchen. Wir bitten um Kenntnisnahme und zeichnen hochachtungsvoll
GRUNDIG AG, Werk 12, Landau/Isar»

Die Schwangere fehlte nicht mehr. Im Krankenhaus erlitt sie eine Fehlgeburt. Betriebsalltag in der Wirtschaftskrise! Denn es kümmert die Arbeitgeber in der Tat überhaupt nicht mehr, warum die Arbeitnehmer krank werden. Die Hauptsache ist, sie sind an ihrem Arbeitsplatz und arbeiten. Dabei sichert den Arbeitnehmern auch der Übereifer und die Angst vor Entlassungen nicht den Arbeitsplatz. Sie sind mehr oder minder rechtlos gegenüber Betriebsschließungen und können nur hoffen, daß die Massenarbeitslosigkeit bald vorbei ist. Doch diese Hoffnung trügt. Denn, so die «Süddeutsche Zeitung» am 25. 8. 1977, bis zum Jahr 1990 wird es ca. 2,5 Millionen Arbeitslose geben. Berechnet hat diese Zahl, die im Einklang steht mit den zu erwartenden Arbeitsplatz-Vernichtungsmaßnahmen durch Rationalisierung, eine Projektgruppe des Instituts für angewandte Systemforschung und Prognose.

Rationalisierung und Betriebsalltag in der Schuhindustrie

An der Spitze der europäischen Schuhindustrie liegen heute mit großem Abstand zwei Konzerne. Die alteingesessene Salamander AG, mit Sitz in Kornwestheim, und die vor zwei Jahren aus den Gruppen Servas und Dorndorf hervorgegangene, äußerst expansive Schuh-Union AG in Rodalben bei Pirmasens. Die unternehmerische Strategie der Schuh-Union AG: «Rationalisieren und kostengünstig produzieren.»

Wie macht man das? Im Jahr 1969 zeigten die Brüder Servas Interesse, in Völklingen einen Betrieb für ca. 500 vorwiegend weibliche Beschäftigte zu errichten. Bisher gab es in diesem Raum nur wenige Frauenarbeitsplätze. Die Brüder Servas hatten zu jener Zeit bereits mit anderen saarländischen Gemeinden verhandelt und nutzten die Nachfrage nach Arbeitsplätzen weidlich aus. So waren sie in Völklingen nur bereit, einen Grundstückspreis von 4 DM pro qm zu bezahlen. Daraufhin verkaufte die Stadt Völklingen an Servas ein ca. 20000 qm großes Gelände, das regulär 8 DM pro qm gekostet hätte, für 4 DM. Darüber hinaus übernahm die Stadt einen Teil der Erschließungskosten für das Industriegelände in Höhe von 2,8 Millionen DM. Sicherheiten bezüglich der Arbeitsplätze wurden von der Firma Servas nur im Rahmen von Absichtserklärungen gegeben. Schließlich wurde das Werk gebaut und als großer Sieg der Ansiedlungspolitik der saarländischen Regierung gefeiert.

Nachdem das Werk errichtet war, folgte die Verschmelzung der Firma Servas mit der Firma Dorndorf zur Schuh-Union AG. Die Herren Helmut und Erhard Servas wurden mit 75% am Aktienkapital Mehrheitsaktionäre der neuen Firma. Aber schon wenig später folgten plötzlich die Schließung des Werkes in Merkviller-Pechelbronn, die Schließung des Werkes in Brütisellen (Schweiz), die Schließung des Werkes in Frankfurt-Bonames und die Reduzierung der Belegschaft in Völklingen von 300 auf ca. 200 Arbeitskräfte. Das war 1972.

Ein Betriebsratsvorsitzender zum damaligen Stand:

«Zuerst werden die Betriebe ausgehungert, indem immer einige Kolleginnen entlassen werden, danach bietet man an einem anderen Ort einen Arbeitsplatz an und damit entfällt die Pflicht zur Aufstellung eines Sozialplanes. Und dann schließt man das Werk und eröffnet es gleichzeitig in einem anderen Land.»

Im Frühjahr 1974 wurde das Werk in Völklingen geschlossen. Die 180 Arbeitnehmer, die bis zum letzten Tag dort arbeiteten, flogen auf die Straße, derweil in Formosa und in Spanien die gleiche Produktion aufgenommen wurde. Stadträte in Völklingen bezeichneten diese Praxis als die «Methoden einer typischen Piratenfirma, die legal alle Gesetze und Möglichkeiten der Subventionen ausschöpft».

«Als das Werk von Servas übernommen wurde, behagte ihm die Arbeitsleistung nicht. Daraufhin setzte er eine ausländische Arbeiterin samt Steppmaschine alleine in einen Raum und ließ die Kollegin den ganzen Tag über arbeiten. Die am Abend von der eingeschüchterten Arbeiterin erbrachte ‹Leistung ohne Pause› war für Servas Anlaß genug, in Zukunft von den anderen Arbeiterinnen die gleiche Schufterei zu erwarten» (der Betriebsratsvorsitzende des Werkes in Zweibrücken).

Sich zu wehren wagt jedoch niemand, da Servas durch seine Monopolstellung Herr über Arbeit und damit Existenz seiner Beschäftigten ist. Denn eine Entlassung in diesem Gebiet ist gleichbedeutend mit langandauernder Arbeitslosigkeit.

Die Angst der Arbeiterinnen, den Arbeitsplatz zu verlieren, wird bei Servas beliebig ausgebeutet. Wer zwei oder drei Wochen krank war, wird, nach Aussagen von Arbeiterinnen und Betriebsräten, zum Direktor oder Personalchef gebeten. Der rechnet den Kolleginnen vor, was die Krankheit den Betrieb kostet und erklärt: «In Zukunft erwartet man, daß Sie nicht mehr wegen Krankheit ausfallen.» Darüber hinaus haben Arbeiterinnen, die längere Zeit krank waren, keinen Anspruch mehr auf ihren alten Arbeitsplatz. Sie müssen sich nach der Genesung mit einem schlechter bezahlten Platz zufriedengeben, auch wenn das nach dem Betriebsverfassungsgesetz unzulässig ist. Dem Betriebsrat verwehrt Servas die ihm rechtlich zustehende Einsicht in die Geschäftsbücher. In Zweibrücken kümmert das niemand.

Daß diese Formen der Rationalisierungen Folgen haben, ist unbestritten. In den letzten drei Jahren stieg bei den Arbeiterinnen die Pro-Kopf-Erzeugung von anfangs sechs Paar Schuhen auf 15 Paar pro Tag. Die Steigerung ist im wesentlichen Folge der Arbeitshetze, die zum Beispiel in Zweibrücken eine enorm hohe Fluktuation mit sich bringt. Innerhalb von nur drei Jahren wird hier die gesamte Belegschaft ausgewechselt. Nichts kann die Arbeitsbedingungen drastischer ausdrücken als eine dermaßen hohe Fluktuationsrate.

Gespräch mit Helmut Servas, Unternehmer, Mehrheitsaktionär der Schuh-Union AG.

Frage: Können Sie sagen, wie Sie die allgemeine wirtschaftliche Situation in den letzten Monaten beurteilen?

Servas: Die wirtschaftliche Situation, speziell in der Schuhindustrie, ist im wesentlichen nicht von der allgemeinen Krise betroffen, sondern es handelt sich hier im speziellen um ein branchenspezifisches Problem. Die Situation in der Schuhindustrie ist gekennzeichnet durch sehr hohe Schuhimporte, speziell aus Italien. Diese Importe sind im wesentlichen die Probleme der Schuhindustrie in Deutschland. Jedoch sieht es, was die Zukunft betrifft, für die deutsche Schuhindustrie wesentlich günstiger aus. Die ausländischen Preise der Mitanbieter in Italien und auch anderer europäischer Länder sind, im wesentlichen durch die dortige Inflation, bis zu 30% gestiegen, so daß wir im Konsumgüterbereich eigentlich für die Zukunft recht optimistisch sind und auch aller Wahrscheinlichkeit nach Vollbeschäftigung garantieren können.

Frage: Man sagt allgemein, daß Sie ein sehr cleverer Unternehmer sind, daß Sie einerseits Werke schließen, wie in Völklingen, andererseits in Spanien oder Formosa wieder Betriebe aufmachen. Nun haben Sie in Völklingen hohe Investitionszulagen bekommen in der Hoffnung, daß die Arbeitsplätze dort erhalten bleiben. Warum wurden die Arbeitsplätze dann in relativ kurzer Zeit wieder vernichtet?

Servas: Die Arbeitsplätze wurden nicht vernichtet. Man hat allen Mitarbeitern, auch aus Rationalisierungsgründen, einen Arbeitsplatz angeboten, in der Nähe von Völklingen, in einer räumlichen Entfernung von ungefähr 20 km.

Frage: Aber selbst dort ist ein großer Teil wieder entlassen worden?

Servas: Die Leute sind nicht entlassen worden. Es kann sich natürlich ergeben, daß auf Grund dieser Entfernung von dem einen Betrieb zu dem anderen der eine oder andere Mitarbeiter unter Umständen nicht mehr interessiert war, diese Entfernung zu seinem neuen Arbeitsplatz mitzumachen.

Frage: Aber warum wurde der Betrieb überhaupt geschlossen?

Servas:Das hatte Gründe einer rationelleren Arbeitsmethode, einer rationelleren Produktion.

Frage: Und die war in diesem Betrieb nicht gewährleistet, obwohl er erst vor kurzem, 1970, eröffnet worden ist?

Servas: (keine Antwort)

Frage: Können Sie sich vorstellen als Unternehmer, wie diejenigen, die arbeitslos geworden sind, auf Grund von Rationalisierungen, wie Sie eben sagten, eigentlich leben?

Servas: Betroffen davon sind im wesentlichen keine Facharbeiter. Wir haben nach wie vor einen enormen Bedarf an Facharbeitern. Es sind im wesentlichen ungelernte Hilfskräfte gewesen, deren Situation jetzt als Arbeitslose menschlich zu sehr, sehr viel Mitleid Anlaß gibt und deren Situation natürlich bedauerlich ist.

Frage: Können Sie sich ungefähr vorstellen, wie ‹bedauerlich› die Situation ist?

Servas: Es gibt ja durch die Unterstützung der Arbeitsämter Möglichkeiten, daß diesen Leuten zumindest in ihrem Existenzminimum geholfen wird. Auch wir sind in der Überlegung begriffen, wenn sich die Auftragslage verbessert, einen Teil von ungelernten Arbeitskräften eventuell in einer entsprechenden Ausbildung zu Facharbeitern auszubilden.

Frage: Was empfinden Sie dabei, oder empfinden Sie überhaupt etwas dabei, wenn Sie Leute entlassen oder Kurzarbeit einführen?

Servas: Jede Entlassung und auch jede Entscheidung über Kurzarbeit ist sowohl für den Arbeitnehmer als auch für das Unternehmen keine angenehme Angelegenheit. Es gibt jedoch Kostensituationen und wirtschaftliche Entscheidungen, die getroffen werden müssen.

Frage: Wie hat sich eigentlich die Krise auf die allgemeine Arbeitsmoral ausgewirkt?

Servas: Das kann gesagt werden! Die Arbeitsmoral ist gestiegen in dieser Situation. Jeder Mitarbeiter versucht im Moment fast ein bißchen mehr als das Notwendige und seine Pflicht zu tun.

Gespräch mit Gerda Stein (und ihrem Mann)

Gerda S. ist Facharbeiterin und 48 Jahre alt. Tätigkeit: Schnürsenkel in den Schuh einziehen oder Sohlen kleben. Durchschnittsverdienst 530 DM netto. Gerda S. ist bereits seit 1972 arbeitslos. Ihre Tochter Hannelore ist seit 1973 und ihre Tochter Inge seit 1974 ohne Arbeit. Alle drei Frauen waren bei Servas in Völklingen beschäftigt.

Frage: Warum hat Servas eigentlich das Werk in Völklingen geschlossen?

Gerda S.: Ja, es wurden immer mehr Leute entlassen wegen Arbeitsmangel. Servas sagte, er hätte keinen Absatz mehr. Einmal im Winter hat er sich verkalkuliert. Da wurden zuviel Stiefel gemacht. Es war ein warmer Winter. Und da hat er Verlust gehabt. Aber dieser Verlust kann sich bei Herrn Servas nicht so sehr bemerkbar gemacht haben. Denn das war nur ein kleiner Teil.

Frage: Was geschah, als Sie arbeitslos wurden?

Gerda S.: Ich bin aufs Arbeitsamt und habe den Bogen ausgefüllt und sechs Wochen später bekam ich das erste Stempelgeld. Das waren 360 DM im Monat. Nach anderthalb Jahren hörte das auf. Arbeitslosenhilfe habe ich erst gar nicht beantragt. Hier waren noch mehr, die verdient haben, da hätte ich nichts bekommen.

Frage: Können Sie mal sagen, was Sie jetzt monatlich an Einkommen haben?

Gerda S.: Im Monat haben wir außer mir in der Familie zwei Arbeitslose, seit Juni. Die eine Tochter bekommt mit Kind 320 DM, die andere 360 DM. Mein Mann hat im Durchschnitt 900 bis 1000 DM netto. Und unser Sohn 1200 netto. Der ist aber alt genug, um Kostgeld abzugeben. Das ist also alles zusammen gar nicht so viel: ungefähr 1600 DM für sieben Personen. Unser Sohn steuert schon was bei, sonst ginge das doch gar nicht. Für Lebensmittel brauche ich im Monat 800 DM, die muß ich für sieben Personen schon haben, das ist nicht zuviel. Das übrige geht so weg für Miete und was so abzuzahlen ist. Kleider sind nicht drin. Schon lange nicht mehr für uns. Es ist unmöglich, geht ja gar nicht. Und auf die Kante legen, da ist auch nichts. Ich versuche es immer wieder. Aber es geht nicht. Ich muß es immer wieder holen.

Frage: Meinen Sie, daß es besser wird?

Gerda S.: Nein. Da habe ich überhaupt keine Hoffnung, daß es besser wird. Nur in dem Fall, wenn meine beiden Töchter wieder Arbeit bekommen. Dann ist wieder etwas mehr da. Dann kann man sich was mehr leisten. Aber im Moment ist da gar nichts drin. Ich kann zum Beispiel nicht einmal zum Friseur. Nicht mal 30 DM zum Friseur bringe ich auf.

Frage: Können Sie sich vorstellen, wie die Brüder Servas leben?

Gerda S.: Das war immer so, daß der Kapitalist mehr hatte als der Arbeiter.

Frage: Meinen Sie, daß man das ändern müßte?

Gerda S.: Ja, der Meinung bin ich. Das müßte man ändern. Der Arbeiter müßte mal zwei Jahre so leben dürfen wie ein Kapitalist, und der Kapitalist müßte mal so leben wie ein Arbeiter lebt.

Frage: Und was, meinen Sie, hat sich dann geändert?

Gerda S.: Dann geht es dem Arbeiter mal zwei Jahre gut. Er hat ein schönes Haus. Und dem Kapitalisten geht es mal weniger gut.

Frage: Und danach?

Gerda S.: Dann hat er vielleicht mehr Verständnis für die Arbeiter und gibt ihnen mehr Stundenlohn.

Frage: Können Sie sich vorstellen, daß es den Brüdern Servas jemals so schlecht gehen wird wie Ihnen?

Herr S.: In keinem Fall. Wie denn? Wie soll denn das passieren? Sagen Sie mir das mal. Das gibt es doch gar nicht. Oder glauben Sie, der Servas würde auf das Arbeitsamt gehen und würde da eine Arbeitslosenunterstützung . . . gibt es doch gar nicht. Es ist ja unmöglich. Kommt der Herr Servas hier aufs Arbeitsamt und sagt: ‹Ich bin der Herr Servas, mir geht es so schlecht, kann man da was bei euch beantragen?›

Nachtrag: In den Jahren von 1973 bis 1977 hat sich der Umsatz der Schuh-Union kontinuierlich erhöht. An die Aktionäre wurde 1977 eine um 40% höhere Dividende als die des Jahres 1976 ausbezahlt.

Eigentlich sind wir nichts wert
Über die psychischen und materiellen Auswirkungen der Massenarbeitslosigkeit

1930 erklärte ein arbeitsloser Zimmermann: «Wie grausam und erniedrigend ist es doch, als Arbeitsloser bezeichnet zu werden. Wenn ich ausgehe, halte ich meinen Blick gesenkt, weil ich mich ganz und gar minderwertig fühle. Wenn ich durch die Straßen gehe, scheint es mir, als ob ich nicht mit einem durchschnittlichen Bürger verglichen werden kann, als ob man mit dem Finger auf mich zeigt. Ich vermeide instinktiv, jemanden zu treffen. Ehemalige Bekannte und Freunde aus besseren Zeiten verhalten sich nicht mehr so herzlich. Sie grüßen mich gleichgültig, wenn wir uns sehen. Sie bieten mir nicht mehr eine Zigarette an und ihre Augen scheinen zu sagen: Du bist es nicht wert, du arbeitest nicht.»

Im Mai 1978 gab in Frankfurt ein arbeitsloser Bauarbeiter zu Protokoll: «Weißt du, ich suche jetzt seit 13 Monaten nach Arbeit. Überall sagen die mir: Mein Lieber, Sie sind schon 45 Jahre, da wird es schwer gehen. In der ersten Zeit habe ich mich nicht nach Hause getraut, zu meiner Familie, und ihr nicht gesagt, daß ich keine Arbeit mehr habe. Dann haben es die Nachbarn gemerkt, die mich in der Bahnhofsvorhalle gesehen haben. Die haben mich gefragt: ‹Haben Sie schon frei?› Ich war wie ein kleines Kind. Ich traute mich nicht, nach Hause zu gehen. Meine Freunde, die mit mir Skat gespielt haben, sagten auf einmal, daß sie es besser fänden, wenn ich erst mal wieder richtig bei der Stange wäre. Im Haus, na ja, das fällt auf, wenn du immer zu Hause bist. Einmal hat mich einer gefragt, so ein gelackter Angestellter: ‹Sagen Sie, Sie sind doch immer hier und könnten sich eigentlich nützlich machen. Wollen Sie mal bitte den Rasen sauberhalten.›»

Elisabeth S., 35 Jahre alt, wurde als Büroangestellte aus einem Unternehmen in Norddeutschland wegrationalisiert. Die alleinstehende Sachbearbeiterin versuchte, durch sparsame Lebensführung über die Krise hinwegzukommen. Sie aß immer weniger, magerte ab und vernachlässigte als Folge ihrer körperlichen und psychischen Schwäche sich selbst und ihre Wohnung. Jeder vergebliche Versuch, einen neuen Job zu finden, erhöhte ihren Zweifel an ihrem Selbstwert, bis sie schließlich einen Ekel vor sich selbst entwickelte.

Andere Arbeitslose suchen die Flucht aus ihrer ausweglosen Situation in Alkohol und Apathie, bis hin zum faschistischen Idealismus. Der ist besonders bei Jugendlichen zu finden, die einen ‹starken Mann› als Stütze brauchen, der ihnen aus ihrer trostlosen und unabänderlichen Situation heraushilft. Gerade in Kleinstädten oder in ländlicher Umgebung, wo die jugendlichen Arbeitslosen einer besonderen sozialen Kontrolle und Diskriminierung ausgesetzt sind, steigt die Anfälligkeit für faschistische Ziele. «Hitler», so ein Jugendlicher aus Fürth, «hat vielleicht einiges falsch gemacht, aber die Leute haben alle Arbeit gehabt, und es gab keine Ausländer.» Junge Mädchen, die keine Ausbildungs- und Berufsperspektiven haben, die auch keine Arbeit gefunden haben, verkaufen sich als Prostituierte in Massagesalons oder einer privaten «Sauna». Der Jugendliche, der vor dem Münchner Hauptbahnhof sitzt und ein Schild umgehängt hat, auf dem «Nehme jede Arbeit an» steht, markiert die soziale und psychische Situation Hunderttausender von Arbeitslosen, die keine Hoffnung mehr haben, daß sich ihre Situation verändern wird.

Sicher ist auch, daß die Existenzangst die Gesundheit der Arbeitslosen erheblich gefährdet, und zwar im psychischen wie im physischen Bereich. Der Arbeitsmediziner Prof. Müller-Limmroth:

«Wenn ich einen Menschen zur Untätigkeit verdamme, anders kann

ZEITUNG DER IG METALL FÜR DIE BUNDESREPUBLIK DEUTSCHLAND D 4713 D

METALL

ERSCHEINUNGSORT FRANKFURT AM MAIN
10. FEBRUAR 1976 · 28. JAHRGANG · NUMMER 3

Tarifbewegung: Warnstreiks

Über 50 000 Metaller streikten spontan gegen Erpressertaktik der Metallindustriellen in Tarifverhandlungen. Protestdemonstrationen (hier: Travemünde).

Seite 3

Der „Freigesetzte" ist maximal unfrei

„Dauerarbeitslosigkeit führt zwangsläufig zur Krankheit"

Der Wirtschaftsaufschwung ist da. Dieses Jahr soll er ein Wachstum von 4,5 Prozent bringen. Die Einkommen der Unternehmer werden steigen. Voraussichtlich um 14 Prozent. Im Dezember gab es das absolut beste Exportergebnis, das in diesem Monat jemals erreicht wurde: 20,6 Milliarden DM. Also ist alles in Ordnung?

Keineswegs. Denn wir sind mitten in der Tarifrunde der IG Metall. Darum versucht man, eine Karte gegen uns auszuspielen: die Arbeitslosigkeit. Von ihr werden auch 1976 im Durchschnitt eine Million Menschen betroffen sein. Damit versucht man, Druck auf uns auszuüben: Arbeitslose gegen Arbeitende. Bisher ohne Erfolg. Auch wer seine Arbeit verliert, bleibt in unserer Organisation. Die IG Metall ist auch für ihn da.

Alle, die wie „Bild" Arbeitslose verketzern, müssen sich fragen lassen: „Warum haben alle diese Menschen gearbeitet, als es noch Vollbeschäftigung gab?"

Schafft Arbeitsplätze her, dann brauchen wir über Arbeitslose nicht mehr zu reden!

Das Verhältnis von „Bild" zu den Arbeitslosen, die Geschichte einer Familie, die von Arbeitslosenhilfe lebt, und das Problem der Jugendarbeitslosigkeit: in dieser Ausgabe aôf den Seiten 7 bis 9.

man's nicht nennen, geht die tägliche Aktivierung, die Arbeitsbereitschaft, ins Leere. Ins Leere bedeutet, daß dieses Nervensystem in Unordnung gerät und das erste, was an Störungen entstehen kann, ist eine vegetative Dystonie – so nennt es der Arzt. Das heißt: Dieses Nervensystem kommt in Unordnung. Sie äußert sich zunächst einmal in Allgemeinbeschwerden, Schlafstörungen, nervösen Herzbeschwerden, Kreislauflabilität, empfindlichem Magen, chronischer Magenschleimhautentzündung bis hin zum Magengeschwür. Wenn jemand die Arbeit verliert, dann wird der Stress zum krankmachenden – wie wir sagen – Disstress, und das geht dann wirklich an die Substanz heran. Wenn die Arbeitslosigkeit also über ein halbes Jahr hinweggeht, sollte man ernstlich mit Störungen rechnen. Das Schlimme ist nur, daß sich das in so ganz banalen Sachen äußert. Der schläft nicht mehr richtig, das Essen schmeckt ihm nicht mehr, die Fliege an der Wand ärgert ihn und so weiter» (Prof. Müller-Limmroth: Arbeitslosigkeit macht krank, in: Metall, 10. 2. 1976, S. 8).

Unzweifelhaft ist – und Beobachtungen in Familien, in denen die bisherigen Erwerbstätigen seit längerem arbeitslos sind, bestätigen das –, daß sowohl das psychische wie auch das soziale System von Individuum und Familie zusammenbrechen. Zunahme von Alkoholismus, Depressionen, Anstieg der Selbstmordrate bei Erwachsenen und Kindern, zunehmende Nervosität bei Familienmitgliedern, schwere psychische Störungen werden überall registriert. Psychische Folgeschäden korrelieren mit gesundheitlichen Schäden wie Magen-Darm-Störungen, Herzerkrankungen, Fehlernährung – was zu einer Minderung der Arbeitskraft führt, die dann noch weniger Aussicht hat, produktiv eingesetzt werden zu können. Krankheiten, die latent vorhanden sind, werden verschleppt, nicht auskuriert. Schon 1930 erklärte der sozialdemokratische Reichstagsabgeordnete Julius Moses in der Broschüre «Arbeitslosigkeit: Ein Problem der Volksgesundheit», «daß die schlimmsten Schäden auf seelischem Gebiet liegen». Aufschlußreich ist, daß im Juli 1978 die Deutsche Gesellschaft für Soziale Psychiatrie, die Deutsche Gesellschaft für Verhaltenstherapie und die Deutsche Gesellschaft für wissenschaftliche Gesprächstherapie in einem offenen Brief an den Bundesminister für Arbeit und Sozialordnung wie Moses 1930 auf das gleiche Problem der Arbeitslosigkeit aufmerksam machten:

«Wir beobachten in der Beratungs- und Therapiepraxis heute ein enormes Anwachsen von psychischen Problemen, die als direkte oder indirekte Folge von Arbeitslosigkeit angesehen werden müssen:

- Tendenzen zur Selbstaufgabe werden verstärkt, was sich insbesondere im Suchtbereich ausdrückt;
- Selbsttötungsversuche und depressive Symptome nehmen zu;
- auch eine Vielzahl anderer psychischer Belastungen und Störungen werden durch die Folgen von Arbeitslosigkeit verschlimmert;

- zu diesen Folgen gehören finanzielle Engpässe auf Grund einer bis zu 50% betragenden Einschränkung der Einkünfte, das Aufbrauchen von Ersparnissen, familiäre Belastungen, Selbstwertzweifel auf Grund von sozialem Abstieg und Verlust von Berufs- und Lebensperspektiven.

Schon die Angst vor Entlassung und Arbeitslosigkeit und die erhöhte Konkurrenz am Arbeitsplatz haben psychohygienisch gefährliche Auswirkungen. Unmittelbar gesundheitsgefährdend werden sie dann, wenn berechtigte Krankmeldungen und notwendige Kuranträge zurückgestellt werden. Diese psychosozialen Belastungen werden noch dadurch verschärft, daß bisher in weiten Teilen der Presse und sogar von verantwortlichen Politikern Arbeitslosigkeit als individuelles Verschulden, als Drückebergerei oder sogar als Ergebnis psychischer Störungen beschrieben wird. Wir wenden uns nachdrücklich gegen eine solche sozialpolitisch gefährliche Verkehrung von Ursache und Wirkung.

«Es ist für uns bestürzend, in unserer Arbeit gleichzeitig konfrontiert zu sein mit Menschen, deren psychisches, soziales und körperliches Leid wesentlich durch Arbeitslosigkeit bedingt ist und mit anderen, die den verschärften Arbeitsanforderungen nicht mehr gewachsen sind» (Auszug aus dem offenen Brief der Deutschen Gesellschaft für soziale Psychiatrie Wunstorf, Juli 1978).

Der SPD-Minister Ehrenberg hat bekanntlich reagiert, mit der Anordnung, daß in Zukunft alle Angestellten und Arbeiter, nach einer bestimmten Zeit der Arbeitslosigkeit, jede Arbeit anzunehmen haben.

Niemand zweifelt heute daran, daß gerade die langanhaltende Arbeitslosigkeit, die zermürbende Erfahrung, keine Arbeit zu finden, zu Fatalismus, Apathie und sozialem und politischem Rückzug führen. Und die Zahl der Betroffenen steigt ständig. 1978 lag die Dauer der Arbeitslosigkeit bei 8 bis 9 Monaten.

Arbeitslose ohne abgeschlossene Berufsausbildung, Schwerbehinderte und Menschen mit gesundheitlichen Einschränkungen müssen zum Teil wesentlich längere Arbeitslosigkeit in Kauf nehmen. Von den Ende Mai 1978 registrierten arbeitslosen Männern waren knapp ein Viertel länger als ein Jahr arbeitslos (vgl. auch: Die durchschnittliche Dauer der Arbeitslosigkeit hat zugenommen, in: Der Arbeitnehmer, Saarbrücken, Januar 1979, S. 10f.).

Zu ähnlichen Ergebnissen wie die Studie der Deutschen Gesellschaft für soziale Psychiatrie kommt eine Untersuchung von Christian Brinkmann:

«Probleme der Isolation werden dadurch erkennbar, daß gut der Hälfte der Arbeitslosen der Kontakt mit Kollegen fehlt und, gravierender, ein Drittel der Arbeitslosen nicht mehr so oft wie früher zu Freunden und Bekannten geht. Wenn man von den finanziellen Beschränkungen, die hierbei auch eine Rolle spielen, einmal absieht, hängen die eingeschränkten Sozialkontakte mit der gesellschaftlichen Bewertung von Arbeitslosigkeit zusammen. Auch die familiären Beziehungen werden teilweise durch die Arbeitslosigkeit belastet. Ein Drittel der Arbeitslosen registrierte in der Familie häufiger als sonst Ärger. Am stärksten sind die Belastungen bei den 45- bis unter 55jährigen. So fällt es 54% der Arbeitslosen in diesem Alter nicht leicht, Frauen und Bekannten von der Arbeitslosigkeit zu erzählen, demgegenüber 35% bei Arbeitslosen im Alter von 20 bis 25 Jahren» (C. Brinkmann: Finanzielle und psychosoziale Belastungen während der Arbeitslosigkeit, in: Vom Schock zum Fatalismus, herausgegeben von A. Wacker, Frankfurt 1978, S. 84).

Was die Arbeitslosigkeit erreicht: aus einst selbstbewußten Arbeitnehmern werden gebrochene Menschen. Wie sich so etwas auswirkt, ist einer Befragung von 100 Arbeitslosen im Arbeitsamt München zu entnehmen. Von diesen 100 hatten immerhin 40 bereits einmal an Selbstmord gedacht. Und viele andere denken nicht nur daran, sondern führen ihn auch aus.

Unzufriedenheit mit der eigenen Situation führt zu einer massiven Häufung von Aggressionen innerhalb der Familie, gegen Frau und Kind. Die Angst, sozial abzusteigen, die Schulden nicht mehr bezahlen zu können, eine Räumungsklage zu erhalten, lähmt alle Aktivitäten. Der Betroffene verfällt in tiefe Depressionen. Der ungeheure Problemdruck, der sich bei den Arbeitslosen ansammelt, muß einen Ausweg finden. Entweder ist es ein individuell gegen sich selbst gerichteter Akt oder er richtet sich gegen andere. Es finden sich noch weitere Auswirkungen. Ali Wacker berichtet von einer Untersuchung, bei der sich herausstellte, daß Kinder von Arbeitslosen sich häufiger vergiften als Kinder aus einer Vergleichsgruppe. Als mögliche Ursachen wurden die durch die Stresssituation bedingte höhere Medikamenteneinnahme und die dadurch leichtere Verfügbarkeit für Kinder genannt, die größere Unvorsichtigkeit der Eltern, die durch andere Probleme abgelenkt seien, und eine Veränderung des Verhaltens der Kinder durch die unglückliche Situation in der Familie. In einer anderen Untersuchung wird auf den Zusammenhang zwischen Arbeitslosigkeit und Tod durch Herzerkrankungen eingegangen. Dabei konnte nachgewiesen werden, daß die Rezession mit einem Anstieg der Herzerkrankungen einhergeht, während sie zur Zeit des Aufschwunges, das heißt bei einer niedrigen Arbeitslosenrate, zurückgeht (vergleiche A. Wacker (Hg.): Vom Schock zum Fatalismus, a. a. O., S. 219).

Nicht zu trennen von der psychischen Belastung ist die finanzielle Situation in vielen Arbeitslosenfamilien. Arbeitslosigkeit bedeutet für viele Familien den Abstieg in die materielle Verelendung. Denn bei einem Durchschnittsnettoeinkommen von 1180,82 DM beträgt das Arbeitslosengeld im Jahr 1979 542,40 DM in der Leistungsgruppe A. Gerade bei der länger anhaltenden Arbeitslosigkeit verschärft sich die materielle Notlage derjenigen Familien, die auch bisher über ein geringes Einkommen verfügt haben. Kurzfristiger Verzicht auf Konsumgüter wäre noch zu ertragen, aber oft geht es an die existenzielle Substanz der Familien, wenn die geringen Sparguthaben aufgebraucht sind. Mit dem Ausgleich durch Sozialhilfe wollen viele arbeitslose Familien nichts zu tun haben. Oft wissen sie aber überhaupt nicht, daß sie Sozialhilfe beantragen können.

«Sagen Sie uns einmal, wie wir jetzt auskommen sollen. Wir müssen für unser Auto noch 500 DM monatlich abzahlen, dann Miete in Höhe von 375 DM und dabei haben wir zusammen 900 DM Arbeitslosengeld. Meine Frau hat auch keine Arbeit mehr. So mußten wir unsere Kinder, weil wir kein Geld mehr haben, aus dem Kindergarten nehmen». Die Aussage des Arbeiters aus Fulda deckt sich mit zahlreichen Erfahrungen, die Kindergärtnerinnen in Kindergärten machen: zur Zeit werden viele Kinder abgemeldet, weil die Eltern die Beiträge nicht mehr zahlen können. In einigen Städten, so in München, mußten ganze Kindertagesstätten aus diesem Grund schließen. In vielen Fällen steigt mit der Arbeitslosigkeit auch die Quote von Wohnungsräumungen. Die hohen Mieten können sich viele nicht mehr leisten und so werden sie gezwungen, in andere, billigere Wohnungen umzuziehen. Oft bleibt dann nur die Obdachlosenunterkunft. Dort findet dann wieder eine Verschärfung der sozialen und psychischen Situation der Arbeitslosen statt, weil jegliches Selbstwertgefühl verloren geht.

Autos werden verkauft, weil die Banken ihr Zugriffsrecht wahrnehmen, wenn die Raten über Monate hinaus nicht gezahlt werden. Und das, obwohl für viele Familien gerade in den Außenbezirken das Auto die einzige Möglichkeit darstellt, noch flexibel zu sein. Eine Sachbearbeiterin der Dresdner Bank zu einem Kunden, der seit vier Monaten die Raten nicht bezahlt hat: «Mein Herr, wenn Sie doch keine Arbeit bekommen, brauchen Sie ja auch kein Auto.»

Ein anderer Arbeiter berichtet: «Wenn ich kein Geld mehr habe, gehe ich bei Tengelmann rein und klau mir immer die Bonekamps. Die Flasche paßt hier in die Jacke genau rein. Jedesmal, wenn ich da reingehe, habe ich da eine drin. Kerzen klau ich auch. Ja, guck mal: Wenn du kein Geld hast, machst du das automatisch. Damit kannst du Strom sparen. Strom kostet auch Geld. Ich habe noch 250 DM Miete zu zahlen. Ja, wenn du kein Geld vom Arbeitsamt kriegst, mußt du ja irgendwas klauen. Heute habe ich erst 2 Brötchen gegessen» (G. Paul, A. Wacker: Psychologische Erfahrungsdimensionen der Arbeitslosigkeit, in: Politikon, Göttingen, April 1975, S. 119).

Allgemein rechnet man damit, daß ein Drittel aller Arbeitslosen sich finanziell verschulden muß, um einigermaßen überleben zu können. Gibt es dann keine neue Arbeit, gibt es auch kein Geld, um die Schulden zurückzahlen zu können. Man ist gezwungen, neue Schulden zu machen, bis zu dem Zeitpunkt, wo man, total überschuldet, keinen Ausweg mehr aus seiner Situation findet. Der Gerichtsvollzieher klopft an und klebt seine Kuckucks auf die noch pfändbaren Einrichtungsgegenstände, und wenig später steht der Möbelwagen vor der Tür: Zwangsräumung. Innerhalb eines Jahres, so ein Mannheimer Gerichtsvollzieher, ist die Anzahl der Zwangsräumungen um ca. 200% gestiegen.

Die Studie des Rheinland-Pfälzischen Ministeriums für Soziales, Gesundheit und Sport über «Begleiter der Arbeitslosigkeit: Abstieg und Armut», die repräsentativ über das soziale Schicksal von Arbeitslosen erstellt wurde, trifft folgende Feststellungen, die keiner weiteren Kommentare bedürfen:

1. Die Zahl der Haushalte mit einem Haushaltsvorstand unter 60 Jahren, die laufende Hilfe zum Lebensunterhalt bezogen, nahm 1975 um 66000 zu, das entspricht einer Zuwachsrate von 22%.
2. Die Entwicklung seit 1975 und die verschämte Armut deuten schon an, daß heute ein großer Teil der Arbeitslosenhaushalte ein Einkommen bezieht, das niedriger ist als der Sozialhilfebedarf.
3. Eine große Zahl von unverheirateten Frauen, die Arbeitslosenhilfe beziehen, verfügt über ein Einkommen, das niedriger ist als der Sozialhilfebedarf. Das gilt vor allem dann, wenn sie eine ‹teure Wohnung› – Miete monatlich 300 DM – bewohnen. In einigen Industriezweigen (Bekleidungsindustrie, Hoch- und Tiefbau) wird schon bei einer mittleren Wohnungsmiete der Sozialhilfebedarf nicht erreicht.
4. Alleinstehende arbeitslose Frauen mit Kindern sind in einer bedrükkenden finanziellen Lage. Ihre Lage wird um so schlimmer, je mehr Kinder sie haben und je älter diese sind.
5. Fast alle verheirateten Arbeiter, die längere Zeit arbeitslos sind, erreichen nicht einmal die Bedarfssätze der Sozialhilfe. Das gilt selbst dann, wenn sie nur geringe Mieten zahlen müssen. Aber auch unter den Angestellten der Lohngruppe IV gibt es vor allem bei hoher Miete viele, die über ein geringeres Einkommen verfügen, als die Sozialhilfe als Bedarfssatz anerkennt.
6. Nahezu alle längerfristigen Arbeitslosen mit Kindern erreichen nicht den Sozialhilfebedarf. Häufig liegt das verfügbare Einkommen um mehr als ein Drittel unter den Sozialhilfesätzen.
7. Arbeiterfamilien mit zwei Kindern erreichen schon bei mittlerer Miete nicht die Bedarfssätze der Sozialhilfe, auch wenn die Ehefrau in Teilzeitarbeit mitverdient.
8. Wer Kinder hat und längerfristig arbeitslos ist, kann fast sicher sein, daß sein Einkommen unter der Armutsschwelle bleibt.
9. Fast alle alleinstehenden Frauen mit einem Kind sind nicht in der Lage, bei Arbeitslosigkeit die Bedarfssätze zu erreichen. Nur in Einzelfällen ist das bei einer Kombination mehrerer günstiger Um-

stände möglich. Noch wesentlich schlimmer ist die Situation der arbeitslosen Frauen mit mehr als einem Kind. Ein Unterschreiten der Bedarfssätze um mehr als ein Drittel ist dann keine Seltenheit.

10. Arbeiter mit zwei Kindern bleiben immer unter der Armutsgrenze – gleich, aus welchem Industriezweig sie kommen, wie alt ihre Kinder sind und wie teuer die Wohnung ist (vergleiche: Begleiter der Arbeitslosigkeit: Abstieg und Armut, Dokumentation zur wirtschaftlichen Lage von Arbeitslosen in der BRD, Mainz 1977)

Umgerechnet heißt das, daß von den rund 143000 Empfängern von Arbeitslosenhilfe des Jahres 1978 die meisten, schätzungsweise 100000 bis 130000, von den Empfängern von Arbeitslosengeld (1978: 487569) der größte Teil der Arbeitslosen mit Kindern, fast alle alleinstehenden Frauen mit Kindern, alle alleinverdienenenden, verheirateten Arbeiter ohne Kinder und ein großer Teil der alleinstehenden Frauen in Armut leben müssen. *Man rechnet damit, daß allein wegen der Arbeitslosigkeit ca. 2,5 Millionen Personen, einschließlich der Familienmitglieder, in Armut leben müssen.*

Zu ähnlichen Ergebnissen kommt auch die oben genannte Studie:

«Man kann aber noch mit großer Sicherheit davon ausgehen, daß zwischen 300000 und 700000 Haushalte ein verfügbares Einkommen unterhalb der Armutsgrenze haben. Die Zahl der betroffenen Personen dürfte fast dreimal so hoch sein.»

Diese dramatische Entwicklung, die bis heute von den politisch Verantwortlichen geleugnet wird, ist noch lange nicht gestoppt. Wenn damit gerechnet werden muß, daß es in den achtziger und neunziger Jahren 2 bis 3 Millionen Arbeitslose geben wird, zeigt sich hier erst das Ausmaß des politischen Sprengstoffes. Aber wie reagiert nun die Bundesregierung auf diese Entwicklung?

Wie der Staat auf Massenarbeitslosigkeit reagiert

Es mag ja witzig sein, wenn der Präsident der Bundesanstalt für Arbeit erklärt, daß jeder Berufstätige einmal im Leben richtig ausspannen und ab seinem 40. Lebensjahr ein Jahr lang Urlaub machen sollte – ohne Bezahlung, versteht sich. Wenn das aber ein Beitrag zur Lösung des Arbeitslosenproblems sein soll, zeigt sich, wie gleichgültig die politisch Verantwortlichen unserer Republik diesem Problem gegenüberstehen. Eine weitere staatliche Reaktion auf Arbeitslosigkeit: die Arbeitslosen, die bestimmte Arbeiten ablehnen, erhalten kein Arbeitslosengeld mehr. Im Jahr 1978 wurden ca. 300000 Sperrzeiten verhängt, weil Arbeitslose die Übernahme für sie unzumutbarer Arbeiten ablehnten, oder weil sie nicht einsahen, warum sie unqualifizierte Arbeiten bei niedrigstem Lohn

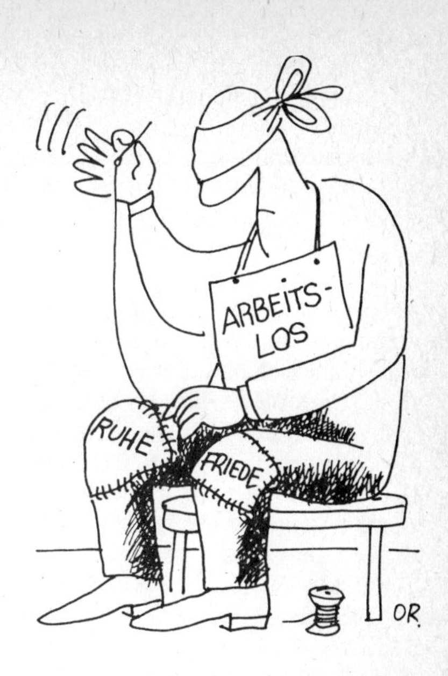

annehmen sollten. Unter ihnen war auch ein Maschinenschlosser. Im Februar 1978 erhielt er vom Hamburger Arbeitsamt ein Vermittlungsangebot für eine Metallverarbeitungs-Firma, die Fa. Schubert & Co. Bei dem Vorstellungsgespräch in der Firma, die für die Bundesmarine arbeitet, wurde erwähnt, daß seine politische Gesinnung überprüft werden würde. Der Arbeitsuchende lehnte dankend ab. Denn bei seinen politischen Aktivitäten hätte er die Stelle sowieso nicht bekommen, und außerdem wollte er sich nicht den unwürdigen Bespitzelungen unterziehen. Auf Grund seiner Ablehnung verhängte das Arbeitsamt eine Sperrzeit. Der Maschinenschlosser zählt zu den vielen «Arbeitsunwilligen» – wenn man der Bundesvereinigung der Arbeitgeberverbände glaubt. Durch sie konnte man auch erfahren, daß ein hoher Prozentsatz der als arbeitslos registrierten Personen überhaupt nicht bereit sei, sich in ein neues Arbeitsverhältnis vermitteln zu lassen. Daher, so die Unternehmer, ist die registrierte Arbeitslosigkeit zu einem erheblichen Teil unecht. Die Unternehmer kennen auch den Grund der Ablehnung: Der Differenzbetrag zwischen Arbeitslosenunterstützung und Nettoeinkommen steht in keinem Verhältnis zu der zu leistenden Arbeit. Dabei sei anzunehmen, daß das Arbeitslosengeld im Verhältnis zum Arbeitsentgelt zu hoch sei. Vergleicht man diese Äußerungen mit der realen materiellen Lage der Arbeitslosen, klingt das wie Hohn. Wie die Pawlowschen Hunde reagierten aber unsere politischen «Repräsentanten». Die

Länderwirtschaftsminister wollen Modellarbeitsbezirke auswählen, in denen die «echten» von den «unechten» Arbeitslosen herauskristallisiert werden können.

Allein die Ursachen, die heute schon zu Sperrzeiten führen, zeigen, worum es in Wirklichkeit geht: Arbeitssklaven sollen herangezüchtet werden.

In ca. 80% aller Sperrzeitenfälle führte unentschuldigtes Fehlen am Arbeitsplatz zu Entlassungen durch den Arbeitgeber. Warum? Die Unternehmer sprechen heute bereits bei geringen oder erstmaligen Verstößen gegen die Arbeitsordnung Kündigungen aus. Ein Großteil der Arbeitnehmerschaft hat sich auf diese verschärfte Situation nicht eingestellt. In der Zeit der Vollbeschäftigung wurden solche Verstöße allenfalls mit einer mündlichen Ermahnung abgetan. Jetzt, wo kein Arbeitskräftemangel mehr besteht, glauben die Unternehmer tun und lassen zu können, was sie wollen. Gerade in den Betrieben, die ihren Personalbestand drastisch reduziert haben oder gar vor einem Konkurs stehen, führten bereits die geringsten Vergehen zur fristlosen Entlassung, da durch den Wegfall der Kündigungsfrist Löhne eingespart wurden. Ein willkommener Anlaß für Entlassungen ist auch die vorherrschende Meinung, daß bei Erkrankungen erst nach drei Tagen eine Arbeitsunfähigkeitsbescheinigung eingereicht werden muß. Bisher wurde das in der Regel auch so gehandhabt. Bei etwa der Hälfte aller Entlassungen lag eine solche Arbeitsunfähigkeit vor, die dem Arbeitgeber jedoch nicht unverzüglich mitgeteilt wurde. Das sind die Methoden, für die dann Arbeitslose mit Sperrzeiten bestraft werden, wobei hier das Arbeitsamt nur der verlängerte Arm der Unternehmerschaft ist.

«Nicht der Arbeitsunwille dominiert, sondern die Situation, daß die meisten arbeitslosen Arbeitnehmer beim besten Willen keinen Arbeitsplatz finden und sich mit einem geringen Einkommen zufriedengeben müssen. Ich halte die vor allem von Unternehmerseite ausgelöste Kampagne für außerordentlich gefährlich, da sie längst überholt geglaubte Vorurteile gegenüber Arbeitslosen wiederbelebt, die Öffentlichkeit verwirrt und die Entscheidungsträger auf den verschiedenen Ebenen zu Fehlschlüssen verleiten könnte» (N. Engel, Präsident der Arbeitskammer des Saarlandes, in: Der Arbeitnehmer, Saarbrücken, Juni 1977, S. 324).

Genau zu diesen falschen Schlüssen hat sich die sozialliberale Koalition inzwischen ‹verleiten› lassen. Ab 1. 4. 1979 tritt der neue § 103 des Arbeitsförderungsgesetzes in Kraft. Ein Runderlaß mit der Nummer 230 legt diesen Paragraphen so aus:

«Im Interesse einer alsbaldigen Beendigung seiner Arbeitslosigkeit schuldet der Leistungsempfänger der Versichertengemeinschaft eine weitgehende Anpassung seiner Vermittlungswünsche und -vorstellungen an die Bedürfnisse des Arbeitsmarktes. Die Grenze, bis zu der diese Anpassung zu fordern ist, wird durch die Zumutbarkeit bestimmt. Der

Arbeitslose muß vielmehr von vornherein bereit sein, zumindest auch verwandte und andere gleichwertige Beschäftigungen anzunehmen. Steht von vornherein fest, daß er nicht vermittelt werden kann, so sind zunächst ausreichende und angemessene Vermittlungsversuche auf der nächstunteren Qualifikationsstufe zu unternehmen. Nach längerer Dauer der Arbeitslosigkeit ist grundsätzlich auch die Aufnahme einer Dauerbeschäftigung zumutbar, die einen Umzug erfordert.»

Nicht der Arbeitslose, der plötzlich persönlich für die Arbeitslosigkeit verantwortlich gemacht wird, profitiert von diesem Gesetz, sondern die Unternehmer. Die sagen ja auch: «Der Unternehmer ist ein Einzelkämpfer in der Gesellschaft, von dem man logischerweise nicht verlangen kann, zugunsten des sogenannten Allgemeinwohls eine Maßnahme, die ihm vorteilhaft erscheint, zu unterlassen» (F. H. Ulrich, Aufsichtsratsvorsitzender der Deutschen Bank).

Und SPD-Minister Ehrenberg exekutiert diese Vorstellung in dem neuen Erlaß.

Ihn und seine subalternen Beamten läßt es kalt, daß das Bundessozialgericht bereits am 22. Juni 1977 erklärt hat, daß der Arbeitslose zwar Lohneinbußen hinnehmen muß. Diese Verschlechterung sei aber nur ausnahmsweise und für den Fall gerechtfertigt, daß für eine absehbare Zeit keine Möglichkeit ersichtlich ist, den Arbeitslosen besser zu vermitteln. Dies bedeutet jedoch nicht, daß der Arbeitslose zu jedem Zeitpunkt und zu jeder Bedingung jede Art von Arbeit annehmen muß, die er nach seinem Leistungsvermögen ausüben kann (Urteil des Bundessozialgerichts vom 22. 6. 1977, Aktenzeichen 7 RAr 131/75).

Das gilt inzwischen nicht mehr. Das erarbeitete Einkommensniveau, familiäre Verhältnisse, erworbene Qualifikationen und regionale Verbundenheit haben gegenüber den nebulösen Interessen der «Versichertengemeinschaft» nach schnellstmöglicher Beendigung der Arbeitslosigkeit zurückzustehen. Wie sinnvoll diese Anordnung ist, gerade im Hinblick auf die sich noch erweiternde strukturelle Arbeitslosigkeit, ist einem Beispiel zu entnehmen. Der Facharbeiter Hans G. aus Saarbrükken ist seit sechs Monaten ohne Arbeit. Bisher gab es keine Möglichkeit, ihm Arbeit zu vermitteln. Das Arbeitsamt kann ihn jetzt zwingen, beispielsweise in den Bayrischen Wald umzuziehen, weil es dort gerade Arbeit gibt. Die wird zwar schlechter bezahlt und erfordert auch nicht G.s Qualifikation, aber der Unternehmer dort bekommt neue Arbeitskräfte. Hans G. zieht also mit seiner Familie um, gibt seine Freunde und Bekannten auf, die Kinder werden aus der Schule genommen, die Ehefrau, die als Erzieherin arbeitet, muß ebenfalls ihre Arbeit aufgeben. Neue Arbeit gibt es dort für sie nicht, also fällt sie als Mitverdienende weg. Nach sechs Monaten macht der Betrieb pleite. Wieder steht Hans G., inzwischen als einfacher Arbeiter eingestuft, auf der Straße. Jetzt bekommt er zunächst einmal ein niedrigeres Arbeitslosengeld als zu dem

Zeitpunkt, wo er noch als Facharbeiter eingestuft war. Nach weiteren sechs Monaten muß er ins Emsland umziehen, weil dort jetzt Arbeitsplätze frei werden. Er zieht also um und arbeitet jetzt als Hilfsarbeiter in einem Industrieunternehmen. Seine Kinder wechseln zum zweitenmal die Schule (Chancengleichheit!), erneut müssen die gerade gefundenen sozialen Beziehungen aufgegeben werden. Das Spielchen läßt sich beliebig lange weiterführen.

Genau das ist scheinbar das Los, das in Kürze viele Arbeitslose treffen kann. Eine sozialpolitische Errungenschaft, die in die Geschichte der SPD-Reformpolitik eingehen wird.

Die Folgen: «Beeinflussung der zukünftigen Qualifikationsstruktur durch eine abschreckende Politik in den Bereichen Bildung und Beschäftigung. Totale Anpassung an den Arbeitsmarkt mit regionalen Schwankungen. Senkung der Arbeitnehmereinkommen, Verschärfung und Beschleunigung der Umverteilung zugunsten der Arbeitgeber. Entvölkerung strukturschwacher Regionen durch erzwungene Mobilität. Ausrichtung ganzer Beschäftigungschancen auf ein bis zwei Fabriken in strukturschwachen Regionen. Die extensive und schnelle Erweiterung der Zumutbarkeit mittels dieses Erlasses führt so, neben der Dequalifikation der Arbeitskraft, auch zu zunehmender Konkurrenz unter den Arbeitnehmern, vor allem innerhalb der Gruppen mit mittlerer und geringer Qualifikation und wirkt sich zusätzlich für alle Gruppen als Lohndruck aus» (Der Gewerkschafter, Funktionärszeitschrift für IG Metall, Frankfurt, Dezember 1978, S. 19).

Derartige Rotation von Menschen, die das Schicksal haben, auf die Straße geworfen zu werden, weil die Unternehmer pleite gemacht haben oder aus Gründen der Rentabilität neue Technologien einführen und damit Arbeitsplätze vernichten, wird sich bei den Betroffenen in einer weiteren sozialen Verelendung auswirken. Denn sicher ist, daß sie keine besser bezahlten Arbeitsplätze bekommen, sondern immer schlechtere. Das wird sich mittelfristig auf das Arbeitslosengeld, längerfristig auf die Rente auswirken, von der Senkung des allgemeinen Lebensstandards ganz zu schweigen. Das Armutspotential wird weiter anwachsen, die Arbeitsplatzsituation immer unbefriedigender werden.

Das, was man einst mit den ausländischen Arbeitnehmern praktizieren wollte, die Rotation innerhalb einer bestimmten Frist, die einen gehen in die Heimat zurück, neue, Ausgeruhte, kommen dafür in die Produktion – praktiziert man jetzt auch mit deutschen Arbeitnehmern.

Daß auch die gewerkschaftlichen organisierten SPD-Bundestagsabgeordneten mit wenigen Ausnahmen diesen Beschlüssen zustimmen, mag ein Zeichen dafür sein, wie blind diese Abgeordneten der politischen Realität gegenüberstehen.

«Ich bin am Anfang mit Tränen rausgegangen»

Der Skandal der restriktiven Sozialhilfegewährung

«Liebe Leserinnen, liebe Leser. Die Bundesrepublik Deutschland hat die Folgen der Ölkrise und der weltweiten Rezession bewältigt, ohne daß dies zu Lasten der wirtschaftlich und sozial Schwächeren ging. Der soziale Rechtsstaat ist keine Schönwettereinrichtung. Gerade in wirtschaftlich kritischen Zeiten muß er sich bewähren. Die Bundesregierung hat in ihrer Politik gezeigt, und mit ihren jetzt beschlossenen Maßnahmen zeigt sie erneut, daß fortschrittliche Sozialpolitik auch unter wirtschaftlich schwierigen Rahmenbedingungen möglich ist» (Informationen der Bundesregierung für Arbeitnehmer, herausgegeben vom Presse- und Informationsamt der Bundesregierung, Bonn, 15. 12. 1978, Nr. 32).

«Ich habe das schon oft erlebt, wenn ich da gesessen habe, daß dann eine Frau herauskommt, mit zwei, drei Kindern an der Hand und verheultem Gesicht und Tränen und so. Mein Gott, man hat das Gefühl, wenn man jetzt zum Sozialamt geht, man ist da ja an einer Stelle, wo einem geholfen werden soll, daß die Leute glücklich herauskommen. Nein, im Gegenteil. Sie gehen voller Hoffnung hinein und kommen dermaßen deprimiert wieder zurück, mit verheulten Gesichtern. Dann auf dem Weg nach Hause schreien sie die Kinder an, weil sie wütend sind. Ist ja ganz klar» (Sozialhilfeempfängerin aus Dortmund).

Einst hatten die Sozialbehörden die Aufgabe, auch die Rechte der Armen durchzusetzen, indem sie ihnen die zustehende Hilfe gewähren und ihnen damit ein menschenwürdiges Leben ermöglichen.

«Das Gesetz ist ein menschliches Gesetz. Es fragt nicht nach den Ursachen der Notlage. Widrige Umstände oder eigenes Verschulden. Sein einziges Ziel ist es: jeder von uns soll menschenwürdig leben können. Jedermann hat Anspruch auf Leistungen der Sozialhilfe. Sie ist sein gutes Recht. Im Sozialamt haben Sie es mit Menschen zu tun, die Ihnen helfen wollen. Hier finden Sie Hilfe, und zwar Hilfe, auf die Sie einen Anspruch haben. Vergessen Sie das nie» (aus der Broschüre «Sozialhilfe, dein gutes Recht», herausgegeben vom Ministerium für Jugend, Familie und Gesundheit, Bonn 1977).

Vor Jahren, zur Zeit der Hochkonjunktur, als Sozialhilfe nicht in dem heutigen Umfang gewährt wurde, entwickelten sich in der Tat viele Sozialarbeiter in den Ämtern zu Helfern, die sich für die Interessen der in Not geratenen Personen einsetzten. Heute werden selbst gutwillige So-

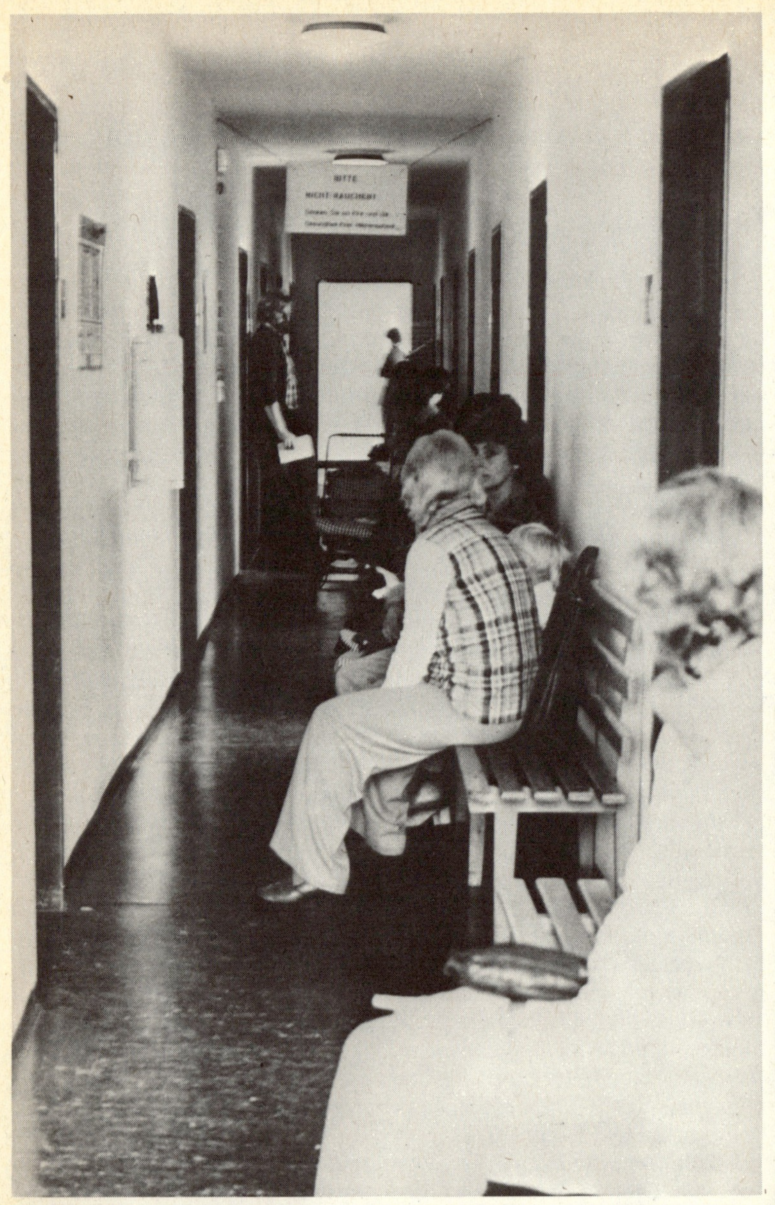

Auf dem Sozialamt. Am Monatsende sind die Gänge dicht gefüllt. Und viele gehen mit Tränen wieder heraus.

zialarbeiter gezwungen, die Antragsteller zurückzuweisen, sie so zu behandeln, daß sie überhaupt keine Sozialhilfe mehr beantragen. Und wenn das nicht geht, versuchen sie alles, um die Hilfesuchenden mit den geringstmöglichen Kosten für den Staatssäckel abzufertigen. So hat in den letzten zwei Jahren eine großangelegte Demontage der Sozialhilfe stattgefunden. Die ökonomische Krise wird zur Krise des vielzitierten Sozialstaates, der nicht mehr seinen Verpflichtungen gegenüber den Sozialhilfeempfängern nachkommen kann und will.

In Schleswig-Holstein stieg die Zahl der Sozialhilfeempfänger (im folgenden mit SHE abgekürzt)

	von 66800 im Jahr 1969	auf 102000 im Jahr 1977
in Hamburg	von 58267 im Jahr 1969	auf 90064 im Jahr 1977
in Rheinland-Pfalz	von 67065 im Jahr 1969	auf 104672 im Jahr 1977
in Hessen	von 121779 im Jahr 1969	auf 175000 im Jahr 1977
in Bremen	von 23000 im Jahr 1969	auf 47587 im Jahr 1977
in Bayern	von 198206 im Jahr 1969	auf 258971 im Jahr 1977
in Nordrhein-Westfalen	von 495883 im Jahr 1969	auf 712048 im Jahr 1977

Insgesamt erhielten im Jahr 1976 2,1 Millionen Menschen Sozialhilfe, im Jahr 1977 stieg die Zahl auf 2,4 Millionen, das sind ca. 3% der Gesamtbevölkerung. Von den SHE des Jahres 1975 (neuere Zahlen liegen noch nicht vor) waren 62% Frauen und 38% Männer. Insgesamt macht der Sozialhilfe-Nettoaufwand keine 3% der öffentlichen Haushalte von Kommunen, Ländern und Bund aus, bzw. nur 0,85% des Bruttosozialprodukts (vergleiche Protokoll der Sitzung BSHG-Reform des Fachausschusses Soziales am 25. und 26. 8. 1977 in Bonn)

Diese Zunahme der SHE hängt fast ausschließlich mit der starken Zunahme der laufenden Hilfen zum Lebensunterhalt ab, das heißt, von der starken Zunahme derjenigen, die mit ihren Einkommen, Renten oder Pensionen nicht mehr ihre Existenz bestreiten können. Es ist auch Ausdruck der Zunahme der Arbeitslosen ohne ausreichendes Arbeitslosengeld oder -hilfe. Für die Sozialhilfe kommen vor allem folgende Personenkreise in Betracht:

- Frauen, die Kinder zu versorgen und nur ein geringes Einkommen haben,
- Ehefrauen, die sich von ihrem Mann trennen und keinen oder nicht genügend Unterhalt beziehen,
- Rentner mit einer niedrigen Rente, besonders Frauen mit Witwenrente,
- Arbeitslose. Teure Mieten und hohe Lebenshaltungskosten zwingen immer mehr Empfänger von Arbeitslosengeld und -hilfe, die Sozialhilfe in Anspruch zu nehmen,

- Familien, vor allem kinderreiche, mit geringem Einkommen. Noch immer liegen sogar Tariflöhne für Arbeiter mit mehreren Kindern häufig unter dem Sozialhilfesatz. Bei Kurzarbeit oder Bezug von Krankengeld sinkt das Einkommen der Familie häufig unter die Sozialhilfegrenze,
- Jugendliche, die arbeitslos sind und deren Eltern ein Einkommen haben, das nur wenig über dem Sozialhilfesatz liegt,
- Pflegebedürftige und Behinderte.

«Von den Sozialamtsklienten hat etwa die Hälfte einen eigenen Verdienst (Lohn, Kindergeld), rund 20% beziehen eine Rente (Alters-, Invaliden-, Witwenrente usw.) und 5% bekommen Unterhaltszahlungen. Ein Teil der Sozialamtsklienten (13%) hat verschiedene Einkommensformen, wie z. B. Lohn und Rente oder Lohn und Unterhaltszahlungen, aber auch Stipendien. Nur 14% der Sozialamtsklienten haben keinerlei eigenes Einkommen. Laufende Leistungen der Sozialhilfe erhalten 61% der Klienten. In 70% der Sozialamtsfamilien gab es nur ein Familienmitglied mit Einkommen, in 11% verdienen 2 Personen (fast ausschließlich die Eltern) und in 2% sind es 3 Personen» (T. Beitzel, B. Killer: Sozialarbeit und ihre Klienten: eine Aktenanalyse, in: DJI-Forschungsbericht, München 1978, S. 119f).

Es hängt demnach mit dem geringen Einkommen zusammen, daß Sozialhilfe beantragt wird, nicht mit irgendwelchen anderen Gründen, die in der öffentlichen Diskussion genannt werden, wie Faulenzerei, asoziales Verhalten usw.

«1974 wurden denn auch als Hauptursachen für Sozialhilfebedürftigkeit angegeben:
- 49% wegen unzureichendem Einkommen,
- 15% wegen Krankheit,
- 8% wegen Ausfall des Ernährers,
- 2% wegen Tod des Ernährers,
- 1% wegen unwirtschaftlichem Verhalten und
- 25% aus sonstigen Anlässen» (Protokoll der Sitzung BSHG-Reform, 25. und 26. 8. 1977, Bonn).

Die wachsende Not in der BRD stellt die Sozialhilfe vor finanzielle Probleme, obwohl nach Untersuchungen des Kölner Instituts für Sozialforschung und Gesellschaftspolitik aus dem Jahr 1976 nur 50 % der sozialhilfeberechtigten alten Menschen überhaupt von ihrem Recht Gebrauch machten. Daraus läßt sich schließen, daß die Zahl der Sozialhilfeberechtigten, die überhaupt nicht wissen, daß sie Sozialhilfe in Anspruch nehmen können, sehr groß sein muß.

Was bedeutet nun eigentlich Sozialhilfe?

Es gibt

1. Hilfe zum Lebensunterhalt und

2. Hilfe in besonderen Lebenslagen.

Während die Hilfe in besonderen Lebenslagen die erhöhten Aufwendungen beispielsweise bei krankheits- und altersbedingter Pflegebedürftigkeit, Heimunterbringung, Schwangerschaft, Eingliederung von Behinderten und besonderen Gruppen (zum Beispiel Obdachlose oder Haftentlassene) abdecken soll, dient die Hilfe zum Lebensunterhalt unter anderem der Beschaffung von Mitteln, die jeder Mensch zum Leben unbedingt braucht, soll also ein menschenwürdiges Leben garantieren. Diese Hilfe setzt sich zusammen aus Regelsätzen. Diese dienen zur Beschaffung der Nahrung, der Energie für Kochen und Beleuchtung, kleineren Wäschestücken und Haushaltsgegenständen, Reparatur und Reinigung von Kleidung und zur Beschaffung von Genußmitteln und anderen wichtigen Dingen des täglichen Lebens (Tee, Kaffee, Briefmarken usw.). Auch die Kosten für eine angemessene Wohnung wie Miete und Mietnebenkosten gehören dazu und schließlich die einmaligen Beihilfen und Zuschüsse (zum Beispiel Umzugsgeld und Kleidergeld). Die Regelsätze werden nach Alter abgestuft.

Der Haushaltsvorstand, Vater, Mutter oder alleinstehende Personen, erhielt in Hessen 1977 pro Monat	292 DM,
Familienangehörige über 21 Jahre	234 DM,
Kinder zwischen 15 und 20 Jahren	263 DM,
Kinder zwischen 11 und 14 Jahren	219 DM,
Kinder zwischen 7 und 10 Jahren	190 DM,
Kinder unter 7 Jahren	131 DM.

Neben diesen Regelsätzen werden Mehrbedarfszuschläge gewährt. Bei Personen, die über 65 Jahre alt sind, werden zusätzlich 30 % vom Regelsatz berechnet, das gleiche gilt für Schwangere und alleinstehende Personen, die zwei oder drei Kinder alleine versorgen. So muß beispielsweise eine alleinstehende Mutter mit zwei Kindern im Alter von 9 und 12 Jahren, die keine Arbeit hat, mit 968 DM auskommen, ein Betrag, von dem sie Miete und alle Lebenshaltungskosten bezahlen muß.

Berechnungsmuster:

Für die Mutter werden 292 DM bezahlt, weil sie zwei Kinder allein versorgt, noch ein Mehrbedarfszuschlag von 30 %, das sind weitere 87,60 DM. Für das neunjährige Kind erhält sie 190 DM, für das zwölfjährige 219 DM. Bei einer angenommenen Miete von 300 DM besteht ein Bedarf von 1088,60 DM. Von diesem Betrag werden 120 DM Kindergeld für zwei Kinder abgezogen, so daß sie 968,60 DM Sozialhilfe erhält.

Die Regelsätze werden von Personen festgelegt, die ein mehrfaches dieser Regelsätze verdienen. Der folgende «Warenkorb eines Sozialhilfeempfängers» wurde ebenfalls von diesen Leuten zusammengestellt:

Der Wochenwarenkorb eines Sozialhilfeempfängers

Menge	Ware	Menge	Ware
600 g	Brot	4 ccm	Gas
240 g	Gebäck	1/4	Grundpreis Gas
160 g	Mehl	4 kWh	Strom
10 g	Gries	1/4	Grundpreis Strom
40 g	Nudeln	1/50	Glühlampe (1 Stck. pro Jahr)
40 g	Reis		
10 g	Haferflocken	6 Blatt	Briefpapier
25 g	Kartoffelmehl	1 Stck.	50 Pfg. Briefmarke
15 g	Puddingpulver	1 Stck.	Tageszeitung
25 g	Linsen	1 1/2	Straßenbahnfahrkarten
40 g	Erbsen	1/8	Kinokarte
1525 g	Kartoffeln	1	Bundesbahnfahrkarte für 7,5 km
200 g	Kohlgemüse	1/8	Vereinsbeitrag
180 g	Salat	1/4	Taschenbuch (Geschenk)
160 g	Lauch	75 g	Röstkaffee
100 g	Zwiebeln	1/4 P.	Tabak
40 g	Bohnen	1 Büchse	Bier
90 g	Tomaten		
70 g	Salatgurke	1/8 Stck.	Seife (15 g)
250 g	Gemüsekonserve	1/8 Stck.	Rasierseife (7,5 g)
400 g	Äpfel	2/3	Rasierklinge
250 g	Pflaumen (Obst)	1/8 Tube	Zahncreme
150 g	Apfelsinen	1/16 Dose	Hautcreme
150 g	Bananen	1/4	Haarschneiden
75 g	Apfelmus in Dosen	1/4	Rolle Klopapier
10 g	Erdnüsse	1/8 Tube	Haarschampoo
300 g	Zucker	1/4 Fl.	Geschirrspülmittel
50 g	Marmelade	1/20	Roßhaarbesen
40 g	Schokolade	6 g	Schuhcreme
25 g	Bonbons	1/20	chem. Anzugreinigung
100 g	Rindfleisch		
110 g	Schweinefleisch	1/52	Schuhe besohlen
20 g	Kalbfleisch	1/156	Bettlaken
40 g	Hackfleisch	1/52	Herrenhemd
150 g	Suppenhuhn	1/17	Paar Socken
80 g	Schinkenspeck	1/36	Unterwäsche
225 g	Wurst (Mettwurst)	1/4	Porzellantasse mit Untertasse
150 g	Fisch		
35 g	Joghurt		
30 g	Sahne		
140 g	Quark		
150 g	Käse		
140 g	Butter		
150 g	Margarine		
90 g	Kokosfett		
4 St.	Eier		
1,5 l	Milch		
1/4 l	Kondensmilch		

+ 20 % für Kochzutaten, Verderb von Lebensmitteln und ungünstige Einkaufsbedingungen

Für diesen heute noch geltenden Warenkorb mußten in Frankfurt bei normalen Kaufhaus- und Supermarktpreisen im Monat 360 DM ausgegeben werden, bei dem zugestandenen Regelsatz von 292 DM fehlten also 68 DM (errechnet nach den Preisen bei Kaufhalle in Frankfurt, 29. 8. 1978).

Von diesen 292 DM gehen ca. 65 DM für Strom und Gas ab. Für Wasch- und Putzmittel 5 DM, für kleinere Reparaturen und kleine Anschaffungen werden mindestens 8 DM aufgewendet. Somit verbleiben einem SHE, wenn alles gut geht, pro Tag 7,30 DM. In diesem Betrag sind nicht die Kosten für Auto und Telefon enthalten, auch nicht die Kosten für kulturelle Veranstaltungen. Und selbst von diesem Existenzminimum möchten die politisch Verantwortlichen noch Abstriche machen. Begründet wird das damit, daß zum Beispiel für einkommensschwache, kinderreiche Familien in Einzelfällen der Sozialhilfesatz über dem Nettoeinkommen der unteren Lohngruppe liegt. Es wird nicht daran gedacht, wie ein SHE leben muß, auch nicht daran, die unteren Lohngruppen anzuheben, damit ein menschenwürdiges Leben gewährleistet werden kann. Nein, die Sozialhilfe soll gekürzt werden. Auf der Ministerpräsidentenkonferenz vom 1. 7. 1977 wurde vereinbart, daß die Steigerung der Sozialhilfeausgaben auf 10 % zu beschränken sei. Denn: «Es gibt ein überzogenes Leistungsniveau»! Kurz danach hat der Deutsche Landkreistag folgende Kürzungen vorgeschlagen:

- Stationäre Hilfen einzuschränken, kurzfristige Hilfen als Darlehen zu gewähren, den Unterkunftsaufwand an strengere Voraussetzungen zu binden, das Taschengeld zu beschränken, die Pauschale im Mehrbedarf abzuschaffen, bei der Hilfe in besonderen Lebenslagen eine Hilfeversagung bei Arbeitsverweigerung zuzulassen, die Erholungen und Kuren als Kannleistungen einzuführen, die Krankenkostzulage als Hilfe zum Lebensunterhalt zu gewähren, bei Blindheit die Grundpauschale zu senken.

Auch die Arbeits- und Sozialminister der Länder wollten sich nicht lumpen lassen und formulierten einen Antrag an die Konferenz der obersten Sozialbehörde, die ein Papier ausarbeiten sollte, in dem Einsparungsmöglichkeiten der Sozialhilfe verzeichnet werden sollten. Folgende Möglichkeiten wurden in diesem Papier dann ausgearbeitet:

- Heranziehung von Mehrmonatseinkommen für einmalige Leistungen,
- Korrektur der Angehörigen-Regelsätze,
- Korrektur der Mehrbedarfszuschläge,
- weitergehende Heranziehung Unterhaltspflichtiger,
- Darlehen an Stelle von Zuschüssen,
- Einführung einer «Mietauffanggrenze»,
- Eliminierung der Ausbildungsbeihilfe.

Gemeinsam haben dann die kommunalen Spitzenverbände, das heißt der Deutsche Städtetag und der Deutsche Landkreistag in Übereinstimmung mit dem Deutschen Verein für öffentliche und private Fürsorge sich Gedanken über Kürzungen gemacht. Die Regelsätze sollen nicht mehr regelmäßig mit den Preissteigerungen der Waren erhöht werden; die Regelsätze für haushaltsangehörige Kinder sollen gekürzt werden. Denn kinderreiche Familien – so der Deutsche Landkreistag – würden sich sonst auf Grund des besseren Regelsatzgefüges auf eine dauernde Hilfe einrichten, statt durch eigene Arbeit eine Besserstellung zu erreichen. Bei den einmaligen Leistungen (Möbel, Kleider) schlagen die Experten die Ausgabe gebrauchter Gegenstände vor. Hilfe zum Lebensunterhalt soll zukünftig nur als Darlehen, das heißt mit der Verpflichtung zur Rückzahlung, gewährt werden und die Arbeitspflicht soll ausgeweitet werden. «Nicht nur im Zusammenhang mit einzelnen Kürzungsvorschlägen, sondern ganz allgemein im Bereich der Sozialhilfe fordert der Deutsche Verein die Ausweitung der Ermessensspielräume der Sozialämter; der Deutsche Städtetag nennt das Überprüfung des Leistungsrechts auf zu starke rechtliche Verfestigungen, die der vorrangig persönlichkeitsorientierten Funktion der Sozialhilfe nicht Rechnung tragen» (U. Kramer: Menschenwürde ist zu teuer, in: päd. extra Sozialarbeit, Juli/August 1978, S. 33). Utz Kramer weist im übrigen darauf hin, daß schon einmal, im Jahr 1932, während des Höhepunktes der Arbeitslosigkeit, der Städtetag und der Landkreistag mit Kürzungsvorschlägen an Reichstag und Reichsregierung herangetreten sein. Die Richtsätze, so Kramer, wurden in der Folgezeit von den örtlichen Sozialhilfeträgern drastisch gesenkt.

Genau das wird heute in der BRD auch praktiziert! Denn inzwischen wurde die Sozialhilfe schon beträchtlich gekürzt, beziehungsweise erhebliche Einsparungen vorgenommen. In den meisten Gemeinden der BRD ist im Jahr 1978 gegenüber 1976, trotz ansteigender Sozialhilfefälle, der Sozialhilfehaushalt niedriger geworden. Die Stadt Frankfurt sparte im Haushaltsjahr 1977 10 Millionen DM ein. Gleichzeitig wurden die Sozialhilfesätze um kümmerliche Prozentsätze angehoben, zum Teil überhaupt erst nach massiven Protesten von Sozialarbeitern und Sozialhilfeberechtigten. In Hessen wurde der Regelsatz um 1,7% angehoben, in Bayern um 0,9% (!), in West-Berlin um 4,2%, in Bremen um 2,8% und in Niedersachsen um 2,5%. Sozialhilfeempfänger haben demnach täglich nicht mehr als 6 bis 8 DM zum «Schlemmen». Davon müssen Nahrungsmittel, Kochenergie, Licht, Reinigungs- und Hygienemittel, Fahrtkosten, Reparaturen und vieles mehr bezahlt werden. «Die Lebenshaltungskosten sind aber auch nur geringfügig gestiegen», argumentiert der Hessische Sozialminister Armin Claus. Er leugnet damit alle gesammelten Erfahrungen und Untersuchungen, wonach nämlich die Armen erheblich teurer leben müssen, das heißt für die gleichen Lebensmittel mehr zahlen als eine Durchschnittsfamilie mit normalem Einkommen. Eine Münchner Studiengruppe errechnete, daß die Armen um

30% teurer leben, weil sie zu wenig Möglichkeiten haben, die preisgünstigen Angebote wahrzunehmen. Teilweise gibt es in der näheren und weiteren Umgebung besonders von sozialen Brennpunkten keine Einkaufsalternativen. Häufig können Familien schon deswegen nicht in die Stadt fahren, weil es keine Verkehrsverbindungen gibt, beziehungsweise die vorhandenen so teuer sind, daß sich der Einkauf in der City überhaupt nicht lohnt. Aber selbst wenn der Sozialhilfesatz um 4% erhöht worden wäre, wäre das gerade ein Betrag von 11,16 DM pro Monat. Damit kann in Frankfurt eine vierköpfige Familie zweimal in der Woche Straßenbahn fahren.

Den Ärmsten wird vom Wenigen genommen. Was das bedeutet und wie es sich auswirkt, haben in Frankfurt mehr als 50 Sozialarbeiter in einer Stellungnahme beschrieben:

«Die Erhöhung der Sozialhilferegelsätze zum 1. 8. 78 zeigt deutlich, daß verantwortliche Politiker die berechtigten Interessen derer diesmal besonders unberücksichtigt ließen, die nicht durch eine stimmstarke Lobby vertreten sind. Es handelt sich um einen besonders sozialpolitischen Rückschritt, um eine einseitige sozial ungerechtfertigte Sparmaßnahme, die die schwächsten Glieder unserer Gesellschaft trifft.

Wie drastisch die Sozialhilfeempfänger von der minimalen Erhöhung betroffen sind, soll die nachfolgende Darstellung der Regelsatzentwicklung ab 1974/75 aufzeigen:

Die vergleichsweisen Erhöhungen 1974/75 betrugen:

Haushaltvorstand und Alleinstehende	ca. 6,9 %
Haushaltangehörige über 21 Jahre	ca. 7,2 %
Haushaltangehörige von 10–15 Jahre	ca. 6,8 %
Haushaltangehörige von 11–14 Jahre	ca. 7,1 %
Haushaltangehörige von 7–10 Jahre	ca. 6,9 %
Haushaltangehörige unter 7 Jahre	ca. 7,3 %

Die vergleichsweisen Erhöhungen betrugen 1975/76:

Haushaltvorstand und Alleinstehende	ca. 5,0 %
Haushaltangehörige über 21 Jahre	ca. 4,8 %
Haushaltangehörige von 15–20 Jahre	ca. 5,1 %
Haushaltangehörige von 11–14 Jahre	ca. 5,1 %
Haushaltangehörige von 7–10 Jahre	ca. 4,7 %
Haushaltangehörige unter 7 Jahre	ca. 5,1 %

Die vergleichsweisen Erhöhungen zum 1. 1. 1977 betrugen:

Haushaltvorstand und Alleinstehende	um 19,– DM	= ca. 6,9 %
Haushaltangehörige über 21 Jahre	um 16,– DM	= ca. 7,3 %
Haushaltangehörige von 15–20 Jahre	um 17,– DM	= ca. 6,9 %
Haushaltangehörige von 11–14 Jahre	um 14,– DM	= ca. 6,8 %

Haushaltangehörige von 7–10 Jahre	um 13,– DM	= ca. 7,3 %
Haushaltangehörige unter 7 Jahre	um 8,– DM	= ca. 6,5 %

Nach nunmehr gut 1¾ Jahren feststehenden Regelsätzen gab es wieder eine Erhöhung. Dieses Mal jedoch um:

Haushaltvorstand und Alleinstehende	um 5,– DM	= 1,71 %
Haushaltangehörige über 21 Jahre	um 4,– DM	= 1,70 %
Haushaltangehörige von 15–20 Jahre	um 4,– DM	= 1,49 %
Haushaltangehörige von 11–14 Jahre	um 4,– DM	= 1,82 %
Haushaltangehörige von 7–10 Jahre	um 3,– DM	= 1,57 %
Haushaltangehörige unter 7 Jahre	um 3,– DM	= 2,28 %

Ist man in der Vergangenheit davon ausgegangen, daß Heranwachsende in der Wachstumsphase etwas mehr Bedarf an Lebenshaltungskosten benötigen, trägt man heute der besonderen Familienpolitik Rechnung, wie aus der prozentualen Anhebung für Kinder unter 7 Jahren ersichtlich wird. Immerhin soll zum Beispiel auch das Kindergeld erhöht werden, da die Bundesrepublik ein aussterbender Staat ist. Nur: Während Kindergeld jedermann ohne Berücksichtigung der Höhe des Einkommens erhält, profitieren Sozialhilfeempfänger von einer Erhöhung des Kindergeldes absolut nicht, da für sie das Kindergeld als Einkommen angerechnet wird. (Im übrigen geschieht dies auch zum Beispiel bei Wohngeldzahlungen und Rentenanhebungen, so lange jemand unter der Einkommensgrenze liegt und Hilfe zum Lebensunterhalt bezieht.) Für Sozialhilfeempfänger kann das Kindergeld also noch so sehr angehoben werden, sie erhalten weiterhin nichts als den Regelsatz, der sich am Existenzminimum orientiert. Und damit für sozialhilfeberechtigte Jugendliche und Heranwachsende der Bezug von Hilfe zum Lebensunterhalt nicht lukrativ wird und sie sich vermehrt um Lehrstellen und Ausbildungsplätze bemühen, bekommen sie jetzt prozentual einmal etwas weniger als in früheren Zeiten. Und wenn sie keine Lehr- und Arbeitsstelle finden?

Wir haben es geschafft, die Inflationsrate auf circa 3,5% jährlich zu drücken. 3,5% in 1¾ Jahren würde auf den Haushaltsvorstand aber ein Plus von 15,48 DM bedeuten, und wenn am 1. 1. 79 die Mehrwertsteuer auf 13% angehoben wird, heißt das für den Haushaltsvorstand in DM 2,97 von 5 DM ursprünglicher Erhöhung weniger.

Es wird weiterhin argumentiert, daß der Gesetzgeber darauf achten muß, zwischen den Sozialhilfeempfängern und den Beziehern der untersten Lohngruppen für einen Abstand zu sorgen, um den Anreiz zum Arbeiten, sprich seine Unabhängigkeit, zu erhalten. Hierzu können wir sagen, daß ein Großteil des Personenkreises (Kleinstverdiener) aus Unkenntnis oder Scham seinen Anspruch auf Zahlung von ergänzender Hilfe zum Lebensunterhalt bisher noch nicht geltend gemacht hat. Vergessen beziehungsweise verdrängt wird zum Beispiel der Personenkreis der Kleinstrentner, der alleinerziehenden Mütter und Väter, der psychisch Behinderten und der langfristig kaum zu vermittelnden Arbeitslosen, die keine Aussicht haben, aus eigener Kraft von Sozialhilfeleistungen unabhängig zu werden.

Geradezu zynisch wirken die ‹Frankfurter Richtlinien› vom Januar 1975, in denen prozentual wiedergegeben wird, welche Anteile vom Regelsatz der Sozialhilfeempfänger für einzelne Bedürfnisse ausgeben darf. In DM ausgedrückt sieht dann die Tabelle wie folgt aus:

	Ernährung	Kochfeuerung	Wäsche usw.	Reinigung und Körperpflege	andere persönliche Ausgaben
Haushaltvorst.	169,29	26,73	14,85	26,73	59,40
Ang. über 18 J.	166,60	2,38	16,86	23,80	28,56
14–17 J.	213,60	2,38	13,35	20,02	17,35
7–13 J.	178,40	2,23	11,15	14,44	16,72
unter 7 J.	103,85	3,35	8,04	14,74	4,02

Geradezu grotesk muß es anmuten, daß einem Kind unter 7 Jahren ein täglicher Ernährungsbedarf von 3,76 DM zugestanden wird. Und daß für andere Ausgaben, zu denen auch Spielsachen gehören, ein monatlicher Betrag von 4,02 DM zur Verfügung stehen. Dank einer lautstarken Lobby für Kriegshinterbliebene und Rentner usw. und einer anderen Berücksichtigung dieses Personenkreises als Wählerpotential, sind deren Renten in den letzten Jahren dem Wirtschaftswachstum ‹angepaßt› worden. Sozialhilfeempfänger haben derartige Einflußmöglichkeiten nicht, auch wenn in fast allen Medien auf die zunehmende Armut immer größerer Bevölkerungsschichten Deutschlands hingewiesen wird. Ganz besonders sind hier die Kinder hervorzuheben, denen bis zu ihrem 7. Lebensjahr nunmehr 134 DM monatlich zugestanden werden. Ein Geschwisterkind zum Beispiel, das in einer Pflegestelle aufwächst, kann dagegen 339 DM verbrauchen und erhält darüber hinaus jährlich eine Kleidergeldpauschale von 480 DM (allerdings erhält das Kind eines Sozialhilfeempfängers auch Kleidergeld, jedoch jährlich höchstens bis zu 300 DM). Das Geschwisterkind in der Pflegestelle hebt sich also damit von seinen Geschwistern deutlich ab. Von Kindern in Heimerziehung ganz zu schweigen, denen man zum Beispiel monatlich für Bekleidung bis 75 DM und ein nach dem Alter gestaffeltes Taschengeld zugesteht, damit die Kinder unter anderem lernen, mit Geld umzugehen. Man stelle sich einmal vor, Kindern von Sozialhilfeempfängern würde man Taschengeld zuerkennen!

Nach der Regelsatzverordnung ist bei der Festsetzung der Regelsätze

Wiesbaden 23. 9. 78
Aktionstag: Gegen Armut – Für unsere Rechte

darauf zu achten, daß diese unter dem im Geltungsbereich erzielten durchschnittlichen Nettoarbeitsentgelten unterer Lohngruppen zuzüglich Kindergeld bleiben. Dieser gesetzlichen Forderung kann eine durchschnittliche Erhöhung der Regelsätze um circa 1,7% niemals entsprechen. In Wirklichkeit handelt es sich um eine Kürzung der Sozialhilfe. Es drängt sich der Verdacht auf, daß im Vergleich zu der oben genannten Kindergeldpolitik bei Sozialhilfeempfängern eine gesteuerte ‹natürliche Auslese› stattfinden soll.

Als Bedienstete einer Kommune, die täglich mit dem beschriebenen Personenkreis zu tun haben, fordern wir die verantwortlichen Gremien auf, sich umgehend an einen Tisch zu setzen und die Entscheidungen zu überdenken. Es kann von uns nicht verlangt werden, daß wir, ohne in Konflikt zu kommen, den Sozialhilfeempfängern gegenüber Loyalität der getroffenen ‹Regelsatzangleichung› entgegenbringen» (Offener Brief, veröffentlicht in: Zeitung der Landesarbeitsgemeinschaft Soziale Brennpunkte Hessen, Frankfurt, LAG-Info 3/1978 vom 15. 12. 1978).

Inzwischen wird in allen möglichen Bereichen der Sozialhilfe gekürzt, oder die Antragsteller werden psychisch so zermürbt und fertiggemacht, bis sie auf ihre Ansprüche verzichten. Von der Aufgabe der Sozialarbeiter, die ‹Klienten› aufzuklären und zu beraten, ist nichts mehr übriggeblieben.

Ein Sozialarbeiter aus Bochum: «Konkret sieht das so aus, daß es richtige Schweine gibt im Sozialamt, die einen besonderen Ruf bei den Familien haben. Wenn es nun heißt: zu dem und dem mußt du hin, dann heißt es: Um Gottes willen! Dann gehen viele erst gar nicht hin und wenn doch, dann haben sie schon lange Zeit vorher Schlafstörungen. Ich kenne Frauen, die sich weigern, da hinzugehen.»

Ein Kollege aus Herne: «Teilweise verschleppen sie einfach die Anträge. Die Leute gehen hin und sagen: ‹Ich warte schon drei, vier Monate. Was ist denn mit meinem Antrag?› Sie kriegen dann zu hören: ‹Sie haben doch gar keinen Antrag gestellt.› Dann kommen sie öfters zu mir ins Jugendamt und erzählen einem das. Ich mache inzwischen eine Liste, wann und welchen Antrag ich bekommen und wieder zum Sozialamt zurückgegeben habe. Dann rufe ich da an und sage: ‹Sie haben den Antrag doch schon rüberbekommen.› Eine halbe Stunde später haben die Sachbearbeiter den Antrag jedesmal gehabt. Diese Beamten werden ausgesucht von der Stadtverwaltung. Da kommen die kaputtesten Elemente hin. Bei drei Ämtern weiß ich, daß es Trinker sind, ehemalige Arbeiter, die jetzt froh sind, was Besseres zu sein. Die sind ganz gnadenlos.»

Eine andere Sozialarbeiterin: «Ich war beim Gesundheitsamt in Wanne. Da kam ein ehemaliger Ingenieur, der schizophren war und Alkoholiker geworden war. Seit einem Jahr hatte der gerade das Existenzminimum und jedes zweite Jahr Anspruch auf Bekleidungshilfe. Aber die Kollegen haben den Antrag nicht gestellt. Das war die gängige Praxis.

Oder die Ermessensfrage. Es steht im Ermessen der Sachbearbeiter, Waschmaschinen zu bewilligen oder nicht. Da sagen die, was wollen die überhaupt, bei uns waschen viele mit der Hand. Das können Sie doch auch tun. So kann mit ganz hilflosen Leuten Geld eingespart werden.»

Beobachtungen einer Sozialarbeiterin aus Düsseldorf: «Sie wollen die Leute so weit bringen, daß sie nicht mehr zum Sozialamt gehen, daß sie ihre Ansprüche nicht durchsetzen. Man zwingt sie dazu. Beim Sozialamt müssen sie sich sagen lassen: ‹Ja, hören Sie mal, das Kind können Sie zur Großmutter bringen oder zu Nachbarn. Jetzt gehen Sie mal endlich arbeiten.› Also so offener Terror mit Anschnauzen oder daß Frauen regelrecht als Nutten beschimpft werden.»

Bei einer Untersuchung der Beratungspraxis in sechs hessischen Städten kam folgendes heraus: In Rüsselsheim gibt es keine hinreichende Beratung. So wurde zum Beispiel vom Amtsleiter die Verteilung eines Merkblattes verboten, das Sozialhilfeempfänger über ihre Rechte aufklärt. In Wiesbaden ist das Wort «Beratung» ein Fremdwort. Die SHE von Darmstadt empfinden die Beratung als ausgesprochen diskriminierend. Viele haben inzwischen resigniert und wollen nichts mehr mit dem Sozialamt zu tun haben. Auch in Gießen erfolgt keinerlei Beratung.

Aus München hört man von den Sozialarbeitern: «Die Leute werden von Pontius zu Pilatus geschickt. Es dauert sehr lange, bis man Arbeitslosengeld bekommt, zwischen zwei und drei Monaten. In der Zeit muß man ja von etwas leben. Dann gehen die Leute zum Sozialamt. Die schicken sie wieder zum Arbeitsamt zurück und sagen, sie müßten eine Bescheinigung bringen. Beim Arbeitsamt wird gesagt, davon wüßten sie nichts. Dann geht das so weiter. Ich kenne einige, die sagen, Ihr könnt mich am Arsch lecken, ich laß es.»

In Bochum: «Bewußt falsche Auskünfte gibt es ständig. Wenn eine ältere Frau mit 495 DM Rente eine Miete von 300 DM hat, da wird ihr gesagt, sie habe keinen Anspruch. Eine wollte Haushaltshilfe haben. ‹Kriegen Sie nicht, Sie liegen mit 17 DM über dem Satz, können wir Ihnen nicht geben›. Die Frau denkt natürlich, das sei in Ordnung, obwohl das gar nicht stimmt. Was mir auffällt ist, daß sie gerade alleinstehende Frauen ganz schweinisch behandeln. Bei uns im Amt gibt es 34 Sachbearbeiter. Zwei davon informieren gewissenhaft. Das ist bis zur obersten Spitze bekannt, das weiß jeder. Die werden noch angehalten, Geld zu sparen.»

Diejenigen Sozialarbeiter dagegen, die gewissenhaft die Hilfen den Antragstellern gewähren, so in Wanne und Herne, bekommen einen Tadel in den Papieren vermerkt. Andere Sachbearbeiter wiederum, so in Bochum, steigen, nach einem Punktesystem in der Gehaltsstufe auf, wenn sie weniger Sozialhilfe gewähren. «Wer am meisten ablehnt, macht Karriere», sagt ein Sachbearbeiter in Bochum.

In Dortmund hat sich eine Fraueninitiative gegründet, die der elenden Behandlung in Sozialämtern Widerstand entgegensetzt und sich nichts mehr gefallen läßt. Bisher mußten sich nämlich die Dortmunder Frauen viel gefallen lassen.:

«Ja, das ist so. Das ist wohl im allgemeinen so, daß Frauen, die Sozialhilfeempfängerinnen sind, die gehören quasi zum letzten Dreck. Das ist so der Abschaum der Gesellschaft, obwohl es jeder Frau passieren kann, das kann allen Frauen so gehen. Bei Männern ist das seltener, einfach weil sie ihrem Beruf nachgehen und sich dann wieder eine Frau suchen, die dann für die lieben Kinderchen da ist. Die Frau ist einfach dazu abgestempelt, daß sie zum Sozialamt muß, man kann auch sagen, es ist ihr gutes Recht. Es sind ja keine Almosen, wenn sie mehrere Kinder hat, so wie ich zum Beispiel. Für den Staat ziehe ich die Kinder groß und weil ich sie großziehen muß, soll ich dann noch betteln gehen, damit ich ein paar Pfennige bekomme.»

Eine alleinstehende Mutter aus Dortmund: «Man wird vom Sachbearbeiter nicht darüber aufgeklärt, was einem an Geld zusteht. Man muß praktisch selbst wissen, was man zu bekommen hat. Dabei liegt es an dem jeweiligen Sachbearbeiter, wie hoch die Summe ausfällt.»

Wie wird nun in Dortmund aufgeklärt:

- «Ich bin niemals aufgeklärt worden, was ich für Rechte habe, was für Anträge ich stellen kann.»
- «Nee, da hab ich nix gehört. Überhaupt nix. Ich wußte nicht mal, daß man Anträge stellt.»
- «Ich komme immer unaufgeklärt aus den Ämtern heraus.»
- «So im Laufe der Jahre bin ich dahinter gekommen, hab dann auch meine Rechte in Anspruch genommen. Und je mehr Rechte ich in Anspruch genommen habe, desto unfreundlicher bin ich behandelt worden».

Eine Sozialhilfeempfängerin: «Was mir allerdings später aufgefallen ist, daß ich verschiedene Anträge hätte stellen können. Hab ich aber nie getan, weil ich darüber einfach nicht informiert wurde, weder vom Sozialamt noch von sonst jemandem. Ich hab dann von anderen Sozialhilfeempfängern und anderen Leuten erfahren, daß man halt zweimal im Jahr einen Bekleidungsantrag stellen kann und so einige Dinge mehr, für Betten und so. Und diese Informationen sind nie vom Sozialamt gekommen.»

Sozialhilfeempfänger Bert B.: «Ich habe noch nie Rechtsbelehrung darüber bekommen, wieweit ich Anrecht auf bestimmte Zahlungen habe. Im Gegenteil, wenn ich genau weiß, diese Sachen stehen mir zu, daß sie dann eben abgelehnt werden. Nur wenn man eisern ist, wenn man hartnäckig ist und immer wieder hingeht und draufdrückt, dann werden sie vielleicht genehmigt. Von deren Seite gibt es überhaupt keine Unterstützung.»

Frauen, die nach den Worten des Sozialministeriums im Sozialamt ihr «gutes Recht» bekommen:

- «Ich bin sowieso ganz selten hingegangen, wegen der großen Angst, die ich hatte, bevor ich dort überhaupt die Tür aufmachte.»
- «Am Anfang hatte ich hier in Scharnhorst eine unheimliche Angst.»
- «Ich bin am Anfang mit Tränen reingegangen und mit der Zeit wird man wirklich abgebrüht.»

Eine Sozialhilfeempfängerin aus Cham, deren Mann gestorben ist und die jetzt drei Kinder zu versorgen hat: «So ein Mann mit schwarzen Ärmelschonern hat mich erst mal angeguckt und dann gesagt: ‹Wieso kommen Sie hierher?› Ich habe gesagt, wovon soll ich denn leben? Da sagte er: ‹Im Krieg ist es uns allen schlecht gegangen und wir waren auch glücklich.› Ich fing an zu weinen, da hat er mich rausgeschmissen.»

Andere Sozialhilfeempfängerinnen:

- «Es waren unheimliche Unterstellungen dabei, dann habe ich geheult und bin überhaupt nicht mehr hingegangen. Ich hatte keine Nerven mehr dazu.»
- «Der Mann, der meinen Fall bearbeitet, arbeitet nur mit Erpressungen: Entweder Sie machen dies oder das, oder Sie kriegen das nicht.»
- «Ich werde da ständig mit Worten oder Sachen konfrontiert, wie z. B. «Sie wollen auf Kosten der Steuerzahler in modernsten Sachen herumlaufen!»
- «Ich bin am nächsten Tag noch mal hingegangen, ich hab vorher was getrunken und hab dann den Antrag wiederholt. Ich hab gesagt, ich würde den Antrag noch mal stellen. Dann hat er mir gesagt, was ich denn wolle, ich sei doch gestern schon mal dagewesen. Ich hab den Antrag also noch mal wiederholt. Draußen hat mich mein Sozialarbeiter aufgefangen und mir gesagt, ich solle die Anträge nur noch schriftlich einreichen, meine Gesundheit sei vorrangig.»
- «Ich bin aus Angst lieber erst zu meinem Sozialarbeiter gegangen und hab dem gesagt, daß ich dies und das brauche.»
- «Am Anfang bin ich dann hingegangen. Wie ich vor der Tür stand, hatte ich immer das Bedürfnis, loszuheulen.»

Die Konsequenzen solcher Behandlung wirken sich beträchtlich auf den Staatssäckel aus. Allein in Duisburg, so errechnete Rechtsanwalt Conradis, werden mit solchen Methoden im Jahr mindestens 7,5 Millionen DM eingespart. Und zwar allein dadurch, daß die Stadt pro SHE 500 DM einspart – für Nichtinanspruchnahme der Sozialhilfe.

Daneben wird in allen Bereichen der Sozialhilfe gekürzt. Bei Kleinigkeiten, wie der Außenstehende annehmen würde. Kleinigkeiten aber, die für die Betroffenen von erheblicher Bedeutung sind. In München wurde die minimale Schonkostzulage, trotz ärztlicher Atteste, nicht mehr bezahlt. In Herne existiert eine Rundverfügung, nach der pro Jahr und Hilfeempfänger bereits zwei komplette Garnituren Unterwäsche

Bürgerferne Schikanen Unrecht

- das ist der Alltag am Sozialamt der Stadt Dortmund.

Sozialhilfe-Empfänger und Obdachlose werden dort als Untertanen und Menschen dritter Klasse behandelt.. Woher wir das wissen? Von den Betroffenen selbst, die sich in ihrer Verzweiflung an uns wenden.

Zu den Pflichten einer Behörde gehört die Aufklärung der Bürger über ihre Rechte. Das Gegenteil ist beim Sozialamt die Regel. Da werden Regelsätze wie Staatsgeheimnisse behandelt Deshalb haben wir schon vor geraumer Zeit die geheimgehaltenen Zahlen veröffentlicht. Das Heft heißt: SOZIALHILFE DEIN GUTES RECHT

Am 29. Januar 1973 hat der Rat ein Programm zur Beseitigung der Obdachlosigkeit beschlossen. Und Oberbürgermeister Samtlebe wollte sich ganz persönlich um alles kümmern. Aber wie so viele begrüßenswerte Reformvorhaben der SPD blieb auch dies auf halbem Wege stecken. Denn die Kassen sind leer, und da spart die Stadt zu allererst bei denen, die werder reich, noch einflußreich sind. Um Häuser mit billigen Mieten abzureißen, dafür ist Geld da. So beugt die Stadt der Obdachlosigkeit vor.

Schöne Worte allein nützen nichts. Deshalb gründen wir eine

BESCHWERDESTELLE

für alle, die beim SOZIALAMT nicht zu ihrem Recht kommen
montags, dienstags, donnerstags, freitags von 10 – 18 Uhr
DORSTFELDER HELLWEG 13, Tel. 17 30 45

Wir gehen allen Beschwerden nach !
Dortmunder SelbstHilfe e.V.

DSH

v.im S.d.P.: Rolf Baader, DSH, Dorstfelder Hellweg 13, 46oo Dortmund 1

mit der pauschalen Beihilfe abgegolten sind. Bisher wurde dies gesondert bezahlt. Weiter heißt es in dieser Rundverfügung vom 9. 1. 1978: «Bei Familien mit mehreren Kindern kann davon ausgegangen werden, daß die jüngeren Kinder abgelegte Bekleidungsstücke älterer Kinder in gewissem Umfang auftragen können. Bei nur vorübergehender Hilfsbedürftigkeit empfiehlt sich eine sorgfältige Prüfung, ob die Ergänzung oder der Ersatz der Bekleidung gerade zu dieser Zeit dringend erforderlich ist.»
Gleichzeitig wurde in zahlreichen Städten die Tragedauer von Bekleidungsstücken und Schuhen erheblich verlängert. Hat es für Kinder bislang zwei Paar Schuhe gegeben, die ein halbes Jahr halten mußten, müssen die Schuhe jetzt zwei Jahre aushalten. Wer ein «Winterunterhemd mit langem Arm» will, muß ein Attest des Arztes vorlegen. Ein Wintermantel, der bisher zwei Jahre halten mußte, muß drei Jahre getragen werden, bei Frauen muß ein Paar Winterschuhe vier Jahre halten, bisherige Tragezeit zwei Jahre. Bei Kindern ab dem dritten Lebensjahr muß ein Mantel drei Jahre halten und darf nicht teurer als 70 DM sein!! Ein Pullover für Kinder, der maximal 19 DM kosten darf, muß zwei Jahre halten.

Eine Frau: «Ich bin mit meiner Tochter hingegangen, die ist acht Jahre alt, und habe gesagt, das Kind ist schon aus den Schuhen herausgewachsen. Die Schuhnummer ist jetzt zwei Nummern größer als bisher. Da haben die gesagt: ‹Nee, neue Schuhe kriegen Sie nicht, die haben Sie vor einem Jahr erst bekommen›.»

Dagegen wurde in Wiesbaden – bisher – zweimal im Jahr eine Bekleidungshilfe gewährt. Willkürlich ist die Bewilligungspraxis trotzdem. Die Sachbearbeiter entscheiden nach ihrem ‹gesunden Menschenverstand›. Wird bei der Bekleidungshilfe in Bayern auf die freien Verbände verwiesen, ist diese Praxis in Hessen nur selten zu beobachten. In einer hessischen Stadt war es bis 1974 üblich, daß 15% des Gesamtjahresregelsatzes pro Person zur Grundlage für die Bekleidungsbeihilfe diente. Stufenweise wurde dann 1975/76 der Betrag auf zunächst 12,5% und dann auf 10% des Gesamtjahresregelsatzes herabgedrückt. Gleichzeitig ging man von der Pauschalierung zum Individualisierungsprinzip über. In Offenbach wurden 1976 gegen Entscheidungen des Sozialamtes, das zuwenig Bekleidungshilfe zahlte, mehrere Widersprüche eingelegt, wobei in etwa zwei Dritteln der Fälle in einzelnen Familien bis zu 400 DM nachträglich gezahlt werden mußten. Inzwischen ist es üblich, daß an Erwachsene nur nach mehrmaligen Prüfungen beziehungsweise in Sonderfällen Bekleidungsbeihilfen gewährt werden. In Darmstadt entsteht oft ein regelrechter Handel zwischen Sachbearbeiter und Bedürftigem. Teilweise verlangen die Sachbearbeiter Beweise, daß bestimmte Kleidungsstücke bereits kaputt oder überhaupt nötig sind. Sozialamtspraxis: «Was denken Sie sich überhaupt, ich kaufe mir auch nicht alle drei Jahre ein Paar Winterschuhe.»

«Sie müssen sich nicht immer die teuersten Sachen kaufen.»

«Seien Sie zufrieden, daß Sie überhaupt etwas bekommen.»

Ähnlich wird bei der Anschaffung von Möbeln verfahren, für die es auch einmalige Beihilfen gibt. Die Praxis:

«Sie gehen dazu über, den Sozialdienst katholischer Männer einzuspannen. Die bekommen einen Schrank für 5 DM und stellen ihn dann für 30 DM plus Transportkosten in Rechnung. Die Leute, die Möbel beantragen, sind in erschreckendem Maß gezwungen, den letzten Ramsch von denen anzunehmen. Das ist so, daß der Sozialdienst mit dem Lastwagen kommt, mit einem auseinandergenommenen Schlafzimmer drin, das schon 50 und mehr Jahre alt ist. Das stellen sie den Leuten ins Haus rein, die das Zeug dann noch selbst zusammenflicken müssen und auch dann, wenn es überhaupt nicht in die Wohnung paßt.»

In anderen Fällen wird die Hilfe zum Lebensunterhalt falsch berechnet, eine Praxis, die in den meisten Städten durchaus üblich zu sein scheint. In der Regel wissen die meisten Hilfeempfänger nicht einmal, was ihnen gewährt wurde und was nicht. Eine Aufschlüsselung der einzelnen Posten bei der gewährten Sozialhilfe wird nicht vorgenommen und die Sozialbürokraten weigern sich, den SHE zu erklären, was genau sie eigentlich bekommen haben. Durch solche Methoden ist es den Sozialbehörden gelungen, erhebliche Beträge einzusparen.

Kontrolliert wird darüber hinaus, ob es eheähnliche Gemeinschaften gibt. Das bedeutet, daß die Sozialhilfeempfängerin, falls sie mit einem Freund zusammenlebt, dieser mit für den Lebensunterhalt sorgen muß, so daß damit eine Kürzung der Sozialhilfe verbunden ist. Bisher wurden die alleinstehenden Frauen nicht kontrolliert. In der Zwischenzeit gehört auch das zum Alltag der Sozialhilfeempfänger.

Eine Frau: «Es wird also irgendwie nachgeforscht, ob man einen Partner hat, der mit einem lebt oder der ab und zu bei einem ist. Männerbesuch wird also registriert. Am Anfang war es bei mir also auch so, daß man mir nachweisen wollte, daß jemand bei mir lebt. Man muß Angst haben, daß die Nachbarn einen denunzieren beim Sozialamt und sagen, da ist ein Mann. Dann kann es sein, daß man im nächsten Monat kein Sozialgeld bekommt. In der Regel wird allein bei dem Verdacht, daß eine eheähnliche Gemeinschaft besteht, die Sozialhilfe gestrichen.»

In Bochum erzählen die Sachbearbeiter, daß Frauen, die von ihren Männern verprügelt wurden und sich von ihnen scheiden lassen wollten, beschimpft werden: «Ja, muß denn das sein, sich scheiden lassen? Bedenken Sie überhaupt nicht, was dem Staat für Kosten daraus erwachsen?»

Oder, so die Frauengruppe in Scharnhorst: «Die Frauen haben alle Angst, etwas zu sagen, weil der Mann auch mal ab und zu mitkommt. Und das wird gleich so ausgelegt, daß man zusammenlebt. Die Frauen haben einfach Angst um ihre Sozialhilfe. Und es sieht ja so aus, daß sie davor zurückschrecken oder aber ihre Freunde verlieren. Denn wer ist denn sofort dazu bereit, zu heiraten? Also, wenn ich einen Mann nicht ein bis zwei Jahre kenne, dann heirate ich den auf keinen Fall. Und wer hält sowas schon zwei Jahre aus, wenn man dauernd sagen muß: ‹Du mußt gehen, du kannst nicht bleiben, ich krieg sonst Schwierigkeiten beim Sozialamt.› Oder wenn sie sofort an die Männer herantreten, daß die sofort einen bestimmten Betrag zahlen sollen. Das ist ganz ungeheuerlich. Und dann ist man doch in diesem Moment von den Männern abhängig.»

Andere Sozialämter, vorzugsweise in Bayern und Nordrhein-Westfalen, schicken den Hilfeempfängerinnen Briefe ins Haus und erklären, daß sie ab sofort einen Kostenbeitrag von Herrn X berechnen, da Nachbarn beobachtet haben, daß er in ihrer Wohnung gewesen wäre. Viele Frauen machen daraufhin Abstriche von ihren Ansprüchen, um die Beziehung nicht zu gefährden. Mit besonderer Vorliebe wird in der Zwischenzeit auch die Pflichtarbeit nach dem Bundessozialhilfegesetz verfügt. Denn jeder Sozialhilfeempfänger, der keine Arbeit hat, ist dazu verpflichtet, diese Pflichtarbeit zu leisten. Bei Arbeitsverweigerung kann das Sozialamt die Hilfe zum Lebensunterhalt kürzen oder streichen. Es gibt Schranken für die Ämter, zumindest stehen sie im Gesetz: Ausgenommen von der Zwangsarbeit ist derjenige, der gesundheitlich nicht in der Lage ist, zu arbeiten, wer als Hausfrau oder -mann Kinder zu versorgen hat, wer Angehörige im Haushalt pflegt, wer über 65 Jahre alt ist, wer in oder kurz vor einem Examen steht. Bei Verweigerung der Arbeitsaufnahme kann die Hilfe zum Lebensunterhalt bis auf 80 % der Regelsatzleistung gekürzt werden. Wer nach der Kürzung immer noch nicht bereit ist zu arbeiten, dem kann die Sozialhilfe ganz gestrichen werden. An die Angehörigen, die mit dem arbeitsverweigernden SHE zusammenleben, muß das Sozialamt die Hilfe allerdings in voller Höhe weiterzahlen. Die Zwangsarbeit, wie Friedhoffegen oder Papierkörbe ausleeren, hat angeblich die pädagogische Funktion, ‹an die Arbeit zu gewöhnen›. In vielen Sozialämtern artet sie allerdings in reine Schikane gegenüber demjenigen aus, der zu forsch auftritt. Ein Sozialarbeiter aus Duisburg: «Wenn der Sachbearbeiter einmal einen Klienten ärgern will, schickt er ihn dahin zum Arbeiten. Grund: er muß an die Arbeit gewöhnt werden.»

Was im Gesetz als therapeutische Maßnahme gedacht ist, ist für viele Gemeinden lediglich eine Kostenfrage. Sie sparen städtische Arbeiter ein, die nach Tariflöhnen bezahlt werden müssen. Dafür bekommen sie einen SHE, der im Durchschnitt 1 DM pro Stunde erhält. Dabei werden in einzelnen Gemeinden schon diejenigen Arbeitslosen, die vom Sozialamt nur Überbrückungsgeld bekommen, bis der Antrag auf Arbeitslosengeld bearbeitet ist, zur Pflichtarbeit herangezogen.

In der Bischofsstadt Fulda, wo einst Alfred Dregger Oberbürgermeister war, wird diese Zwangsarbeit auf die Spitze getrieben: Hier werden prinzipiell alle Hilfeempfänger (ausgenommen Mütter mit mehreren kleinen Kindern) vor Erhalt der Hilfe verpflichtet, gemeinnützige Arbeiten zu verrichten. Bei Alleinstehenden wird 5 DM pro Tag, bei Familien 7 DM pro Tag gezahlt. Die Arbeitsteilung ist übrigens auf die gängigen Rollen zugeschnitten. Die Frauen müssen putzen – unter anderem auch, ihren Angaben nach, das Haus von Herrn Dregger –, während die Männer die Straße kehren, im Gartenbau arbeiten oder Abbrucharbeiten verrichten. Akademiker erhalten anspruchsvollere Tätigkeiten: Sie dürfen im Krankenhaus die Bestecke reinigen.

Um Geld einzusparen, hat sich auch das Duisburger Sozialamt etwas einfallen lassen: Die Sozialhilfe wird nicht mehr per Post überwiesen, sondern nur noch auf ein Girokonto. Also wurden die SHE aufgefordert, bei der Bank ein solches Konto einzurichten. Würde das nicht getan, wäre mit einer Streichung der Sozialhilfe zu rechnen. Die SHE mußten folgendes Formular unterschreiben:

«Hiermit gebe ich meine Kontonummer an. Gleichzeitig erkläre ich mich bereit, daß das Sozialamt möglicherweise zuviel bezahlte Beträge vom Konto wieder abrufen kann.»

Andere Beispiele von Kürzungen, aus einer Dokumentation der Landesarbeitsgemeinschaft Soziale Brennpunkte in Hessen, die Ende 1978 erstellt wurde:

«Hausbrandbeihilfe: Auch hier bestehen durchgehend Pauschalierungen. Der tatsächliche Bedarf entsprechend den Wohn- und Heizbedingungen wird erst bei Anträgen auf Nachschläge gewährt. In der Regel werden für 2 Personenhaushalte (2 Zimmer/Küche) einmalig 280 DM gezahlt. Laut Auskunft des Sozialamtes kann Nachschlag nur dann gewährt werden, ‹wenn a) nachgewiesen werden kann, daß das Geld nur für Heizzwecke ausgegeben wurde und b) die Wohnung so schlecht zu beheizen ist, daß mit dem Zuschuß nicht ausgekommen werden konnte. Das sei in der Regel aber nur denkbar bei einer Erdgeschoßwohnung mit nassen Wänden, Böden oder Decken und wenn z. B. kleinere Kinder oder Kranke da sind. Außerdem wenn erwiesenermaßen der Winter über längere Zeit erheblich kälter als gewöhnlich gewesen sei›.

Möbel- und Hausratbeihilfe: Auch hier wird meist eine Pauschalierung vorgenommen, die in besonders krassem Mißverhältnis zum tatsächlichen oder normalen Bedarf steht. Die Beihilfen ermöglichen nur einen Bruchteil der notwendigen Ausstattung. Durchgängig wird auf die billigsten Möbel hingewiesen, meist auch von einem Gebrauchtmöbelkauf beziehungsweise von einer Anschaffung durch Möbelläger caritativer Einrichtungen und ähnlichem gesprochen.

Umzugs- und Renovierungsbeihilfen: Umzugsbeihilfen werden in der Regel nur dort gewährt, wo die Sozialbehörde an der Wohnungsbeschaffung beteiligt war. Bei Renovierungskosten werden meist nur die Materialkosten (auch hier nur die billigsten Materialien) gewährt. ‹Wenn das

Sozialamt, in Abstimmung mit Wohnungsbehörde, Wohnungsveränderungen zugestimmt hat (gilt nur für sozialen Wohnungsbau), dann Übernahme der Umzugskosten. Renovierungskosten bei Auszug ebenfalls, wenn zugestimmt, dann Kostenübernahme, wobei nach Möglichkeit Eigenarbeit erwartet wird. Renovierung nach Mietvertrags-Terminen wird in 80% der Fälle beachtet. Bei erkennbarer (für das Sozialamt) Eigenleistung werden Kosten übernommen.›

Übernahme von Mietschulden: Von einer ‹extensiven› Auslegung des § 15a BSHG im Sinne der Hess. Grundsätze ‹Hilfe für Obdachlose› von 1973 kann nirgends die Rede sein. Es werden fast nur einmalige Mietschulden von Familien mit Kindern übernommen, sofern die Wohnung als ‹angemessen› gilt. Entgegen dem Bedarfsprinzip des BSHG wird hier durchgehend nach dem Verschuldungsprinzip geprüft. Weisungen des Lankreises Marburg: ‹Diese Hilfe soll zur Sicherung der Unterkunft durch Übernahme von Mietrückständen in der Regel nur in Ausnahmefällen, z. B. bei kinderreichen Familien, gezahlt werden. Hierbei ist festzuhalten, ob im Zeitraum des Entstehens unverschuldete Bedürftigkeit vorlag.›»

Die Gewährung von Sozialhilfe ist inzwischen pervertiert. Sachbearbeiter bestimmen das Schicksal der armen Familien, lassen sie spüren, daß sie wertlos sind, dem Staat zur Last fallen und sind nicht bereit, auch nur ansatzweise die Hilfesuchenden aufzuklären. Ihr Ziel ist vielmehr, sie zu verschrecken und abzuwimmeln. «Genau wie es bei der Fürsorge in den dreißiger Jahren war», erinnert sich im Sozialamt Mitte in Frankfurt ein 65jähriger. Für viele Hilfesuchende hat denn auch das Sozialamt nicht mehr die Funktion der Hilfe, sondern allenfalls die einer Polizeibehörde. In einer vom Institut für Sozialarbeit und Sozialpädagogik veröffentlichten Befragung im Rahmen des EG-Modellprojektes ‹Obdachlosenarbeit› in Duisburg/Essen wurden die Betroffenen gefragt, wie sie das Verhalten der Institutionen (Sozial-, Jugend-, Wohnungsamt etc.) gegenüber den Bewohnern sozialer Brennpunkte einschätzen:

60,2% der Betroffenen fühlen sich in den Behörden wie Menschen zweiter Klasse behandelt,

44,5% sagen, daß sie in manchen Behörden wie Almosenempfänger behandelt werden,

43,8% erklärten, daß nicht alle Hilfesuchenden gleich behandelt werden und

19,5% erklärten, daß die Mitarbeiter der Institutionen wenig hilfsbereit und freundlich seien (nach Fragebogen zum Forschungsprojekt EGOL, Duisburg/Essen, nicht veröffentlichtes Manuskript, Duisburg 1978).

Daß selbst gutwillige Sachbearbeiter in den Sozialämtern gezwungen werden, Sozialhilfe nicht mehr extensiv, sondern ausschließlich restriktiv zu gewähren, läßt sich am Beispiel Marburg demonstrieren.

«Kürzen, kürzen, mehr wollen wir von der CDU nicht» Restriktive Sozialpolitik in einem hessischen Landkreis

In der Universitätsstadt Marburg schwelt seit langem ein Konflikt zwischen der Stadt Marburg und dem Landkreis Marburg-Biedenkopf. Auslöser war, daß 1977 die Trägerschaft für die Sozialhilfe von der Stadtverwaltung auf den Landkreis übertragen wurde, so daß die Stadt zwar die Sozialhilfe selbstständig gewähren kann, doch der Kreis muß die Kosten der Hilfeleistungen übernehmen. Der dadurch entstandene Konflikt zwischen einer SPD-Stadtverwaltung und einer CDU-Landkreisherrschaft ist geradezu lehrbuchhaft dafür, wie zu Ungunsten der Sozialhilfeempfänger Sozialpolitik betrieben wird. Es begann damit, daß sich der Landkreis darüber beschwerte, die Stadt würde viel zu viel Sozialhilfe gewähren. Der Landrat sprach von «großzügiger Vergabe, die nicht mehr hingenommen werden kann», Stadtverordnete der CDU folgerten kurz darauf, daß bei den Sozialhilfeleistungen, die die Stadt Marburg und der Landkreis Marburg-Biedenkopf bezahlen muß, noch sehr viel gespart werden kann. Die Stadt mußte auf diese permanenten Vorwürfe eingehen, auch wenn sich die Sozialarbeiter bislang genau an die Gesetze gehalten hatten. Zur Untersuchung der Vorwürfe einigten sich der Magistrat und der Kreisausschuß auf die Bildung einer gemeinsamen Kommission, die sich aus jeweils zwei Vertretern des Magistrats und des Kreisausschusses zusammensetzte. Im Mai und Juni 1977 wurde die Untersuchung durchgeführt. Sachbearbeiter des Landkreises blätterten Akte für Akte, Beleg für Beleg durch und machten sich eifrig Notizen, wo ihrer Meinung nach zu großzügig verfahren wurde. Nach der Überprüfung verfaßten die Vertreter des Landkreises einen Bericht, an dessen Formulierung die Vertreter der städtischen Kommissionsmitglieder nicht beteiligt wurden. Die SPD untersuchte daraufhin nochmals die Akten, um die Vorwürfe des Landkreises widerlegen zu können, was die CDU wiederum veranlaßte, nochmals die Akten durchzugehen. Bezeichnenderweise hat die CDU keineswegs die Fälle untersucht, in denen die Sachbearbeiter vielleicht entgegen den Vorschriften des BSHG zu sparsam waren, zu wenig beziehungsweise keine Leistungen bewilligten, obwohl sie gesetzlich vorgeschrieben oder vorgesehen sind. Die Form der Untersuchung monierte der SPD-Oberbürgermeister in einer Stellungnahme zum Sozialkostenstreit zwischen Kreis und Stadt vom 18. 5. 1978:

«Die Art, in der die Akten gesichtet und ausgewertet wurden, offenbart Mängel in der Untersuchungsmethode. Indem unter den Haushaltsstellen mit dem größten Kostenaufwand ... diejenigen Einzelfälle überprüft wurden, in denen höhere Zahlungen an Sozialhilfe auffielen, reduziert man die Ursache der Kostensteigerung auf unterschiedlich aufwendige Ausnahmefälle. Die Frage, inwieweit nicht die Masse der neu aufgetretenen beziehungsweise durch längere Verweildauer höhere Kosten verursachende Fälle ausschlaggebend sind, wird ausgeklammert. Die Kostensteigerung soll ausschließlich mit subjektivem Versagen der Sachbearbeiter, beziehungsweise mit der Sorglosigkeit der politisch Verantwortlichen erklärt werden.»

Was kritisiert nun die CDU? Einmal grundsätzlich, daß der Sozialhilfeaufwand pro Kopf der Bevölkerung und pro Monat in der Stadt Marburg bei 124 DM, im übrigen Kreisgebiet nur bei 59 DM liege. Tatsache ist, so die von der SPD initiierte Gegenuntersuchung, daß der durchschnittliche Sozialhilfebetrag je Fall und Monat im Landkreis bei 257 DM und in der Stadt Marburg bei 277 DM liegt. Der Unterschied von 20 DM aber sei auf höhere Mietzahlungen zurückzuführen und vor allem darauf, daß es in Marburg weitaus mehr soziale Problemfälle gibt als im Landkreis. Es bestehen soziale Brennpunkte, Heime, eine psychiatrische Anstalt und arbeitslose Akademiker. Außerdem kommt dazu, daß die städtischen Sozialhilfe-Suchenden vergleichsweise aufgeklärter sind als die ländliche Bevölkerung im Landkreis.

Weiterer Kritikpunkt ist, daß die Stadt offenbar großzügigere Maßstäbe bei der Beurteilung der Sozialhilfeanträge anlegte als der Landkreis. Daß sich die Sachbearbeiter aber lediglich an die Grenzen des Sozialhilfegesetzes halten, also ihren gesetzlichen Auftrag erfüllen, interessiert die CDU nicht. Penibel haben die Sozialkontrolleure registriert, daß die Aufwendungen für einmalige Leistungen an Hilfe zum Lebensunterhalt in der Stadt pro Kopf der Bevölkerung um das Dreieinhalbfache höher als im Landkreis liegen. Nur, was will man damit sagen? Mit etwa 67 DM liegt Marburg nur um rund 5 DM über Gießen, jedoch um mehr als 10 DM unter Frankfurt, circa 20 DM unter dem Kasseler und Wiesbadener Satz und um 67 DM unter dem entsprechenden Wert von Offenbach.

Die Stadtverwaltung in ihrer Erwiderung dazu:

«Den Eindruck übermäßiger Großzügigkeit bei der Bewilligung einmaliger Leistungen wird zusätzlich relativiert, wenn man die einmaligen Beihilfen an ‹Sonstige› in die Betrachtung miteinbezieht. An gesamten einmaligen Beihilfen verausgabte die Stadt Marburg pro Einwohner 1976 weniger als 13 DM und rangiert damit auf dem drittletzten Platz aller kreisfreien Städte, vor Hanau und Darmstadt. Die Stadt Frankfurt bewegt sich mit Ausgaben in Höhe von 30 DM pro Einwohner um mehr als 100% über dem Niveau der Stadt Marburg. Die Kommission hält es nicht für erwähnenswert, daß diese verschiedenen Beträge der einzelnen Gebietskörperschaften möglicherweise durch einen unterschiedlichen Bedarf bedingt sind, und keineswegs a priori mit Willkür erklärt werden müssen» (Stellungnahme des Sozialamtes der Stadt Marburg zum Sozialkosten-Streit zwischen Kreis und Stadt, herausgegeben von: Der Oberbürgermeister von Marburg, Marburg, 18. 5. 1978).

Wie weit die CDU bei Kürzungen zu gehen bereit ist, kann man einem anderen Kritikpunkt entnehmen. Man hätte, so die CDU, bei der Überprüfung der Akten festgestellt, daß die Mietübernahme bei Sozialhilfeempfängern auf Grundlage der Warmmiete geschah, das heißt, die Heizungskosten enthielten. Der Landkreis ist erstaunt darüber, weil doch die Warmmieten viel teurer seien als Kaltmieten und schlägt daher vor, daß den Mietern ein Wohnungswechsel zugemutet werden kann.

Zugemutet wird auch den Studenten, auf ihre Sozialhilfe zu verzichten. Es handelt sich um Studierende, die wegen Überschreitung der Bafög-Höchstdauer keine Ausbildungsförderung mehr erhalten. Studenten, so der Landkreis, brauchen keine Sozialhilfe. Eine Einstellung, die sich auch in entsprechenden Verfügungen niedergeschlagen hat. Inzwischen mußte sich die CDU in allen Fällen, in denen die Gerichte um eine Klärung bemüht worden waren, belehren lassen, daß sogar Studenten nach dem Gesetz Anspruch auf Sozialhilfe haben.

Kurzum, überall soll gestrichen werden, sozialer Fortschritt 1978 in Marburg. Nach diesem Bericht der CDU-Kommissionsmitglieder erwiderte der Magistrat der Stadt Marburg am 30. 10. 1978, in einer Antwort auf eine Anfrage der SPD: «Folgende Hilfeleistungen sollen nicht mehr erstattet werden: Kinderhortbeiträge, Kindergartenbeiträge, Milchgeld (Milchfrühstück in Schulen für Sozialhilfeempfänger und sozial Schwache), Kosten für Nachhilfeunterricht, kein Wohnungsdarlehen und keine Aufwendungen für Altenbetreuung mehr.»

Durch die ständigen Forderungen an die Sachbearbeiter des Marburger Sozialamtes von Seiten des Landkreises, in Zukunft erheblich weniger zu gewähren, die Gesetze de facto zu brechen, ist ein Zustand geschaffen worden, der zu erheblichen sozialen Belastungen für die hilfesuchenden Personen und Familien führte. So wurde 1977, trotz gestiegener Arbeitslosenzahlen, die Erhöhung der Regelsätze in nur geringem Umfang vorgenommen. Für die in den sozialen Brennpunkten wohnenden Sozialhilfeempfänger wirkt sich die Politik der Einschränkungen besonders im Bereich der einmaligen Beihilfen und Hilfen in besonderen Lebenslagen aus. Da bekommen sie nämlich immer weniger, trotz der ihnen zustehenden Rechte.

«Auffallend», so der Arbeitskreis Soziale Brennpunkte in Marburg, «ist, daß die Sozialhilfeempfänger wenig Lösungsmöglichkeiten haben: beispielsweise sparen sie sich Bekleidung entweder vom Mund ab, sie essen vor allem qualitativ schlechter, das heißt weniger Eiweiß und Vitamine, dafür mehr Fett und Kohlehydrate, oder sie sind sichtbar schlechter angezogen. Abschließend muß noch festgestellt werden, daß die derzeitige Bewilligungspraxis einer Integration von Randgruppen und Problemfamilien zuwiderläuft, da die gesamte Sozialhilfediskussion vor allem im Marburger Raum erneut Vorurteilsstrukturen aufgebrochen hat. Arbeitslose und SHE wurden immer häufiger mit Etiketten wie

Faulenzer, Parasiten und anderem versehen. Daß diese Praxis nicht im Sinne des § 1 des Bundessozialhilfegesetzes (Aufgabe der Sozialhilfe ist es, dem Empfänger der Hilfe die Führung eines Lebens zu ermöglichen, das der Würde des Menschen entspricht) sein kann, wird zunehmend offenkundig» (Jahresbericht 1977 des Arbeitskreises Soziale Brennpunkte in Marburg-Waldtal, S. 14).

Aber auch die Sachbearbeiter sind erheblichem Druck ausgesetzt. Die öffentliche Kritik der CDU hat sie dazu gebracht, den Hilfesuchenden ihre gesetzlichen Rechte zu versagen. Sie haben Angst. Jederzeit kann nämlich ein Rechnungsprüfer eintreten, sich zu den Sachbearbeitern hinsetzen, sich die Akten vornehmen, die Gespräche verfolgen und dann in Mitteilungen an die Amtsleitung kritisieren, daß wieder einmal zu viel gewährt worden ist, beziehungsweise die Richtlinien des Landkreises nicht beachtet worden sind. Die Rechnungsprüfer scheuen sich auch nicht, Sachbearbeiter zusammenzuschreien, die den Hilfesuchenden genau das gewähren, was ihnen zusteht. «Die Sachbearbeiter», so Uli Severin vom AKSB, «haben die Weisung im Rücken und die Hilfesuchenden vor sich».

Schlagzeilen über die Rotstiftpolitik

Frankfurt: «Es ist sicherzustellen, daß keine Mittel an die Arbeitsgemeinschaft freier Kinder- und Jugendinitiativen Frankfurt/M. geleistet werden» (CDU-Fraktion).

Am Montag, 8. 5. 1978, beschloß die CDU-Mehrheit des Stadtrats im Rahmen der Etat-Beratungen 1978 die Zuschüsse für alle freien Jugendinitiativen um insgesamt 170000 DM, das sind circa 20%, zu kürzen. Für viele Jugendliche aber sind die Jugendhäuser die einzige Möglichkeit der selbstverantwortlichen Entfaltung gewesen. Besucher von Jugendzentren waren größtenteils Jugendliche, die auf Grund ihrer Herkunft, Sozialisations- und Wohnverhältnisse so eingeengt sind, daß es für sie keinen alternativen Aufenthaltsort (außer der Straße) gibt.

Am 17. 2. 1977 wurde vom Internationalen Bund für Sozialarbeit das Jugendwohnheim Zingelswiese in Frankfurt gekündigt.

Am 13. 6. 1978 erhielten die im Lehrlingsheim des Stephanstiftes als Gruppenerzieher tätigen Sozialpädagogen ihre fristlose Kündigung. Neueinstellungen sind nicht geplant.

Im Mai 1976 haben die Stadtverordneten von Limburg, mit den Stimmen der CDU-Fraktion, den Spiel- und Lernstuben die Mittel um 80% gekürzt.

In Frankfurt lehnte die CDU-Fraktion im Ortsbeirat die Förderung der Erziehungsberatungsstelle in Preungesheim ab. In diesem Zentrum, in dem eine Kinderarztpraxis und ein Team von Psychologen, Sozialarbeitern und Sozialpädagogen kostenlose Erziehungsberatung leisten, wurden besonders die Kinder und Jugendlichen der sozialen Brennpunkte in Preungesheim betreut.

In Frankfurt-Nied lehnte die CDU die Errichtung eines Kinderhauses ab.

In Gießen ist die Arbeit der Projektgruppe Margaretenhütte gefährdet, die sich um den sozialen Brennpunkt in der Margaretenhütte kümmert. Es besteht ein Defizit von 37000 DM, dessen Zahlung die CDU ablehnt.

In Marburg will die CDU eine Spielstube schließen lassen, weil die Kinderzahl zu gering sei. Wenn es nach dem Willen der CDU geht, sollten in den Räumen der Spielstube 25 Kinder pro Gruppe zusammengepfercht werden.

In Fürth beantragte der DKP-Stadtrat die Einrichtung eines mobilen Hilfs- und Reinigungsdienstes für ältere Menschen, um dadurch die Unterbringung in den überfüllten Heimen zu ersparen und der Vereinsamung der Alten ansatzweise entgegenzuwirken. Der Antrag wurde abgelehnt.

Kinderarbeit in der BRD

Die steigende Verelendung läßt sich an vielen Beispielen dokumentieren. Kinderarbeit gehört dazu. Gerade bei kinderreichen Arbeiterfamilien, besonders bei den Kleinbauern in ländlichen Regionen, führt die schlechte materielle Lage der Familien dazu, daß auch die Kinder mitarbeiten müssen. Dem stehen formal staatliche Gesetze entgegen. Um die künftige Verwertbarkeit der Arbeitskraft nicht schon früh zu verbrauchen, so daß die erforderliche Berufsqualifikation nicht erreicht und die Verwendung im Produktionsprozeß gefährdet werden könnte, wurde in der BRD die Kinderarbeit verboten. Doch gerade Kinderarbeit hilft heute vielen Familien, die in sozialer und finanzieller Not leben, aus einer ständigen Notsituation kurzfristig zu entkommen. Neben der Verwendung des staatlichen Kindergeldes, das in sozial schwachen Familien noch nie den Kindern zugute kam, sondern immer zur Erhaltung eines minimalen Lebensstandards benötigt wurde, sind viele Familien auf die heimliche Mitarbeit der Kinder angewiesen. Kinder sind billige Arbeitskräfte in Kleingewerbetrieben wie Handwerksstuben, bei Heimarbeit, in Lebensmittelgeschäften, Gastwirtschaften und in landwirtschaftlichen Betrieben. Mit der wachsenden sozialen Verelendung in der BRD stieg auch die Kinderarbeit.

1978 erklärte die Nationale Vorbereitungskommission in der BRD zum Jahr des Kindes:

«Die Zahl von 100000 bis 200000 regelmäßig oder saisonal arbeitenden Kinder ist eher zu niedrig als zu hoch gegriffen» (Der Arbeitnehmer, Zeitschrift der Arbeitskammer des Saarlandes, Januar 1979, S. 3).

Allein in Bayern wurden 1977 206 Beanstandungen wegen unzulässiger Beschäftigung von Kindern getroffen, gegenüber 94 im Vorjahr. So wurde bei der Überprüfung eines Lebensmittelgeschäftes festgestellt, daß zwei 13 und 14 Jahre alte Kinder seit mindestens einem Monat nach dem Schulunterricht pro Woche etwa 10 Stunden lang Lebensmittel an Kunden des Geschäftes mit Fahrrad und Anhänger zustellten. Der Verkaufsleiter hatte diese Zustellungsform auf Drängen seiner älteren Kunden eingeführt und jedem Kind pro Woche 3 DM bezahlt. Häufig sind die Kinder auch auf Festplätzen zu sehen, wo sie Fahrgeschäfte reinigen, Fahrchips einsammeln, Waren oder Lose verkaufen oder andere Hilfsarbeiten verrichten. Teilweise werden die Kinder auch beim Auf- und Abbau des Fahrgeschäftes eingesetzt. In einer Konservenfabrik wollten die Arbeitnehmerinnen nur arbeiten, wenn auch ihre schulpflichtigen Kinder während der Ferienzeit gegen Entgelt dort beschäftigt würden.

Andere Firmen warnten sich bei anstehenden Kontrollen der Gewerbeaufsichtsämter untereinander und versteckten die Kinder während der Kontrollen auf dem Speicher. Ein Betonwerk in Bayern beschäftigte schulpflichtige Kinder mit Eisenflechtarbeiten, während in einem landwirtschaftlichen Betrieb Schüler im Alter von 10 bis 11 Jahren bei der Kartoffelernte von 8 bis 17 Uhr mit Auflesearbeiten beschäftigt waren. Eingesetzt werden die Kinder auch in Gärtnereien, bei der Erdbeerernte oder überhaupt zur Erntezeit. Andere Kinder, in Rheinland-Pfalz beispielsweise, werden an der Bohrmaschine, Drehbank oder an einer Stanze beschäftigt. In Nordrhein-Westfalen beschäftigte ein Unternehmer 14jährige Kinder in der Zeit von 22 bis 6 Uhr mit Akkordarbeiten. Bei einer Feiertagskontrolle in einem Verpackungsbetrieb wurden 17 Jugendliche und zwölf schulpflichtige Kinder bei Akkordarbeiten angetroffen. Dieser Fall von Kinderarbeit wurde von dem Gewerbeaufsichtsamt mit einer Strafanzeige verfolgt, die das Amtsgericht auf Kosten der Staatskasse wegen Geringfügigkeit einstellte. Eine ähnliche Tendenz, Kinderarbeit nachträglich durch die Justiz zu legalisieren, melden fast alle Gewerbeaufsichtsämter, die berichten, daß in den meisten der angezeigten Fälle die Unternehmer entweder mit einer geringen Geldstrafe davonkommen oder das Verfahren eingestellt wird.

Gespräch mit einem Kind, das in einer Näherei in der Gegend um Cham Kleidungsstücke transportiert und Reinigungsarbeiten verrichtet:

«Wer hat dich denn hierher gebracht?

«Meine Mutter arbeitet ja auch hier, und da hat der Chef gesagt, wenn sich meine Mutter noch etwas dazuverdienen will, könnte ich doch mitarbeiten.»

«Warum arbeitest du überhaupt?»

«Ich bin den ganzen Tag allein zu Hause mit meinen fünf Brüdern und Schwestern, und ich bin der Älteste. Da hat mein Vater gesagt, schadet ja nichts, wenn du ein wenig arbeitest, kriegst sowieso keine Arbeit später.»

«Was machst du hier?»

«Ich kehre die beiden Räume hier, bringe Material, also Stoffe und einzelne Kleidungsstücke, dann geh ich Einkaufen und wasche manchmal dem Chef sein Auto.»

«Würdest du nicht lieber spielen oder etwas für die Schule tun?»

«Ja, schon. Aber ich kann halt nicht . . .»

«Was sagt denn deine Mutter?»

«Das Geld können wir schon brauchen.»

Der Junge war zur Zeit des Interviews, Ende 1978, elf Jahre alt. Er besuchte die Sonderschule. Auf die Frage, ob noch mehr seiner Schulkameraden in den Firmen der Umgebung manchmal arbeiten, antwortete er, daß das durchaus normal sei und auch die Lehrer nichts dagegen hätten, weil man da ja sehen würde, wie es «im Beruf» aussieht. Unter der Losung ‹Arbeit schadet nicht› müssen sich die Kinder noch darüber freuen, daß sie in Kleingewerbe- und Industriebetrieben arbeiten müssen. Selbstverständlich ist es daher auch, daß Kinder in landwirtschaftlichen Betrieben mitarbeiten, den Traktor fahren, das Heu einsammeln oder sich selbstständig um das Vieh kümmern. Dabei wäre gegen eine sinnvolle Auseinandersetzung und eine Integration in bestimmte Arbeiten der Familien nichts zu sagen, weil Kinder sicher auch ein Interesse haben, sich mit der Arbeitswelt der Eltern zu identifizieren, selbst teilzunehmen. Fatal ist es aber – und das ist die Regel – wenn diese Kinder als Arbeitskräfte eingesetzt werden, die vollwertige Arbeiten verrichten müssen und zwar nicht deshalb, weil sie Lust dazu haben, sondern weil die Arbeitskraft der Kinder verwertet werden muß. Das ist in der Landwirtschaft so, wenn die Kinder wegen der Arbeitsüberlastung der Eltern mitarbeiten müssen, insbesondere aber in Kleingewerbebetrieben, wo sie als Lohnarbeiter tätig sind. Teilweise, so in Bayern, erhalten sie als Ansporn für mehr Leistung bei der Kartoffelernte eine Geldprämie. In fast allen Betrieben mit Kindern in schulpflichtigem Alter ist der Einsatz auf dem Schlepper bei Arbeiten, die keine große Sorgfalt der Steuerung verlangen, auch für den Betriebsleiter selbstverständlich geworden (zum Beispiel Lade- und Abladearbeiten auf dem Acker, Getreideschnitt, Kartoffelernte sowie alle Arbeiten im Kriechgang).

In vielen Fällen, meist in Kleinbetrieben, sind die Kinder gerade wegen des beschränkten Einkommens der Eltern verpflichtet, sich der Arbeitsmoral der Älteren anzupassen. Sie gelten nicht als Kinder, sondern als Arbeitnehmer, die «pünktlich sein müssen und ihre Arbeit sauber verrichten müssen und hurtig zu arbeiten haben», wie ein Regensburger Möbelhändler sagt. Die Kinder, die zu solchen Arbeiten angehalten werden, sind für die Zukunft gezeichnet. Denn in dem Moment, wo sie gezwungen werden, sich auf dem illegalen Arbeitsmarkt anzubieten, geraten sie in Konflikt mit den wachsenden Kapitalverwertungsinteressen an ihrer Person. Qualifikation – immer wieder gefordert, um dem Schicksal der Dauerarbeitslosigkeit zu entgehen – wird unmöglich gemacht, wenn die Kinder abgearbeitet in die Schule kommen oder keine Zeit haben, ihr Leistungspensum zu erfüllen, da sie nach oder vor der Schule noch Arbeiten verrichten müssen, beziehungsweise in den Ferien keine Möglichkeiten haben, die nötige Ruhe und Erholung zu finden oder Wissensdefizite aufzuarbeiten.

Zahlen, Daten und Berichte zu den direkten und indirekten Folgen der Verelendung

Mindestens 30% aller Patienten, die eine ärztliche Praxis aufsuchen, sind an psychosomatischen Leiden erkrankt; 1,8 bis 2% der Bevölkerung bedürfen dringend einer psychiatrischen beziehungsweise psychotherapeutischen Behandlung: das sind rund eine Million Personen;

1 bis 1,2% der Bevölkerung nehmen innerhalb eines Jahres erstmals wegen psychischer Krankheiten oder Behinderungen Kontakt mit Behandlungs- oder Beratungsdiensten auf: circa 600000 Personen;

1,2 bis 1,8 Millionen Personen, das sind 2 bis 3 % der Bevölkerung, sind alkoholkrank;

3 bis 4 Millionen Familien leben in Slums;

es gibt mindestens 100000 jugendliche Suchtkranke und mindestens 40000 Rauschmittel-Dauerkonsumenten. Allein in West-Berlin gab es 1978 224 Drogentote, insgesamt 6000 Todesopfer durch Drogen, Alkoholismus und Selbstmord, die Zahl der Drogenabhängigen in West-Berlin liegt bei 10000;

mindestens 3% der Bevölkerung sind arzneimittelabhängig (nach Bericht über die Lage der Psychiatrie in der BRD, Bundestagdrucksache 7/4200, Bonn 1975, und Berliner Extradienst vom 6. 1. 1979).

Mindestens 15000 Menschen nehmen sich jährlich das Leben, darunter sind 600 Kinder;

rund 1000 Kinder werden im Jahr zu Tode geprügelt;

mehr als 1 Million Kinder werden von Eltern und Erziehungsbeauftragten ausgepeitscht, gewürgt, getreten, zu geistigen und körperlichen Krüppeln mißhandelt;

22000 Kinder fliehen jährlich aus ihrem Zuhause;

circa 200000 Frauen werden pro Jahr von ihren Männern mißhandelt;
60000 Kinder werden jährlich behindert geboren;

zur Zeit gibt es 1,6 Millionen behinderte Kinder und Jugendliche;

300000 Kinder müssen in Obdachlosensiedlungen leben;

1,7 Millionen Kinder und Jugendliche sind «verhaltensgestört» beziehungsweise sozial auffällig geworden;

290000 Kinder und Jugendliche besuchen «Sonderschulen»;

250000 Kinder leben in Heimen aller Art;

6000 Jugendliche leben in Gefängnissen.

Addiert man die Summe der «verhaltensauffälligen» Kinder, der «Problemkinder» und der behinderten Kinder, so dürfte es 5 bis 6 Millionen Kinder geben, die sozial so massiv geschädigt wurden, daß sie auch in Zukunft mit starken sozialen Diskriminierungen rechnen müssen;

69548 Kinder waren 1977 Opfer von Verkehrsunfällen, davon verunglückten 1353 tödlich.

Reaktion des Staates auf Verelendung: Heime, Anstalten und Gefängnisse

Verhaltensauffälligkeiten und geistige Behinderungen

Proteste der Kinder aus Slums und Arbeitersiedlungen gegen die unmenschlichen Bedingungen, unter denen sie leben müssen, äußert sich als «Versagen», als «Störung», als «Auffälligkeit». Für die bürgerlichen Erzieher sind diese Kinder deshalb «frech, vorlaut, ungehorsam und aggressiv». Von Kindern erwartet man angepaßtes Verhalten. Und wenn man das nicht in der Schule erreicht, dann bleibt das Heim als letzter Ausweg, um den Protest und Widerstand der Kinder und Jugendlichen zu brechen. Doch der Widerstand in Form von Verhaltensauffälligkeit ist wohl das einzige Mittel des Kindes, seinem Leid zum Ausdruck zu verhelfen. Wie hoch insgesamt die Anzahl der sozial schwer geschädigten Kinder und Jugendlichen ist, läßt sich nur vage in Zahlen ausdrükken. Untersuchungen der Deutschen Forschungsgemeinschaft in Zusammenarbeit mit dem Institut für Erziehungswissenschaften der Universität Tübingen haben ergeben, daß 20% aller betreuten Kinder als echte Problemkinder bezeichnet werden mußten, während weitere 30% deutliche Verhaltensstörungen aufwiesen. «Als Problemkinder wurden die Kinder bezeichnet, die unter starken psychischen Störungen leiden, mit diesen Störungen nicht mehr fertigwerden und dadurch Schwierigkeiten im Umgang mit der Umwelt haben, das heißt in der Schule oder im Elternhaus» (H.-C. Thalmann, Forschungsprojekt der Deutschen Forschungsgemeinschaft, zitiert nach: Frankfurter Allgemeine Zeitung, 12. 9. 1975). Diese Untersuchung hatte repräsentativen Charakter und ist bezeichnend für den psychischen Verelendungszustand der Kinder und Jugendlichen in der BRD. Auch hier spiegeln sich nicht allein die Lebensbedingungen der verelendeten Bevölkerung wider, sondern auch besondere Unterschiede, die es innerhalb der Arbeiterklasse gibt.:
«Mütter, die die Kinderpflege im ersten Lebensjahr als sehr schwer empfanden, hatten zum Zeitpunkt der Untersuchung zu 71% Kinder mit starken oder mäßigen Verhaltensstörungen im Gegensatz zu Müttern, die die Pflege ihrer Säuglinge als problemlos empfanden» (H.-C. Thalmann, in: Frankfurter Allgemeine Zeitung, 12. 9. 1975).

Verhaltensstörungen, verstanden als Form des individuellen Widerstandes und Protestes der Kinder gegen die sie erdrückende soziale Realität, sind Ausdruck der Produktionsbedingungen und ihrer Auswirkungen im Reproduktionsbereich. *Es gibt also eine durchgehende Verbindung zwischen kapitalistischen Produktionsverhältnissen und den herrschenden Verhaltensauffälligkeiten.*

Neben den «auffälligen» Kindern und Jugendlichen gibt es noch diejenigen, die von den sozialen Kontrollinstanzen als «behindert» eingestuft werden. Auch diese Kinder kommen zum größten Teil aus der Arbeiterklasse und hier wiederum überwiegend aus Familien, die in Armut leben. *Mütterarbeit, gesundheitsgefährdende Arbeits- und Wohnverhältnisse, keine beziehungsweise nur geringe ärztliche Versorgung führen nachweislich zu Behinderungen, ob psychischer oder physischer Art. Medikamentensucht und Alkoholismus als teilweise ursächlicher Faktor bei der Entstehung dieser Behinderungen ist auffällig häufig in sozialen Brennpunkten anzutreffen.* Von außerordentlicher Bedeutung sind daher die Vorsorgeuntersuchungen. Sie stellen ein hohes Maß an Sicherheit für die werdende Mutter dar. Mütter aus der Arbeiterschaft aber wissen vergleichsweise wenig über die Bedeutung und Notwendigkeit von Vorsorgeuntersuchungen. 7% aller Kinder werden heute noch untergewichtig geboren, zwei Drittel davon als Frühgeburten. Andere Kinder bleiben für ihr ganzes Leben körperlich und/oder geistig geschädigt. «Das brauchte nicht zu sein, wenn die Frauen rechtzeitig und regelmäßig die Vorsorgeuntersuchung für Schwangere in Anspruch nähmen» (E. Saling: Ohne Vorsorge keine Fürsorge, in: Pressedienst Behindertes Kind, herausgegeben von der Stiftung für das behinderte Kind, Marburg, 25. 1. 1974, S. 4).

Tatsache ist, daß Frühgeburten oder untergewichtige Babys überproportional von Frauen aus der Arbeiterklasse ausgetragen werden (Prof. W. Oberheuser in einer Untersuchung von 28000 Geburten). Frühgeburten wiederum sind meist das Ergebnis der vielen Belastungen, denen die werdende Mutter ausgesetzt ist. Trotz der starken Gefährdung von Müttern besonders in sozialen Brennpunkten sind gerade sie diejenigen, die zu wenig wissen über die Gefahren bestimmter Krankheiten, und gerade sie haben größere Schwierigkeiten, einen Arzt aufzusuchen, Probleme der Schwangerschaft zu besprechen als Mütter anderer Schichten.

In den sozialen Brennpunkten ist die Anfälligkeit für Krankheiten, die schon das Embryo schädigen können, sehr hoch. Wenn Waschgelegenheiten fehlen, Toiletten von vielen gemeinsam benutzt werden müssen und Unrat vor der Tür liegt, verbreiten sich Infektionskrankheiten in Windeseile. Solche unhaltbaren hygienischen Zustände führen, zusammen mit übermäßigen Arbeitsbelastungen, zu der hohen Zahl der Geburten von behinderten Kindern.

Aber auch die unkontrollierte Einnahme von Arzneimitteln in diesen Siedlungen führt häufig zu Mißbildungen, man erinnere sich nur an die Contergan-Katastrophe. Heute noch gebräuchliche Pharma-Produkte verursachen häufig bleibende Schädigungen. ‹Harmlose› Grippe-Medikamente und Aspirin, während der Schwangerschaft eingenommen, werden für Mißbildungen verantwortlich gemacht. Das gilt auch für einige Schlaf- und Beruhigungsmittel. Besonders hohe Risiken von Schädigungen durch Arzneimittel bringt die Durchführung von klinischen

Versuchen mit sich, die praktisch keiner Kontrolle unterliegen und meist ohne Wissen der Patienten durchgeführt werden. Bevorzugte ‹Versuchskaninchen› sind alleinstehende oder isolierte Mütter und ihre Säuglinge, nach denen niemand fragt, wenn das Experiment mißlingt. Und keiner der Betroffenen kann später (so er noch die Gelegenheit dazu hat) beurteilen, ob durch ein Experiment mit Arzneimitteln zum Beispiel ein bleibender Gehirnschaden zurückblieb. Ein Wissenschaftler berichtete, daß er schwangeren Frauen zwei Stunden vor der Entbindung radioaktiv markierte Bakterien injiziert hatte. Und in einer hessischen Universitätsklinik benutzte man elf Neugeborene für ein medizinisches Experiment. Es ging darum, den Energiestoffwechsel bei reifen Neugeborenen, so der Titel der wissenschaftlichen Untersuchung, festzustellen. In dem Untersuchungsbericht konnte man unter anderem folgendes lesen:

«Das Kind liegt in einer kleinen Untersuchungskammer, die aus einer Grundplatte und einer ganz dicht aufsetzbaren doppelwandigen Plexiglashaube gebildet wird. Zu jeder beliebigen Temperierung wird der Mantelraum der Plexiglashaube mit einem Thermostaten bestückt. Die Kinder wurden in den ersten Lebenswochen jeweils an vier bzw. fünf Tagen untersucht. Die erste Untersuchung wurde bei einem Teil schon 10 bis 30 Minuten nach der Geburt begonnen. Die Abkühlung der unbekleideten Säuglinge erfolgte bei einer Kammertemperatur von 17,5 Grad, die Erwärmung der Kinder nach vorausgegangener Abkühlung erfolgte bei ansteigender Kammertemperatur auf 32 bis 35 Grad» (K. Brück, M. Brück, H. Lemtis: Thermoregulatorische Veränderungen des Energiestoffwechsels bei reifen Neugeborenen, in: Pflüger: Archiv, Band 276, 1958, sowie: Asmus Finzen: Experimente mit Kindern, in: Zeitschrift für Pädagogik, 1/1973).

Das sind keine Ausnahmen: von 100 in renommierten medizinischen Zeitschriften publizierten Versuchen bezeichnete der Wissenschaftler H. K. Beecher zwölf als ethisch nicht vertretbar (zitiert bei G. Schreiber: Der Medizinbetrieb, München 1971, S. 214).

Die Kriminalisierung von Kindern und Jugendlichen

In zunehmendem Maße beschäftigt sich die Öffentlichkeit mit dem Anwachsen der Kinder- und Jugendkriminalität. Die Empörung darüber ist groß, daß 1977 187692 Jugendliche und 90470 Kinder straffällig geworden sind. Und die Tendenz ist steigend. Meldungen wie «13jähriger Schüler als Einbrecher entlarvt», «12jähriger Michael klaut Spielzeugautos in Kaufhäusern», «zwei 12- und 14jährige Mädchen klauten in Kaufhäusern Schinken» oder «Junge Langfinger zwischen 11 und 12 Jahren klauten Geld» sollen das Horrorbild einer zunehmenden Verwahrlosung und Verrohung von Jugendlichen und Kindern vorgaukeln. Detailliert beschreibt die Polizei, daß 40 bis 50% aller Fahrraddiebe Jugendliche und Kinder sind, die meisten Telefonzellen von Jugendlichen zerstört werden und Ladendiebstähle größtenteils auf das Konto von Kindern und Jugendlichen gehen. In der Kriminalstatistik wird alles erfaßt, vom einfachen Diebstahl von Fahrrädern (33% der Delikte), über den Handtaschenraub (13%), bis hin zum schweren Diebstahl von Schußwaffen (11%). Die Wegnahme von Süßigkeiten wird ebenso registriert wie das Schwarzfahren in öffentlichen Verkehrsmitteln. Um den Schaden, den die Wirtschaft dadurch erleidet, in Grenzen zu halten, hat sich in Bonn ein «Kuratorium zur Bekämpfung der Wohlstandskriminalität» gegründet, das durch Spenden der Industrie, des Handels und der Banken finanziert wird und mit der Polizei zusammenarbeitet. Das Kuratorium spricht davon, daß die Zahl der Fälle wächst, bei denen «Hinterlist, Heimtücke und Brutalität die entscheidenden Rollen spielen» und der «Einzelhandel wegen der Jugendkriminalität im Jahr 1976 3 Milliarden DM Inventurverluste» verbuchen mußte. Verantwortlich für diese Entwicklung ist nicht die soziale Not, beispielsweise bei Kindern, die gerne ein Fahrrad möchten, deren Eltern aber kein Geld dafür haben. Das Wort von der «Wohlstandskriminalität» macht die Runde. «Experten erwarten in den nächsten Jahren eine allgemeine Ausweitung von Wohlstandsdelikten, zunehmende Versicherungsbetrügereien, Autoaufbrüche, neue Tätertypen in Intercity-Zügen und Großraumflugzeugen» (Kuratorium zur Bekämpfung der Wohlstandskriminalität, Informationsdienst zur Pressekonferenz, Mai 1977, Bonn). Das Kuratorium meint wohlweislich bei den neuen Tätertypen in Intercity-Zügen und Großraumflugzeugen nicht die Manager, Spekulanten oder Unternehmer, sondern Kinder und Jugendliche. Und somit sind für Banken, Handel und Industrie die Ursachen der steigenden Kriminalität klar: «Sokrates (410 v. Chr.): Unsere Jugend liebt den Luxus, sie hat schlechte Manieren, mißachtet Autorität und hat keinen Respekt vor dem Alter. Die heutigen Kinder sind Tyrannen, sie stehen nicht mehr auf, wenn ein älterer Mensch das Zimmer betritt, sie widersprechen ihren Eltern, schwätzen beim Essen und tyrannisieren ihre Lehrer . . .» (Zitat aus dem Pressedienst, der während der Pressekonferenz im Mai 1977 verteilt wurde).

Hauptkommissar Wolter, Hamburg: «Wichtig ist für den Jugendlichen, daß er die Normen der Gesellschaft versteht und sie auch innerlich akzeptiert» (ebenda).

Prof. Dr. Kerber (Sozialethiker): «Jeder weiß, wie viele schwierige Probleme sich in der Anwendung des Schuldprinzips auftun, gerade im Bereich der Wohlstandskriminalität. Aber die Preisgabe des Schuldprinzips, die Erklärung einer Tat völlig aus Milieu und Umwelt würde die Entmündigung des Täters und damit von uns allen bedeuten» (ebenda).

Polizeipräsident Dr. Schreiber, München: «Unser Unbehagen heißt nicht Armut, sondern Begehrlichkeit. Die Begehrlichkeitskriminalität zielt auf eine ‹leichte Eigentumsbildung›» (ebenda).

Mit dieser totalen Ignoranz, die für Polizeipräsidenten scheinbar typisch ist, mit der aber der Zusammenhang von sozialer Situation und Kriminalität geleugnet wird, möchten das Kuratorium und seine Hintermänner Kinder und Jugendliche schon bei der «Einstiegskriminalität» fassen und erziehen. Denn für sie und die Polizei ist jeder kleine Diebstahl (wer hat eigentlich noch nie etwas gestohlen?), jedes Schwarzfahren, jeder aggressive Konflikt ein krimineller Akt, den es unnachgiebig zu verfolgen gilt, gleichgültig, welche Folgen den Kindern und Jugendlichen daraus erwachsen. Jedes kleine Delikt wird zur verabscheuungswürdigen Straftat hochstilisiert, ohne auch nur ansatzweise darauf Rücksicht zu nehmen, daß Kinder und Jugendliche bei vielen Formen der leichten Delinquenz von der Strafbarkeit solcher Dinge überhaupt nichts wissen. Nicht Problembewußtsein für die Ursachen der Kinderdelinquenz wird von den staatlichen Instanzen gefördert, sondern Strafe und Rache soll sein. Es ist die Angst um das «Eigentum», das goldene Kalb unserer Gesellschaft, die mit diesem Fetisch erst die Kriminalität und Delinquenz bei Kindern und Jugendlichen provoziert: durch die ungerechte Verteilung des Wohlstands. «Der dadurch geförderte Ruf nach einer starken Hand, das Verlangen nach einem unnötig übertriebenen Ausbau der entsprechenden staatlichen Kontroll- und Verfolgungsgewalt, sowie der dann so naheliegende Abbau demokratisch-liberaler Freiheiten ist als Fernziel dieser Art von Kampagne so offensichtlich, daß nur ungeheure Naivität oder aber bewußte Steuerung die Mitarbeit im Rahmen dieses Kuratoriums zur Bekämpfung der Wohlstandskriminalität erklären kann» (Prof. S. Quensel: Gutachten über die Arbeit des Kuratoriums zur Bekämpfung der Wohlstandskriminalität, in: Kinder- und Jugendkriminalität und Öffentlichkeit, Dokumentation der Arbeitsgemeinschaft für Jugendhilfe, 1978, S. 63). Quensel weist in seinem Gutachten auch darauf hin, daß gerade die negativen Stigmatisierungsfolgen bei den ertappten und entsprechend informell und formell bestraften Ladendieben in der Folge auch ernsthafte Delikte nach sich ziehen. Genau das erwarten scheinbar auch Industrie, Banken, Handel und Polizei. Daher rufen sie nach einem stärkeren Repressionsinstrumentarium gegen Kinder und Jugendliche.

Ausgeblendet wird bei der scheinheiligen Diskussion um die Kinder- und Jugendkriminalität, daß es ja beträchtliche und in der Tat zu verändernde Ursachen dafür gibt. Industrie und ihre Polizei leugnen das, indem sie von der «Wohlstandskriminalität» sprechen. Polizeipräsident Müller aus Frankfurt ist da ehrlicher, wenn er sagt, daß die zunehmende Arbeitslosigkeit unter den Jugendlichen die Gewaltkriminalität noch fördert. «Die Jugendlichen sind in ihrem Verhalten meist unberechen-

Beton und triste Mauern. 100000 Spielplätze für Kinder fehlen

bar, neigen zu Aggressionen, tendieren zu brutalen Raubüberfällen und machen rücksichtslos von der Schußwaffe Gebrauch» (Polizeipräsident Müller, in: Hauptwache, Frankfurt 1977, S. 10). Arbeitereltern, die mit mehreren Kindern auf engstem Raum leben, die wenig Geld zur Verfügung haben, um die von der Industrie in der Werbung propagierten Konsumgüter den Kindern kaufen zu können, arbeitslose Jugendliche, die weder Arbeit finden noch sinnvolle Freizeitmöglichkeiten haben, Kinder und Jugendliche in Wohngettos – sie sind es, gegen die sich der Kampf der Polizeibehörden richtet. Alkoholismus, Bandenbildung unter anderem sind Folgen der trostlosen Lebenssituation von Kindern und Jugendlichen, und niemand kümmert sich darum, diese Situation zu verändern. Was die einen Kinder legal ermöglicht bekommen, sich Konsumgüter zu kaufen, beschaffen sich die anderen konsequenterweise illegal, weil es für sie auch keinen moralischen Grund gibt, es nicht zu tun. Die Richterakademie hat 1977 festgestellt, daß etwa 50% der Mitglieder jugendlicher Banden keinen Arbeitsplatz haben. Je gesicherter die Existenz der Eltern, je besser die berufliche Qualifikation, je höher die Integration der Familie in das soziale Umfeld, je geringer die Geschwisterzahl, je stabiler die emotionalen und sozialen Beziehungen zu Bezugspersonen, um so größer ist die Wahrscheinlichkeit, daß selbst bei Delinquenz das Kind oder der Jugendliche nicht in den Sog einer kriminellen Karriere gerät. Andererseits steigt die Wahrscheinlichkeit, daß bereits wenige delinquente Handlungsweisen der Kinder und Jugendlichen ausreichen, um in diesen Sog der Kriminalität zu geraten, je niedriger der soziale Status der Eltern, je ungesicherter und schwieriger die soziale Lage der Eltern und je spannungsgeladener das Familienleben ist. Denn Kriminalität und Verwahrlosung ist ein Klassenproblem. «Nach allgemeinen Schätzungen stammen 80 bis 90% der Verwahrlosten aus der Unterschicht». (G. Steinvorth: Diagnose, Verwahrlosung. Analysen von Jugendamtsakten, Forschungsbericht des Deutschen Jugend-Institutes, München 1972, S. 54).

Gleichgültig, ob das Delikt Diebstahl oder Mord heißt, die Ursachen für das Delikt sind im Sozialmilieu zu finden. Weibliche Strafgefangene, die in einer Frauenhaftanstalt lebenslänglich interniert sind, kamen mit nur einer Ausnahme aus «ungünstigen sozialen und familiären Verhältnissen. Zwei Drittel wuchsen auf dem Land auf, alle, bis auf eine, in ökonomischer Armut, fast die Hälfte hatte vor dem zwölften Lebensjahr kein wirkliches Zuhause mehr, infolge des Todes eines oder beider Elternteile oder infolge einer Ehescheidung. Sie wuchsen in Heimen, bei Verwandten oder fremden Menschen auf» (Helga Einsele, ehemalige Direktorin der Frauenhaftanstalt Preungesheim, in: Frankfurter Rundschau v. 23. 5. 1970).

Der allgemeine Zusammenhang ist – trotz vieler Abhandlungen über die Wohlstandskriminalität – klar: «Aus den Angaben im Statistischen Jahrbuch 1970 über die Schulbildung der verurteilten Jugendlichen geht hervor, daß 96,2% nur eine Volks- und Sonderschule besucht haben. Bezogen auf Verkehrs- und Bagatellekriminalität bedeutet das, daß 99% der Eingekerkerten aus der unteren Unterschicht kommen» (Th. Rasehorn: Rechtlosigkeit als Klassenschicksal, Vorgänge 1/1973, S. 9).

In München gibt es das Jugendheim Pasing, ein Heim für aufgegriffene Jugendliche. Aufgabe der Aufnahmeabteilung ist es, jugendliche Ausreißer im Alter von 13 bis 17 Jahren aufzunehmen und sie maximal bis zu 10 Tagen sozialpädagogisch zu betreuen. Aufgabe der Übergangsabteilung ist es, die Jugendlichen für eine durchschnittlich dreimonatige Übergangszeit im Sinne ihrer Integrierung sozialpädagogisch zu betreuen und mit den Jugendlichen eine adäquate, endgültige sozialpädagogische Lösung zu finden. Seitdem diese Form von Sozialarbeit versucht wird – keine geschlossene Unterbringung, sondern Zusammenarbeit mit den Jugendlichen bei der Lösung ihrer Probleme –, gibt es erhebliche Konflikte. Die Stadtverwaltung München will die geschlossene Unterbringung, die Polizei beschwert sich in diversen Schreiben an den Münchner Oberbürgermeister Kiesl über die Straftaten, die diese Jugendlichen verübt haben. Die Situation der Aufnahme- und Übergangsabteilung des Jugendheimes ist zu vergleichen, so der Leiter des Heimes, K. Ammermann, mit einem Krankenhaus, in dem entscheidende Räumlichkeiten und Geräte fehlen, in das jedoch überwiegend todkranke

27,6% der Bevölkerung unseres Landes meinen, daß Schläge zur Erziehung der Kinder gehören.

Patienten eingewiesen werden. Die Folge ist zwangsläufig eine hohe Sterblichkeit. Auf die beiden genannten Abteilungen des Heimes übertragen, bedeutet dies häufig den endgültigen sozialen Abstieg der Insassen. «Das gesamte Personal des Jugendheimes Pasing ist durch diesen Zustand total überfordert und nicht mehr länger bereit, diese Situation zu ertragen, wenn es keine Aussicht auf Besserung gibt.» Über diesen Zustand setzen sich Jugendamt, Stadtverwaltung und Polizei hinweg und versuchen vielmehr, die Jugendlichen erneut zu stigmatisieren, indem ihnen laufend Gesetzesübertretungen vorgeworfen werden. Der gleiche Dr. Schreiber, Polizeipräsident in München, der behauptet, daß unser Unbehagen nicht Armut, sondern Begehrlichkeit sei, legt es darauf an, die charakteristische soziale Biographie der Jugendlichen, die auffällig wurden, zu übersehen. In einem Brief an den Oberbürgermeister von München fordert Schreiber daher mehr Kontrolle über diese Jugendlichen.

Fallbeispiele
Richard: Die Familie ist seit Jahren «amtsbekannt». Eine Aufnahme des Jugendlichen bei der Mutter war nicht möglich, es besteht Amtsvormundschaft.
Hansi: Er ist seit frühester Kindheit in diversen Heimen. Eltern geschieden. Vater bereits 86 Jahre alt. Unterbringung beim Vater nicht möglich.

Michael, 18 Jahre: krasse Ablehnung durch den Vater, mehrere Heimunterbringungen.
Roman, 16 Jahre: Die Eltern sind seit frühester Kindheit geschieden, Mutter lebt mit einem Freund zusammen. Es kam immer wieder zu Erziehungsschwierigkeiten (Kaufhausdiebstahl, Fahrraddiebstahl, Schuleschwänzen).
Hermann, 18 Jahre: Stammt aus einer Alkoholikerfamilie, die seit Jahren von der Familienfürsorge betreut wird. Mehrere kleinere Diebstähle, Heimeinweisung.
Uwe, 17 Jahre: Eltern geschieden, Vater beging Selbstmord. Bruder verbüßt zur Zeit eine einjährige Jugendstrafe.
Armin, 19 Jahre: Eltern sind geschieden. Die Mutter hat wieder geheiratet, der Stiefvater lehnte den Jungen ab. Armin kam mit zehn Jahren ins Heim. Fristlos entlassen wegen versuchten Einbruchs und Autodiebstahls, arbeitslos.
Gerhard, 17 Jahre: Eltern geschieden, lebte bei den Großeltern. Vater wohnte im gleichen Haus und lehnt den Jungen ab. Es kam zu Erziehungsschwierigkeiten (Diebstahl, Schuleschwänzen, Ausreißen).
Christian, 18 Jahre: Unehelich geboren, bei der Großmutter erzogen, die Mutter kümmerte sich nicht um ihn. Nach dem Tod der Großmutter Heimunterbringung (drei verschiedene Heime).
Herbert, 18 Jahre: Amtsvormundschaft. Aus unbekannten Gründen wuchs er 15 Jahre im Heim auf. Mit der Schulentlassung mußte er das Heim aus Altersgründen verlassen. Nach dem Besuch eines Förderkurses wurde er nach Hause zu den Eltern entlassen, zu denen er keinerlei Kontakt und Bezug hatte. Vater mißhandelte ihn.

Wie das Schicksal der Jugendlichen üblicherweise weiter verläuft, verdeutlicht ein Beispiel:

Gustavs Mutter ist Arbeiterin, sein Vater starb vor wenigen Monaten. Freunde, die ihn mit Drohungen und «Feiglingschimpfen» zum Schmierestehen bei einem Diebstahl anheuerten, hatten ihn in ihre Bande aufgenommen.

Studien über jugendliche Banden ergaben, daß ihre Angehörigen stehlen, um Anerkennung zu erwerben, um Isolierung, Schmach und Schande zu vermeiden.

Gustav wird bei einem Einbruch erwischt und mit 16 Jahren zum erstenmal zu einer Jugendstrafe verurteilt. Zuerst wird er in ein Erziehungsheim eingesperrt. Hier bringt man ihn mit Prügeln und Hungern zur Raison. Weil Gustav sich daraufhin beschwert – wegen sadistischer Behandlung und ewigem Hunger – wird er im Hungerbunker gefesselt. Er bricht aus, wird wieder gefangen und kommt in das Jugendgefängnis Schwäbisch Hall. Obwohl ihm der Gerichtsmediziner «hochgradige Neurose mit Halluzinationen und Apathie» attestiert, wird er zu Arbeiten gezwungen, die er nicht aushalten kann. In Schwäbisch Hall liegt seine

Zelle neben der Schmiede, in der auch nachts gehämmert wird. Gustav, der außerdem ein Herzleiden hat, bittet den Aufseher um eine ruhige Zelle. Der antwortet: «Wenn du die Zelle anzündest, kommst du raus.» Gustav zündet seine Zelle an. Zur Strafe wird er in den Hungerbunker geschleift. Seine Mutter über seinen Zustand: «Als ich ihn dort am 12. 1. 1971 besuchte, kam er nach 19tägigem Hungerbunker verdreckt, abgemagert, nervlich überreizt und depressiv heraus. Mit Ketten an die Wand gefesselt, mußte er hungern, sitzen und schlafen, 19 Tage lang.»

Gustav wird nach Heilbronn verlegt. Hier schlagen ihn Ausländer in Gegenwart von Aufsehern zusammen. Seitdem wagt er es nicht mehr, die Zelle zu verlassen. Anträge auf längere psychiatrische Behandlung im Krankenhaus werden vom Richter abgelehnt.

In der Zeitschrift «Megaphon», einem Nachrichtenmagazin der Gefangenen, Nr. 1/1978, erzählt ein 16jähriger Inhaftierter seine Geschichte: «Zuerst einmal möchte ich sagen, daß es verschiedene private Gründe dafür gibt, daß ich im Knast bin. Auf der einen Seite ist es der Geldmangel, der die meisten Jugendlichen zur Kriminalität verleitet. Auf der anderen Seite wiederum ist es die Sucht nach Rauschmitteln. Den meisten Dieben (oder sagen wir ‹Notdieben›) ist es egal, ob sie erwischt werden, denn meistens haben sie Drogen oder Alkohol zu sich genommen, wobei sie unüberlegt handeln. Unter ‹Notdieben› verstehe ich einfach, daß, wenn man kein Geld mehr hat und irgendeine Droge braucht, man zur Kriminalität greift. Mir wurde gesagt, es hat keinen Sinn, es rentiert sich nicht, wenn man stehlen tut. Ich wollte es einfach nicht glauben und machte weiter. Nun sitze ich im Knast und habe nur Schulden. Was ich nicht glauben wollte, war die Wahrheit gewesen. Aber es war schon zu spät. Meist kommt man aber auch durch Heime in den Knast. Durch schlechte Erfahrungen und weil es da Regeln gibt, an die man sich einfach nicht halten kann, ja man sich sogar unterdrückt fühlt. Zum Beispiel ein 16jähriger Junge: ‹Wenn ich nicht rauchen darf, haue ich ab.› Sie haben ihm 5 DM Taschengeld abgezogen, weil er geraucht hat. Am nächsten Morgen war seine Tür verschlossen, und man mußte sie erst eintreten, bis man merkte, daß er abgehauen war. Er wurde einen Tag später bei einem Autodiebstahl erwischt und mußte in den Knast. Das Abhauen scheint nur eine von wenigen Lösungen zu sein, wenn man sich nicht unterdrückt fühlen will. Das war nur ein Beispiel von vielen, die es leider gibt. Ich war in einem Heim, 6 Monate lang, und man hat mich nicht in die Schule gelassen. Auf mein dringendes Befragen hin, was denn jetzt mit mir passiert, sagte man mir immer wieder ‹abwarten›. Dann wurde es mir zu langweilig, und ich bin abgehauen. Als man mich nach 2 Monaten aufgegriffen hat, und mich fragte, wieso ich abgehauen bin, sagte ich einfach ‹Langeweile›, weil man mich nicht in die Schule ließ. Als das Heim danach gefragt wurde, sagten sie: ‹Er wollte nicht in die Schule›.

Ich wollte es einfach nicht glauben, als man es mir sagte. Das sind schon keine Heime mehr, sondern das Gemeinste, was ein Heim jemals vorbringen kann. Denn der Richter glaubte es und steckte mich in den Knast. Denn im Knast, so denkt der Richter, da gibt es kein Wollen, sondern ein Müssen. Aber richtig geholfen kriegt man auch hier im Knast nicht, wo pünktlich die Zellentür abgeschlossen wird und das Licht um 22 Uhr ausgeht. Ich höre hier drinnen immer etwas von einem ‹sinnvollen Strafvollzug›. Ich frage mich dann immer wieder, was denn eigentlich ‹sinnvoll› am Knast sein soll! Daß man eine Lehre machen kann. Aber was nützt einem die Lehre, wenn man draußen als ‹Knacki› nur schwer eine Arbeitsstelle findet. Aber davon will niemand was wissen. Meistens ein Gelegenheitsjob kommt für uns in Frage, der auch nicht ewig hält.»

Die Kinder- und Jugendpolizei

«Erstaunlich ist, in welchem Ausmaß die Gesellschaft diesen Kindern Zeit läßt, sich zu Kriminellen zu entfalten. Sie kümmert sich kaum um sie, solange sie Opfer sind. Erst wenn die Gesellschaft sich selber als Opfer fühlt oder wenigstens darstellen kann, greift sie ein. Dann aber so wie verwahrloste und unreife Eltern, die blind zuschlagen, wenn ihnen das Gezeter der von ihnen vernachlässigten Kinder auf die Nerven geht, wenn das zornige Bedürfnis, sich Ruhe zu verschaffen, zum Hauptmotiv des Eingriffs wird» (Tilmann Moser: Jugendkriminalität und Gesellschaftsstruktur, Frankfurt 1971, S. 347).

In gleichem Umfang wie Jugendhäuser geschlossen, Jugendzentren kriminalisiert und die Planstellen von Sozialarbeitern gestrichen werden, wird die Jugendpolizei ausgebaut. Sie soll sich um die Kinder und Jugendlichen kümmern, um sie dadurch vor Kriminalität zu bewahren. Schließlich ist Vorbeugung die vornehmste Aufgabe der Polizei, meint Charlotte Freyer, Leiterin der Frankfurter weiblichen Kripo. Denn nur die Polizei, so der nordrhein-westfälische Innenminister Burkhard Hirsch, weiß aus erster Hand, aus unmittelbarem Erleben, wo und welche Gefahren jungen Menschen drohen. Aus diesem Grund wurden in allen Kreispolizeibehörden an Rhein und Ruhr besondere Sachbearbeiter für die Jugendkriminalität eingesetzt. «Er (Burkhard Hirsch, der Verf.) wies weiter darauf hin, daß in den Jugendwohlfahrtsausschüssen fast überall Polizeibeamte tätig seien. Polizeilicher Jugendschutz werde auch von den Kommissariaten für Rauschgiftkriminalität, Sexualdelikte und Vermißtensachen wahrgenommen. Eine Trennung zwischen minderjährigen und erwachsenen Tatverdächtigen erfolge jedoch nicht (Süddeutsche Zeitung, 24. 1. 1979).

Die Aufgaben des Jugendbeamten beschreibt ein interner Erlaß des

Kölner Polizeipräsidenten vom 6. 7. 1978:

«Erkenntnisse über Jugendkriminalität und Jugendgefährdung aus allen Bezirken seines Schutzbereiches zu sammeln und auszuwerten und an das 2. Kommissariat weiterzuleiten;

Vorbereitung einer Jugendschutzstreife zur Kontrolle kriminogener Öffentlichkeit in Zusammenarbeit mit dem 2. Kommissariat;

ständiger Kontakt zum 2. Kommissariat, zur Bezirksverwaltungsstelle, sowie zu Jugendverbänden und Jugendpflegeverbänden und Vorschläge zur Verbesserung des Jugendschutzes, auch über den Schutzbereich und über den polizeilichen Bereich hinaus zu machen.»

Gleichzeitig sollen die Daten über kriminogene Zonen (Gaststätten, Diskotheken, Parkanlagen, Jugendtreffs und Jugendheime) gespeichert werden. Die Jugendlichen sollen sich an die Anwesenheit der Polizei gewöhnen. Jeder Versuch der Selbstorganisation der Jugendlichen steht seitdem unter staatlicher Aufsicht. Die Polizei ist allgegenwärtig. Von den Sozialarbeitern erwartet man, daß sie sich um die individuellen und sozialen Probleme der Kinder und Jugendlichen kümmern, in Gesprächen und Handlungsanleitungen sie aktivieren, von Selbstorganisationsansätzen bis zur alternativen Lebensform, über Umweltschutzinitiativen bis zu Arbeiterselbsthilfe-Maßnahmen. Auffälligkeiten und Aktionen der Kinder und Jugendlichen, wie Automatenknacken, Antennen vom Mercedes abbrechen, kleinere Diebstähle etc. werden von ihnen in der Regel nicht bestraft. Die Polizei dagegen ist verpflichtet, bei Kenntnis von strafbaren Handlungen tätig zu werden. Hört sie beispielsweise von einem «Bruch» oder davon, daß Jugendliche Parolen an die schönen Betonwände der Trabantenstädte sprühen oder Flugblätter möglichst auch noch linken Inhalts verteilen, wird der Jugendliche oder das Kind von den «Freunden und Helfern» angezeigt. Dann beginnt sich das Karussell zu drehen: Anzeige, Verhör, Strafe, Stigmatisierung, Prozeß.

Es kommt nicht von ungefähr, daß die Einführung der Jugendpolizei in vielen Städten einhergeht sowohl mit der hohen Jugendarbeitslosigkeit als auch mit dem zunehmenden politischen Bewußtsein vieler Jugendlicher, die sich in Jugendzentren organisieren. Der Staat steckt in einer tiefen Legitimationskrise, das Gerede vom Sozialstaat entpuppt sich als leere Hülle. Es wächst die Angst, daß staatliche Kontrollinstanzen mit einem fiktiven Protestpotential nicht fertig werden. Daher die Jugendpolizei. Deutlich wird diese Funktion in einem Papier, das eine Arbeitsgruppe Jugendkriminalität im baden-württembergischen Innenministerium erstellt hat: «Um eine umfassende Information über Jugendszene und Jugendkriminalität zu erlangen, um dort örtlich wirksame Prävention zu betreiben, sollte bei jedem Polizeirevier ein besonders geeigneter Beamter als Jugendbeamter eingesetzt werden. Es sollen darüber hinaus Karteien über auffällige Kinder und Jugendliche geführt werden, in denen alle Informationen zugänglich sind.»

Kölner Kinder aus städtischen Slums

Um was es eigentlich geht, läßt sich bei der baden-württembergischen Jugendpolizei auch personalisieren: Der Leiter des Tübinger Jugenddezernates, der für die Jupo verantwortlich ist, war zuvor ein halbes Jahr lang Leiter und Koordinator der Abteilung Terrorismus beim Landeskriminalamt.

Die Tätigkeit der Jupo ist sicher fruchtbar. In München stieg die Zahl der verurteilten Rocker sprunghaft an, in den Elendsregionen des Ruhrgebietes häufen sich seitdem die Anzeigen wegen Rowdytum und Diebstahl. Anzeigen und Verurteilen ist die eine Aufgabe der Jupo, kontrollieren und bespitzeln die andere. In Westberlin hat die Jugendpolizei unter anderem den Auftrag, Demonstrationen zu überwachen und die Sozialarbeiter zu kontrollieren. Täglich müssen über bestimmte Jugendzentren, die dortigen Aktivitäten und die Personen, die sich dort aufhalten, Berichte geschrieben werden.

Die Polizei macht sich gleichzeitig zum Gehilfen von Kommunen, denen es nicht paßt, wie und wo sich Jugendliche organisieren und liefert ihnen die Handhabe, gegen die Jugendlichen und Sozialarbeiter administrativ vorzugehen.

- In Darmstadt stoppte der sozialdemokratische Magistrat sämtliche Mittel für das Jugendzentrum und veranlaßte die Kündigung der beiden Sozialarbeiter, als die Initiativgruppe Aktivitäten gegen die Stadt unterstützte und sich herausstellte, daß ein Sozialarbeiter ein

KBW-Mitglied war.

- Der sozialdemokratische Magistrat der Gemeinde Dudenhofen entzog dem Jugendzentrum alle Zuschüsse, als sich die Beschwerden konservativer Kräfte über Linksradikalismus, Sex, Lärm und Alkohol mehrten.
- In Heidelberg kam es zu einem brutalen Polizeieinsatz, Hausdurchsuchungen und Entlassung der Sozialarbeiter, weil Jugendliche auf Grund eines Diebstahls der Stereoanlage die angeordnete Schließung des Zentrums nicht widerspruchslos hinnehmen wollten.
- in Mönchengladbach trat eine politische Gruppe im Jugendzentrum auf und erhielt anschließend Hausverbot.
- in Rheindalen wurde sogar von der Kanzel aus der Vorwurf erhoben, das Jugendzentrum sei von Chaoten beherrscht.
- in Pinneberg wurden in der Auseinandersetzung um das Jugendzentrum von der Stadt sowohl politische (Kampagne gegen Berufsverbote) als auch andere Vorwürfe wie zum Beispiel Drogen- und Alkoholgenuß, Diebstähle etc. erhoben.

Jugendzentren und Jugend-Begegnungsstätten bekommen jetzt durch die Jupo noch offizielle Zeugen für die vielen «Schweinereien», die dort vorgehen. Dabei kann der Jugendpolizist alle Behauptungen aufstellen und Diffamierungen ausstreuen, ohne daß es für die Betroffenen eine Möglichkeit gibt, sich dagegen zu wehren. Die Jugendpolizei erstellt Prognosebögen, die in das große Datenverarbeitungsnetz eingespeichert werden, über die soziale Auffälligkeit von Kindern und Jugendlichen. Mit wem sie zusammen sind, was sie planen – und natürlich, welche Delikte sie begehen. Es findet eine barbarische Kontrolle statt. Das, was registriert wurde, hängt den Kindern und Jugendlichen ein Leben lang nach. Möglichkeiten zur «Bewährung» in der Gesellschaft gibt es nicht. Die ÖTV-Betriebsgruppe der Arbeiterwohlfahrt in Frankfurt wies außerdem auf andere Erfahrungen mit der Jugendpolizei hin. Sie würden sich als tolle Kerls aufspielen, ein mackerhaftes, aggressives Stärkeverhalten an den Tag legen und Ansätze von solidarischen, gewaltlosen Umgangsformen zunichte machen.

Welche Erfahrungen haben Kinder und Jugendliche mit der Polizei gemacht, daß sie jemals Vertrauen finden könnten? Beim Fußballspielen auf der Straße werden sie weggejagt, wenn sie ein Fenster einschmeißen, wird die Polizei geholt. In Frankfurt spielten Kinder auf der Straße. Nachbarn beschwerten sich. Die Polizei kam. Ein Kind bekam eine Ohrfeige. Ein junger Beamter meinte: «Ihr braucht einmal eine gehörige Tracht Prügel.» Jugendzentren erhielten Besuch von der Polizei in Form von Schlägertrupps, Rocker werden auf Polizeirevieren zusammengeschlagen. Wo die Polizei es mit persönlichem Einsatz nicht mehr schafft, werden Wasserwerfer und Hunde eingesetzt. Solche Erfahrungen haben Kinder und Jugendliche mit der Polizei in unserem Land bisher gemacht.

Nicht das soziale Problem, das zur Kriminalität führt, soll gelöst werden, sondern die Jugendlichen und Kinder, die noch fähig sind, sich zu wehren, sollen eingeschüchtert oder kriminalisiert werden, weil sie dann um so besser aus dem öffentlichen Leben ausgeschaltet werden können.

«Es muß etwas faul sein im Innersten eines solchen Systems, das seinen Reichtum vergrößert, aber dabei Armut nicht verringert, und in dem die Kriminalität schneller wächst als die Bevölkerung» (K. Marx: Bevölkerung, Verbrechen und Pauperismus, in: New York Daily Tribune, September 1859)

Berichte über und aus totalitären Institutionen: Heime

In der BRD leben ungefähr 250000 Kinder und Jugendliche in Kinderheimen, Schüler- und Jugendwohnheimen, Auffang- und Erziehungsheimen, Beobachtungsheimen und Heimen für Behinderte, kinder- und jugendpsychiatrischen Einrichtungen oder in Internaten. Tausende von ihnen sind täglich auf Trebe, allein in Westberlin circa 1500 Kinder und Jugendliche, die das Heimleben nicht mehr ausgehalten haben und abgehauen sind. Das Heim ist die Antwort der sozialen und politischen Kontrollinstanzen auf die «Auffälligkeiten» und «Verhaltensstörungen» von Kindern und Jugendlichen. Gemäß der bürgerlichen Ideologie von der Eigenverantwortlichkeit des Individuums reduzieren sich die Ursachen für die Heimeinweisung auf die Probleme zwischen Eltern, Kindern und Schule. Auch hier wird nicht gesehen, daß der überwiegende Anteil der Eingewiesenen aus proletarischen Familien stammt. In den meisten Kinderheimen stammen dagegen nach Angaben von Erziehern und Heimleitern die Kinder aus «schlimmen Familienverhältnissen», es waren «illegale Kinder», ihre Schäden waren «angeboren», die Eltern waren «verwahrlost». Fehlende soziologische Bestimmungsmerkmale der Familienverhältnisse paarten sich mit finstersten Vorurteilen. Die Kinder seien «im Suff gemacht» worden, oder im günstigsten Fall, «arme Geschöpfe».

Ende der sechziger Jahre gab es eine breite Heimkampagne, in deren Verlauf auf das Schicksal der Heimkinder und Jugendlichen in den geschlossenen Heimen aufmerksam gemacht wurde. Mit erschreckender Deutlichkeit wurde sichtbar, daß sich hinter den verschlossenen Türen und Mauern unkontrolliert Gewalt gegen Kinder und Jugendliche ausbreiten konnte, die Eingeschlossenen keinerlei Möglichkeiten hatten, sich individuell und sozial zu entfalten. Nur der geringste Teil der Kinder und Jugendlichen hatte auf Grund der Erziehungsbedingungen in den Heimen eine Chance, sich im Erwachsenenalter eine befriedigende Lebenssituation zu schaffen. Die Erziehung in diesen Heimen beschränkte sich häufig nur auf das Ziel, die Kinder und Jugendlichen anzupassen. Dieses Ziel wird bis heute rigoros verfolgt und bietet die Rechtfertigung dafür, daß die Erzieher die Kinder ungestraft sadistisch quälen können. Als markante Merkmale der Sozialerziehung, wie sie den Heimkindern und -jugendlichen vermittelt werden, gelten: «Grüßen, Wiedergrüßen, Mütze abnehmen, Handschuhe ausziehen, Verbeugung, Knicks, Grußformel, Bitte und Danke sagen, um etwas bitten, beim Grüßen und im Gespräch die anderen ansehen, anklopfen, sich entschuldigen, sich zurückhalten, Menschen auf der Straße nicht unnötig ansprechen, nicht betteln, den Mund schließen, Hände vom Gesicht, ordentlich sitzen, Hände nicht in die Taschen stecken, sich nicht kratzen, keine Grimassen schneiden, Zunge nicht herausstrecken, keine schlechte Luft verbreiten, nicht spucken, nichts herumwerfen, häßliche Ausdrücke vermeiden, nicht an den Geschlechtsteilen spielen, andere nicht stören, nicht unterbrechen, nicht verdrängeln, schubsen, stoßen, treten, Platz machen, freundlich sein, fremden Besitz achten, arbeiten, miteinander spielen, sich einordnen, teilnehmen und teilnehmen lassen an Leistungen und Erlebnissen, teilen, schenken, folgsam sein.» Um derartige Verhaltensformen in die Persönlichkeitsstruktur der Heiminsassen einzutrichtern, werden Erziehungsmethoden angewendet, bei denen die Übergänge vom Autoritären zum Sadistischen fließend sind. Erziehung zu sozialem Verhalten bedeutet für die Eingeschlossenen Dressur. Den Erfolg der Dressur bestimmen die Erziehungsmaßnahmen. Dabei ist keine Erziehungsstrategie so «erfolgreich» gewesen wie der autoritäre Dirigismus, der auf Befehle, Hinweise und absoluten Gehorsam aufbaut. Die Heiminsassen leben unter der hermetisch abgeschlossenen Kuppel autoritärer Maßnahmen. Im Gegensatz zu proletarischen Kindern, die in Familien aufwachsen, finden sie keine Möglichkeiten des kurzfristigen Ausbruchs in einen Freiraum. Proletarische Kinder können ihre Aggressionen und Frustrationen bei Spielen außerhalb der Dressurzelle Wohnung mit anderen Spielkameraden und Gegenständen abreagieren und sich damit einigermaßen entlasten. Die Eingeschlossenen können das nicht. Die Ordnung im Heim ist eine Bedingung für das angestrebte Sozialverhalten. Im Heim ist die Ordnung zwanghaft. Sie besteht aus der Heimordnung, Tagesordnung, Eßordnung, Kleiderordnung und anderen Ordnungsnormen. Begründet wird das damit, daß Kinder «bindungslos» sind, keine «Ordnung anerkennen». Dort, wo sich Kinder oder Gruppen nicht an diese Ordnung halten, beschimpft man sie als verwahrloste, anarchistische Kinder. Denn jegliche äußere Ordnung ist für die Erzieher gleichbedeutend mit der «inneren Ordnung». Bekanntlich werden die Heime ja auch von außen, von Besuchern, Eltern oder Trägern und Jugendämtern danach beurteilt, ob in den Heimen Ordnung herrscht, als sichtbarer Beweis dafür, ob es den Kindern gutgeht oder nicht. Die alte Armenerziehung, wo Kinder noch blaß, schmutzig und abgerissen in

HEIMORDNUNG

1. Bis 6.15 Uhr ist Nachtruhe. Ab 6.15 Uhr kann geweckt werden. (Sonn - und Feiertags 8.15 Uhr)
2. Der Erzieher hat jeden Jungen in Bezug auf Aufstehen, Bett abdecken, Lüften des Raumes, Körperhygiene (Waschen, Zähne putzen, Kämmen, Fingernägel säubern), KLeidung (saubere Unterwäsche, keine Badehose, keine Turnhose gelten lassen, saubere, heile Strümpfe, ordentliche, saubere Oberbekleidung) zu beaufsichtigen. Krankmeldungen sind der Heimleitung zu melden. Belastung der Kinder vor der Schulzeit so gering wie möglich.
3. Betten machen.
4. Aufräumen des Zimmers (Beseitgung von herumliegenden Gegenständen, Papierkorb leeren,), Aufräumen des Waschraumes.
5. Frühstück
   Dazu: mindestens 15 Minuten, der Erzieher hat für Ruhe und Harmonie zu sorgen! Für jeden Jungen ein Schulbrot. Achten auf Tischmanieren. Danach Hände waschen, Mund abwischen.
6. Persönliche Verabschiedung des Jungen zur Schule. Dabei achtet der Erzieher auf Sauberkeit der Kleidung, geputzte Schuhe, Frisur, etc. Auf Wetterkleidung ist zu achten, kein Trainingsanzug. Frühstücksbrot. Notorische Schulschwänzer oder unsichere Kandidaten werden im Haupthaus dem Schulzuführungsdienst übergeben.

7. Der Erzieher kontrolliert das Haus. Jedes Zimmer, jeden Schrank, stellt

   Schäden fest und meldet sie dem Hausmeister.
   Intensivbetreuung der Kinder, die noch nicht in der Schule sind. Evtl. Besuch der Schule bei Anruf von dort. Eintrag in die Beobachtungsbögen, Kassenführung, Kontoführung.

8. Von der Schule zurückkehrende Kinder müssen die Oberbekleidung (Hemd, Pullover, Hose und Schuhe) wechseln - nicht Lederhose.
9. Erzieherfrühstück 9.30 - 10 Uhr.
10. Mittagessen 13.15 Uhr. Dauer mindestens 20 Minuten! Vorher Hände waschen! Gemeinsamer Beginn ! Es wird mit Messer und Gabel gegessen. Es werden Papierservietten vorgeschrieben. Ebenso Tischtücher und Platzdecken. Gemeinsamer Schluß. Anschließend Abräumen und Abwaschdienst erledigen. Tisch abwischen.
11. 14.00 bis 15.30 Uhr absolute Ruhe! Keine Radios, kein Fernsehen, Schularbeitenzeit. Auch, Kinder, die behaupten, sie hätten keine Schularbeiten zu machen, bleiben im Haus und beschäftigen sich leise.(lesen, hinlegen, ruhen) Die Vollständigkeit und die Sauberkeit der Schularbeiten sind vom Erzieher zu kontrollieren, besonders der Zustand der Schulbücher, Hefte und Taschen. Hausaufgaben für andere als den darauffolgenden Tag sind ebenfals zu erledigen. Für Montag sind Arbeit am Freitag abzuschließen. Samstag keine Hausaufgaben.
12. Ab 15.30 bis 18.00 Uhr pädagogische Betreuung, Angebote zur Freizeitgestal tung durch die Mitarbeiter lt. Wochenplan. Jede Gruppe erstellt einen Wochenplan über die pädagogische Freizeitgestaltung bzw. pädagogische Einflußnahme der Erzieher in der Freizeit auf die Kinder.

13. Jeder Erzieher ist verantwortlich für die Sauberkeit in seinem Gruppenhaus im Umkreis von 5 m ab Hauskante. Die Kinder sind entsprechend heranzuziehen.

kalten Quartieren hausten, ist überwunden. Heute sind die Kinderheime, zumindest wenn sie neu gebaut sind, im Klinik- oder Bungalowstil errichtet, der Boden glänzt, die Kinder sind sauber. Am ehesten erkennt man das an den Waschräumen. Hier stehen die Zahnbecher akkurat Seite an Seite, mit Namensschild nach vorne. In den Bechern stehen die Zahnbürsten, alle nach rechts oder alle nach links ausgerichtet. So monoton wie die Zahnbürsten in ihren Bechern Seite an Seite stehen, so monoton ist das gesamte Leben in den Heimen. Das ist heute noch genauso wie zu Zeiten der Heimkampagnen Ende der sechziger Jahre. Damals gab es öffentliche Proteste gegen die Heimerziehung, gegen die Unterbringung in geschlossenen Anstalten, gegen Dressur-Erziehung zum willfährigen Untertan. Besonders die außerparlamentarische Opposition nahm sich der Kinder und Jugendlichen an. Aber auch diese Bewegung ebbte ab. Jahrelang hörte man nichts mehr über das, was in den Heimen vorgeht. Erst auf Initiative von wenigen Sozialarbeitern, die nicht resignierten, gibt es seit Ende 1977 neue Kampagnen, in denen auf die Situation der Heimerziehung öffentlich aufmerksam gemacht wird. Im wesentlichen ist das den beiden Sozialarbeitern und Publizisten Manfred Rabatsch und Peter Brosch zu verdanken, die seit Jahren gegen die Resignation im Heimerziehungsbereich ankämpfen.

«Seit Jahren wird überall die Demokratisierung der Heimerziehung gefordert. Aber nur in wenigen Fällen konnte sich dieses pädagogische Prinzip dauerhaft durchsetzen» (W. Bäuerle: Zur Kritik der traditionellen Fortbildung von Heimerziehern, in: Materialien zur Heimerziehung, Frankfurt, April 1976, S. 7). Besonders die konfessionellen Einrichtungen, die noch immer im wesentlichen die Trägerschaften der Heime in ihrer Gewalt haben, denken nicht daran, auch nur ansatzweise ihre Erziehungskonzepte zu verändern. Ihre Erziehungsziele sind bis heute allein die Hinwendung und Anpassung an die vorgefundenen Verhältnisse. In fast allen konfessionellen Heimen ist daher auch nach Aussagen der Heimleiter und Erzieher «Sitte und Ordnung» das tragende Element. Wer sich brav verhält, der wird belohnt, der Aufrührer ist zu bestrafen. Eine Erzieherin in Augsburg begründet das damit, daß «Lohn und Strafe schon immer Erziehungsmittel gewesen sind. Es sind ja Mittel, die auch Gott bei den Menschen anwendet. Und unsere Eltern haben Freude, wenn irgendwo eine Ordnung ist.» Das einzige, was sich an der Heimsituation geändert hatte, war der Abbau von geschlossenen Fürsorgeheimen in einigen Bundesländern, wie zum Beispiel in Hessen. Doch dem wird inzwischen wieder ein Riegel vorgeschoben, denn erneut soll die geschlossene Unterbringung gesetzlich geregelt werden – ein Rückfall in die traditionelle Fürsorgeerziehung der Vergangenheit ist zu befürchten. Psychiatrisierung von Kindern und Jugendlichen ist ein wirksames Mittel, ihnen keine Möglichkeiten mehr zu lassen, aus der Repression zu entkommen.

Aus einem internen Erlaß des Hessischen Sozialministeriums über die

Unterbringung in geschlossenen Heimen: «Es hat sich jedoch gezeigt, daß einer bestimmte Gruppe von verhaltensauffälligen und geschädigten Jugendlichen in den zur Zeit in Hessen bestehenden Einrichtungen nicht geholfen werden kann. Aus diesem Grund hat der Hessische Landtag am 23. 1. 1976 einstimmig beschlossen, daß bis Ende 1976 eine Konzeption für eine Einrichtung heilpädagogischer Intensivbetreuung erarbeitet werden soll.» Dahinter verbirgt sich nichts anderes als die geschlossene Unterbringung. Das geschieht natürlich genau zu einem Zeitpunkt, wo Erzieher und Sozialarbeiter in Heimen keine Perspektiven mehr haben, weil die Mittel für Heime gekürzt werden und immer mehr Kinder und Jugendliche in Heime eingewiesen werden. Wieder einmal werden nicht die gesellschaftlichen Strukturen und sozialen Mißstände der Umwelt von Kindern und Jugendlichen verändert, sondern es wird eingeschlossen, zugesperrt. Ruhe und Sicherheit in den Heimen wird gefordert. Dazu dient auch ein neuer Gesetzentwurf der Bundesregierung zum neuen Jugendhilferecht, in dem in § 46 und § 47, unter dem Vorwand einer «wirksamen pädagogischen und therapeutischen Hilfe», erstmals in der deutschen Geschichte der Heimerziehung die Zwangsmaßnahmen des Freiheitsentzuges zur sofortigen und totalen Isolierung von Kindern und Jugendlichen im Gesetz festgeschrieben wird. Durch diese Paragraphen wird es ermöglicht, jedes auffällige Kind und jeden aggressiven Jugendlichen aus dem offenen in ein geschlossenes Heim zu verlegen. Denn in § 46 heißt es:
«Das Jugendamt darf Hilfe zur Erziehung, die mit Freiheitsentzug verbunden ist, nur leisten, wenn das Wohl des Minderjährigen erheblich gefährdet ist, die Unterbringung für eine wirksame pädagogische oder therapeutische Hilfe unerläßlich ist und das Vormundschaftsgericht die Unterbringung angeordnet hat.»

Nach § 47 kann der Heimleiter dies schon anwenden, um eine «unmittelbar bevorstehende Gefahr einer schwerwiegenden Störung des Heimfriedens abzuwenden». In einer Protesterklärung, die von Sozialpädagogen und der Zeitschrift «päd. extra Sozialarbeit» initiiert wurde, heißt es dazu:
«Sozialpädagogische Erfahrung lehrt, daß Handlungsfähigkeit nur durch Erleben und Handeln erworben wird. Lernen durch Handeln setzt ein realistisches Lernfeld voraus, das schon die offene Heimerziehung kaum bereitstellen kann (Inselpädagogik). Die Bedingungen der geschlossenen Unterbringung reduzieren, verändern und verzerren die Umwelt der Kinder und Jugendlichen. In geschlossenen, totalen Instituten kann kein Verhalten gelernt werden, das brauchbar für das Leben von Kindern, Jugendlichen und Erwachsenen in unserer Gesellschaft ist. Statt dessen werden solche Überlebenstechniken erworben, die nur relevant sind für das Leben unter geschlossenen Bedingungen (Vorbereitung auf den Knast). Was als pädagogische und therapeutische Hilfe bezeichnet wird,

hat im Kern nicht mit der Not der Betroffenen zu tun. Es handelt sich nur noch um den Tatbestand von Freiheitsberaubung, die als letztes Mittel eingesetzt werden soll, wenn Erzieher, aus welchen Gründen auch immer, an den Grenzen ihrer Möglichkeiten angelangt sind, wenn es an Kraft und Phantasie zur Veränderung fehlt und die materiellen Voraussetzungen angeblich erschöpft sind, wenn die Heime dafür herhalten sollen, die Öffentlichkeit vor jugendlichen Störern, Wegläufern und kleinen Dieben auf relativ bequeme Weise zu schützen.»

Die Kinder und Jugendlichen in den Heimen wollen Hilfe und erleben Bestrafung.

Alltag in bundesdeutschen Heimen

Pflegeheim für körperlich und geistig behinderte Kinder in Buxheim

«Puppe wurde von Schwester Renate wahllos geschlagen wegen zu lautem Lallen und Schreien,
Ingrid wurde von Schwester Johanna ins Gesicht geschlagen wegen Aufknieen im Bettchen, Schreien und Lachen,
nochmals wurde sie von Schwester Johanna wegen Nichtaufnahme der Nahrung geschlagen,
Sabine wurde von Schwester Renate geschlagen wegen Lautäußerung,
Sandra wurde geschlagen von Schwester Renate wegen Daumenlutschen,
die Hände wurden eingebunden und angebunden,
Andy wurde geschlagen von Schwester Renate wegen Unruhe,
Netti wurde geschlagen von Schwester Renate und Schwester Johanna wegen Aufdecken und Unruhe und Hineinfassen in die Windeln.»

Dies sind die Aussagen einer Kinderpflegerin über die Zustände im Franziskus-Heim in Buxheim, einem Pflegeheim für geistig und körperlich behinderte Kinder!

Protokoll von Frau Scholz, einer ausgebildeten Kinderpflegerin, tätig im Heim vom 15. 3. 1977 bis 18. 11. 1977, Arbeitszeit von 17 bis 21 Uhr:

«Die Kinder (Säuglinge bis circa 14 bis 15 Jahre alt, alle Windelträger) werden durchschnittlich alle 4 Wochen gebadet. Die Zeitspannen sind meist noch größer. Schwester Renate verbietet häufigeres Baden wegen der zu hohen Wäsche- und Wasserkosten.

Bettwäschewechsel circa drei Mal im Jahr. Regelmäßiges Abwaschen der Betten verboten wegen der Kosten.

Am Abend fehlten wiederholt die Eintragungen der Mittagsmahlzeiten bei einigen Kindern. Auf Befragen erfuhr Frau Scholz, daß keine Zeit zum Füttern war. Gefüttert wird Schleim ohne Salz oder Obstzusätze. Das Essen ist nicht ausreichend. Kinder nehmen rapide ab, sie sind völlig entkräftet.

Es wurde auf Anweisung übergekochte, aufgeputzte Milch im Brei verfüttert. Die Milch war außerdem häufig sauer. Ein Glas Hipp wird auf 17 Teller verteilt. Hipp-Semolin-Schleim, Verfalldatum November 1975, wurde im Oktober 1976 und Alete-Brei, Verfalldatum November 1974, im Juli 1976 gefüttert.

Michael L., circa 6 Jahre alt, wurde von Schwester Johanna hart geschlagen, wegen Bettwäscheverschmutzung. Das Kind war Wochen verstört. Schwester Renate schlägt häufig, je nach Laune, auf die Kinder ein. Wenn beide die Räume betreten, erstarren die Kinder.

Die Mehrzahl der Kinder ist am Bein und am Arm ans Bett gefesselt. Das Klopfen der Kleinen am Bett stört die Schwestern.

Jegliche Zuwendung oder Förderung der Kinder ist untersagt.

Die Kinder erhalten regelmäßig täglich Mogadan und Milepsin.»

Frau Geiger, Buxheim, tätig im Heim als Kinderpflegerin vom 2. 4. 1977 bis 15. 8. 1977, Arbeitszeit von 7.30 Uhr bis 11.30 Uhr:

«Frau Geiger bestätigt die obigen Angaben. Sie hat ebenso wie Frau Scholz gesehen, wie die Kinder geschlagen werden.

Sie mußte einmal vor dem Baden eines Kindes die Hundehaare aus der Wanne entfernen.

Eine weitere unmenschliche Tatsache sei hier erwähnt. Michael L., circa 10 Jahre und der Junge Sinisa, circa 7 bis 8 Jahre alt, haben wochenlang keinen Stuhlgang. Schwester Johanna findet trotz mehrmaligem Hinweisen keine Zeit, Einläufe zu machen. Wenn die Kinder dann nach 2 bis 3 Wochen schreien und der Leib völlig verhärtet ist, werden sie von ihr mit einem Gummihandschuh ‹ausgeräumt›. Dies sind Methoden, die vom Tierarzt bei Kühen angewendet werden.

Von Frau Geiger erhalten Sie anbei einen Original-Badezettel aus dem Heim.»

Frau Rieke, Oberhaunstedt, Putzhilfe dreimal wöchentlich vom 15. 3. 1976 bis 15. 4. 1977:

«Frau Rieke hat selbst ein zu fest angebundenes Kind losgebunden. Die Hand war bereits blau.

Ausgefallene Mahlzeiten sind ihr auch bekannt. Ihr wurde von einer Pflegerin Roswitha erzählt, sie hätten keine Zeit gehabt, alle Kinder zu füttern.

Von Pflegerin Frau Habermeier und Frau Babinger wurde in ihrer Gegenwart beim Baden eines Kindes geäußert: ‹Wenn einer das Kind so sehen könnte (verschmutzt), so würden wir alle verhaftet werden›.

Die Kinder werden wochenlang nicht gewendet. Die Füße sind dadurch völlig verwachsen und verformt. Sie hat aus Mitleid einem Kind mit zusammengewachsenen Fingern die Nägel geschnitten, die zu Krallen gewachsen waren.

Badetage im Kinderheim. Umzug nach Buxheim
2. April 1976.

Erster Badetag:

Mo. 12. 4. 76 Michaela, Alexander

Di. 13 4. 76 Sahin, Littau,

Mittw. 14. 4. 76 Monika, Andy, Netty, Sandra,

Di. 20. 4. 76 Loos,

Mitt. 21 4. 76 Puppe, Sabine,

Do. 22. 4. 76 Sinisa,

Mitt. 28. 4. 76. Alexander – Schwester Johanna gebadet.

Do. 29. 4. 76 Michaela, Patrelis,

Mitt. 5. 5. 76 Sabine, Michaela, Monika,

Do. 6. 5. 76 Netty Sahin, Andy,

Fr. 7. 5. 76 Loos, Sandra,

Sa. 8. 5. 76 Sinisa, Puppe, Alexander,

Fr. 21. 5. 76 Alexander, Patrelis, Sahin,

Sa. 29. 5. 76 Netty weil Eltern sich angemeldet.

Di. 8. 6. 76 Puppe, Sandra Sinisa, Sabine,

Di. 15. 6. 76 Andy,

Mittw. 16. 6. 76 Monika, ~~Michaela~~ Sahin
Littau

Alle 14 Tage einmal Baden

Schwester Renate hat außer den Schlägen nicht ein Kind berührt oder sich an Arbeiten beteiligt.

Von allen Damen wird bestätigt, daß keinerlei Aufzeichnungen über die Pflege und Ernährung der Kinder für das Personal zur Verfügung steht. Von Gymnastik oder Massagen ganz zu schweigen.»

Am 10. November 1977 wurde gegen die Heimerzieherin Strafanzeige wegen Mißhandlungen von Schutzbefohlenen gestellt. Am 3. 7. 1978 wurde das Ermittlungsverfahren eingestellt. Die Begründung steht für viele ähnliche juristische Einstellungen bei Ermittlungsverfahren wegen Kindesmißhandlung: Schreiben der Staatsanwaltschaft beim Landgericht München II, Zweigstelle Ingolstadt, vom 3. 7. 1978, an C. Farnung, die die Anzeige erstattet hatte:

«Nach den polizeilichen Aussagen der Zeuginnen Nenning, Kott, Sonhütter, Geiger, Scholz und Klier sind zwar einzelne Kinder mehrmals von beiden Beschuldigten ins Gesicht geschlagen worden. Nachdem es sich aber nur um vereinzelte Vorfälle handelte, kann im Rahmen einer strafrechtlichen Würdigung nur davon ausgegangen werden, daß einzelne Kinder gelegentlich geohrfeigt wurden. Die Gründe für diese Züchtigungen waren den Zeuginnen meist nicht bekannt. Unter diesen Umständen kann das Verhalten der beiden Beschuldigten weder als Quälen, d. h. das Verursachen länger dauernder oder sich wiederholender Schmerzen, noch als ‹grobe Mißhandlung›, also eine Mißhandlung aus einer gefühllosen Gesinnung heraus, angesehen bzw. erwartet werden, daß in einem gerichtlichen Strafverfahren ein dahingehender Nachweis möglich ist . . . Die von den erwähnten Zeuginnen beobachteten Schläge gegenüber einzelnen Kindern erfüllen zwar jeweils den Tatbestand einer einfachen Körperverletzung nach § 223 StGB. *Nachdem den Beschuldigten jedoch mit der Überlassung der behinderten Kinder zu dauernder Pflege konkludent auch das Züchtigungsrecht durch die Sorgeberechtigten übertragen worden war, erschienen die Ohrfeigen gegenüber einzelnen Kindern, die nach Aussage einzelner Pflegerinnen durchaus noch erzieherischen Einwirkungen zugänglich waren, als durch den Erziehungszweck gerechtfertigt.* Soweit es auch zu leichten Schlägen gegenüber Kindern gekommen ist, die auf Grund ihrer Behinderung nicht ansprechbar und daher auch einer Erziehung durch Züchtigung nicht zugänglich waren, muß zu Gunsten der Beschuldigten davon ausgegangen werden, daß sie auch insoweit diese Maßnahmen aus erzieherischen Gründen für sie sinnvoll hielten».

Ähnlich argumentiert auch ein Gerichtsvorsitzender aus Darmstadt. Es ging dabei um Mißhandlung von Kindern im St.-Josefs-Haus in Klein-Zimmern in Hessen. Die Skala der von der Staatsanwaltschaft angeführten Züchtigungsmittel reichte von schlichten Schlägen bis zu Fußtritten, Würgen und anderen körperlichen Mißhandlungen mittels gefährlicher Werkzeuge. Es kam immerhin zu einer Anklage wegen Körperverletzung im Amt, aber lediglich gegen einen Lehrer der Heimschule. Der 55

Jahre alte Mann hatte einem Schüler mit einem Schlüssel blutige Verletzungen im Gesicht beigebracht und ihn so heftig an die Wand gedrückt, daß der Rücken des damals elfjährigen Jungen Blutspuren aufwies. In einem anderen Fall kam es zu blutunterlaufenen Rötungen an Rücken, Brust und Hals eines Schülers. Doch dem Gericht war das ziemlich gleichgültig. Anfang Juli 1978 fand der Prozeß statt. Der Gerichtsvorsitzende Werner Mohrhardt und seine beiden Schöffen hörten acht Kinder als Zeugen, Jungen im Alter von 14 bis 16 Jahren. Inzwischen hatten sie Erinnerungslücken, Angst und wurden teilweise, bevor sie zur Verhandlung gingen, von den Erziehern erpreßt:
«Entweder keine Aussage oder keine Lehrstelle.» Der Richter dagegen meinte: «Setz dich mal ordentlich hin». Und: «Wenn du hier nicht die Wahrheit sagst, kannst du eingesperrt werden.» Ein 15jähriger vor dem hohen Gericht, das im Namen des Volkes ‹Recht› spricht: «Ich weiß sowieso nichts mehr. Ich hab mal was davon gewußt, aber jetzt weiß ich nichts mehr.» Der Prozeß endete mit einem Freispruch für den angeklagten Erzieher. Denn, so der Richter: *«Maßvolle Züchtigungen sind erlaubt*, insbesondere in einer Schule für verhaltensgestörte und sozial geschädigte Kinder in Klein-Zimmern.»

St. Vincenz-Heim in Dortmund
In diesem Heim befinden sich circa 120 Mädchen im Alter von 14 bis 18 Jahren. Sie gelten als schwer erziehbar, sozial und milieugeschädigt. Träger des Heimes ist der St. Vincenz-Heim e. V., eine Einrichtung der katholischen Kirche.
Ein Mädchen: «Am Mittwoch, dem 2. 6. habe ich es endlich geschafft, zum zweitenmal abzuhauen. Im VH kann man es einfach nicht aushalten und ich will, daß möglichst viele Leute von den Schweinereien, die dort passieren, erfahren. Meine Fürsorgerin hatte mich am ersten Tag dazu überredet, die Hauswirtschaftslehre zu machen, weil ich dann angeblich gleichzeitig den Hauptschulabschluß hätte, was sich später als Lüge herausstellte. Unsere Schränke im Zimmer wurden gleich nach dem Frühstück abgeschlossen, ebenso nach dem Wischen unserer Zimmer. Bei der Arbeit herrschte Redeverbot. Bücher, die man mitbringt, werden überprüft, Schmöker sind verboten. Bei der Arbeit herrscht großer Druck. Wenn wir nicht fertig werden, müssen wir in der Freizeit arbeiten. Die geheimen Kunden der Nonnen haben es wohl sehr eilig. Wer sich weigert zu arbeiten, bekommt sofort Taschengeld abgezogen, und es wird mit der Zelle gedroht. Man darf in der Aufnahmegruppe nicht aus dem Fenster gucken, man könnte sich ja mit den Leuten draußen verständigen. Gespräche zwischen Mädchen werden unterbunden. Als ich einmal mit meiner Freundin Sylvia H. zusammensaß, riß mich Schwester Alexa von ihr fort: ‹So was gibt es hier nicht. Ihr wollt ja doch nur abhauen.› Vor allem bei neuankommenden Mädchen wird uns verboten,

mit ihnen zu reden. Nach einer Woche wurde ich zu Dr. Wagner geschickt. Er ist ein alter Tattergreis, der beim Gehen gestützt werden muß. Er zittert am ganzen Körper und ist stark kurzsichtig und schwerhörig. Bei mir stellte er Tripper bei der zweiten Untersuchung fest. Das konnte überhaupt nicht möglich sein. Man hatte mich schon im Monikaheim untersucht . . . Als ich nach sechs Wochen das erste Mal von meinen Eltern Besuch bekam, saßen wir im Besucherraum, in dem noch viele andere Mädchen mit ihren Eltern sitzen, Schwester Vincentine geht während der Besuchszeit von einem Tisch zum andern und paßt auf, daß wir nichts Schlechtes über das Heim erzählen. Meinen Eltern log sie vor, daß ich mit der abgeschlossenen Haushaltslehre automatisch den Hauptschulabschluß hätte. Nach zwei Monaten kam ich in die Agnes-Gruppe und dort das erste Mal an die frische Luft: drei Knastrunden im Garten unter Aufsicht von Schwester Patrokla und einer Angestellten. Im VH gibt es sechs Zellen, im neuen Gebäude unterm Dach links vor dem Freizeitraum sind vier Zellen. Im alten Gebäude im 3. Stock sind die beiden anderen. Die vier Zellen im Neubau haben Blechwände, die Türen sind aus dickem Eisen, in den Zellen ist nur eine Holzpritsche. Sie werden nicht mehr so oft benutzt. Die anderen dagegen um so häufiger. Früher hatten sie auch Eisentüren, neuerdings wohl Holztüren, darin befinden sich ein Bett, eine Kommode, ein Hocker und ein Pißeimer. Cornelia F. wurde drei Tage eingesperrt, weil sie nicht zu Dr. Wagner wollte. In den Zellen sind die Fenster vergittert und aus Panzerglas. Es gibt kein Licht. Im Februar '75 wurde Marlies für eine Woche in die Zelle gesperrt. Dort hat sie das ganze Bett auseinandergehauen, weil sie es nicht mehr aushielt. Einen Tag später brachte man sie in die Nervenheilanstalt, ich glaube nach Hamm.»

Auch hier wurden die skandalösen Zustände vertuscht. Freiheitsberaubung, Unterlassung ärztlicher Hilfeleistung, Medikamentenmißbrauch und Vernachlässigung der im Heim lebenden Jugendlichen waren Strafdelikte, die tagtäglich begangen wurden – bis sich die Mädchen wehrten. Die Dortmunder Selbsthilfe verteilte Flugblätter, die Mädchen gingen an die Öffentlichkeit. Reaktion der Heimträger: die renitenten Mädchen, die es wagten, über die Zustände zu berichten, wurden aus dem Heim in andere Heime verteilt. Seitdem herrscht wieder Ruhe. Alles ist wieder beim alten.

Birkenhof in Hannover

Der Birkenhof in Hannover ist ein geschlossenes Erziehungsheim für Mädchen. Träger des Heimes, in dem 240 Mädchen untergebracht sind, ist der Evangelische Fürsorge- und Krankenanstalten e. V., der dem Diakonischen Werk angeschlossen ist.

Die Erziehungspraxis: Den Mädchen werden heimlich Beruhigungsmit-

tel ins Essen gegeben, damit sie sich ruhig verhalten, die gesamte ein- und ausgehende Post wird von den Erzieherinnen und Heimleitung gelesen, wobei einige Briefe zurückgehalten werden. Die Mädchen haben keine Freiheit der Religionsausübung. Sie werden ständig überwacht; zwischen den Umzäunungen wacht ein ehemaliger Polizeihund. An den Zimmern der Mädchen befinden sich Vorrichtungen, durch die im Dienstzimmer eine Klingel ertönt, wenn die Tür aufgemacht wird. Die Zimmer sind numeriert. Die jeweilige Zimmernummer wird auf einem Sichtkasten angezeigt.
Protokoll von zwei dort lebenden Mädchen:
«Wir möchten Stellung zu den Artikeln in den Zeitungen nehmen:
Wir sind zwei Birkenhof-Mädchen, die für soziale Erziehung im Birkenhof kämpfen.

Es entspricht den Tatsachen, daß Türen sowie Fenster und Pforten verschlossen sind. Unsere Zimmer sind an vielen Tagen sehr stickig, so daß man kaum schlafen kann. Nachts sind unsere Zimmertüren mit Schellen ausgestattet. Die Eingangstüren sowie Pforten und Erziehungszimmer sind immer verschlossen. In manchen Bereichen sind Türen und Tore innerhalb des Heimes nicht immer verschlossen, dann jedoch stehen diese Bereiche unter einer anderen Aufsicht oder sind anders abgesichert. Unser Essen ist nicht immer ganz sauber zubereitet. Oft wird Kleingetier im Essen mitgeliefert. Es werden auch oft verfaulte Lebensmittel auf die Gruppen verteilt. Oft gibt es altes, hartes Brot. Suppen werden bis zu vier Mal aufgekocht und dann wird mit Gewürzen der säuerliche Geschmack verdeckt.

Zum Thema ‹heimliche Medikamente im Essen› können wir nichts sagen, da wir es weder bestreiten noch beweisen können.

Schulmädchen müssen mindestens einen Tag in der Woche arbeiten. In den Ferien müssen sie in der Fünftagewoche halbtags arbeiten. In fast allen Ferien dürfen sie für sechs Tage nach Hause fahren. Sie gehen ansonsten ganztags mit einer Stunde Mittagspause zur Schule. Abends um halb fünf ist Schulschluß. Arbeitsmädchen arbeiten in einer 40-Stunden-Woche. Sie bekommen jeweils in einem halben Jahr sechs Tage Urlaub (wenige, seltene Ausnahmen sind dabei).

Taschengeld wird von den Erziehern verwaltet. Wenn wir etwas kaufen möchten, müssen wir um Erlaubnis fragen und uns etwas Geld geben lassen. Nicht in allen Fällen dürfen wir alleine zu unserem Lädchen gehen (manchmal gehen Erzieher mit, das heißt dann soviel wie: ‹Zu Dir haben wir kein Vertrauen›). Abgerechnet wird hinterher immer ganz genau. Oftmals bezahlen auch die Erzieher hinterher, weil nicht jedem Mädchen Geld in die Hand gedrückt wird.

Ausnahmen gibt es hier überhaupt nicht. Ist ein Mädchen schon mehrere Monate hier, kommt es in die Aufstiegsgruppe. Dann darf es auch mal alleine schnelle Besorgungen machen. Ansonsten dürfen Mädchen nur manchmal und unter Aufsicht der Erzieher das Birkenhofgelände verlassen.

‹Freiwilliger Kirchgang› wird es hier von den Mädchen genannt. ‹Es ist euch überlassen, ob ihr zur Kirche gehen wollt, oder nicht, aber «Wir» sind eine Gemeinschaft und deshalb müßt ihr euch anschließen, sonst müßt ihr damit rechnen, daß die Erzieher euch nicht mit raus nehmen.› (so die Worte der Heimleitung). Es ist Gesetz, daß man ab 14 Jahren bestimmen kann, ob man zur Kirche geht oder nicht. Wir können nichts dafür, daß wir in ein kirchliches Heim eingeliefert worden sind.

Musik ist zweimal in der Woche erlaubt. Zweimal in der Woche dürfen wir Mädchen uns abends unsere Radios und Recorder geben lassen. Begründung: Musik muß sich im Rahmen halten. Ihr müßt auch stopfen lernen und eure Zimmer sauberhalten, außerdem ist der Strom teuer.

Besuch dürfen wir alle sechs Wochen erhalten. Nur von den Eltern wird er erlaubt. Freunde und Bekannte dürfen nicht kommen. Man sagt, es sei nicht genug Platz vorhanden. Warum läßt man uns nicht mit dem Besuch rausgehen?

Briefgeheimnis gibt es hier keins. Alle Briefe werden gelesen. Oft warten Mädchen vergebens wochenlang auf einen Brief ihres Freundes. Sie erfahren größtenteils nie, daß ein Brief existiert hat (manchmal finden sie ihren eigenen Brief durch Zufall im Verwaltungsgebäude wieder). Begründung: Es ist alles nur zu eurer eigenen Sicherheit.

Es entspricht nicht den Tatsachen, daß hier nur geistig behinderte und schwer erziehbare Mädchen leben.»

Auch hier haben sich weder die Jugendbehörden noch die Aufsichtsbehörde, das Landesjugendamt, um die Zustände gekümmert. Doch die Mädchen wehrten sich. Ein Teil ging auf Trebe, ein anderer Teil besetzte ein leerstehendes Jugendheim, um dort mit Sozialarbeitern ein eigenes Leben aufzubauen. Wenig später wurde das Jugendheim von der Polizei mit Wasserwerfern geräumt.

Vom Frankfurter Bürgermeister-Gräf-Haus berichtet ein Vater, dessen Sohn dort lebt:
«Am 24. 12. 1977 teilte man mir beim Abholen meines Sohnes mit, daß er krank sei. Medikamente hätte man für ihn keine. Ich besorgte dann von meinem Arbeitslosengeld Medikamente und begab mich nach den Feiertagen mit meinem Sohn in ärztliche Behandlung. Beim Zurückbringen meines Sohnes machte ich Frau Spinelle die Mitteilung, daß mein Sohn weiterhin ärztlich versorgt werden muß. Da sie die anderen Betreuer nicht informierte, konnte ich erst 14 Tage später erfahren, daß er tatsächlich in ärztlicher Behandlung war. Man hatte mir ein Vierteljahr lang ein Gutachten der Universitätsklinik Frankfurt über meinen Sohn vorenthalten, so daß ich die jetzt bevorstehende Operation des Jungen selbst in die Wege leiten mußte. Am 13. 2. 1978 wurde mein Sohn Elmar von der

Wir haben Hunger!

deshalb haben wir im Karstadt-Restaurant gegessen! Rechnung bitte an:
Herrn Zenker: Leiter des Landesjugendamtes Archivstr. 2 Tel.: 106-6246
oder Herrn Gloger: Leiter des Stadtjugendamtes Theaterstr. 8 Tel.: 168 2037

Wir, daß sind 12 abgehauene Birkenhofmädchen, haben aus dem Grund das Essen nicht bezahlt, weil wir kein Geld haben, denn das Jugendamt weigert sich weiterhin uns unsere Pflegesätze zu zahlen. Es kommen immer mehr Mädchen zu uns und da reichen die Spenden vorne und hinten nicht, obwohl bereits viel gespendet wurde, aber dem Jugendamt ist das ja egal!!

Wir wollen auch wie unsere Mitbürger leben, oder haben wir, weil wir Heimmädchen sind, kein Recht darauf auch so zu leben, Herr Zenker!!

Wir werden jedenfalls weiter für unsere Jugendwohngemeinschaft kämpfen, denn wir wollen frei sein.
Helfen Sie uns durch Spenden und durch jede andere Unterstützung gegen den Heimknast.

Bisher haben die Jugendämter <u>täglich</u> für uns pro Mädchen 120,- DM an den Birkenhof bezahlen müssen, und trotzdem mußten viele von uns über 8 Stunden im Birkenhof arbeiten!! Von dem Geld wurde unser Wohnen und Essen bezahlt, aber auch die Pastoren, der Zaun, der Wachhund und die Beruhigungstabletten, die uns ins Essen gemischt wurden. Für die Mädchen, die der Birkenhof nicht mehr aufnehmen will, stapelt sich das Geld beim Jugendamt. Für die vier Mädchen, die am längsten von uns in Freiheit sind, sind das inzwischen <u>20 000,- DM</u>.
Wir aber müssen hungern, bekommen unsere Kleidung nicht, nicht unsere Papiere und Krankenscheine. Dadurch können wir weder zur Schule gehen noch eine Ausbildung anfangen. Der Birkenhof verdient weiter an uns, während wir wohl zum Klauen getrieben werden sollen.
Wir wollen aber ordentlich leben, in einer Wohngemeinschaft mit Erziehern unseres Vertrauens.
Wir wollen nicht in den Heimknast!
Wir wollen nicht in die Kriminalität!
Wir wollen wie Menschen leben können!

unterstützt uns:

○ SPENDENKONTO
Konto-Nr. 21 20 33 26 (D.Leinz)
bei der Stadtsparkasse Hannover, Vermerk: Iris-Trapp-Haus

○ Solidaritätsadressen
ebenfalls an D.Leinz, Am Schatzkampe 24, 3000 Hannover 1

was machen wir weiter?
Die "IRIS-TRAPP-HAUS-INITATIVE" trifft sich jeden Mittwoch um 19°° Uhr im Lister Turm

Sonja Schmidt
Andrea
Corinna Schnell
Manuela Haack
Rosalie Albrecht
Angelika Vinsens

dort diensthabenden Pädagogin G. Spinelle körperlich gezüchtigt. Ich selbst stellte fest, daß das Kind in letzter Zeit verängstigt ist und wenn ich ihn wieder zurück ins Heim bringe, weint er.»

Auch der Vater wandte sich an die Behörden – ohne jeglichen Erfolg.

Einschließung in Pasing: Wie Jugendämter ausgerissene Kinder behandeln

Am 6. 3. 1975 verordnete das Landratsamt Fürstenfeldbruck Fürsorgeerziehung gegen fünf Kinder einer Arbeiterfamilie. Das Amtsgericht bestätigte diesen Beschluß. Nach Anhörung der Kinder und der Eltern gelangte das Gericht zu der «Überzeugung», daß die Fürsorgeerziehung «die einzige ausreichende Maßnahme sei, um die Kinder vor der drohenden Verwahrlosung zu bewahren».

Die Kinder wurden im Rahmen der Fürsorgeerziehung in das Kinderheim Friedberg verbracht und kamen in den Pfingstferien 1978 zu den Eltern zurück. Nach Beendigung der Ferien dachten die Kinder nicht mehr daran, in das Heim zurückzukehren, sie wollten lieber bei ihren Eltern bleiben. Das Jugendamt griff ein. Kinder und Eltern wurden davon ‹überzeugt›, daß es besser sei, die Kinder wieder in ein Heim einzuweisen. Man wählte das Kinderdorf St. Anton aus, die Kinder durften sich das Heim auch anschauen, wurden aber sogleich wieder in das alte Heim verbracht. Noch am gleichen Tag rissen sie aus und fuhren wieder zu den Eltern zurück. Die Eltern weigerten sich nun, trotz mehrmaliger Aufforderung des Jugendamtes, die Kinder wieder nach Friedberg ins Heim zu bringen.

«Auf Grund dieses Sachverhaltes wurde am 7. 6. 1978 die Landespolizeistation Fürstenfeldbruck im Wege der Amtshilfe gebeten, die Kinder Adelheid, Robert, Christian und Rudolf bei den Eltern abzuholen und den zuständigen Jugendschutzstellen beim Stadtjugendamt München zuzuführen. Die Kinder konnten in einer größeren Suchaktion im Laufe des Vormittags aufgegriffen werden. Angelika wurde der städt. Jugendschutzstelle für Mädchen in München zugeführt, die Buben Robert, Christian und Rudolf der städt. Jugendschutzstelle für Jungen in der Scapinellistraße in Pasing.» Soweit der Bericht des Jugendamtsleiters Lohbrunner aus Fürstenfeldbruck.

Ist schon die Behandlung der Kinder skandalös genug, steigerte sich die staatliche Ignoranz gegenüber den Freiheitsbedürfnissen der Kinder noch, als der Leiter des Jugendheimes Pasing die geforderte Unterbringung eines der drei Jungen ablehnte. Als der Jugendamtsleiter Lohbrunner die drei Kinder im Jugendheim Pasing ablieferte, versprach er den drei Kindern, daß sie in kürzester Zeit gemeinsam untergebracht werden sollten. Lohbrunner forderte aus Angst, daß die Kinder abhauen, die

Unterbringung in einer geschlossenen Abteilung. Erst auf Grund der Zusage, daß die drei Brüder spätestens am nächsten Tag zusammen in das von ihnen auch akzeptierte Heim gebracht würden, war der Heimleiter trotz Bedenken bereit, sie in einem Vierbettzimmer zusammen unterzubringen.

Unmittelbar nach der Abfahrt des Jugendamtsleiters begannen die Kinder in dem Raum zu toben und die Einrichtung zu zerschlagen. Nur dem geduldigen Handeln der Sozialarbeiter war es dann zu verdanken, daß die Kinder beruhigt werden konnten. «Am Spätnachmittag des gleichen Tages wurden Rudolf und Christian überraschend von einem Bediensteten des Kreisjugendamtes Fürstenfeldbruck abgeholt, um in das genannte Heim bei Würzburg gebracht zu werden. Robert mußte zurückbleiben und konnte nur durch den körperlichen Einsatz überhaupt in dem Zimmer gehalten werden. Nach glaubhaften Aussagen der beiden genannten Erzieherinnen und von Herrn N. ist die Trennung der Gebrüder E. für diese völlig überraschend gekommen, da sie glaubten, daß sie gemeinsam in das Haus bei Würzburg kommen würden. Nach der Abfahrt der beiden jüngsten Brüder war Robert kaum zu beruhigen. Er begann, die Zimmereinrichtung zu demolieren, drohte mit Selbstmord, indem er die Finger in die Steckdose stecken wollte, verweigerte das Essen und war nur einigermaßen zu beruhigen, weil Herr N. bis spät abends persönlich bei ihm blieb. Die Tatsache und Art und Weise der Trennung von seinen Brüdern schien für ihn eine Katastrophe zu bedeuten; auf keinen Fall war er fähig einzusehen, daß er nun allein in einem andern Heim, und zwar nach Heidenheim an der Brenz, gehen sollte. R. war in der darauffolgenden Nacht nur deshalb zur Bettruhe zu bewegen, weil Herr N. und die beiden genannten Erzieherinnen ihm versprachen, sich beim Jugendamt Fürstenfeldbruck dafür einzusetzen, daß er doch bei seinen beiden jüngeren Geschwistern in Würzburg untergebracht wird. Aus diesem Grund versuchte das genannte Fachpersonal am gleichen Abend und am darauffolgenden Morgen, Herrn Lohbrunner zu erreichen und ihm den Unterbringungswunsch von Robert verständlich zu machen. Er war jedoch nicht bereit, von seinem Entschluß abzuweichen, Robert noch am gleichen Tag nach Heidenheim bringen zu wollen. In dieser Situation versuchte ich ebenfalls, jedoch vergeblich, Herrn Lohbrunner umzustimmen und machte ihn bei dieser Gelegenheit darauf aufmerksam, daß er mich, beziehungsweise das Jugendheim Pasing am Vortage mit einer Mitteilung getäuscht habe, die Kinder zusammen in dem Heim bei Würzburg unterbringen zu wollen. Ferner machte ich ihn in diesem Gespräch darauf aufmerksam, daß ich mich aus sozialpädagogischen Gründen nicht mehr in der Lage sähe, die am Vortage mit ihm getroffene Vereinbarung zu halten. Unmittelbar nach diesem vergeblichen telefonischen Vermittlungsversuch informierte ich zusammen mit Herrn N. Robert, daß er noch am gleichen Tag vom Jugendamt Fürstenfeldbruck nach Heidenheim gefahren werden sollte. Ich teilte ihm ferner mit, daß wir von unserem Hausrecht Gebrauch machen und ihm die Möglichkeit geben, sich wie die anderen in der Abteilung untergebrachten Jugendlichen dort bewegen zu können. In der Mittagszeit zwischen 12 und 13 Uhr ist dann Robert aus dem defekten Fenster des Tagesraumes der Abteilung entlaufen» (Stellungnahme des Heimleiters des Jugendheims Pasing zur Strafanzeige des Kreisjugendamtes Fürstenfeldbruck, Personalrat des Stadtjugendamtes München, 1978).

Obwohl das Verhalten des Kreisjugendamtes in Fürstenfeldbruck geradezu kriminelle Qualität hatte, wurde in diesem Fall der Leiter des Jugendheimes Pasing an den Pranger gestellt, weil er nicht die Anordnungen aus Fürstenfeldbruck beachtet hätte. Nicht das Schicksal der Kinder interessiert die Behörde, sondern allein der Vollzug einer Anordnung. In der Anzeige an die Staatsanwaltschaft heißt es dazu:

«Diese Strafanzeige verfolgt nicht den Zweck, die in der Jugendschutzstelle arbeitenden Mitarbeiter des Stadtjugendamtes München zu bestrafen. Es besteht vielmehr der Wunsch, eine Gesinnesänderung der Mitarbeiter der Jugendschutzstelle zu erreichen . . . außerdem muß sie jetzt aus Konsequenzgründen und wegen der beabsichtigten erzieherischen Wirkung gestellt werden.» (Informationen nach Angaben von Mitarbeitern des Münchner Jugendamtes).

Erbost über so viel Widerstand gegen administrative Entscheidungen schickte der Herr Lohbrunner die Anzeige auch gleich an den Münchner Oberbürgermeister. Er forderte vom Chef des Jugendamtes, Zeiss, eine Stellungnahme. Und der, anstatt sich erstmal vor die Mitarbeiter des Jugendheimes zu stellen, übernahm kritiklos die Haltung seines Kollegen aus Fürstenfeldbruck und forderte vom Jugendheimleiter Veränderungen in der erzieherischen Konzeption. Gleichzeitig fragte er, warum die Kinder nicht nach dem bayerischen Verwahrgesetz in eine psychiatrische Anstalt eingewiesen worden sind. Bei den Mitarbeitern des Jugendheimes, die engagiert sind und auch erfolgreich ihre pädagogische Konzeption – oft gegen den Willen des Amtsleiters – durchsetzen konnten, herrscht inzwischen Resignation. Sie wollen nicht mehr, sehen sich einer Flut von Beschuldigungen ausgesetzt und sind kurz vor der Kapitulation. Nichts anderes wollen die Behörden in München. Sie kümmern sich nicht um eine Verbesserung der Heimsituation, sie fragen nicht danach, was es für Kinder bedeutet, in Heimen leben zu müssen, verwaltet zu werden. Am liebsten würden sie alle Heimkinder in geschlossene psychiatrische Anstalten stecken, um sie dann schnell zu vergessen.

Die Elendsindustrie
Wie Menschen in Anstalten eingeschlossen und behandelt werden

Nicht nur in Kinder- und Jugendheimen werden die Menschen entmündigt. Noch massiver geschieht das in Anstalten für körperlich und geistig Behinderte. In solchen Anstalten leben in der BRD circa 250000 Menschen. Anhand von drei Beispielen soll die Situation dieser Anstalten dargestellt werden: den Alsterdorfer Anstalten in Hamburg, dem Spastikerzentrum in München und dem St. Georgs-Konzern in Gelsenkirchen.

Die Alsterdorfer Anstalten stellen mit über 1300 Behinderten die größte Einrichtung dieser Art in Norddeutschland dar. Seit mehr als 125 Jahren führt die Kirche diese Anstalten, und der Staat trägt die Kosten. Die Kinder und Erwachsenen sind körperlich und geistig behindert, könnten jedoch bei intensiver Betreuung mit erheblich weniger Belastungen leben. Diese Betreuung gibt es jedoch nicht. Die Schwerstbehinderten sind in den ältesten und am schlechtesten ausgestatteten Häusern untergebracht, zum Beispiel in der Abteilung Carlsruh. In dieser geschlossenen Anstalt sind 44 Schwerstbehinderte untergebracht, die nach dem Plan von 10 Personen betreut werden. Wegen des Schichtdienstes sind es jedoch höchstens zwei bis vier Personen. Es gibt einen großen 24-Betten-Schlafsaal, der unterteilt ist. In diesem Saal schlafen Bett an Bett ausschließlich «Einnässer» und «Einkoter», die meisten sind festgeschnallt. Morgens ist der Schlafsaal entsprechend verdreckt und stinkt. Tagsüber müssen sich die Behinderten in einem 100 qm großen, ungeheuer tristen Tagesraum oder auf dem staubigen Hof aufhalten. Die sanitären Anlagen erschöpfen sich in zwei Duschen und einer Badewanne für die über 30 sogenannten «Einkoter». Die zehn Toiletten sind in zwei gegenüberliegenden Reihen angebracht. Persönliche Gegenstände dürfen von den Patienten nicht mitgebracht werden; wenn sie in die Anstalt eingewiesen werden, werden sie entmündigt und sind völlig auf die Pfleger angewiesen. Ähnlich ist die Situation nach den Worten von Pflegeeltern auf der Station Heinrichshöh, in der 17 Frauen in einem Raum leben. Die einzige Badewanne steht im Schlafsaal.

Im Michelfelder Kinderheim leben in drei geschlossenen Abteilungen 30 behinderte Jungen. Sie schlafen in Räumen von 20 qm, in denen bis zu elf Einzelbetten stehen. Weil es so eng ist, herrscht das Chaos. An eine vernünftige Beschäftigung der Kinder ist nicht zu denken, das einzige, was die Pfleger mit den Kindern machen können ist, sie mit Medikamenten zu beruhigen. Für die Aufsässigen, bei denen Medikamente nicht sofort helfen, gibt es eine Art Gummizelle. Für alle drei Abteilungen gibt es ein gemeinsames Klo, auf dem sich jeweils sechs Behinderte auf einer Art Donnerbalken ohne Trennwände gegenübersitzen. Kinder werden

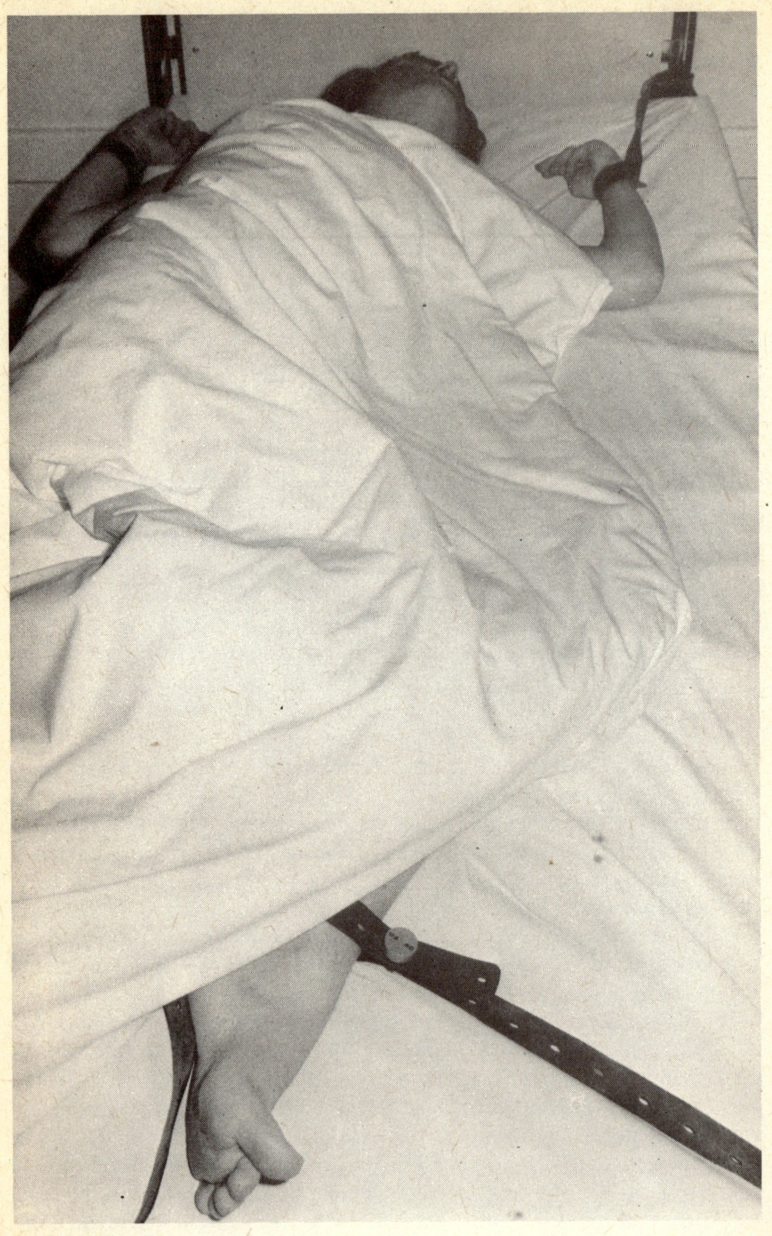

Festgeschnallt . . .

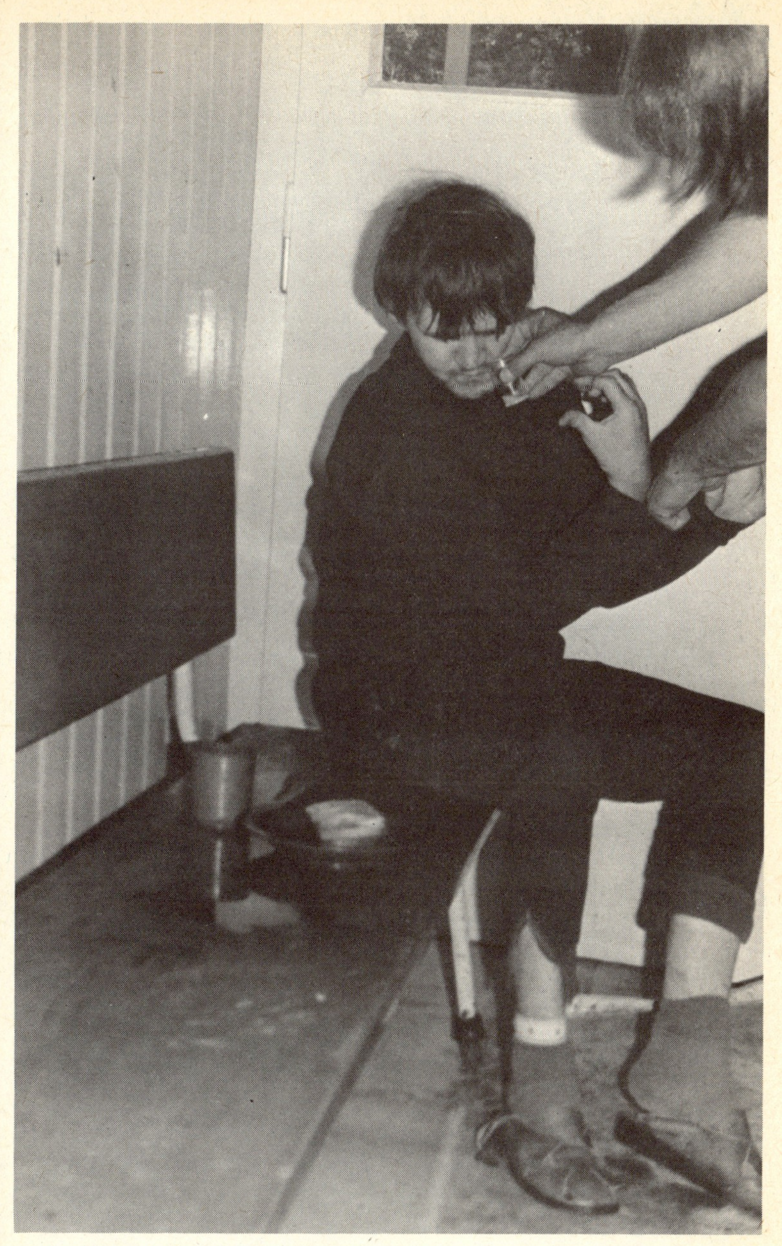

und ruhiggestellt – das Leben in Anstalten

in ihren Betten angebunden, der Tablettenmißbrauch ist enorm. Die Wehrlosigkeit der Patienten verführt dazu, an ihnen neue Tabletten auszuprobieren, beispielsweise das Medikament T 200, das im Handel wegen seiner Gefährlichkeit nicht mehr erhältlich ist. Bedienstete der Anstalt berichten:

«Da diese Medikamente ganz erhebliche Nebenwirkungen haben können, wie z. B. allgemein dämpfende Wirkung bis hin zur Apathie, Bluterkrankungen, Knochenmarkschädigungen, Rachitis, Zahnfleischwucherungen, Leberschäden, verminderte Stuhl- und Urinkontrolle, müssen die Medikamente gut gewählt und dosiert werden, ansonsten sind die schädigenden Wirkungen größer als der eigentliche Nutzen. Um die Behinderten tatsächlich gut einzustellen, müßten sie über lange Zeiträume von geschultem Personal beobachtet werden, um auch kleine Anfälle festzustellen. Regelmäßige EKG-Kontrollen, Urin- und Blutuntersuchungen wären die Voraussetzungen für jede derartige medizinische Behandlung.»

Doch es geschieht nichts. Und so entsteht ein Teufelskreis. Behinderungen werden nicht richtig behandelt, weil Zeit und Geld fehlt. Die Isolation der Behinderten, um die sich in der Regel niemand von außen kümmert, macht sie zu willenlosen Opfern medikamentöser Behandlung. Diese wiederum verstärkt Krankheiten oder bringt neue hervor.

Die Personalstruktur ist schlecht. Die Planstellen für Pfleger sind nur zu 75% besetzt, 60% der Heilerzieher fehlen, ebenso wie 75% der examinierten Krankenschwestern. Für 1300 Behinderte stehen sechs Planstellen für Diplompsychologen und drei weitere für anderes Personal im psychologischen Bereich zur Verfügung. Diese Personalsituation und die miserablen räumlichen Verhältnisse bedingen natürlich, daß sich um die Behinderten niemand kümmern kann. Alles, was an «Betreuung» von den Pflegern geleistet werden kann, sind Sauberhalten der Patienten, Essen und Medikamente verteilen und Türen auf- und zuschließen. 20 Mitarbeiter und Mitarbeiterinnen der Alsterdorfer Anstalten konnten diesen Zustand nicht mehr ertragen und wandten sich an die Öffentlichkeit. Am 13. 6. 1978 führten sie eine öffentliche Veranstaltung in der Kirchengemeinde Wandsbek durch, in der sie auf die Verhältnisse in den Alsterdorfer Anstalten aufmerksam machten. Geändert hat sich bisher nichts.

Es wäre eine Vergleichsuntersuchung wert, was der allwöchentliche Einsatz der Hamburger Polizei und ihrer hochmodernen Ausrüstung kostet und was die Betreuuung von 1300 Behinderten in den Alsterdorfer Anstalten dem Staat wert ist.

In München leitet Prof. Dr. med. Albert Göb das Spastikerzentrum. Für seine Leistungen um die Rehabilitation der Spastiker wurde er mit zahlreichen Verdienstmedaillen ausgezeichnet. In diesem Zentrum le-

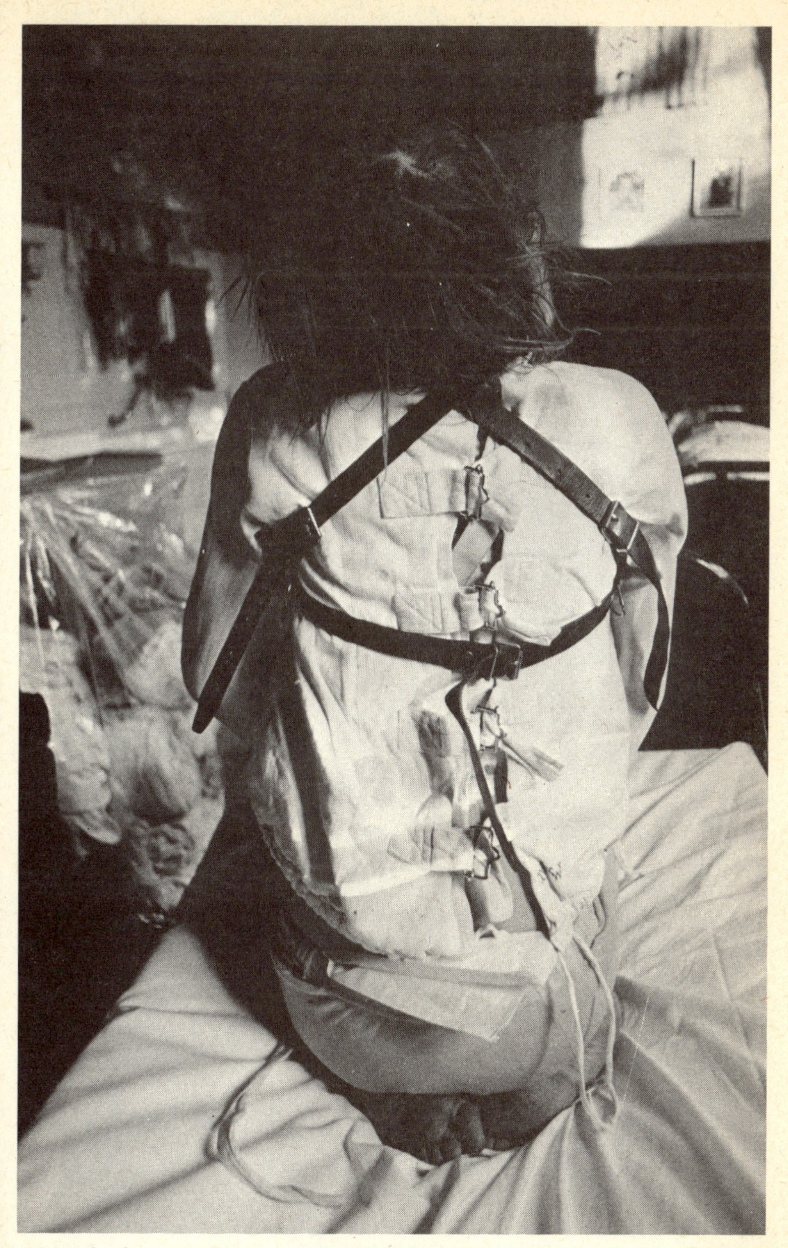

Alsterdorfer Anstalten – Zwangsjacke als Therapie?

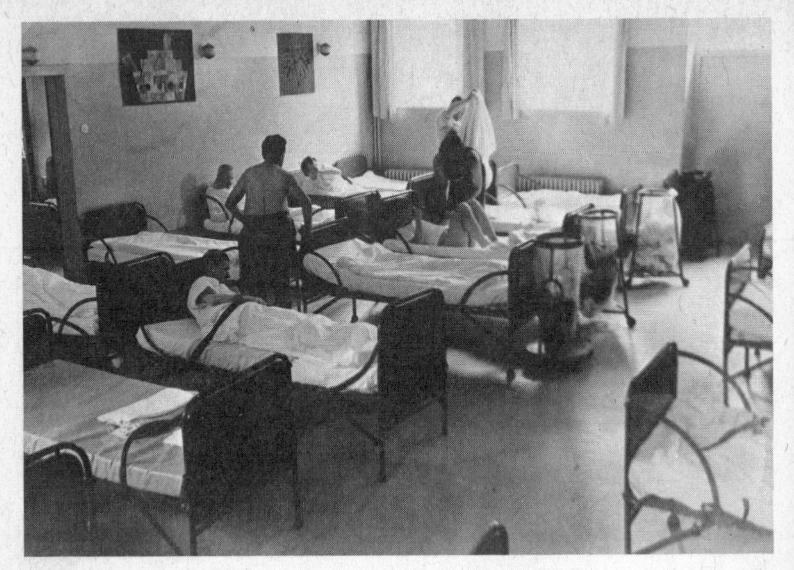

Vom menschenwürdigen Leben in den Alsterdorfer Anstalten – ein «Krankensaal»

ben 300 behinderte Jugendliche. Sie leben unter Angst, psychischem Druck und leiden unter der katastrophalen Behandlung durch den ausgezeichneten Professor. Es ist eine Einrichtung, «die sich seit Jahren bemüht, auf solider Basis, mit maßvoller Ordnung und gesunder wirtschaftlicher Struktur das Bestmögliche für die Behinderten zu erreichen. Ich habe außerdem im Spastikerzentrum an Führungen ausländischer Delegationen aus Ost und West teilgenommen und dabei den Eindruck gewonnen, daß diese Einrichtung einen vorbildlichen fachlichen Ruf genießt» (H. Fürst, Hauptmann der Bundeswehr, in einem Leserbrief vom 21. 1. 1977 an die «Süddeutsche Zeitung»).

Das Spastikerzentrum ist von hohen Mauern umgeben, wird Tag und Nacht von der Wach- und Schließgesellschaft unter Benutzung von Video-Kameras und Monitoren bewacht. Es hat seinen guten Grund, daß das Zentrum so scharf bewacht wird. Denn in dem Zentrum herrschen katastrophale Zustände. Einer Mutter, die auf die Fortschritte ihres schwer gelähmten Kindes hinwies, antwortete Prof. Göb: «Affen kann man auch dressieren.» Eine Erzieherin erzählte einer Mutter, die ihr Kind im Zentrum untergebracht hatte, daß Prof. Göb gesagt habe: «Also packt das Kind schön zusammen und schickt es den lieben Eltern, die können es sich dann zu Weihnachten unter den Christbaum legen». Für Göb sind die Behinderten «Idioten und Deppen». Jugendliche werden fast nackt bei den Visiten vorgeführt. Ein Vater: «. . . Wo Kinder und

Jugendliche nicht aufs Klo gehen dürfen, wenn es an der Zeit ist, oder dort bis zu 2 Stunden sitzenbleiben müssen, weil sich niemand findet, der sie wieder abholt, wo Eltern nicht mehr wagen, sich zu beschweren, weil sie Angst haben, wo ehemalige Lehrer und Zivildienstleistende des Hauses, denen die Kinder ans Herz gewachsen waren, weil sie sich in der Freizeit mit ihnen aktiv beschäftigten, Hausverbot bekommen – da ist doch alles faul bis ins Mark.»

Am 26. 4. 1977 schrieb ein Jugendlicher folgendes Protokoll: «Wir hatten immer so wenig Leute, die sich um uns Rollstuhlfahrer kümmerten. Das Essen aus der Großküche war manchmal ein Saufraß.»

Die Mutter eines spastisch gelähmten Kindes am 20. 4. 1978: «Der damalige Chefarzt und Leiter des Spastikerzentrums, Dr. Göb, war gegenüber den Eltern und meinem Kind ein zynischer Despot, dem niemand zu widersprechen wagte.»

Eine Sonderschullehrerin in einem Protokoll vom 22. 5. 1978: «Ich wagte es, in der Morgenvisite, in der die Kinder einem großen Publikum vorgeführt wurden, zu widersprechen, wenn meine Schüler als geistesbehindert abqualifiziert wurden und ihnen keine Chancen eingeräumt werden sollten, indem ich auf ihre beachtenswerten schulischen Leistungen hinwies, die in krassem Gegensatz zu den Testergebnissen der Hauspsychologin Klier standen . . . Mitschüler waren empört, auf welche Weise das Essen eingeführt wurde und zwar auch solche, gegen die das Mädchen eine starke Abneigung hatte. Da sie nicht sprechen und sich nicht bewegen konnten, waren Tränen die einzige Form der Abwehr. Aber sie halfen ihr nichts. Manchmal zeigte Birgit bereits bei nahendem Schulschluß Zeichen der Panik. 1977 mußte ich die Schule verlassen. Folgendes hatte sich ereignet: Die Schülerin Carola litt monatelang an Leibschmerzen, sie konnte kaum Wasser lassen, magerte ab und lag fast jede Woche einige Tage apathisch zu Bett. Mehrmalige gründliche Untersuchungen in der Poliklinik zeigten keinen organischen Befund. Da die Hauspsychologin Dr. Klier weder vor noch nach diesen Untersuchungen mit Carola gesprochen hatte, wies ich sie wochenlang darauf hin, wie wichtig eine psychologische Untersuchung sei, da die Krankheit vermutlich psychisch-somatische Ursachen habe. Frau Dr. Klier vertröstete mich ständig mit Worten: ‹Bleiben Sie am Ball›. ‹Erinnern Sie mich immer wieder mal!› Wenn ich es tat, fragte sie jedesmal: ‹Wer ist das Mädchen eigentlich? Ach ja, die!› . . . Ich versuchte eindringlich, die Notwendigkeit einer Therapie darzustellen; Frau Dr. Klier sagte lediglich, diese sei sinnlos, Carolas Eltern würden nicht mitarbeiten. Mein Einwand, daß sie ja noch nie mit den Eltern gesprochen habe, tat sie mit den Worten ab, sie habe von anderen gehört, mit S. sei nicht zu reden. Am Wochenende rief mich Frau S. verzweifelt an, Carola winde sich vor Schmerzen, sie sei am Ende. Ich erklärte der Mutter die Möglichkeit, auch psychische Krankheiten zu therapieren, und wie wichtig dabei die Mitarbeit der Eltern sei. Frau S. versicherte mir, sie und ihr Mann seien bereit, so oft wie nötig auch nach München zu kommen. Am nächsten Tag rief ich bei Frau Dr. Klier an und erklärte, daß die Eltern zur Mitarbeit bereit seien und schlug vor, daß die Behandlung der Münchner Jugendpsychiater Lange übernähme, von dem ich schon viel Positives gehört habe. Frau Klier wehrte energisch ab. Sie sagte wörtlich: ‹Ich habe meine Erfahrungen. Bei den Kindern lohnt sich so was nicht!›

Als ich zwei Stunden später ins Spastikerzentrum bestellt wurde, teilte mir Professor Göb mit, er habe bereits schriftlich meine Versetzung gefordert. ‹Die Lehrer sollten wissen, wer sich nicht anpasse, habe im Spastikerzentrum keinen Platz›. gez. Margot Krail, München, 22. Mai 1978.»

Die Mutter eines Jugendlichen, der sich im Wohnheim des Spastikerzentrums befindet: «Die Gesamtatmosphäre, in der sich Kinder und Jugendliche befinden, ist eine Gefängnisatmosphäre. Jeder fürchtet jeden, keiner wagt ein lautes Wort oder wahres Wort zu reden, weil keiner weiß, wer wen hinhängt und wann er dann fliegt. Denn damit wird immer gedroht. Der Professor Göb und sein Verwalter sowie der Werkstattleiter Hager sind absolute Diktatoren. Letzte Woche stand Herr Hager neben meinem Sohn, der befragt wurde, wie es ihm geht. Was soll der Junge sagen, wenn ihm seit Jahren gesagt wurde, daß er nur ein ‹Versuchskaninchen› ist und wenn er alle nur dressiert, daß sie ihr Maul halten müssen, die ‹Deppen› und ‹Kartoffelköpfe›.»

Eine der therapeutischen Maßnahmen, um Kinder zur Ruhe zu bringen, ist es, ihnen Leukoplast über den Mund zu kleben. Denn dann können die Kinder nichts mehr darauf antworten, wenn sie von Göb, auch vor deren Eltern, diffamiert werden. Einer Mutter, deren Tochter dem Herrn Göb vorgestellt wurde, sagte er ins Gesicht: «Was wollen Sie denn mit der da, die kann ja nicht mal Klofrau sein oder Putzfrau werden. Die ist ja grad soviel wert wie ein Haufen Dreck.»

Am 30. Juni 1978 stand im Münchner Stadtanzeiger ein Leserbrief, in dem alle Vorwürfe gegen Dr. Göb geleugnet wurden. Behauptet wurde demgegenüber, daß in dem Heim eine «freundliche Atmosphäre» herrscht. Die Leserbriefschreiberin, Hedi Firmkranz, ist gleichzeitig die 2. Vorsitzende des Vereins zur Förderung spastisch gelähmter Kinder, 1. Vorsitzender ist Prof. Göb. Sie schrieb in dem Leserbrief, daß die Vorwürfe der Kindesmißhandlung nicht wahr wären.

Eine Elterninitiative ist da anderer Meinung. Sie bemüht sich seit einiger Zeit, die Verhältnisse im Spastikerzentrum zu durchleuchten und hat inzwischen 6000 Unterschriften gesammelt, die den Rücktritt von Prof. Göb fordern. Im Herbst 1979 wiesen die Mitglieder des Sozialausschusses des bayerischen Landtags auf die schlechte Atmosphäre im Spastikerzentrum hin. Sie stellten darüber hinaus fest, daß Prof.

Göb nicht bereit sei, die notwendige Pädagogisierung des Zentrums durchzuführen.

Ein Elendsunternehmen: Das Sozialwerk St. Georg

Wer überhaupt nichts mehr zu sagen hat, wird entmündigt und ins Pflegeheim abgeschoben. Entmündigt sind in der BRD circa 110000 Personen.

Hier, in den Abschiebestationen, ist der Mensch endgültig ein Wrack, ein allenfalls noch zu vermarktendes Wesen. Doch dafür, daß diese Menschen auf dem letzten Abstellgleis der Gesellschaft ruhig gehalten werden, wird auch kräftig bezahlt an diejenigen, die sich dieser Menschen annehmen. Allein 1973 wurden 22 Millionen DM an Pflegegeldern an das Sozialwerk St. Georg gezahlt. Für den Besitzer dieses Elendskonzerns, Johannes Hennemayer, hat sich das inzwischen gelohnt. Sein Jahreseinkommen liegt über 250000 DM. Außerdem besitzt er ein Zweifamilienhaus und an der holländischen Küste einen Ferienbungalow, ihm gehört eine Hochseeyacht, eine Luxuslimousine und ein Jeep. Außerdem hat er noch ein angemietetes Appartement in Oberstdorf. Am Anfang seiner Karriere, 1966 stand Hennemayer ohne jegliches Vermögen da. Damals war Hennemayer Leiter eines Wohnheimes für Berglehrlinge. Als die Zeche Bismarck stillgelegt wurde, es keine Berglehrlinge mehr gab, wurde das Jugendwohnheim St. Georg überflüssig. Doch Hennemayer hatte die glorreiche Idee, die leeren Plätze dem Landschaftsverband anzubieten. Längst waren die Landeskrankenhäuser heillos überfüllt, und es mehrten sich die Bestrebungen, die von der Psychiatrie zerstörten Menschen, die keine Rehabilitationschance mehr hatten, die nur dahinsiechten, auszugliedern. St. Georg bot sich an, und Hennemayer bekam auf Grund seiner guten Beziehungen zur katholischen Kirche auch bald die ersten 40 Kranken aus dem Landeskrankenhaus Lengerich. Zuerst gab es keine Pfleger. Der erste Pfleger wurde von Hennemayer persönlich von seiner Arbeitsstelle weg engagiert. Es war auch nicht schwer, in dem von Strukturkrisen erschütterten Ruhrgebiet Arbeitslose zu finden, die bereit waren, als Pfleger zu arbeiten. Im Eilverfahren wurde umgeschult, und die Pfleger dann auf die Patienten losgelassen. Als die erste Million vom Landschaftsverband für die Unterbringung der 40 Kranken eintraf, vollzog sich der unaufhaltsame Aufstieg des Elendskonzernbesitzers Hennemayer. Stillgelegte Zechenhäuser, pleitegegangene Hotels und Restaurants, Villen ehemaliger Bergwerksdirektoren oder leere Altersheime wurden von ihm aufgekauft, in die dann die abgeschobenen Patienten der Landeskrankenhäuser verbracht wurden. In der pleite gegangenen Strumpffabrik Goldfalter leiten jetzt ehemalige Fabrikarbeiter Geisteskranke zu leichten Metall- und

Textilarbeiten an. Die beim Sozialwerk gebotenen Beschäftigungsmöglichkeiten erstrecken sich vom Zusammenstellen und Verpacken von Plastikartikeln, über Fertigstellung komplizierter Kabel, Kabelbäume und Stecker bis zur Montage von Lichtleisten, Relaisschaltungen für Elektroherde und Endmontage von Schaltkästen für Heizungen und Thermostaten. Klammerproduktion gehört genauso zur Arbeitstherapie wie die Etikettenherstellung. Bezahlt wird bis zu 50 DM im Monat für diese Arbeit, während die auftraggebenden Firmen die normalen Löhne an Hennemayer zahlen. Das Hilfswerk St. Georg: «Die auftraggebenden Firmen sind zufrieden mit der Arbeit, die hier geleistet wird. Sind sie erst einmal in eine Geschäftsbeziehung getreten, so fallen die Vergleiche rasch zugunsten der Arbeit aus, die von den an sich Lebensuntüchtigeren geleistet wird. Für den Auftraggeber ist es schließlich gleichgültig, ob ein Heimarbeiter oder vier Behinderte sein Werkstück fertigstellen. Was er positiv vermerkt, ist die gleichbleibende Qualität, die durch die größere Kontrolle bewirkt wird. Reklamationen gibt es nicht.»

Auch andere profitieren von der Therapie der «Lebensuntüchtigen». «Wenn wir St. Georg nicht hätten, hätte der Landschaftsverband mindestens ein zusätzliches Landeskrankenhaus bauen müssen» (Medizinaldirektor Dr. Schneller vom Landeskrankenhaus Eigelborn). Und 1977 behauptete St. Georg der «Westdeutschen Allgemeinen» gegenüber: «Wir ersetzen zwei Landeskrankenhäuser und sind mit 44 DM in unserem Pflegesatz auch noch um 50% billiger» (WAZ, 26. 3. 1977). Inzwischen hat Hennemayer auch noch das Bundesverdienstkreuz erhalten. Der Gelsenkirchner Oberbürgermeister, an den glücklich lächelnden Hennemayer gewandt, huldigte dem Ausgezeichneten: «Ich danke Ihnen im Namen der Stadt für das soziale Engagement, das Sie trotz aller Anfechtungen stets bewiesen haben. Ich wünsche Ihnen, daß Sie ihre Arbeit so wie bisher fortführen können» (Ruhrnachrichten, 29. 6. 1977). Um was aber hat sich Hennemayer mit seinem Elendskonzern, in dem inzwischen 3000 Patienten untergebracht sind, verdient gemacht? Die Dortmunder Selbsthilfe hat durch zahlreiche Recherchen aufgedeckt, daß es im Innern dieser Institution schrecklich zugehen muß. «90% der Patienten sind entmündigt, völlig ihrer Rechte beraubt und werden oft auf Grund willkürlicher Gutachten festgehalten. Die Patienten werden mit Medikamenten vollgestopft und ruhiggehalten. Wer sich wehrt, wird mit Gewalt festgebunden und gespritzt. Hausarbeiten wie Putzen, Waschen, Bügeln und Mangeln müssen umsonst geleistet werden. Für Fabrikarbeit, getarnt als Therapie, gibt es ein paar Mark Taschengeld. Ein Beispiel aus dem Bericht eines ehemaligen Pflegers: ‹Es ist vorgekommen, daß ein Patient bei Unruhe, die, wie sich später herausstellte, sich darauf begründete, daß Pfleger ihn aufgestachelt hatten, Medikamente erhielt. Dadurch geriet er in einen Schub, wurde extrem gewalttätig. Die Medikamente wurden nicht abgesetzt, sondern umgesetzt, und so verfiel er von einem Schub in den anderen. Das Ergebnis war, daß er kurz vor seinem totalen Zusammenbruch zur Siechenstation und zur Sicherungsverwahrung nach Lengerich abgeschoben wurde. Und das ist alles notwendig, um bei einer Frau ein menschenwürdiges Persönlichkeitsbild aufrechtzuerhalten:

Morgens		Mittags		Abends	
50 mg	Melleril	25 mg	Melleril	150 mg	Melleril
1 Drg.	Novadral ret.	1 Tbl.	Praxiten f.	1 Drg.	Novadral ret.
1 Kps.	Kendural C	1 Drg.	Legalon	1 Drg.	Legalon
1 Tbl.	Aturbal			1 Tbl.	Praxiten
1 Tbl.	Praxiten				
1 Tbl.	Novodigal				

Der Bericht einer Patientin, 25 Jahre alt. Sie befand sich 8 Jahre lang im Sozialwerk St. Georg:
Weil ich immer abgehauen bin, kam ich dann auf die Strafstation Haus 10. Haus 10 ist die Siechenstation. Ich mußte dort immer arbeiten. Etwa 2 Jahre lang war ich in Haus 10. In den 2 Jahren durfte ich nie in den Park gehen. Ich kam nur aus dem Haus, wenn ich Sonntags in die Kirche mußte.

Im Haus 10 gibt es Säle, in denen an die 30 Patienten liegen. Es gibt dort auch eine geschlossene Station mit einer verschlossenen Gittertür. Ich habe Patienten gewaschen, gefüttert, Betten bezogen, vor allen Dingen die Drecksarbeit gemacht und geputzt. Die Patienten werden da wie der letzte Dreck behandelt. Für die Schwestern war das Wichtigste, daß sie Kaffeetrinken und rauchen konnten. Das Essen wurde den Patienten in aller Eile in den Mund gestopft. Dabei wurde auch gesagt: Kannst du nicht schneller fressen, nun mach mal das Maul auf und solche Sachen. Beim Saubermachen wurden die Patienten beschimpft, sie wären alte Säue, ob sie sich nicht benehmen könnten, man hätte keine Lust, immer die Scheiße wegzumachen. Die Patienten haben keine Klingeln am Bett. Wenn ein Patient etwas will, zum Beispiel zu trinken, wird sich gar nicht darum gekümmert. Beim Nachtdienst hatten es die Patienten besonders schlecht. Am Tag haben wir fast die ganze Arbeit gemacht. Ich bin sogar oft nachts aufgestanden, weil die Nachtwache einfach nicht bereit war, den Patienten zu trinken zu bringen. Die Pfleger und die Schwestern haben nur zusammengesessen und gequatscht. Manchmal hauten auch Leute von der Nachtwache für ein paar Stunden ab. Sehr viele Patienten bekommen in Haus 10 kein Geld. Dafür bekommen sie dann allenfalls 2 Plätzchen am Tag. Das Geld verwaltet Pfleger Napp.

In den Siechensälen wird nie gelüftet. Ich habe nie gesehen, daß jemals ein Fenster aufgemacht wurde. Dafür wird mit Raumspray gesprüht. Es ist so stickig, zumal die Heizung immer auf vollen Touren läuft, daß die Patienten immer Durst haben. Man kann sich das so gar nicht vorstellen, was die Patienten da mitmachen müssen und wie die da leiden.

Später kam ich dann nach Haus 13. Weil mein Verlobter sich gewehrt hat und sich auch für mich eingesetzt hat, ging es mir dann besser.

Die letzte richterliche Anhörung war vor etwa 1½ Jahren. Ich habe dem Richter erzählt, daß ich raus möchte, daß ich mal ausprobieren will, ob ich allein draußen fertig werde. Der Richter war damit einverstanden, aber Dr. Hamouz hat gesagt, daß er da nicht zustimmt. Ich sei sexuell triebhaft und schwachsinnig. Ich würde das doch nicht schaffen, und er würde mir auch nicht die Möglichkeit dazu geben. Höchstens wenn ich einen finden würde, der die volle Verantwortung für mich übernimmt, könnte ich vielleicht raus. Mein Verlobter hat dann einen Brief an den Richter geschrieben, daß er für mich sorgen will. Den Brief habe ich dem Richter gegeben. Der hat dann Dr. Hamouz gefragt, ob das ginge. Der hat dann aber gesagt, nein, ich wäre zu schwachsinnig und zu triebhaft. Mein Verlobter ist jetzt seit Mai kein Patient mehr, sondern Angestellter bei St. Georg. Seitdem hat man uns eine Wohnung versprochen, aber nie ist etwas daraus geworden.

Den Pflegern und den Schwestern liegt überhaupt nichts an den Patienten. Manche saufen im Dienst, wie Schwester Marlies Badeda, Pfleger Werner Barowzak und Wolfgang Braklo und Pfleger Adamzak. Pfleger Eisenbraun tritt Patienten sehr fest in den Hintern und schlägt auch. Schwester Liane hat eine körperbehinderte Patientin so geschlagen, daß sie Striemen auf dem Rücken hatte.

Einige Pfleger führen schweinische Reden, wie Pfleger Braklo, der dauernd mit mir schlafen wollte, bis ich mich beim Chef beschwert habe. Pfleger Alfred Bartuschewski hat mir mal Pariser in die Tasche gesteckt. Frau Scheuren, die die Kantine leitet, hat gesagt, ich solle nichts weitersagen. Ich habe mich aber doch beschwert, aber der Chef hat es auf sich beruhen lassen. Ich brauchte dann aber nicht mehr in der Kantine putzen.

Ich habe Angst davor, wieder nach St. Georg zu kommen, weil ich genau weiß, daß sie mich dann mit Medikamenten und Spritzen fertig machen.»

(Elendskonzern Sozialwerk St. Georg, Dokumentation der Dortmunder Selbsthilfe, Nr. 2, Dortmund 1978)

Der Elendskonzern wird nach den Gesetzen der Betriebswirtschaft geführt. Am Ende des Jahres muß ein Gewinn herauskommen. Das Sozialwerk St. Georg demonstriert, wie man auch mit dem Elend erhebliche Profite machen kann. Es zeichnet sich dabei eine zu verallgemeinernde Entwicklung ab. Immer häufger tendiert der Staat dazu, diejenigen Menschen, die nicht mehr «resozialisiert und rehabilitiert» werden können, die also keinen gesellschaftlichen Nutzen mehr haben, die von ihren Angehörigen entmündigt und abgeschoben worden sind, die zu alt sind, um sich noch zu wehren, der Privatindustrie zu überlassen. Das ist bei den Altersheimen so, genauso wie bei den psychiatrischen Anstalten. Die neue Industrie, die erst im Entstehen begriffen ist, zeigt sich dankbar. Dankbar sind auch die Gemeinden, weil zum einen neue Arbeitsplätze geschaffen werden, andererseits die Kosten für die Heimunterbringung erheblich sinken. Das Elend wird privatisiert, der Staat seiner Verpflichtungen enthoben, sich um diese Menschen zu sorgen.

Nachtrag:

Reportagen und Untersuchungen über Armut können ohne die Mitarbeit und Mitwirkung der Betroffenen nicht entstehen. Sie wären ansonsten abstrakte soziologische Beschreibungen. Ich danke daher an dieser Stelle den Bewohnern des Mannheimer Riedwegs, den Bauern aus dem Landkreis Cham, den Duisburger Arbeitern, den zahlreichen Sozialarbeiterinnen und Sozialarbeitern aus Hamburg, Essen, Duisburg, Dortmund, Frankfurt, Marburg und anderen Städten. Ohne die Hintergrundinformationen von der «Landesarbeitsgemeinschaft Soziale Brennpunkte» Hessen in Frankfurt, den Mitarbeitern des Jugendamtes München, den Kollegen und Kolleginnen vom EG-Projekt Armut in Duisburg, dem Bayrischen Bauernverband in Cham und zahlreichen Gewerkschaftskollegen wäre das Buch sicher nicht entstanden. Ich danke auch dem SPD-Abgeordneten Klaus Kirschner und Christine Woiciechowski für ihre Mitarbeit und Unterstützung. Der Nachtrag will ausdrücken, daß ohne die kollegiale und solidarische Unterstützung dieses Buch nicht hätte geschrieben werden können.

Quellennachweis der Abbildungen

Ulrich Severin, Marburg: S. 63 oben und unten, S. 67, S. 87, S. 220, S. 230
Klaus Fark, Mannheim: S. 65
Gernot Huber, Köln: S. 72, S. 76, S. 83 oben und unten, S. 85, S. 143, S. 188, S. 194, S. 255, S. 257, S. 262
IG Metall, Frankfurt: S. 106, S. 109, S. 120, S. 126
Jürgen Roth, Frankfurt: S. 129, S. 137, S. 138
Schindlerfoto, Oberursel: S. 192
Olaf Rademacher, nach päd-extra Sozialarbeit, 2/1978, S. 15: S. 215
Dortmunder Selbsthilfe: S. 235
Kollegenkreis Alsterdorfer Anstalten, Hamburg: S. 282, S. 283, S. 285, S. 286